À mes enfants,
Camille et et Nicolas,
et à mes étudiantes
et étudiants.

Économie globale

UNE APPROCHE MULTIDISCIPLINAIRE

DEUXIÈME ÉDITION

Jeanne Baillargeon
professeure au collège André-Laurendeau

DÉCARIE ÉDITEUR
MONTRÉAL

Économie globale, une approche multidisciplinaire, deuxième édition
Jeanne Baillargeon

Dépôt légal : 3ᵉ trimestre 1999
Bibliothèque nationale du Québec
Bibliothèque nationale du Canada

Maquette de couverture : Nathalie Ménard, Suzanne L'Heureux
Infographie : Suzanne L'Heureux

Décarie Éditeur inc.
233, avenue Dunbar, bureau 201
Ville Mont-Royal, Québec
H3P 2H4

ISBN 2-89137-266-2

IMPRIMÉ AU CANADA   1 2 3 4 5   03 02 01 00 99

Avant-propos

Comment évaluer la performance d'un pays, ou le sens de la mesure. Voilà un titre qu'on aurait pu donner à cet ouvrage.

Ce livre d'économie s'adresse à ceux qui désirent comprendre la situation économique d'un pays en la comparant aux autres et pouvoir ainsi juger de la pertinence des interventions des pouvoirs publics dans le domaine économique.

Depuis la fin de la seconde guerre mondiale, les pays capitalistes disposent de statistiques établies selon des normes internationales qui décrivent la situation économique et qui permettent les comparaisons. À partir des données de Statistique Canada, nous décrivons la situation du Canada, du Québec, et nous la comparons à celle des autres pays membres du G7 en utilisant les renseignements fournis par l'OCDE. Compte tenu de la normalisation internationale des outils statistiques, cet apprentissage n'est pas spécifiquement canadien et il peut tout aussi bien être utilisé pour n'importe quel autre pays à économie non planifiée.

Avec les systèmes d'information électronique, on accède à une profusion d'informations telle, que le danger est maintenant de se perdre dans la confusion. Ce manuel a pour ambition de vous permettre de vous y retrouver. Pour utiliser adéquatement l'information, il faut au préalable un cadre d'analyse théorique qui tel un crible vous apprendra à retenir les éléments significatifs. En maîtrisant, par ailleurs, le sens des indicateurs utilisés par les statisticiens, vous éviterez l'écueil des contresens et des erreurs d'interprétation. Avec une analyse claire des faits économiques, vous pourrez choisir d'agir conformément à vos valeurs et intérêts. Au lieu de vous sentir mené par les événements et de vous en remettre passivement aux autorités, mieux informé vous pourrez assumer vos responsabilités de citoyen en toute connaissance de cause . La démocratie qui protège les droits des personnes exige en contrepartie le respect d'un certain nombre d'obligations dont la première serait de se tenir bien informé.

Intégrant l'histoire des faits et des idées, les statistiques, la science politique, parfois l'éthique dans la mesure où elle fait appel au sens de la responsabilité, l'approche de ce manuel ne s'en tient pas seulement à la théorie économique.

Les premiers chapitres sont consacrés à l'étude de la comptabilité nationale et aux principaux indicateurs qui permettent d'évaluer la performance économique d'un pays. Les chapitres suivants portent sur l'étude des grandes variables économiques et des politiques économiques mises en oeuvre par les gouvernements . Au début de chaque chapitre on désigne un certain nombre d'objectifs à atteindre dont on vérifie l'acquisition par des exercices d'application en fin de chapitre.

À la fin des chapitres, des questions d'intégration multidisciplinaire vous inciteront à envisager les problèmes économiques sous plusieurs aspects et vous amèneront à faire des liens entre tous vos autres cours de sciences humaines.

Des lectures suggérées ainsi que des sites web explorés pourront vous permettre d'approfondir ou de mettre à jour les informations données et de compléter les tableaux statistiques.

Au terme de cet apprentissage, vous saurez utiliser adéquatement les statistiques économiques, en comprendre le sens et la portée et juger de la performance de votre pays et de la pertinence des actions posées par ses dirigeants. L'utilisation de ce manuel telle « une boîte à outil », vous aidera à comprendre la situation économique dont il faudra tenir compte pour prendre vos propres décisions.

Enfin, vous aurez appris à mettre en perspective dans le temps et par rapport aux autres pays les données pertinentes à une situation précise. Vous aurez levé le voile sur la situation économique complexe et préoccupante de notre planète.

Remerciements

Je remercie toutes les personnes qui m'ont aidée et soutenue ces trois années durant les-quelles j'ai réalisé ce manuel d'économie, mes amis, mes étudiants avec qui j'ai testé les exercices et plus particulièrement :

Yadwiga Forowicz de L'Enap pour son inconditionnel soutien, ses judicieux conseils et son amitié réconfortante;

Monique Côté et Hélène Duschesne du Centre de Documentation de l'Université du Québec à Montréal; Lizette Julien et Danielle Massicotte, bibliothécaires au collège André-Laurendeau avec qui je travaille depuis de nombreuses années;

Les évaluateurs du collège de Limoilou, Pierre Croteau et Éric Durand qui ont fait une première évaluation encourageante alors que le manuscrit n'était qu'à sa toute première ébauche;

Pierre Chapleau de l'Université du Québec à Montréal qui a corrigé une première version avec patience et minutie et qui m'a donné de bons conseils;

Denis Boudreau, économiste conseil à Statistique Canada, qui a relu une version plus élaborée et qui m'a suggéré de précieuses mises au point;

Johanne Lafortune, professeure au collège André-Laurendeau, pour ses corrections et suggestions de fin de parcours;

Sans oublier les professeurs du collège de Bois-de-Boulogne, en particulier Louise Lessard et Mireille Marchand avec qui j'ai enseigné pour la première fois le cours au niveau collégial;

Enfin, je tiens également à remercier André Décarie de la maison Décarie chez qui j'ai reçu un accueil chaleureux et respectueux et une collaboration exceptionnelle.

Préface

Économie globale de Jeanne Baillargeon traite de cette question toute simple, mais fondamentale, de la mesure des phénomènes sociaux et économiques.

On y présente les principales données économiques qui font la une des journaux sur les indicateurs statistiques d'emploi, de croissance, de gestion publique et de performance des entreprises.

Les grands sujets de l'heure y sont abordés, ceux qui nourrissent l'actualité, enflamment les politiciens et agitent en coulisses les groupes d'intérêts de tous ordres. La situation économique, le marché du travail, les déterminants de la croissance (investissements, consommation, commerce), le rôle des gouvernements, la place de l'endettement, l'ouverture des marchés, la réaction des entreprises et la réponse des travailleurs. Voilà une excellente initiation à la lecture de l'actualité économique.

Ce manuel identifie les sources de données et offre une évaluation critique des approches et méthodes. Il donne au lecteur l'option d'interroger les sources d'information, de critiquer les analystes sur leur propre terrain, celui de la mesure statistique, de l'information brute, de la froide réalité.

Ce livre répond à de nombreuses questions au sujet des chiffres qui sous-tendent les arguments des décideurs économiques. On y apprend ce qu'ils disent et ce qu'ils ne disent pas, comment ils sont colligés, comment ils se comparent. Ces éléments sont forts utiles dans l'appréciation du discours tenu par l'un ou l'autre des intervenants aux débats publics. Ils permettent de soupeser les points de vue découlant de lectures statistiques parfois assez particulières et de se faire une opinion indépendante.

Dans la polémique, parfois, des intentions se mêlent à la description de la réalité. L'analyse de la conjoncture qui présente l'environnement économique dans lequel s'inscrit un phénomène est quelquefois parsemée de conjectures, ayant peu à voir avec la situation sur le terrain.

Il faut pouvoir répondre aux interrogations soulevées mais, d'abord et avant tout, savoir poser les bonnes questions, celles qui appellent des réponses équilibrées (le positif, le négatif et l'incertain).

Madame Baillargeon nous invite à regarder les données de plus près. Les « évidences » fondées sur des statistiques, toutes officielles qu'elles soient, peuvent ne décrire qu'une partie de la vraie vie. La mise en perspective de l'actualité des dernières informations publiées conduit parfois à des interprétations un peu serrées de la réalité.

La statistique c'est tout un monde fascinant à regarder. On y puise l'information utile pour étayer des diagnostics sur l'état de l'économie, les conditions sociales, la gestion publique ou privée de la mise en marché des services et des produits. Il y a peu de décisions qui se prennent sérieusement sans y faire référence.

« On peut faire dire n'importe quoi aux chiffres » selon la boutade encore trop souvent vérifiable. Mais les statistiques disent la réalité, indépendamment des subjectivités qui les dénaturent. Il s'agit simplement de vouloir lire la réalité, voir la situation objective.

De la mesure, il faut en avoir avec les statistiques pour en faire une lecture équilibrée.

C'est ce que l'on retient de cet ouvrage, avec d'amples précisions sur les bases de données, leur provenance et leurs applications à l'analyse. L'ouvrage est fort pertinent pour acquérir ces quelques notions élémentaires qui permettent de lire entre les lignes des topos journalistiques et des commentaires des professionnels de l'économie.

Madame Baillargeon y présente l'art de se poser les bonnes questions. Elle fournit une réponse, quasi universelle aux arguments douteux, aux analyses fantaisistes :

« Avez-vous regardé les données ? »

À lire absolument, pour commencer...

Denis Boudreau
Économiste
Statistique Canada

Table des matières

10 Les investissements

11 La monnaie

12 Le marché de l'argent et la politique monétaire

13 Le budget de l'État et la politique budgétaire

CHAPITRE

Les points de repère de la science économique

1

Au terme de ce chapitre vous serez capable de :

▧ Situer la science économique parmi les autres sciences humaines;

▧ Distinguer macroéconomie et microéconomie;

▧ Repérer les grandes écoles de pensée en économie;

▧ Décrire les différents systèmes économiques;

▧ Définir la notion de prix d'équilibre;

▧ Construire une courbe d'arbitrage.

Dans ce premier chapitre nous allons fixer quelques points de repère centraux de la science économique.

Pour interpréter la multitude des informations économiques publiées, il est indispensable d'utiliser un cadre d'analyse reconnu et un langage commun. Il existe plusieurs écoles de pensée, qui chacune préconise l'adoption d'un système économique particulier et utilise une grille d'analyse qui lui est propre. Aussi, est-il important de pouvoir identifier l'origine des études et commentaires que nous livrent les médias.

1.1   La science économique

L'histoire de la science économique est semblable à l'histoire de la plupart des sciences. Ainsi, avec le développement de l'esprit scientifique apparu aux 16e et 17e siècles, qui remettait en question les croyances et l'ordre établi, une nouvelle façon de penser plus rationnelle va être adoptée. La certitude fondée sur la foi va être remplacée par la pratique du doute systématique de Descartes et par la mise à l'épreuve des connaissances grâce à l'observation des faits et à l'expérimentation. Cette démarche va être appliquée non seulement aux sciences de la nature, mais également aux sciences humaines.

En raisonnant à partir d'hypothèses, l'économiste tente d'expliquer la manière dont fonctionne le système économique. Il construit des schémas explicatifs, qui ne rendent pas compte de la complexité de la réalité, mais la simplifient justement, et la rendent accessible à des interventions plus structurées. Face aux problèmes économiques, l'économiste propose des solutions et tente de prévoir l'avenir pour mieux s'y préparer.

Définition

Une science se définit par son objet d'étude et sa méthode. L'économie s'intéresse à de multiples aspects de la vie sociale qui concernent la satisfaction des besoins exprimés. Cependant, elle ne nous apprend pas comment faire de l'argent, ni comment le dépenser, elle ne traite pas non plus des techniques de marketing ni des règles de la comptabilité et elle ne donne pas de conseils pour gérer une entreprise ou acheter des actions à la Bourse. L'économie a un champ de réflexion qui concerne tous ces aspects, mais elle tente d'expliquer ces phénomènes dans un cadre théorique supérieur. Elle étudie, plus largement, les moyens de satisfaire les besoins humains matériels compte tenu des ressources disponibles. L'économie décrit les relations d'échange de biens et de services rémunérés et elle propose parfois des solutions pour satisfaire les besoins au moindre coût. Elle répond à des questions comme, quel serait le meilleur moyen pour obtenir tel ou tel bien ou service sans faire trop d'effort et de gaspillage ?

Pour vivre, il est indispensable de faire des choix et pour faire les meilleurs, il faut au préalable réfléchir sur les différentes options possibles en tenant compte des ressources disponibles. Au lieu de se laisser aller à des actes irraisonnés aux conséquences regrettables, la décision économique, fruit d'une mûre réflexion, permet de mieux vivre selon des choix de société approuvés démocratiquement par des citoyens bien informés.

Pour parvenir à des conclusions valables, l'économiste adopte une démarche rationnelle en partant de l'observation des phénomènes retenus. Puisque tout effet dépend d'une cause, il s'agit de découvrir une relation de cause à effet et de poser une hypothèse explicative. Pour valider cette hypothèse, on s'assure que la relation entre les deux phénomènes existe vraiment, c'est-à-dire qu'elle se vérifie sous certaines conditions.

Par exemple, on note qu'il existe une relation entre le niveau des taux d'intérêt et les ventes de maisons neuves. Quand les taux d'intérêt augmentent, les ventes de maisons sont moins nombreuses et vice versa. On déclare que ces deux événements, associés statistiquement (co-occurence) sont dans une relation de cause à effet car la cause (augmentation des taux d'intérêt) précède l'effet dans le temps (ventes de maisons) et on sait que si les taux d'intérêt augmentent le montant des remboursements des emprunts (hypothèque) nécessaires à l'achat d'une maison seront plus élevés. Cela reste vrai dans la mesure où on s'en tient à ce type de relation, toutes autres causes étant exclues pour simplifier la réalité : on ajoutera « toutes choses étant égales par ailleurs ». À partir de ces observations, on formulera une loi qui permet d'expliquer le passé et de prévoir l'avenir.

On obtient des faits économiques à partir de simples relevés ou d'enquêtes et on tente de les quantifier.

Prenons par exemple le cas du besoin en eau d'une petite communauté rurale d'un pays en voie de développement. Traditionnellement, l'eau était répartie entre les membres de la communauté selon des règles, cette répartition pouvant être égalitaire ou refléter une hiérarchie des castes en présence.

Dans une société où on estimerait que chacun a droit à avoir de l'eau propre, considérée comme bien de survie, on pourrait planifier un système qui puisse satisfaire tout le monde optimalement. On commencerait par évaluer les besoins de la communauté en eau, compte tenu soit de leur consommation habituelle, soit d'une consommation souhaitable. On mesurerait par exemple la quantité d'eau utilisée par les habitants sur une période donnée. On obtiendrait ainsi des données chiffrées. Échelonnés sur plusieurs années ces chiffres constitueraient ce que l'on appelle des statistiques. Avec ces données, une évaluation de la consommation moyenne d'eau, par habitant, pourrait être déterminée, ce qui permettrait de prévoir la consommation dans les années futures, dans le cas où la population augmenterait ou diminuerait.

En estimant la consommation d'eau, des solutions, temporaires ou permanentes, pourront être trouvées pour fournir de l'eau au prix le plus bas sans entraîner de gaspillage.

L'économie est une science humaine au même titre que la sociologie, l'histoire et la psychologie puisqu'elle étudie le rapport de l'homme à son milieu. Si une science physique est plus fiable quant à ses prévisions, puisqu'elle étudie des phénomènes indépendants de l'homme, les sciences humaines sont tout aussi rigoureuses quant à leur démarche. On ne pourra jamais prévoir, comme la réaction d'un acide avec une base, le comportement des agents économiques quand les taux d'intérêt varient.

Par exemple, même si les taux d'intérêt diminuent, il se peut qu'aucune reprise dans les ventes de maisons n'ait lieu si (autre cause) les ménages craignent par ailleurs de perdre leur emploi. En ce qui concerne les êtres humains, il existe tellement de facteurs qui peuvent intervenir dans leur décision que rien n'est totalement prévisible. Les mathématiciens rêvent de pouvoir concevoir une équation qui intégrerait l'infinité des choix, mais n'est-ce pas justement l'incertitude qui permet d'imaginer un monde perfectible ?

C'est à partir du 19e siècle que les statistiques furent utilisées dans les sciences humaines et plus particulièrement en économie. De nos jours, l'économétrie, grâce aux ordinateurs, permet aux économistes de traiter des équations aux multiples variables.

L'utilisation de statistiques doit être faite avec prudence sous peine de déformer une réalité parfois irréductible aux simples données chiffrées. Des résultats d'enquêtes peuvent, par ailleurs, donner lieu à des interprétations abusives voire erronées, dans la mesure où les termes utilisés ne sont pas clairement définis et que la marge d'erreur est élevée. D'où la nécessité de bien comprendre le langage et les méthodes de cette science.

La nécessité de faire des choix, ou arbitrage

L'économie est la science des choix. Pour répondre aux besoins humains d'une manière optimale, il faut continuellement faire des choix, c'est-à-dire choisir entre les différents besoins à satisfaire et choisir entre les moyens à utiliser. Toute personne, tout gouvernement est sans cesse confronté à la nécessité de choisir, compte tenu de la rareté des ressources et de la contrainte du temps. S'il n'y avait pas de rareté, la science économique serait sans objet ni utilité.

Supposons un gouvernement qui disposerait d'un budget limité pour financer deux dépenses importantes, l'éducation et la santé. Entre ces deux besoins, il existe une multitude de possibilités de répondre et le gouvernement doit trouver la solution optimale, tout en sachant que toute ressource consacrée à l'un des secteurs réduit les ressources pour l'autre secteur. Nous dirons qu'il lui faudra arbitrer entre ces deux types de besoins.

S'il utilisait tout l'argent du budget annuel pour la santé, il pourrait financer jusqu'à 10 000 lits d'hôpitaux, mais il ne resterait plus rien pour l'éducation. À l'opposé s'il consacrait tous ses moyens à l'éducation, il pourrait financer 20 000 places de collège et rien pour la santé. Entre ces deux options extrêmes, il existe une infinité d'autres possibilités que nous pouvons théoriquement limiter aux combinaisons suivantes du tableau 1.1 et de la figure 1.1.

Pour passer de la combinaison B à la combinaison C, le secteur de la santé devra renoncer à 3000 lits, c'est le coût d'option pour obtenir 5000 places supplémentaires de collège. En effet tout choix implique un renoncement qui peut être évalué en termes de ce à quoi on renonce. La courbe des possibilités, construite à partir de ces données, indique que tout point de cette courbe (de cette frontière) est un choix possible, compte tenu des ressources disponibles; par contre un choix indiqué par le point N (7000 lits et 15 000 places de collège) à l'extérieur de la courbe ne pourrait pas être réalisé faute de ressources; un choix indiqué par le point M (6000 lits et

Tableau 1.1

Arbitrage entre les dépenses consacrées à l'éducation et à la santé. (En milliers de lits d'hôpitaux et en milliers de places de collège.)

Combinaisons	Santé (S) (lits x 1000)	Éducation (E) (places x 1000)	Coût d'option S/E
A	10	0	–
B	7	10	0,3
C	4	15	0,6
D	1	19	0,75
E	0	20	1

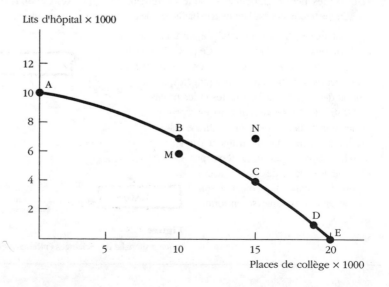

Lits d'hôpital × 1000

Places de collège × 1000

Figure 1.1

La courbe d'arbitrage ou des possibilités de production.

10 000 places de collège) situé à l'intérieur de la courbe signifierait que des ressources sont inutilisées ou sous-utilisées. La courbe n'est pas une droite; elle est concave et cela signifie que pour avoir de plus en plus de places dans les collèges cela coûte de plus en plus cher et qu'il faudra donc renoncer à un nombre de plus en plus grand de lits d'hôpitaux; en d'autres termes le coût d'option est de plus en plus élevé (coûts croissants).

Cette démonstration est théorique, elle suppose que l'argent est dépensé optimalement, qu'il n'y a aucun gaspillage, que les personnes peuvent travailler aussi bien dans un secteur que dans un autre (parfaite mobilité des facteurs de production), etc., ce qui est impossible dans la réalité. Mais cela permet de comprendre que toute dépense dans un secteur implique une « coupure » dans un autre et qu'il faut donc nécessairement faire des choix, que tout choix implique un coût d'option qui peut être plus ou moins élevé. En dernière analyse, la dépense publique effectuée dans un secteur témoigne d'une décision politique prise compte tenu d'un ordre de priorité exprimé par le parti au pouvoir.

Microéconomie et macroéconomie

Quand on étudie les besoins et les choix individuels des agents économiques dans une économie de marché, on se situe au niveau dit microéconomique de l'analyse. On suppose que les individus et les entreprises agissent d'une façon autonome et rationnelle pour obtenir une satisfaction optimale de leurs désirs compte tenu des contraintes du milieu et du temps dont ils disposent.

Relations d'échange entre les agents économiques (flux circulaire)

Dans la présentation graphique suivante, on veut montrer qu'il existe, entre les entreprises, les ménages et les administrations des relations d'échange de biens, de services et de monnaie.

Les ménages travaillent pour obtenir un salaire qui leur donnera un pouvoir d'achat. Ce pouvoir d'achat sert à acheter les biens et les services produits par les entreprises domestiques ou étrangères. L'État perçoit des impôts sur les salaires et les profits et il distribue des subventions aux entreprises et des transferts aux personnes qui ne disposent pas suffisamment d'argent sur le marché. Dans ce cas on ne tente pas d'évaluer la richesse de chacun ou leur patrimoine, mais uniquement ce qui circule entre eux (analyse en terme de flux).

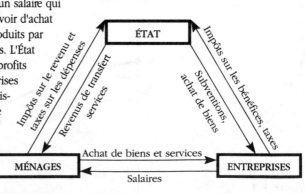

Figure 1.2

Schéma simplifié des échanges entre les ménages, les entreprises et l'État.

Figure 1.3

François Quesnay,
1684-1774.

Par exemple, l'objectif d'une entreprise, dans un contexte de concurrence, est de produire des biens et des services à des prix plus bas que les concurrents, afin de vendre sa production et obtenir le meilleur profit possible. Pour ce faire, elle doit veiller à minimiser ses coûts de production. Les profits financeront les achats de machines et de matériel qui permettront de produire mieux à meilleur compte et d'accroître sa part de marché.

Quant aux ménages, leurs problèmes économiques concernent la façon dont ils vont gagner, épargner ou dépenser leur revenu.

L'étude des besoins et des choix collectifs concerne un autre niveau d'analyse que l'économiste norvégien Ragnar Frisch (1895-1973) en 1933 qualifia de macroéconomique. Dans ce cas, on n'étudie pas les problèmes particuliers à un agent économique, mais ceux qui concernent l'ensemble des agents économiques d'une société ou d'un pays. Par exemple, on étudiera le phénomène du chômage alors que de son côté, la microéconomie analyserait le comportement d'une personne typique en quête d'un emploi.

La macroéconomie analyse la situation générale de l'économie d'un pays et les moyens d'intervention mis à la disposition de l'État pour contrôler le niveau de l'activité et de l'emploi, telles les politiques monétaires, fiscales, et autres. C'est dans ce contexte que vont servir les indicateurs et les mesures statistiques.

Les physiocrates français, avec leur chef de file, François Quesnay (1694-1784, figure 1.3), qui est l'auteur du célèbre « *Tableau économique* » (1758) avaient une approche macroéconomique que les marxistes ont conservée, tandis que les économistes libéraux du 19ᵉ siècle, en construisant le modèle de la concurrence pure et parfaite, ont opté pour l'analyse microéconomique.

Jusqu'à la seconde guerre mondiale, on enseignait exclusivement la microéconomie dans les pays capitalistes. Ce n'est qu'après la seconde guerre mondiale que l'enseignement de la macroéconomie est entré dans les écoles.

Contrôle des connaissances

- *Pour quelle raison faut-il faire des choix face aux besoins des humains ?*
- *Quel est l'objet et la méthode de la science économique ?*
- *Qu'entend-on par arbitrage ?*
- *Qu'est-ce que le coût d'option ?*
- *Quels sont les deux niveaux d'analyse économique ?*

1.2 Les différents systèmes économiques

Actuellement, il existe trois grands modèles de systèmes économiques auxquels correspondent autant de cadres d'analyse : l'économie de marché libre, le système socialiste à économie planifiée, et l'économie mixte. En réalité aucun pays ne fonctionne précisément suivant le modèle théorique; selon les circonstances et le choix de société exprimé, le système adopté tend à s'approcher ou à s'éloigner de l'un ou l'autre modèle.

L'économie de marché libre

Dans le langage courant, on utilise différents termes pour désigner ce type d'économie. C'est ainsi que l'on parlera indistinctement d'économie libérale, d'économie de marché, d'économie libre, de système des prix libres, d'économie capitaliste, de secteur privé, de libre-échange, etc. La multiplicité des termes est déjà source de confusion. L'historien Fernand Braudel nous y met en garde en distinguant l'économie de marché, celle de la pure et parfaite concurrence, au « capitalisme » contrôlé par les grandes entreprises.

Les fondements de l'économie de marché reposent sur l'idéologie libérale énoncée au 18e siècle qu'il convient de bien identifier et dont il faut comprendre la logique.

Les fondements de l'idéologie libérale

Figure 1.4
Adam Smith, 1723-1790.

Le grand théoricien de ce type d'économie, pour les anglo-saxons, est Adam Smith (1723-1790, figure 1.4), qui a écrit *Recherche sur la nature et les causes de la richesse des nations* en 1776, en réaction contre le système mercantile, une économie dirigée par l'État mise en place au 16e siècle pour renforcer le pouvoir du Roi face aux seigneurs féodaux. D'autres célèbres économistes, aux 18e et 19e siècles, comme les anglais David Ricardo (1772-1823) et Robert Malthus (1766-1834) et le français Jean-Baptiste Say (1767-1832), ont également vanté les mérites d'une économie libérée des contraintes de l'État et laissée au libre jeu des intérêts individuels soumis à la concurrence.

Le système économique libéral est fondé sur quatre valeurs : l'individualisme, la liberté, la concurrence et la propriété privée. À l'époque, ces quatre valeurs étaient révolutionnaires puisqu'elles remettaient en question l'ordre établi fondé sur l'autorité de l'église et celle du roi. Pour les libéraux, le système économique qui permet le mieux de faire respecter ces principes fondamentaux est une économie monétaire où les prix sont déterminés par l'offre et la demande des agents économiques. L'État ne devrait pas intervenir sauf pour l'armée, la justice et la police, puisque son rôle est d'assurer le maintien de la paix civile. La concurrence implique qu'il ne peut exister à long terme de monopole, ni d'associations qui briment la liberté individuelle; sur ce marché, il existerait une multitude d'acheteurs et de vendeurs animés par la seule force de leurs intérêts. L'individu est libre dans la mesure où le marché est lui-même libre, c'est-à-dire que personne n'a suffisamment de pouvoir pour le contrôler.

La science économique, telle qu'élaborée dans le modèle libéral, démontre la supériorité des économies réglées sur le système des prix libres. Depuis lors, cette théorie libérale s'est perfectionnée et un grand nombre d'économistes actuels, dans les pays capitalistes développés, s'en réclament. Comme les tenants du libéralisme croient aux vertus d'une économie libre, ils privilégient l'approche microéconomique.

Le mécanisme de la libre détermination des prix

Si l'État n'intervient pas dans la sphère économique, s'il n'y a pas de syndicat, pas d'association et pas d'entreprise dominante, s'il existe un grand nombre de vendeurs, un grand nombre d'acheteurs, si tous ont accès à l'information, si le produit vendu est bien le même partout, alors il y a concurrence pure et parfaite et le marché est libre. Le marché libre est l'institution par excellence qui régularise l'activité économique (marché auto-régulateur).

Les prix fixés par les seules forces du marché, c'est-à-dire par la demande et par l'offre, vont déterminer le comportement des individus consommateurs ou producteurs libérés de toutes autres contraintes. L'individu s'est ainsi libéré de la domination personnelle; dorénavant il ne doit se soumettre qu'au marché.

LA DEMANDE. La demande est exprimée par l'ensemble des acheteurs potentiels qui ont un pouvoir d'achat. La demande d'un produit dépend du comportement des consommateurs et de leur nombre. Une multitude de faits peuvent entraîner différentes réactions difficilement prévisibles de la part des acheteurs. Pour la clarté de la démonstration, on ne retient que les 5 facteurs suivants :

- le prix du produit sur le marché (p);
- le niveau du pouvoir d'achat des acheteurs (pa);
- le nombre d'acheteurs potentiels (n);
- le goût des acheteurs (g);
- le prix des autres produits disponibles sur le marché (pap).

La demande est fonction de ces 5 facteurs. $D = f(p, pa, n, g, pap)$. Cette fonction nous permet d'étudier le comportement de la demande quand l'un des facteurs varie. Dans ces études nous postulerons que si l'un des facteurs varie, tous les autres facteurs sont constants; d'où l'expression « toutes choses étant égales par ailleurs ». En d'autres mots, pour simplifier le problème nous isolons une des variables, par exemple le prix du produit, pendant que les autres variables sont stables : D = f(p). On remarquera que lorsque le prix d'un produit varie, la quantité demandée de ce produit varie.

Le tableau 1.2 et la figure 1.5 montrent, dans un contexte purement abstrait, l'effet du prix des maisons sur la demande. Quand le prix est élevé, la quantité demandée est plus faible que lorsque le prix est plus bas. Il existe normalement une relation inverse entre le prix et la quantité demandée. La **courbe de demande** illustre la relation qui existe entre les prix et les quantités demandées. La **quantité demandée** est la quantité qui correspond à un prix précis. C'est un point de la courbe projeté sur l'axe des quantités. Par exemple, au prix de 125 000 $, la quantité demandée de maison serait de 175. Remarquez que si le prix varie, la courbe ne se déplace pas. Par contre, si l'un des facteurs autres que le prix varie, toutes choses étant égales par ailleurs, pour un même barème de prix, les quantités demandées ne seront plus les mêmes et la courbe va se déplacer à droite, si la demande augmente, à gauche, si la demande diminue. Par exemple, si un grand nombre d'immigrants arrivaient au pays, logiquement comme il y a plus de monde la quantité demandée de maison, pour chaque niveau de prix, devrait augmenter. Pour

Tableau 1.2

Quantité demandée de maisons en fonction du prix.

Prix d'une maison en $	Quantité demandée par mois
200 000	100
175 000	125
150 000	150
125 000	175
100 000	200

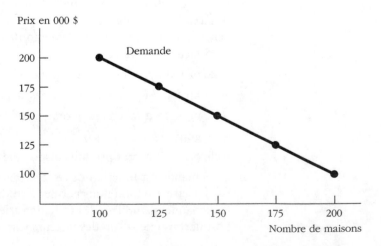

Figure 1.5

La demande de maisons.

200 000 $, la quantité demandée de maisons passerait de 100 à 125. Les points ne se situeront plus sur la même courbe mais plus à droite. La demande augmentant, la courbe se sera déplacée vers la droite (figure 1.6).

La courbe se serait déplacée vers la gauche si la population avait, au contraire, diminué. À chaque fois que l'on ajoute « si » on introduit une nouvelle hypothèse et on change le problème.

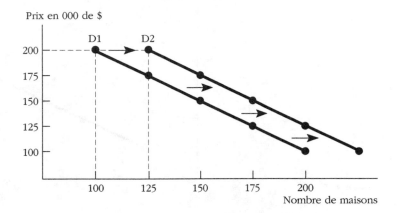

Figure 1.6

Déplacement vers la droite de la courbe de demande de maisons suite à une augmentation de la population.

De la même façon que nous avons étudié le comportement de la demande, nous analyserons celui de l'offre sur le même modèle.

L'OFFRE. L'offre concerne les vendeurs. Le volume de l'offre dépend du prix fixé par le marché mais aussi d'autres facteurs : comme pour la demande nous ne retiendrons que cinq déterminants, à savoir :

– le prix sur le marché du bien (p);

– les objectifs du vendeur (o);

– les coûts de production dans la construction (c);

– le prix des autres produits substituts et complémentaires disponibles sur le marché (pap);

– le nombre de vendeurs (n).

Donc, l'offre $0 = f(p, o, c, pap, n)$

Pour simplifier, voyons ce qui se passe quand le prix varie (toutes choses étant égales par ailleurs). Dans ce cas, nous dirons que l'offre d'un bien ou d'un service est la quantité que les vendeurs désirent vendre pour différents niveaux de prix, pendant une période déterminée : $0 = f(p)$.

La courbe d'offre illustre la relation positive qui existe entre la quantité offerte d'un bien ou d'un service et le prix de ce bien ou service. Quand le prix augmente la quantité offerte augmente (tableau 1.3, et figure 1.7).

Tableau 1.3

Quantité offerte de maisons
en fonction du prix.

Prix d'une maison en $	Quantité offerte par mois
200 000	200
175 000	175
150 000	150
125 000	125
100 000	100

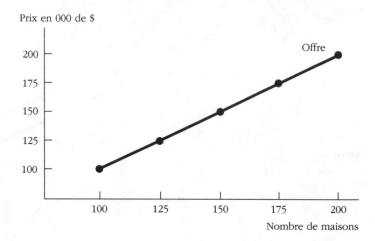

Figure 1.7

L'offre de maisons.

Quand le prix augmente, les vendeurs sont plus intéressés à mettre en vente que si le prix diminuait. Ils ajusteront leur production en conséquence dans la mesure où cela est possible. L'offre (O) représente les quantités offertes pour différents niveaux de prix. Graphiquement, l'**offre** est illustrée par la courbe. La **quantité offerte**, c'est la quantité d'un bien ou d'un service que les vendeurs sont prêts à vendre pour un prix précis. Par exemple, pour le prix de 100 000 $, il n'y aurait sur le marché que 100 maisons à vendre. Si l'un des facteurs autres que le prix varie, c'est toute la courbe d'offre qui se déplacera; à droite si l'offre augmente, à gauche si l'offre diminue.

L'ÉQUILIBRE. Réunissons maintenant sur un même marché les acheteurs et les vendeurs. On constate que lorsque le prix d'un bien ou d'un service diminue, la quantité demandée et la quantité offerte varieront en sens contraire. Si les prix baissent, les acheteurs sont portés à en acheter plus et les vendeurs sont intéressés à en vendre moins.

Les courbes de demande et d'offre illustrent bien ce phénomène. Elles ont des pentes de signes opposés et elles vont se rencontrer en un point et un seul qui correspond au prix et à la quantité d'équilibre (tableau 1.4 et figure 1.8).

Lorsque le prix est égal à 150 000 $, la quantité offerte est égale à la quantité demandée (150 maisons). C'est « l'équilibre » du marché. Deux situations de déséquilibre peuvent se présenter.

Tableau 1.4

La quantité demandée et offerte.

Prix d'une maison en $	Quantité demandée	Quantité offerte	Observations
200 000	100	700	surproduction
175 000	125	175	surproduction
150 000	150	150	équilibre
125 000	175	125	pénurie
100 000	200	100	pénurie

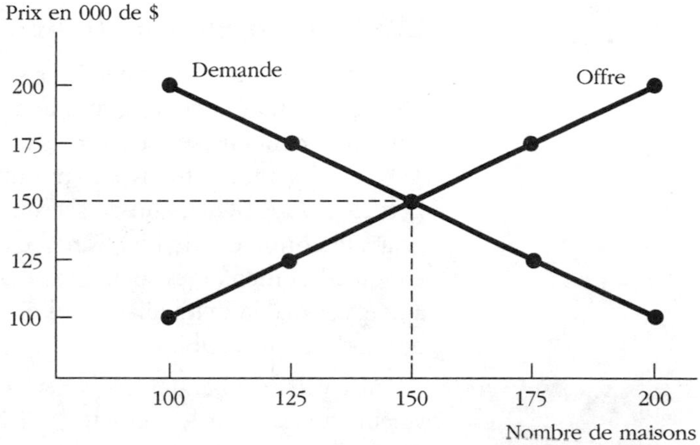

Figure 1.8

La détermination du prix d'une maison sur un marché libre. Graphique en forme de ciseaux inventé par Alfred Marshall (1842-1924).

Au prix de 175 000 $ la quantité offerte (175 maisons) excède la quantité demandée (125 maisons). Il y a offre excédentaire ou **surproduction**. Dans ce cas, le marché va résoudre le problème de lui-même sans qu'il soit nécessaire d'intervenir. Une force va s'exercer automatiquement sur les prix. Le marché va discipliner le comportement des producteurs car le prix va diminuer jusqu'à ce qu'il atteigne le niveau d'équilibre.

Au prix de 100 000 $ un autre type de déséquilibre apparaît : la quantité offerte (100 maisons) est inférieure à la quantité demandée (200 maisons). Cela signifie que les acheteurs seraient prêts à en acheter beaucoup plus que les producteurs sont disposés à en fournir. La demande est excédentaire, il y a **pénurie** et les prix vont automatiquement augmenter. Comme les prix augmentent, un certain nombre d'acheteurs vont se retirer, alors que les producteurs vont comprendre que c'est le temps de produire plus.

Quand les prix varient, les comportements des vendeurs et des acheteurs s'ajustent aux nouvelles contraintes du marché.

Quand un facteur autre que le prix varie, cela provoque le déplacement d'une des deux courbes. Ce déplacement va lui-même provoquer le déplacement du point d'intersection des deux courbes d'offre et de demande. Ce nouveau point d'intersection projeté sur l'axe des prix indique le nouveau prix d'équilibre, et projeté sur l'axe des quantités il détermine la nouvelle quantité d'équilibre.

Le marché, en déterminant des prix d'équilibre, permet une affectation optimale des ressources en fonction du pouvoir d'achat des agents économiques (de leurs moyens) et non pas en fonction de leurs besoins. Si ce système a le mérite d'inciter les agents économiques à être efficaces, il engendre par ailleurs un phénomène d'exclusion. La concurrence exclut les plus faibles et elle favorise dans les faits les plus forts, c'est pourquoi une critique du libéralisme s'est manifestée dès le 19e siècle.

Les systèmes socialistes

Le socialisme n'est pas une idéologie aussi homogène que le libéralisme. Il désigne un grand nombre de choix de société qui vont du communisme à l'anarchisme. Le mot socialisme date du 19e siècle, il aurait été inventé par un philosophe français, Pierre Leroux (1797-1871), ami de l'écrivain Georges Sand par opposition à la notion d'individualisme de plus en plus en vogue à cette époque. Les idéologies socialistes se sont construites en réaction aux excès de l'individualisme qui permet aux plus forts de dominer les plus faibles.

Aux valeurs libérales, les socialistes préconisent plutôt des valeurs fondées sur le bien-être collectif, la compassion, l'entraide, l'égalitarisme, la justice et la propriété publique des biens de production.

Sur le plan économique, la critique de Karl Marx (figure 1.9) et Friedrich Engels (figure 1.10), telle qu'exposée dans le *Manifeste du Parti Communiste* (1848) et *Le capital* (Livre I en 1867), a inspiré des politiques qui remettaient en question le système capitaliste.

Figure 1.9
Karl Marx, 1818-1883.

Pour les marxistes, le régime de la concurrence consacre en fait le règne du plus fort et légitime impunément « l'exploitation de l'homme par l'homme », c'est en fait la loi de la jungle. Le système capitaliste, produit d'un processus historique inéluctable, s'autodétruirait de lui-même puisque la concurrence ferait disparaître la concurrence, les monopoles se reconstitueraient et avec eux disparaîtrait la libre entreprise, fondement du système.

Si les socialistes sont unanimes pour critiquer le libéralisme, ils proposent des systèmes très différents les uns des autres. L'éventail peut aller d'un extrême à l'autre, d'une société ultra-individualiste (anarchisme) à une société collectiviste (dictature du prolétariat). Entre les différentes écoles de pensée socialistes, il n'y a, par exemple, aucun consensus en ce qui concerne le rôle que doit jouer l'État dans la sphère économique.

Figure 1.10
Friedrich Engels, 1820-1895.

Plusieurs expériences socialistes ont été réalisées dans le monde depuis la révolution Russe de 1917. Elles ont toutes mis en place des systèmes où l'État contrôle les activités économiques. Dans ces systèmes, la propriété privée des moyens de production est supprimée en totalité ou en partie. La production n'est plus laissée à l'initiative privée mais dépend des administrations publiques. Les biens, une fois produits, ne sont pas répartis en fonction des moyens financiers des consommateurs, mais en fonction des besoins et des mérites de chacun.

L'économie mixte

Jusque dans les années 1930, c'est la théorie libérale qui était exclusivement enseignée dans les cours d'économie. John Kenneth Galbraith (1908-), économiste américain, né au Canada, prétend qu'on ne pouvait pas obtenir son diplôme en économie, dans les universités anglo-saxonnes, si on remettait en question la loi libérale de Jean-Batiste Say (1767-1832) sur les débouchés. Cette loi prétendait que les crises économiques étaient en fait passagères et que, si les prix étaient libres, l'équilibre revenait plus ou moins rapidement (voir au chapitre 6). Les prix en diminuant rendaient les produits plus accessibles. Les périodes de crises étaient même souhaitables parce qu'elles obligeaient les agents économiques à se recycler. Les faillites étaient la juste sanction de l'inefficacité et l'État, en aucune façon, ne devait intervenir pour secourir « les canards boiteux ».

Figure 1.11
John Maynard Keynes, 1883-1946.

Face aux désordres de la grande dépression des années 1930, un économiste anglais, John Maynard Keynes (1883-1946) (figure 1.11), qui n'avait pourtant aucune sympathie pour les idées socialistes, publia un livre en 1936 (*Théorie générale de l'emploi, de l'intérêt et de la monnaie*) qui préconisait une économie mixte plus efficace. C'est-à-dire une économie fondée sur les valeurs libérales mais où l'État intervenait pour faire contrepoids aux pouvoirs des grandes entreprises et des syndicats dont il fallait reconnaître la présence sur le marché.

Depuis la dernière guerre mondiale, les pays capitalistes développés ont adopté le modèle keynésien à des degrés divers. Les keynésiens privilégient le niveau d'analyse macroéconomique et c'est à partir de leur modèle que s'est articulée la comptabilité nationale. Sous l'influence des keynésiens, l'État-providence a pris la relève des institutions privées en matière d'aide sociale. Les programmes sociaux impliquaient cependant l'adoption de mesures fiscales qui réduisaient le revenu disponible. Malgré l'augmentation des impôts, les budgets des gouvernements ont été de plus en plus déficitaires depuis 1973, ce qui mécontentait les contribuables. L'économie, contrôlée par les administrations publiques, aurait pour effet de décourager l'initiative privée, pierre angulaire du système de la libre entreprise.

La théorie keynésienne a inspiré les politiques économiques pendant les « trente glorieuses » de 1945 à 1975, mais depuis lors, elle est à son tour contestée par les tenants d'un néolibéralisme qui préconise un retour aux lois du marché. Cette contestation s'exprime dans les revendications antifiscales, les déréglementations, les privatisations, les coupures budgétaires, les restructurations du secteur public et les accords de libre-échange. Pour relever le défi de la concurrence des marchés mondiaux, les individus ne devraient plus tout attendre d'un État-providence qui les déresponsabiliserait.

Ces trois modèles économiques sont théoriques, mais ils peuvent servir de points de repère pour situer les politiques actuelles et savoir dans quel sens elles vont; si elles préconisent un système plus libéral ou plus interventionniste. Le tableau 1.5 présente les principales caractéristiques des trois grands systèmes économiques (figure 1.12).

Tableau 1.5

Les systèmes économiques.

Systèmes	Économie de marché	Économie communiste	Économie mixte
Écoles	Libérale	Marxiste	Keynésienne
Auteurs, œuvres	Adam Smith, 1776 *Recherche sur la nature et les causes de la richesse des Nations*	Karl Marx, 1867 *Le capital*	J.M. Keynes, 1936 *Théorie générale de l'emploi, de l'intérêt et de la monnaie*
Principes fondamentaux	• Individualisme • Liberté • Concurrence • Propriété privée	• Individu subordonné au collectif • Égalité • Solidarité	• Individualisme • Liberté • Concurrence • Propriété privée
Conditions	• État minimal • Pas de monopole • Pas d'association		
Qui fixe les prix	Le marché	L'État	Entreprises, État, syndicats, etc.
Qui décide de la production	Le marché	L'État	Entreprises privées ou publiques
Répartition des biens et services	En fonction des moyens	En fonction des besoins et du mérite	En fonction des moyens
Propriétés des biens de production	Secteur privé	Secteur public	Secteur privé Secteur public
Intervention de l'État	Minimale	Maximale mais devrait disparaître	Optimale

Figure 1.12

Les choix de société.

La gauche	Le centre	La droite
Communisme pur	Économie mixte	Capitalisme pur

Contrôle des connaissances

- *Quels sont les trois systèmes économiques ?*
- *Quels sont les quatre principes du libéralisme ?*
- *Quand peut-on dire qu'une économie de marché est réellement libre ?*
- *Qu'est-ce qu'un prix d'équilibre ?*
- *Comment peut-on illustrer la relation qui existe entre le prix d'un produit et les quantités demandés et offertes pour le produit ?*
- *Comment se fixent les prix dans les différents systèmes économiques ?*
- *Comment se répartissent les biens et services dans les systèmes économiques ?*
- *Qui décide quoi et comment produire dans les différents systèmes économiques ?*

Conclusion

La science économique permet de mieux comprendre le système dans lequel nous vivons. La connaissance de points de repère est indispensable pour organiser l'information que nous recevons chaque jour. Citoyens de systèmes démocratiques, nous sommes régulièrement consultés pour sanctionner l'action des gouvernements; nous avons donc la responsabilité de nous tenir bien informés.

L'économie est la science des choix qui permet de gérer la rareté. Ces choix peuvent être dictés par les lois naturelles du marché qui s'appliquent aveuglément ou par des considérations plus politiques qui reflètent des choix de sociétés civilisées où les besoins de tous sont pris en considération.

Résumé

L'économie est une science sociale qui a pour objet la satisfaction des besoins humains au moindre coût et qui, pour ce faire, utilise une démarche rigoureuse fondée sur la vérification d'hypothèses.

L'économie est la science des choix. Compte tenu des limites des ressources, il convient de calculer le coût de toute décision et d'en évaluer le coût d'option qui est égal à ce à quoi on doit renoncer.

Il y a deux niveaux d'analyse; la microéconomie qui tient compte des comportements des agents économiques individuels dans un système de concurrence, et la macroéconomie qui se situe au niveau de l'économie globale.

Il existe plusieurs écoles de pensée que l'on peut réduire à trois grandes options. L'économie de marché libre qui repose sur la doctrine libérale et le système des prix libres, l'économie socialiste planifiée et l'économie mixte. Ces trois choix de société, fondés sur des valeurs particulières, se distinguent, entre autre, par la place plus ou moins importante qu'ils accordent au rôle de l'État dans la sphère économique et à l'espace de liberté laissé aux individus.

Mots clés

Capitalisme	Microéconomie
Courbe des possibilités de production	Prix d'équilibre
Économie libre	Socialisme
Économie mixte	Théorie keynésienne
État-providence	Théorie libérale
Macroéconomie	Théorie marxiste

Exercices

1. Distinguez, parmi les titres de journaux suivants, ceux qui concerneraient la macroéconomie de ceux qui relèveraient de la microéconomie et justifiez votre réponse.

a) La Banque du Canada résiste aux spéculateurs.

MI   MA

b) Le gouvernement a augmenté les impôts.

MA   MI

c) Reprise des activités économiques.

MA   MA

d) On peut abolir le déficit du gouvernement.

MA   MA

e) La guerre du pétrole, c'est Pétro-Canada contre Pétro-Québec.

Mi   MI

f) Puissante remontée des profits des fabricants d'autos des États-Unis.

Mi   MI

g) La Banque du Canada a abaissé son taux d'intérêt.

MA   MA

h) Le dollar canadien s'est redressé par rapport à la devise américaine.

MA   MA

i) Les producteurs de café se regroupent.

Mi   Mi

j) L'industrie informatique cherche son souffle.

Mi   MI

2. Parmi les sujets de recherche suivants, lesquels appartiendraient au domaine de la science économique. Justifiez votre réponse.

a) Les techniques de vente de véhicules commerciaux.

NON MARKETING

b) Les achats des consommateurs à la veille des vacances.

OUI= ACHAT

c) L'effet de l'augmentation des prestations d'assurance-chômage sur les ventes au détail.

OUI =VENTES

d) Le marché de l'or.

OUI

e) L'entrée des femmes sur le marché du travail et le taux de natalité.

NON

f) La détermination de la capacité de remboursement d'une entreprise.

NON

g) Le niveau d'endettement des ménages.

OUI

h) Les rituels du mariage dans notre société.

NON= Socio

i) Le comportement des adolescents dans les familles à faibles revenus.

NON

j) L'effet de la TPS sur les dépenses de consommation.

OUI

3. Repérez parmi les déclarations suivantes lesquelles ne correspondraient pas à la théorie libérale.

O a) Le gouvernement devrait réduire les taxes et être moins généreux dans ses politiques sociales. O

O b) Le consommateur a tout intérêt à acheter des produits de contrebande. O

N c) Les frais de scolarité sont trop élevés. N

O d) La gratuité engendre le gaspillage. O

O e) Pour éviter la surconsommation médicale, les patients devraient payer une partie des frais encourus. O

N f) Pour réduire la pollution dans les villes, les municipalités devraient développer les transports en commun. N

O g) Le libre-échange avec les États-Unis et le Mexique favorise la production des trois partenaires. O

O h) Les universités doivent être subventionnées par les entreprises privées. O

O i) Les individus circulent librement dans une zone de libre-échange. O

N j) La construction de logements sociaux supprimerait la pénurie de logement. N

4. Soit le marché du blé, tracez une situation d'équilibre et déterminez la quantité et le prix d'équilibre. Que se passerait-il si une série de bonnes récoltes arrivaient sur le marché ? Quelle courbe se déplacerait et dans quel sens ? Quel serait le nouveau prix d'équilibre ?

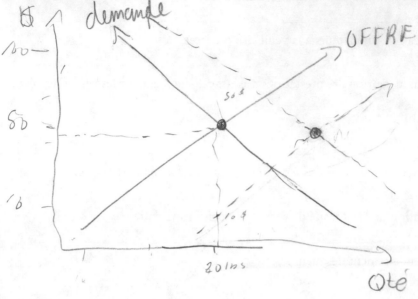

5. En utilisant l'échelle telle qu'illustrée p. 29 :

a) Déterminez la situation des programmes des différents partis politiques du pays. Justifiez votre réponse en nommant des points précis de leur programme qui vous permettent de les situer.

_____

_____

_____

_____

_____

_____

b) Situez de la même façon les pays suivants compte tenu des informations dont vous disposez; Angleterre, Suède, États-Unis, Cuba, Chine, CEI.

_____

_____

_____

_____

_____

_____

_____

	Économie	Sociologie	Histoire	Anthropologie	Psychologie	Sc. politique	Géographie

Questions d'intégration multidisciplinaire

1. Décrivez l'origine des sciences sociales et en particulier celle de la science économique.

| X | X | X | X | X | X | |

2. En quoi la science économique se différencie-t-elle des autres sciences sociales par son objet et par sa méthode ?

| X | X | X | X | X | X | |

3. Comparez une économie de marché à un autre système économique.

| | | | | | X | |

4. Décrivez l'apparition du marché jusqu'au système capitaliste (marché invisible, marché marginal, marché généralisé).

| X | | X | X | | | |

5. Comparez libéralisme politique et libéralisme économique.

| X | | | | | X | |

6. Il existe trois modèles de système économique, pourriez-vous en imaginer un autre ?

| X | | | | | X | |

Lectures suggérées

Galbraith J.K. (1988). *L'Économie en perspective*, Le Seuil.

Fourastié J. (1966). *Les conditions de l'esprit scientifique*, Paris, Gallimard.

Klatzmann, J. (1992). *Attention, statistiques. Comment en déjouer les pièges*, La Découverte/essais.

Clerc, D. (1997). *Déchiffrer l'économie*, 12 édition, Syros.

Découverte de l'économie, concepts et mécanismes. Histoire de la pensée économique, Cahiers français nos 279, 280 (1997).

La comptabilité nationale

Au terme de ce chapitre vous serez capable de :

- Repérer les principales sources d'information statistique;

- Analyser des études de conjoncture;

- Utiliser les indicateurs de la comptabilité nationale;

- Mesurer la performance d'un pays en terme de production, de revenu par habitant et de niveau de développement humain.

Un chef d'entreprise utilise des documents comptables pour connaître précisément la situation de son entreprise. De la même façon, le ministre des Finances connaît la situation économique du pays à partir de la comptabilité nationale et de statistiques fournies par les administrations publiques. Pour comprendre et juger les mesures que le gouvernement prend pour améliorer la situation économique, il faut connaître l'existence de ces informations et savoir les interpréter. La performance économique d'un pays est mesurée à partir d'un certain nombre d'indicateurs comme, par exemple, le taux de croissance de la production, le taux de chômage, le taux d'épargne, l'indice des prix, etc.

2.1   Le système de comptabilité nationale

La comptabilité nationale est un ensemble de comptes et de données statistiques qui retracent les grandes catégories d'activités économiques réalisées dans le pays. Ces comptes de la nation utilisés par les économistes sont établis par des fonctionnaires à partir de sondages, d'enquêtes ou de renseignements fournis par les différents ministères.

Les principales sources d'information

Il existe un grand nombre de documents qui traitent de la conjoncture économique canadienne et internationale. Pour faire vos recherches, il vous suffit de connaître quelques publications, que vous trouverez en général dans les bibliothèques publiques ou sur Internet. Citons-en quelques-unes.

Au niveau national :

L'*Observateur économique canadien*, de Statistique Canada. C'est une revue économique trimestrielle du ministère des Finances qui est publiée un mois après la publication des comptes nationaux. Il existe un résumé en 4 pages, *L'économie en bref*. Ces publications donnent le point de vue du gouvernement sur la situation économique du pays. La Banque du Canada publie une revue mensuelle : on trouve dans la *Revue de la Banque du Canada* des séries statistiques qui remontent aux années 70. Le *Rapport annuel* du gouverneur de la Banque du Canada exprime le point de vue officiel de la Banque du Canada sur la situation économique du pays. Certaines banques ainsi que des maisons de courtage publient des bulletins d'information qui traitent de la situation de l'ensemble de l'économie ou d'un secteur particulier. Par ailleurs, pour ce qui concerne plus spécifiquement le Québec, il faudra consulter les publications du Bureau de la statistique du Québec (BSQ).

Au niveau international :

L'OCDE, (Organisation de coopération et de développement économique) publie en différentes langues des revues de statistiques qui permettent de faire des comparaisons entre les pays. Les *Perspectives économiques* et les *Principaux indicateurs économiques* de l'OCDE sont de précieux outils de référence. Le Fonds monétaire international (FMI), la Banque mondiale (BM), la Banque des règlements internationaux (BRI) publient des recueils statistiques et des études particulières. Enfin vous pourrez également consulter l'*État du monde* publié chaque année.

L'outil statistique

C'est au 17e siècle que les premières ébauches de comptabilité nationale ont été réalisées pour éclairer le roi sur l'administration de ses finances. En Angleterre, William Petty (1623-1685) fondateur de l'approche quantitative et auteur du premier livre de finance publique *Traité des taxes et des contributions* avait imaginé de calculer la richesse du pays en évaluant les revenus et les dépenses de la nation.

Ne souhaitant pas d'intervention de l'État dans la sphère économique, les libéraux n'ont pas donné suite à ces travaux.

La Norvège a été un des premiers pays capitalistes à utiliser un système complet de comptabilité nationale grâce aux travaux de Ragnar Frisch. Ce n'est qu'à partir des années 1940 que la comptabilité nationale a pris de l'importance dans les pays capitalistes avec l'intervention de l'État dans l'économie et le développement des statistiques et de l'économétrie.

Aux États-Unis, deux économistes, Wesley Clair Mitchell et Simon Kuznets (1901-1985) du National Bureau of Economic Research (NBER) ont créé les premiers modèles de comptabilité nationale qui ont inspiré les autres pays. Depuis 1947, le ministère du Commerce américain publie chaque année les comptes nationaux qui représentent maintenant une précieuse source de renseignements pour quiconque effectue des recherches sur l'évolution de l'économie américaine. L'économiste anglais Richard Stone (1913-), après avoir établi la comptabilité nationale dans son pays a été l'initiateur du modèle fourni par l'ONU au reste du monde.

Au Canada, une agence fédérale, Statistique Canada, est chargée de fournir les renseignements statistiques pour l'ensemble du pays.

La comptabilité nationale est présentée sur le modèle créé par la commission de statistiques de l'ONU et que les pays membres ont adopté depuis la fin de la seconde guerre mondiale. Au terme d'un travail de 10 ans, des statisticiens ont produit en 1993 un système révisé de comptabilité nationale (SCN) qui tient compte des transformations du marché mondial.

L'utilité des comptes nationaux

La comptabilité nationale permet à tout citoyen de connaître la situation économique de son pays, de la comparer à celle des années passées et d'évaluer l'impact des mesures prises par les pouvoirs publics. Elle est également utilisée pour faire des comparaisons avec la situation des autres pays qui utilisent le même type de comptabilité. C'est dire son importance pour une démocratie, car c'est à partir des informations fournies que l'électeur saura si les politiques économiques adoptées ont été à ses yeux efficaces ou pas.

L'harmonisation des politiques économiques des différents pays, dans le cadre d'une mondialisation des échanges, exige des statistiques fiables et comparables. Cependant, les chiffres publiés ne peuvent refléter qu'en partie une réalité qui appartient déjà au passé, ils ne sont que des estimations plus ou moins justes.

La comptabilité nationale permet également de faire des prévisions économiques à partir d'études de conjoncture.

Il existe deux types d'**analyse de conjoncture**. Les unes sont fondées sur une simple lecture des indicateurs économiques et les autres utilisent des modèles économétriques. Elles décrivent la situation économique et font des prévisions à plus ou moins long terme. Elles comportent en général deux parties distinctes : un diagnostic qui décrit la situation économique et un pronostic. Comme un médecin que l'on vient consulter sur son état de santé, les agents économiques interrogent les conjoncturistes sur la santé de l'économie. Sommes-nous en récession ? Peut-on espérer une reprise économique vigoureuse ? Quel sera le niveau de l'activité économique dans les prochains mois, les prochaines années ? Telles sont les questions qui leur sont posées.

À l'aide parfois d'un modèle économétrique original, ces études tentent d'évaluer l'évolution des grandes composantes de l'économie. Elles tiennent compte des taux d'intérêt, du niveau de la consommation des ménages, de l'impact des impôts sur les dépenses, du montant des investissements privés et publics, du niveau de l'emploi, etc.

À partir d'une situation donnée et décrite statistiquement, les conjoncturistes vont présenter des scénarios sur l'évolution future (pour un horizon de 3 mois à 3 ans) de la situation économique. Compte tenu d'une hypothèse, portant par exemple sur le niveau des taux d'intérêt, les prévisionnistes raisonneront en partant du principe que, toutes choses étant égales par ailleurs, voilà ce qui pourrait se passer si les taux d'intérêt

Statistique Canada

Statistique Canada est une agence fédérale. Cette institution créée en 1918 employait, en 1992, 4500 personnes à Ottawa. Elle publie, outre les résultats du recensement qui a lieu tous les dix ans, les comptes nationaux et une série de données statistiques qui permettent de décrire la situation économique du pays. Soixante pour cent des renseignements publiés sont exigés par une loi. En 1992, par mesure d'austérité, le gouvernement réduisait les sommes allouées à l'agence qui disposait d'un budget de l'ordre de 260 millions de dollars, ce qui l'obligea à supprimer une série de renseignements non obligatoires.

En 1991, l'hebdomadaire anglais *The Economist* décernait, parmi une liste d'organismes gouvernementaux de 10 pays, le premier prix à Statistique Canada pour la fiabilité de ses données et l'efficacité de ses méthodes de calcul.

Statistique Canada tente de fournir les données le plus rapidement possible. Les estimations trimestrielles sont publiées dans les 60 jours de la fin du trimestre; le trimestre suivant elles sont révisées.

passaient de 5 à 4,75 %. On pourrait estimer que la consommation augmenterait d'un montant égal à..., etc.

Comme ces études sont très coûteuses, seules des institutions spécialisées, des grandes entreprises peuvent se permettre d'en effectuer. Au Canada, les grandes banques, le Conference Board, Statistique Canada et des firmes spécialisées publient des études de conjoncture dans leur bulletin périodique. L'*Éconoscope* et l'*Éco-indicateur* de la Banque Royale, la *Revue Économique* de la Banque Nationale, en sont des exemples très connus. Certaines institutions ont leur propre modèle comme la Caisse de dépôts et de placement du Québec (CDPQ) qui publie, 2 fois par an, ses études dans son *Cycles et tendances*, ou des firmes privées comme les filiales de compagnies américaines que sont : la WEFA (Wharton Econometric Forecasting Associates), Informetrica Limited et la Data Resources of Canada qui publient des prévision à court, moyen et long terme.

Aux États-Unis, il existe deux principales sources d'information sur la conjoncture; le *Survey of Current Business*, publié tous les mois par le Department of Commerce et le *Monthly Labor Review*, du Department of Labor. Le bulletin du Federal Board qui est l'équivalent de la Banque du Canada et l'*Economic Report of the President* est publié chaque année par le Council of Economic advisors, organisme que le président des États-Unis consulte.

La comptabilité nationale permet de fonder les décisions économiques prises par les différents agents économiques et plus particulièrement par le gouvernement. On peut comprendre l'importance de bien utiliser toutes ces statistiques pour éviter les conclusions erronées et des anticipations qui pourraient entraîner des décisions malheureuses tant pour les dirigeants politiques que pour les agents économiques.

Contrôle des connaissances

- *À quoi sert la comptabilité nationale ?*
- *Sur quel modèle est construite la comptabilité nationale canadienne ?*
- *Quelles sont les deux parties d'une analyse de conjoncture ?*
- *Quels sont les pays qui font partie du G7 ?*

Le G7

Le G7 est un groupe de sept pays qui comprend les États-Unis, la France, l'Angleterre, l'Allemagne, le Japon, l'Italie et le Canada. Pour coordonner les politiques nationales, les ministres des finances et les gouverneurs des banques centrales du G7 se réunissent pour se fixer des objectifs communs. Des rencontres au sommet ont lieu régulièrement entre les chefs d'État. On mesure donc l'importance de présenter des comptes incontestables. Le G8 inclut la Russie.

2.2 L'évaluation de la production d'un pays; PIB ou PNB

La situation économique d'un pays dépend tout d'abord du niveau de l'activité des agents économiques et de la valeur de ce qui est produit sur le marché. La première difficulté qui se présente est de savoir ce qui va être pris en compte ou pas dans le calcul de cette production. Des règles comptables ont été établies pour définir ce qui doit être retenu ou pas, de telle façon qu'il soit possible de faire des comparaisons d'une année par rapport à l'autre et d'un pays par rapport à un autre. À partir de cette estimation, d'autres mesures pourront être déterminées.

Les activités prises en compte

Le PIB ou produit intérieur brut est la valeur en $ de la production annuelle de tous les biens finis et services de la nation. Quatre critères nous permettent de savoir si une activité économique devra être prise en compte ou pas par la comptabilité nationale.

1. Il doit s'agir d'une **production réelle** d'un bien ou d'un service. Cela signifie que les transferts d'argent ou de patrimoine ne sont pas retenus puisqu'ils ne font que déplacer un pouvoir d'achat d'une main dans une autre. Par exemple, quand on achète une action sur le marché boursier, le titre de propriété circule d'un portefeuille à un autre, c'est-à-dire d'un proprié-taire à un autre sans qu'il y ait eu production supplémentaire sur le marché. Seule la commission du courtier en valeur mobilière pourra être retenue à titre de paiement d'un service rendu. De même on ne retiendra pas les gains de loterie qui n'accroissent pas la richesse mais la répartissent plus inégali-tairement. En effet, plus il y a de millionnaires à la loto, plus les perdants s'appauvrissent !

2. Le **bien doit être fini**. Il ne doit plus subir de transformation par une entreprise du pays. Tout ce qui est acheté par les

Les secteurs institutionnels

La comptabilité nationale distingue six secteurs institutionnels :

- les ménages (formés d'une personne ou d'un groupe de personnes vivant sous un même toit ou avec un même budget);
- les entreprises individuelles privées non financières;
- les entreprises non financières, sociétés, compagnies;
- les institutions financières, entreprises qui gèrent de l'argent;
- l'administration générale, c'est-à-dire les entreprises à but non lucratif gérées par une collectivité locale ou nationale;
- enfin, les agents économiques étrangers.

ménages est considéré comme bien fini. Tout ce qui est exporté l'est également. Pour la même raison, on ne tiendra pas compte du coût des matériaux achetés (produits intermédiaires) par une entreprise dans le but de les transformer.

3. Le bien ou le service produit doit être **vendu sur le marché officiel**. Il doit faire l'objet d'une transaction monétaire.

   Tout ce qui est donné ou troqué contre un autre bien ou service ne peut être retenu. C'est ainsi que le travail domestique ne peut être évalué dans la production du pays. Cela représente au Canada près de 40 % de la production officielle. Quand une personne à la maison retourne sur le marché du travail, la valeur du PIB va augmenter. Dans les pays traditionnels où une grande partie des activités ne passent pas par le marché, la production du pays est donc largement sous-évaluée.

   La valeur des services effectués par des bénévoles n'est également pas prise en compte bien que cela concerne un secteur important et en perpétuel développement. Au Québec en 1991, plus d'un million de personnes, soit l'équivalent de 133 000 emplois à temps plein, œuvraient dans un des 30 000 organismes sans but lucratif, qui prennent la relève de l'État-providence. Cela concerne une personne sur cinq, ce qui est loin d'être négligeable.

   Pour la même raison les **transactions illégales** ne sont pas comptabilisées. Prostitution, drogue, fraude fiscale, travail au noir, toutes ces activités font partie de ce que l'on désigne par *l'économie souterraine,* qui échappe aux statistiques, au contrôle de l'État et à l'impôt. Au Canada, en 1996, l'évasion fiscale était évaluée à 12 milliards de $ et un sondage révéla qu'un grand nombre de canadiens seraient prêts eux-mêmes à participer à l'économie clandestine.

   Aux États-Unis dans les années 1980, on évaluait la fraude fiscale de 6 à 14 % du PNB, soit l'équivalent du déficit budgétaire de l'époque.

4. Le bien doit être **vendu pour la première fois**. Cela exclut tout le marché des biens usagés, qu'il s'agisse de maisons anciennes, de meubles vendus chez les antiquaires, dans les ventes de garage ou les marchés aux puces, de linge, d'objets utilitaires que l'on peut se procurer dans les établissements de charité tel l'Armée du Salut.

   On retient cependant les produits qui ont été faits dans l'année et qui n'ont pas été vendus (évalués au prix du marché dans les stocks). C'est ainsi que la valeur de la production peut avoir progressé d'une année par rapport à une autre uniquement parce que les stocks ont augmenté. Par exemple, au Canada, les années où le blé invendu s'accumule se traduisent, statistiquement, par une augmentation de la production, ce qui ne serait pas un signe de reprise économique mais au contraire de surproduction, de saturation des marchés.

En ce qui concerne les services, ils sont nécessairement consommés au fur et à mesure qu'ils sont produits. Il ne pourrait donc y avoir de surplus non vendus.

Les méthodes de calcul

Pour évaluer la production de l'année, plusieurs méthodes de calcul sont utilisées. En principe, elles devraient toutes donner le même résultat, mais compte tenu du nombre des données prises en compte, il existe toujours une erreur résiduelle, un écart statistique ou *divergence statistique* plus ou moins importante.

On estime la production du pays pour une année de trois façons différentes; en additionnant toutes les valeurs ajoutées, en additionnant toutes les dépenses en biens et en services effectuées par les agents économiques ou en totalisant les revenus déclarés.

Évaluation par la valeur ajoutée

Pour produire, il a fallu transformer des matières premières. À chaque stade de la transformation, le bien a acquis de la valeur que l'entreprise a réalisée en le vendant. Elle remet à quelqu'un d'autre le fruit de son activité contre de l'argent. Le produit de la vente moins le coût des matières premières est appelé **valeur ajoutée.**

Supposons trois personnes, représentant chacune un secteur d'activité dans la filière du pain : le fermier (secteur primaire), le meunier (secteur secondaire) et le boulanger (secteur tertiaire).

- le fermier a vendu pour 100 $ de blé au meunier (matière première);
- le meunier a vendu pour 300 $ de farine au boulanger (la farine est donc un produit intermédiaire, ou semi-fini);
- et le boulanger a vendu pour 500 $ de pain aux ménages (le pain est un produit fini puisqu'il ne subit plus de transformation ultérieure par l'appareil de production).

Valeur de la production		Valeur ajoutée : (production - achats)
fermier :	100 $ (blé)	100 $ - 0 $ = 100 $
meunier :	300 $ (farine)	300 $ - 100 $ = 200 $
boulanger :	500 $ (pain)	500 $ - 300 $ = 200 $
PIB		= 500 $

La **valeur ajoutée** est par définition la différence entre la valeur de la production et le coût des matières qui ont servi à sa fabrication.

Notons que la somme des **valeurs ajoutées** est égale à la valeur du produit fini puisque la valeur du produit fini incorpore toutes les valeurs ajoutées réalisées à chaque stade de la production.

Comme nous pouvons le constater, **c'est en transformant des produits** que se crée la richesse d'un pays, d'où l'importance de transformer ses matières premières sur place. Puisque la somme des valeurs ajoutées est égale à la valeur du produit fini, il est donc possible de calculer également la valeur de la production du pays en retenant toutes les dépenses en biens finis et en services que les agents économiques ont effectuées officiellement sur le marché.

Évaluation par la méthode des dépenses

En additionnant la somme des dépenses personnelles en biens et en services des ménages ou dépenses des particuliers (C) plus les dépenses d'investissement effectuées par les entreprises privées ou publiques (I), plus les dépenses courantes en biens et en services des administrations publiques (G) on obtient la **demande intérieure**, à laquelle on ajoute le solde de la balance commerciale $(X - M)$ et la variation des stocks d'une année par rapport à l'autre.

La consommation ou les dépenses des ménages (C)

Les dépenses des ménages concernent les achats que font les particuliers mais aussi les sociétés à but non lucratif et les entreprises individuelles. Il s'agit de toutes les dépenses en biens durables (un appareil ménager) et non durables (la nourriture) et des services (repas pris au restaurant), à l'exclusion des achats considérés comme un investissement (maison). En faisant la somme de toutes les consommations individuelles, on obtient un chiffre qui représente un « agrégat » et que l'on écrit avec une majuscule : C. (Pour Keynes la macroéconomie était l'économie écrite avec des majuscules !)

Les investissements : FBCF + stocks (I)

Aux dépenses agrégées de consommation, on ajoute les sommes d'argent consacrées par les entreprises aux immobilisations en formation brute de capital fixe (FBCF) c'est-à-dire, aux achats

---

Distinction entre la valeur ajoutée et le profit

La valeur ajoutée est la différence entre le prix de vente d'un produit et le coût des matières (capital circulant) qui ont servi à sa fabrication. Le profit est la différence entre le prix de vente et les coûts de production (coût des matières premières, des machines et du travail).

d'équipement (investissement net) et à son entretien (amortissement). En ajoutant à ces investissements les achats de matières premières on obtient le montant total des investissements bruts. Les investissements effectués par les administrations publiques et les entreprises étrangères sont également inclus dans cette catégorie.

> Investissements nets + amortissements = Investissements bruts

Les dépenses courantes des administrations publiques (G)

Les dépenses courantes des administrations publiques sont celles des ministères (santé, éducation, défense) telles les salaires de la fonction publique et les dépenses de fonctionnement. On parle parfois des « dépenses de consommation collective » dans la mesure où on estime que les dépenses dans l'éducation et les soins de santé ne sont pas des investissements.

> C + I + G = demande intérieure

Le solde de la balance commerciale (X - M)

Comme toutes ces dépenses ne concernent pas forcément des biens produits au pays (biens domestiques), on doit retrancher la valeur des biens importés (produits étrangers) (M). Par contre, il faut retenir la valeur des biens exportés (X) qui ont été fabriqués au pays. On appelle solde de la balance commerciale (X-M), la différence entre la valeur des biens exportés et la valeur des biens importés.

La variation des stocks

Toutefois, la production de l'année peut ne pas avoir été vendue en totalité, aussi faudra-t-il ajouter les produits non vendus (stocks) moins le stock de l'année précédente qui avait déjà été pris en compte : soit la variation des stocks (S2- S1) ou valeur de la variation matérielle des stocks (VVMS).

L'ensemble de tous les achats, en biens et en services, effectués par les agents économiques, constitue la Dépense Globale ou Produit Intérieur Brut (PIB), calculé par la méthode des dépenses, que nous exprimons plus simplement par l'équation keynésienne suivante :

> DG = PIB = C + I + G + (X - M) + variation des stocks

Cette équation sera centrale dans ce manuel puisque successivement, nous étudierons chacune de ses composantes dans plusieurs des chapitres qui suivent.

Le tableau 2.1 expose les constituants du PIB canadien pour l'année 1998 en termes de dépenses.

Tableau 2.1

Le PIB canadien en termes de dépenses en 1998.

Les dépenses en $ courants (milliards de $)	
(C) Dépenses personnelles en biens et services	529
(G) Dépenses publiques courantes en biens et en services	171
(I) Formation brute de capital fixe (FBCF)	168
Variation des stocks	6
(X) Exportations de biens et de services	369
(M) Importations de biens et de services	-357
Divergence statistique (voir plus loin)	-2
Produit intérieur brut	**888**

Source : Statistique Canada, *L'Observateur économique canadien*, mars 1999.

Évaluation par la méthode des revenus

Toute dépense faite par une personne représente un revenu pour la personne qui reçoit l'argent en échange du bien ou du service. Au niveau de l'ensemble de l'économie toutes les dépenses sont égales aux revenus D = R = PIB.

Il est donc possible de calculer la valeur de la production du pays en additionnant tous les revenus déclarés du pays.

Pour que l'évaluation soit juste, il est nécessaire que les agents économiques déclarent honnêtement leurs revenus, tant du travail que des diverses autres sources de revenus.

Le Revenu National (RN) ou Revenu Intérieur Net (RIN) est la somme de tous les revenus distribués en contrepartie d'une production en ajoutant la variation de la valeur des stocks.

À partir du RIN, il est possible de retrouver la valeur du produit intérieur brut en y ajoutant des sommes non déclarées comme

Notion d'amortissement ou de provision pour consommation de capital

Supposez que vous héritez de 500 000 $. Vous pourriez utiliser cette somme pour vivre sans travailler et « manger » doucement votre capital. Si vous êtes prévoyant, vous allez préférer vivre des revenus que cette somme d'argent, bien placée, pourrait vous rapporter. Vous achetez, par exemple, un immeuble avec votre argent. Transformé en immeuble, cet argent devient un capital productif (il va générer des loyers). Propriétaire d'un bien de production, vous devenez capitaliste au sens premier du terme !

Chaque année, supposons que vous perceviez 50 000 $ de loyers. Vous pourriez vivre également en dépensant cet argent, mais au bout d'un certain nombre d'années votre immeuble aura vieilli et sa valeur marchande pourrait avoir diminué. Imprévoyant, vous vous seriez appauvri. Au moment où vous déclarez vos revenus à l'impôt, vous pourrez soustraire une somme qui correspondra théoriquement aux frais d'entretien de l'immeuble. Cette somme, prélevée sur vos revenus, est l'amortissement. L'amortissement est en quelque sorte un investissement qui permet de conserver la valeur de l'immeuble de période en période. En mettant de côté, pour les travaux, l'équivalent de 10 000 $, vous déclarez au fisc un revenu net d'amortissement de 40 000 $. La différence entre le brut et le net est l'amortissement.

Revenus de loyers	50 000 $
Amortissements	-10 000 $
Revenu net à déclarer	40 000 $

revenu mais qui ont été générées par la production, soit les impôts indirects payés par les entreprises, et les amortissements.

En effet, comme les impôts indirects payés (taxes à payer au moment des achats) par les entreprises sont prélevés sur les recettes d'exploitation, le montant doit être inclus dans le Revenu National. Par contre, les subventions que reçoivent les entreprises constituent un revenu de transfert qui ne provient pas de la production; il convient donc de les retrancher du Revenu National.

Ensuite, pour obtenir le PIB à partir du Produit Intérieur Net, il faut inclure les sommes qui ont servi à l'amortissement. L'amortissement (ou provisions pour consommation de capital) est effectivement une somme prélevée sur les revenus qui sert à compenser l'usure ou la dépréciation des biens de production et il convient donc de l'inclure au Produit Intérieur Net pour obtenir la valeur de la production intérieure brute.

Écart ou divergence statistique

Quand on calcule la valeur du PIB en termes de revenus ou de dépenses on devrait obtenir le même résultat. En fait il existe toujours une erreur résiduelle, ou écart statistique, qui témoigne de la difficulté à saisir parfaitement toutes les données.

Pour obtenir le même résultat on utilise les deux méthodes et on détermine le montant de la différence entre les deux, que l'on divise par deux, comme suit :

$$\frac{\text{PIB le plus élevé} - \text{PIB le plus bas}}{2} = \text{écart statistique}$$

ensuite on ajoute ce résultat au PIB le plus bas et on le retranche au PIB le plus élevé, ce qui fait que le montant du PIB calculé en termes de revenus ou de dépenses est le même.

La figure 2.1 illustre l'évolution du PIB au Canada de 1986 à 1995. Le tableau 2.2 expose le PIB canadien pour l'exercice 1995 en termes de revenus.

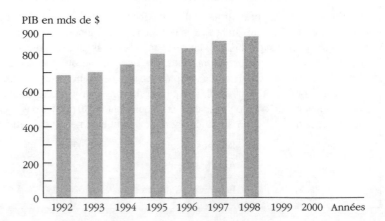

Figure 2.1

Évolution du PIB au Canada depuis 1992, en milliards de dollars. Source : *L'Observateur économique canadien*, mars 1999.

Tableau 2.2

Le PIB canadien en termes de revenus au prix du marché en 1998.

Les revenus déclarés en milliards de $ courants	
Salaires, traitements et revenus supplémentaires du travail	467
Bénéfices des sociétés avant impôts	79
Bénéfices des entreprises publiques	7
Intérêts et revenus divers de placement	46
Revenu comptable net des exploitants agricoles	2
Revenu net des entreprises individuelles non agricoles, loyers compris	56
Ajustement de la valeur des stocks	-2
Revenu intérieur net	**655**
Impôts indirects moins subventions	120
Provisions pour consommation de capital (Amortissements) voir tableau p.45	115
Divergence statistique	-2
Produit intérieur brut au prix du marché	**888**

Source : Statistique Canada, *L'Observateur économique canadien*, mars 1999.

Contrôle des connaissances

- *Que mesure le PIB/PNB ?*
- *Comment savoir si une activité économique peut être retenue ou pas dans le calcul du PIB ?*
- *Quelles sont les trois façons de calculer la valeur du PIB/PNB ?*
- *Qu'est-ce que la valeur ajoutée ?*
- *Qu'est-ce qu'un amortissement ?*

2.3 Les autres indicateurs de la comptabilité nationale

À partir de l'évaluation de la production, il est possible de déduire d'autres informations. On peut en particulier faire la distinction entre le PIB et le PNB, entre le revenu personnel et le revenu disponible et enfin connaître le montant de l'épargne globale des ménages.

Distinction entre PIB (produit intérieur brut) et PNB (produit national brut)

Contrairement aux États-Unis le Canada, depuis 1986, utilise le PIB au lieu du PNB. Parce que le pays accueille sur son territoire un grand nombre d'entreprises étrangères qui rapatrient leur profit, la valeur du PIB est supérieure à la valeur du PNB. Aux États-Unis, c'est le contraire puisqu'un grand nombre d'entreprises américaines ont des filiales à l'étranger, la valeur de leur PNB est supérieure à la valeur de leur PIB.

Quand les transactions avec l'étranger sont importantes, comme dans les pays européens, le PIB, qui exclut les revenus réalisés à l'étranger par les résidents, est plus pertinent à retenir pour connaître le niveau réel de la production domestique que le PNB qui inclut la production faite à l'étranger par les résidents.

▨ PIB + revenus reçus des non-résidents – revenus versés aux non-résidents = PNB

Le tableau 2.3 présente les variations du PIB et du PNB au Canada de 1994 à 1997.

Tableau 2.3

Différence entre le PIB et le PNB, au Canada, en milliards de dollars courants.

Années	PIB	PNB	Différence
1994	768	740	28
1995	807	778	29
1996	829	802	27
1997	866	839	27
1998			
1999			
2000			

Source : *Statistiques Canada.* Comptes économiques et financiers, 1998.

Distinction entre revenu personnel et revenu disponible

À partir de la valeur de la production annuelle, il est possible de distinguer le montant du revenu personnel (RP) des ménages de leur revenu disponible. Il est intéressant de connaître le montant d'argent qui reste dans la poche des ménages après avoir subi les différents prélèvements fiscaux et avoir reçu les revenus de transfert. Ce montant déterminera éventuellement le niveau de la consommation.

Le PIB moins les amortissements nous donne la valeur de la production intérieure nette (PIN), c'est-à-dire la rémunération qu'a reçu chacun des facteurs de production pour avoir participé à la production (travailleurs, investisseurs, etc.). À ce stade, il faut retrancher les taxes indirectes que les entreprises ont payées sur leurs achats au trésor public, ce qui réduira d'autant le revenu généré par la production qui sera distribué sous forme de bénéfice aux actionnaires.

Le Revenu Intérieur net au coût des facteurs (RIN) est le montant d'argent qui pourrait aller théoriquement dans la poche des ménages s'il n'y avait pas à payer les cotisations au régime de la sécurité sociale, si les entreprises distribuaient tous les bénéfices et qu'elles n'avaient aucun impôt sur leurs bénéfices à payer. Ces trois prélèvements diminuent l'argent qui sera versé aux ménages. Par contre, certains ménages vont percevoir des paiements de transferts car, pour ne pas être exclus du marché, ils doivent obtenir de l'argent même s'ils n'ont pas participé au processus de production.

C'est ainsi que le gouvernement dans le cadre de sa politique sociale va verser des sommes au titre des pensions de vieillesse, des indemnités de chômage ou des prestations pour enfants.

Le revenu personnel représente donc le revenu brut des ménages; c'est la somme des revenus déclarés par les contribuables. Une fois l'impôt payé on obtient le revenu disponible, celui qui peut être dépensé librement par les ménages.

L'épargne globale

Le revenu disponible (RD) sert à payer les dépenses de consommation des ménages (C). Le montant d'argent qui reste représente l'épargne globale, c'est le résidu. Individuellement, il se peut que des ménages n'aient aucune épargne, ils peuvent même être endettés, mais s'ils ont des dettes cela prouve que d'autres ont des surplus qu'ils ont mis à leur disposition. Il y a aussi des ménages qui ont des dettes et des épargnes car souvent pour emprunter il faut avoir des garanties à offrir. Globalement le pays génère toujours une certaine épargne dont on peut estimer l'importance en la rapportant au PIB ou au revenu disponible.

Le gouvernement dispose donc de précieux indicateurs pour mesurer le pouvoir d'achat des ménages. En faisant varier le niveau des impôts, il contrôle le montant des dépenses de consommation ou de l'épargne des particuliers.

Contrôle des connaissances

- *Quelle différence fait-on entre PIB et PNB ?*
- *Qu'entend-on par revenu disponible ?*
- *Qu'est-ce que l'épargne globale ?*

Les principaux indicateurs de la Comptabilité Nationale

Produit intérieur brut (PIB)
- amortissements

= Produit Intérieur Net au prix du marché (PIN)
- taxes indirectes

= Revenu Intérieur net (RIN)
- cotisations au régime de la sécurité sociale
- bénéfices non distribués des entreprises
- impôts sur les sociétés
+ revenus ou paiements de transfert

= Revenu personnel (RP)
- impôts personnels

= Revenu disponible (RD)
- Dépenses de consommation (C)

= Épargne (E)

2.4 — La mise en perspective des données statistiques

Quand on évoque un chiffre quelconque, par exemple si l'on dit que le PIB est de 100 mds de $, il est impossible, comme tel, d'en estimer l'importance. Est-ce beaucoup, est-ce peu ? Pour lui donner du sens, il faut le rapporter à une autre donnée, soit en le comparant au chiffre d'une année précédente (calcul d'un taux de variation que nous étudierons dans le chapitre 3), soit en le rapportant au chiffre d'une autre estimation (production d'un ratio), soit en le comparant à celui d'un autre pays.

En convertissant la valeur de la production de chacun des pays du G7 en dollars américains, il est possible de se faire une idée approximative de l'importance relative de chacune de ces économies. Dans le tableau 2.4, on constate que le PNB américain est dix fois plus important que le PIB canadien. La valeur de la production japonaise est pratiquement deux foix plus importante que celle de la France.

Tableau 2.4

PIB/PNB comparés des pays du G7.

Pays	PIB/PNB en mds de $ américains en 1997
États-Unis	7927
Japon	2985
Allemagne	1846
France	1239
Royaume-Uni	1172
Italie	1150
Canada	673

Source : *État du monde*, 1999.

L'utilisation de ratios

Il est possible de déterminer des rapports caractéristiques qui permettent de suivre la situation économique d'un pays et de la comparer aux autres pays comme, par exemple, l'épargne personnelle sur le revenu disponible, la part de la consommation dans la dépense globale, la part des dépenses publiques dans le PIB, etc. Il est intéressant d'étudier l'évolution de la part des salaires dans le revenu intérieur et de faire la comparaison avec la part des profits. Si, en période de récession, on se rendait compte que la part des salaires dans le revenu intérieur diminue alors que la part des profits augmente, cette observation pourrait être exploitée politiquement.

On observe que certains taux sont relativement stables, comme celui de la part des dépenses de consommation dans le PIB; par contre, d'autres sont très variables comme la part des investissements dans le PIB.

$ constants de 1986

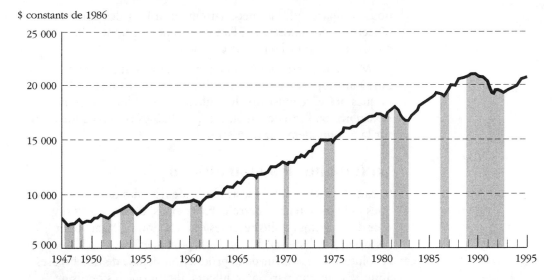

Figure 2.2

Évolution du PIB *per capita* au Canada de 1947 à 1995. Les zones ombrées montrent les périodes au cours desquelles le PIB a chuté. Source : *L'Observateur économique canadien*, février 1996.

Le PIB per capita (par habitant)

Dans les journaux, on nous présente souvent pour donner une idée des différences de niveau de vie des pays, le PIB *per capita*. C'est-à-dire qu'on divise la valeur de la production du pays par le nombre d'habitants. Cet indicateur permet de comprendre pourquoi un pays n'arrive pas à assurer un meilleur niveau de vie quand sa production augmente dans la mesure où sa population augmente trop vite (cas de l'Algérie). Un pays qui, à l'opposé, verrait sa population diminuer pourrait avoir un PIB *per capita* qui augmente quand bien même sa production serait stagnante. La figure 2.2 illustre l'évolution du PIB *per capita* au Canada de 1947 à 1995.

En réalité, cette mesure ne donne aucune indication sur la répartition des revenus et on peut observer des pays où le PIB *per capita* est très élevé alors que la population a un niveau de vie très bas parce que la richesse nationale est détenue par une minorité de personnes très fortunées.

2.5 Les limites de la comptabilité nationale

Pour savoir si notre système fonctionne optimalement, on doit nécessairement se comparer aux autres. Dans un système de concurrence croître à son rythme est considéré comme inconséquent. Il faut pouvoir faire mieux que les concurrents, donc il est nécessaire de savoir si la performance économique des autres pays est supérieure ou pas. Mais sur quelle base pouvons-nous

nous comparer ? Il faut nécessairement utiliser des données objectives, des statistiques; l'utilisation de la comptabilité nationale est donc l'outil par excellence.

Mais comparer une époque par rapport à une autre ou un pays par rapport à un autre au niveau des performances économiques présente plusieurs difficultés. La première concerne l'existence ou l'absence de statistiques fiables et la seconde porte sur la notion même de bien-être.

La fiabilité des statistiques

Si dans les vieux pays industrialisés il existe des données statistiques qui remontent à l'entre-deux-guerres, d'autres pays disposent de statistiques plus récentes et il est donc difficile pour les historiens de disposer de ces outils pour mesurer exactement l'évolution de la valeur de la production depuis de nombreuses années. Pour comparer, par ailleurs, il faut que les outils de mesure soient identiques, ce qui n'est pas toujours le cas. Il est impossible, par exemple, de comparer la performance économique d'un pays capitaliste à celle d'un pays communiste où le système de comptabilité nationale est tout à fait différent.

L'évaluation du bien-être de la population

Il faut se souvenir que le PIB mesure la valeur de la production d'un pays en biens et en services finis sur le marché officiel, rien de plus. Aussi ne peut-on pas utiliser cet indicateur pour évaluer

L'indicateur de « développement humain »

Depuis 1990 le Programme des Nations Unis pour le développement (PNUD) publie un indicateur du développement humain qui tient compte de quatre facteurs : l'espérance de vie à la naissance qui témoigne du niveau de santé de la population, le taux d'alphabétisation des adultes en tenant compte du niveau des études, le taux brut de scolarisation et le PIB réel *per capita*. Si les EU ont le revenu le plus élevé par habitant (26 977 $) de tous les pays du monde, c'est le Canada qui arrive en tête en terme de développement humain tel que calculé par l'indice du développement humain. Le tableau 2.5 indique le classement des pays du G7 pour le PIB *per capita* et pour l'IDH. Un IDH de 0,897 témoigne d'un niveau de développement élevé.

Tableau 2.5

Classement des pays du G7 quant au PIB *per capita* et à l'IDH pour 1998.

Pays	PIB *per capita* en $ de 1991	IDH	Rang mondial
États-Unis	26 977	0,943	4
Japon	21 930	0,940	8
France	21 175	0,946	2
Allemagne	20 370	0,925	19
Royaume-Uni	19 302	0,932	14
Italie	20 174	0,922	21
Canada	21 916	0,960	1

Source : *État du monde*, 1999, p. 584.

le bien-être d'une société. Le PIB ne donne aucune indication sur la sorte de production (biens d'armement ou biens de consommation), ni sur la qualité, ni sur les effets négatifs qu'elle provoque sur l'environnement.

Dans les pays traditionnels où le travail fait en dehors du rapport marchand, à la maison ou par le système D, est encore très important, le PIB *per capita* est dérisoire bien que les personnes disposent de moyens de subsistance. Le repas pris au restaurant est-il plus satisfaisant que celui servi à la maison ?

Une production industrielle intensive augmentera le montant du PIB mais on ne tiendra pas compte, dans un premier temps, des effets destructeurs en termes d'épuisement des ressources naturelles, de pollution et de maladies diverses qu'il faudra un jour ou l'autre payer. Certains économistes suggèrent de retrancher les effets négatifs engendrés par le système de production et de substituer au PIB un nouvel indicateur le « PIB vert » qui tient compte de l'économie souterraine et des effets contre-productifs.

Produire plus ne signifie donc pas nécessairement que le bien-être de la population augmente. Un pays peut avoir un PIB *per capita* relativement élevé par rapport à un autre et avoir un taux de mortalité infantile plus élevé etc. Selon l'*État du monde* de 1996, L'Arabie saoudite avec un revenu de 7040 $ par habitant comptait 35,9 % d'analphabètes dans sa population. Pour évaluer le niveau de développement d'une société, il existe des indicateurs sociaux plus pertinents comme le taux de scolarisation, le nombre de médecins par habitant, le nombre de livres publiés par année, l'espérance de vie à la naissance, le taux de mortalité infantile, etc. L'indice composite de développement humain (IDH) prend en compte un certains nombre de ces indicateurs sociaux pour classer les pays. D'autres statistiques permettent de mesurer le degré d'exclusion des individus comme le taux de détention, c'est-à-dire le nombre de prisonniers par habitant, ou le taux de suicides qui témoigne du degré d'intégration des individus au groupe auquel ils appartiennent.

Contrôle des connaissances

- *Est-ce que le PIB/PNB permet de mesurer le bien-être d'un pays ?*
- *Que mesure le PIB per capita ?*
- *Que mesure l'IDH ?*

Conclusion

La comptabilité nationale est un précieux outil qui nous permet de connaître la situation de l'économie d'un pays. Elle est à la base de toutes les études de conjoncture et elle sert à justifier les politiques économiques et sociales des gouvernements. À partir de ces données, les institutions internationales comme le FMI (Fonds monétaire international) formulent des recommandations pour redresser une situation qu'elles jugeraient préoccupante et qui pourrait entraîner des perturbations qui menaceraient l'équilibre mondial. Tout redressement peut avoir des effets sur le bien-être d'une société, aussi doit-on tenir compte non seulement des données comptables mais aussi des indicateurs sociaux. Au-delà des chiffres, il y a des besoins exprimés par les êtres humains dont il faut avant tout tenir compte et pouvoir satisfaire le mieux possible puisque tel est l'objectif de la science économique.

Résumé

Depuis 1947, la plupart des pays se sont dotés d'organismes publics, comme statistique Canada ou le bureau de la Statistique du Québec (BSQ), qui fournissent des renseignements selon un modèle de comptabilité nationale fourni par l'ONU. À partir de ces données, les conjoncturistes produisent des études qui décrivent la situation économique du pays (diagnostics) et suggèrent des prévisions (pronostic) à partir de certaines hypothèses (scénarios). Ces études de conjoncture permettent aux responsables politiques de prendre des mesures correctives et de justifier leur politique économique tant sur le plan national qu'international.

Pour qu'une activité économique puisse être comptabilisée, il faut qu'elle concerne la production d'un bien fini ou d'un service réalisé dans l'année, qu'elle passe par le marché officiel et qu'elle fasse l'objet d'une transaction monétaire.

La valeur de la production annuelle d'un pays est calculée de trois façons; en termes de valeur ajoutée, de dépenses ou de revenus.

À partir du PIB, on détermine la valeur du revenu intérieur, celle du revenu personnel et du revenu disponible. L'épargne globale est une donnée résiduelle, on l'obtient en soustrayant les dépenses de consommation du revenu disponible.

Le PIB et le PNB sont des estimations de la valeur des biens et des services produits dans l'année, ils ne mesurent pas le niveau de bien-être du pays. Pour mesurer le niveau de développement humain le Programme des Nations Unis pour le développement a bâti un nouvel indice, l'IDH, composé du PIB *per capita*, de l'espérance de vie à la naissance et du taux d'alphabétisation et de scolarisation.

Mots clés

Amortissement

Comptabilité nationale

Écart ou divergence statistique

Économie souterraine

Étude de conjoncture

Immobilisations

Indicateur du développement humain (IDH)

Indicateurs économiques

Indicateurs sociaux

Paiement de transfert

PIB *per capita*

Produit intermédiaire

Produit Intérieur Brut (PIB)

Produit National Brut (PNB)

Revenu disponible

Revenu Intérieur net

Revenu personnel

Valeur ajoutée

Exercices

1. Trouvez un synonyme aux termes suivants :

a) Dépréciation du capital : *ammortissements*

b) Immobilisations : *investissement*

c) Inventaires : _____

d) Écart statistique : _____

e) Économie souterraine : _____

f) Demande globale : _____

g) PIB : _____

h) Conjoncture économique : _____

2. Complétez les phrases suivantes :

Une entreprise achète pour 800 $ de marchandises qu'elle transforme en un produit qui se vend 840 $.

a) La différence de _____ s'appelle la _____ par l'entreprise.

b) L'investissement brut correspond à l'investissement net plus les _____ .

c) La somme de toutes les valeurs ajoutées lors de la production d'un bien est égale à la valeur du _____ .

d) Les 4 critères pour qu'une activité économique puisse être prise en compte dans la comptabilité nationale sont :

1. _____   3. _____

2. _____   4. _____

e) La différence entre le PIB et le PNB concerne _____ .

3. Dans la liste des activités économiques suivantes, lesquelles seraient prises en compte dans le calcul du PIB ? (Encerclez la lettre qui correspond à une bonne réponse.)

   a) La vente d'une voiture usagée.

   b) Des chaussures qui ne sont pas vendues.

   c) Le revenu d'un trafiquant de drogue.

   d) L'achat d'actions sur le marché secondaire boursier.

   e) Le travail ménager.

   f) Le travail fait par un menuisier sur sa maison.

   g) Les services d'un avocat.

   h) Un chèque de bourse d'étude reçu par un étudiant.

   i) Le loyer que touche le propriétaire d'un logement.

   j) L'argent qu'une gardienne d'enfant reçoit sans être déclaré.

   k) La vente d'une maison neuve.

   l) Les dividendes versés aux actionnaires étrangers.

   m) L'achat d'une antiquité.

   n) L'achat d'un livre d'économie à la coopérative.

   o) Les frais de dentiste.

   p) Le paiement des impôts.

   q) Les travaux de réfection d'une route.

   r) Le salaire du professeur.

   s) Les droits d'auteur.

   t) La contrebande de cigarettes.

4. Calculez le PIB, le RIN au coût des facteurs, le RP, le RD et le montant de l'épargne globale au Canada, compte tenu des éléments suivants :

(en milliards de dollars)			
Dépenses de consommation	136	Investissements nets	53
Importations	67	Bénéfices non-distribués des entreprises	9
Dépenses du gouvernement	48	Impôts sur le revenu des personnes	30
Exportations	60	Paiements de transfert	26
Amortissements	25	Cotisations à la sécurité sociale	10
Taxes indirectes payées par les entreprises	26	Impôts des sociétés	9

N. B. : Inscrivez toutes les opérations pour obtenir les réponses.

5. Reportez-vous au tableau 2.2 du PIB en termes de revenus et répondez aux questions suivantes :

   a) Quel est le revenu le plus important dans le Revenu Intérieur net au coût des facteurs ?

   b) Quelle part représente ce revenu dans le Revenu Intérieur net au coût des facteurs ? (donnez la réponse en %).

6. Reportez-vous au tableau 2.1 du PIB en termes de dépenses et répondez aux questions suivantes :

a) Quelle est la dépense la plus importante dans le PIB ?

_____

b) Quelle part représente-t-elle dans le PIB ?

_____

c) Quelle est la valeur des principales composantes de la demande globale en 1998, soit C, I, G (dépenses courantes).

_____

Questions d'intégration multidisciplinaire

	Économie	Sociologie	Histoire	Anthropologie	Psychologie	Sc. politique	Géographie
1. Décrivez une société où le bien-être économique serait selon vous supérieur aux autres en utilisant différents indicateurs économiques et sociaux.	X	X					
2. Décrivez tous les aspects de l'économie souterraine.	X	X			X		
3. Le trafic de la drogue dans le monde.	X	X	X		X	X	X
4. Le trafic des armes.	X		X			X	X
5. L'importance du bénévolat dans une économie.	X	X			X		
6. La valeur du travail domestique.	X	X	X	X			

Lectures suggérées

Clift, B. et Wells, S. La fiabilité des estimations des comptes nationaux du Canada, *L'Observateur économique canadien*, février 1990, 11-010, Statistique Canada.

L'économie souterraine, le travail au noir et l'évasion fiscale, ministère des Finances du Canada, (1996).

Fortin, B. *L'économie souterraine au Québec : mythes et réalité*. (1996), Les presses de l'Université Laval, 115 p.

Gervais, G. L'économie souterraine :mythes et vérités, *Options politiques*, oct. 1994, p. 29.

Cassiers, I. Comptes et légendes : les limites de la comptabilité nationale, *Problèmes économiques* no 2.467, avril 1996.

Cassiers, I. Contours et limites de la comptabilité nationale, dans *Cahiers français*, 1998, no 886.

L'économie souterraine : un phénomène difficile à évaluer, CPQ, *Bulletin sur les relations de travail*, décembre 1994.

Klatzmann, J. (1992). *Attention, statistiques ! comment en déjouer les pièges*, La Découverte/essais.

Smith, P. Évaluation de la dimension de l'économie souterraine, : le point de vue de Statistique Canada, *L'Observateur économique canadien*, mai 1994, p. 3.16.

Sauvy, A. Historique de la comptabilité nationale, *Économie et Statistique*, juillet-août 1970.

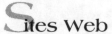ites Web

www.lacaisse.com
Pour consulter la revue Cycles et tendances.

www.oag_bvg.gc.ca
Bureau du vérificateur. Étude sur l'évasion fiscale, la gestion de la qualité des statistiques, sur l'économie clandestine, etc. (1999).

www.statcan.ca
Système des comptes nationaux.

CHAPITRE

3

Variation du niveau des prix et pouvoir d'achat

Au terme de ce chapitre vous serez capable de :

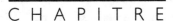 Distinguer PIB nominal et PIB réel;

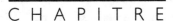 Calculer un taux de croissance;

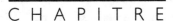 Utiliser les indices de prix;

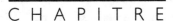 Déterminer le pouvoir d'achat de l'argent;

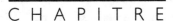 Distinguer variation des prix et niveau des prix.

Précédemment, nous avons étudié comment on calcule la valeur annuelle de la production d'un pays en utilisant comme indicateur le PIB ou le PNB. La comptabilité nationale nous permettait également de connaître le revenu que les agents économiques obtenaient de leurs activités sur le marché officiel.

Le revenu disponible est le revenu qui sert aux dépenses de consommation des citoyens. C'est en quelque sorte le pouvoir d'achat des ménages. Ce pouvoir d'achat cependant dépend des prix, aussi faut-il suivre la variation de ceux-ci.

Nous distinguerons la valeur de la production telle que relevée sur le marché, soit le PIB nominal, et la valeur de cette production corrigée de l'effet de la variation des prix; soit le PIB réel. On saura ainsi si l'augmentation de la production correspond bien à un accroissement de biens et de services ou si seulement elle ne reflète qu'une augmentation des prix (phénomène monétaire).

3.1 La production réelle

Pour connaître la production qui a été réellement réalisée dans l'année, il est nécessaire de s'assurer que les variations de prix ne faussent pas l'évaluation. Quand on relève sur le marché le prix de vente des biens et des services pour calculer la valeur de la production annuelle, il faut s'assurer que le résultat témoigne bien du volume de la production et non pas de l'augmentation des prix.

L'effet combiné prix et quantité ou l'illusion monétaire

Quand les prix augmentent cela fait gonfler artificiellement la valeur de ce qu'on pense avoir produit sans que l'on puisse savoir s'il ne s'agit que d'un phénomène monétaire. Dans l'exem-

Distinction entre le nominal et le réel

Dans les documents économiques, on utilise différents termes pour désigner le PIB réellement réalisé et le PIB tel que relevé sur le marché. La différence entre les deux est liée au phénomène monétaire, à l'illusion monétaire.

PIB NOMINAL et équivalents	PIB RÉEL et équivalents
au prix du marché	en dollars d'une année de référence
en dollars courants	en dollars constants
en dollars d'aujourd'hui	en dollars de 1992
en valeur	en volume
en dollars sans préciser	en dollars en précisant

ple du tableau 3.1, vous constaterez qu'on peut avoir l'impression que la production a augmenté alors qu'elle est stable et penser qu'elle a diminué alors qu'elle a progressé.

On suppose que le pays ne produit qu'un seul type de bien (des voitures) et on constate que le PIB nominal ou au prix du marché a fortement progressé, soit de 10 millions de dollars de 1993 à 1994. Mais en réalité, il n'y a pas eu plus de voitures produites. La production réelle en terme de volume est toujours de 1000 unités.

Pour l'année suivante, en 1995, il semblerait au contraire que la production ait diminué de 2 millions de $, alors que le nombre de voitures vendues a augmenté de 200 unités. Si les prix n'avaient pas changé, la production pourrait valoir 12 millions de $ de 1993, année de référence. D'un côté, on évalue la production en argent (économie monétaire) et de l'autre en volume (économie réelle).

Tableau 3.1

PIB nominal et réel (année de référence 1993).

Années	Nombre de voitures (q)	Prix de l'unité en $ (p)	PIB nominal, en valeur (p × q)	PIB réel, en volume
1993	1000	10 000	10 000 000	10 000 000
1994	1000	20 000	20 000 000	10 000 000
1995	1200	15 000	18 000 000	12 000 000

Pour contourner cette difficulté, les comptables nationaux ont donc imaginé de retirer du PIB nominal la variation des prix; c'est-à-dire de « dégonfler » le PIB de l'inflation lorsque les prix augmentent et de le « souffler » si les prix diminuent. La figure 3.1 représente graphiquement cette évolution. Le

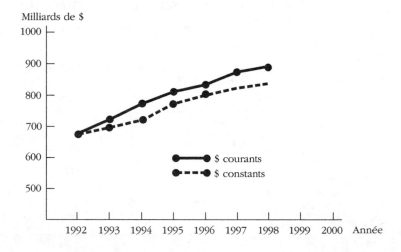

Figure 3.1

Évolution du PIB en $ courants et en $ constants au Canada depuis 1992.

Tableau 3.2

PIB en dollars courants
et en dollars constants
depuis 1992 au Canada
(en milliards de $).

Années	PIB en $ courants	PIB en $ constants
1992	698	698
1993	724	716
1994	762	744
1995	806	767
1996	826	777
1997	866	807
1998	888	830
1999	985	897
2000	1068	933

Source : *L'Observateur économique canadien*, mars 1999.

tableau 3.2 illustre l'évolution du PIB nominal et du PIB réel au Canada, de 1992 à 1998.

Contrôle des connaissances

• *Comment peut-on connaître la valeur réelle de la production d'un pays ?*

3.2 Croissance ou décroissance économique

Quand on détermine la valeur de la production d'une année, on obtient un chiffre qui en lui-même n'a pas grand intérêt. Il devient significatif quand on le compare à celui d'une autre année. Il est possible alors de voir si la production a augmenté, diminué ou est restée stable. Pour ce faire, on calcule le taux de variation de cette production d'une année par rapport à l'année précédente ou sur des périodes plus longues.

La croissance économique

On mesure la croissance économique d'un pays à partir des valeurs réelles.

Supposons un pays qui aurait un PIB réel évalué comme au tableau 3.3.

Tableau 3.3

Variation absolue en milliards de dollars et variation relative en % du PIB (valeurs fictives).

Années	PIB en mds de $ constants	Variation absolue en $	Variation relative
1993	100	–	–
1994	110	10	$\dfrac{10}{100}$ = 10 %
1995	120	10	$\dfrac{10}{110}$ = 9 %

Méthode de calcul

Quelle serait la variation du PIB en 1994 par rapport à l'année précédente en termes absolu et relatif ?

En terme absolu de dollars : C'est la différence entre les deux années, soit PIB en 94 (110 mds de $) - PIB en 93 (100 mds de $) = 10 mds de $; en terme relatif (de pourcentage), c'est la variation entre les deux années qu'on reporte sur l'année de comparaison soit :

$$\frac{\text{PIB 94 - PIB 93}}{\text{PIB 93}} \times 100, \text{ soit } \frac{110 - 100}{100} \times 100 = 10\,\%$$

entre 1994 et 1995, la croissance du PIB est de :

$$\frac{120 - 110}{110} \times 100 = \frac{10}{110} \times 100 = 9,09\,\%$$

Formule générale :

$$\frac{\text{année 2 - année 1}}{\text{année 1}} \times 100 = \%$$

Interprétation des résultats

– Quand le résultat est positif, supérieur à zéro, cela signifie qu'il y a croissance économique, forte ou faible selon l'importance du taux en question.

– Quand le taux est plus faible une année par rapport à la précédente, on dira qu'il y a ralentissement de la croissance, que l'économie s'essouffle.

– Un taux de croissance plus fort que celui de l'année précédente témoignera d'une croissance soutenue, que l'économie est plus vigoureuse.

– Quand le taux est égal à zéro, cela signifie que la valeur de la production pour une année a été la même que pour l'année précédente. Il y a stagnation de l'économie. Croissance zéro.

– Quand le taux est négatif, il y a eu décroissance de la production. L'économie est en récession quand la production du pays en terme réel a diminué pendant au moins deux trimestres consécutifs.

Les taux de croissance à travers l'histoire

L'histoire économique nous apprend qu'il existe des périodes où le taux de croissance était très faible, d'autres périodes plus fort. Avant la seconde guerre mondiale, de 1860 à 1914 dans les pays industrialisés, le taux de croissance moyen était de 1,2 %. Pendant les années de guerre et de crises économiques, la production pouvait chuter de plus de 30 %. En France, par exemple, la production a chuté de 36 % entre 1913 et 1918. Après la seconde guerre mondiale, la croissance des pays développés a connu des taux annuels de 5,5 %. Mais depuis 1975, le rythme s'affaiblit, en général, à part quelques rares cas d'exception comme celui du Japon jusqu'en 1991 ou des nouveaux pays industriels de l'Asie du Sud-Est jusqu'à la crise de 1997.

En 1982, le Canada a subi une première décroissance de son PIB réel de plus de 3 %, ce qui ne s'était pas vu depuis la crise des années 1930. Après une période de reprise plus ou moins forte, les années 1990 et 1991 ont été également des années de décroissance (-0,2 % et -1,8 %) (voir tableau 3.4).

Contrôle des connaissances

- *Comment mesure-t-on la croissance économique ?*
- *Pour quelle raison le PIB en $ constants est-il plus pertinent à considérer que le PIB en $ courants ?*
- *Quels sont les taux de croissance actuels des pays du G7 ?*

Tableau 3.4

Les taux de croissance du PIB-PNB réel pour le G7.

	États-Unis	Japon	Allemagne	France	Royaume-Uni	Italie	Canada
1981	1,9	3,7	0,0	1,2	-1,2	1,1	3,7
1982	-2,1	3,1	-0,9	2,5	1,7	0,2	-3,2
1983	4,0	2,3	1,8	0,8	3,7	1,0	3,2
1984	6,8	3,9	2,8	1,3	2,3	2,7	6,3
1985	3,7	4,4	2,0	1,9	3,8	2,6	4,8
1986	3,0	2,9	2,3	2,5	4,3	2,9	3,3
1987	2,9	4,2	1,5	2,3	4,8	3,1	4,2
1988	3,8	6,2	3,7	4,5	5,0	4,1	5,0
1989	3,4	4,8	3,6	4,3	2,2	2,9	2,4
1990	1,3	5,1	5,7	2,5	0,4	2,1	-0,2
1991	-1,0	4,0	5,0	0,8	-2,0	1,2	-1,8
1992	2,7	1,1	2,2	1,2	-0,5	0,7	0,8
1993	2,2	0,1	-1,2	-1,3	2,3	-1,2	2,2
1994	3,5	0,5	2,9	2,8	3,8	2,2	4,6
1995	2,7	0,5	1,2	2,2	2,8	3,0	2,2
1996	3,4	3,9	1,3	1,6	2,6	0,7	1,2
1997	3,9	0,8	2,2	2,3	3,5	1,5	3,7
1998	3,9	-2,8	2,8	3,2	1,4	2,1	3,0
1999							
2000							

Source : *Perspectives économiques de l'OCDE*, décembre 1998.

3.3   Les principaux indices de prix

Pour enlever du PIB l'augmentation des prix, on calcule chacune des valeurs prises en compte dans la comptabilité nationale sans l'augmentation des prix à l'aide d'indices de prix spécifiques. On obtient ainsi un PIB en valeur réelle qui nous permet de construire un « indice implicite des prix ».

L'indice implicite des prix (IIP)

L'Indice implicite des prix mesure la variation des prix pour tous les biens et services inclus dans le calcul du PIB. C'est donc le plus complet de tous les indices.

$$\text{Indice implicite des prix} = \frac{\text{PIB nominal}}{\text{PIB réel}} \times 100 = \text{IIP}$$

Statistique Canada publie l'IIP pour les grandes catégories de dépenses du pays, ce qui permet d'identifier l'origine de la variation des prix. Dans le tableau 3.5, on remarque que ce sont les prix des dépenses publiques en biens et en services (G) qui ont le moins augmenté depuis 1992.

L'Indice implicite des prix du PIB mesure le niveau d'inflation ou de déflation dans le pays.

Tableau 3.5

Indices implicites des prix, produit intérieur brut, (1992 = 100) pour les grandes catégories de dépenses.

Années	C	I	G	X	M	PIB
1995	104,5	105,7	104,1	116,6	116,9	105,1
1996	106,1	104,5	104,9	116,9	114,8	106,7
1997	108,0	105,5	105,4	116,1	115,3	107,4
1998	109,3	106,0	105,6	115,2	118,0	106,9
1999						
2000						

Source : *L'Observateur économique canadien*, avril 1999.

L'allégorie des nénuphars

Un accroissement de 2 % par an peut sembler bien faible, il correspond pourtant à un doublement tous les 35 ans, donc à un quadruplement en 70 ans, à une multiplication par 7 en moins d'un siècle.

Les effets sournois d'une telle accélération sont bien mis en évidence par l'allégorie des nénuphars qui chaque jour, procréent chacun un autre nénuphar. Le premier jour il y a un nénuphar, le second jour 2, le troisième 4... Par hypothèse, la dimension de l'étang est telle qu'au bout de 100 jours sa surface est entièrement recouverte; la vie de la tribu nénuphar est alors brutalement arrêtée faute d'espace.

Toute exponentielle se heurte inévitablement à une impossibilité, toute croissance positive doit faire place un jour à la « croissance zéro ». Ce n'est pas énoncer là une affirmation idéologique, mais un constat d'évidence.

Albert Jacquard dans *Voici le temps du monde fini*, Seuil, 1991.

On peut également évaluer, d'une façon moins précise, l'augmentation des prix en faisant la différence entre le taux de croissance du PIB nominal et le taux de croissance du PIB réel.

Par exemple, si la croissance du PIB nominal a été de 5 % une année par rapport à la précédente et que le taux de croissance du PIB réel ait été, pour la même période, de 2 %, cela signifie que l'inflation était de 5 % - 2 % = 3 %.

	taux de croissance du PIB nominal
-	taux de croissance du PIB réel
=	taux d'inflation ou de déflation

De la même façon en retranchant le taux d'inflation du taux de croissance du PIB nominal on obtiendrait le taux de croissance réel du PIB.

Pour obtenir le PIB réel on a utilisé différents indices selon les produits concernés. C'est ainsi qu'il existe un grand nombre d'indices spécialisés.

Parmi tous ces indices, il en est un que vous devez tout particulièrement connaître, parce qu'il concerne les prix des biens et des services que vous achetez; c'est « l'indice des prix à la consommation » ou IPC.

L'indice des prix à la consommation (IPC)

On bâtit cet indice pour connaître la variation des prix des biens et des services qu'un ménage achète sur le marché officiel. Les résultats sont publiés chaque mois par Statistique Canada.

Définition

L'IPC mesure le taux de variation du coût à l'achat, pour une famille moyenne urbaine typique, d'un panier constant de biens et de services.

Pour déterminer quels seront les articles retenus, Statistique Canada fait une enquête à intervalle régulier (tous les 10 ans avec des révisions tous les 4 ans) auprès des ménages (4900 ménages ont répondu à la dernière enquête) sur leurs habitudes de consommation, pour les villes de plus de 30 000 habitants (soit 17 régions métropolitaines). Depuis 1995, le panier des dépenses se réfère aux habitudes telles qu'observées en 1992.

Les différents indices de prix, quelques exemples

Indice pour le prix des maisons neuves;	Indice des prix des produits agricoles;
Indice de prix des matériaux de construction;	Indice des prix des biens importés;
Indice des prix des produits industriels;	Indice des prix des biens exportés, etc.

Une liste limitative de 600 articles est ainsi établie qui retient les principales dépenses d'un budget (ce qui représente 75 % des dépenses). Chaque dépense est affectée d'une pondération qui représente l'importance relative de cette dépense par rapport à l'ensemble des dépenses des ménages.

Les dépenses sont classées par grandes catégories dans un budget et on demande aux ménages, par exemple, d'évaluer en pourcentage la part des dépenses d'alimentation, de logement, etc., dans leur budget.

L'encadré ci-dessous indique les différentes pondérations telles qu'évaluées par Statistique Canada en 1990 et en 1996. Ces pondérations ne sont pas toujours les mêmes, elles peuvent différer en fonction du niveau de revenu des ménages et des habitudes culturelles. Autrefois une grande partie des revenus servait aux dépenses d'alimentation et au logement; en Amérique du Nord, la part consacrée par les familles à revenu moyen aux dépenses d'alimentation diminue. Cela ne veut pas dire qu'elles se nourrissent moins, mais elles disposent de plus d'argent pour faire d'autres dépenses. En 1996, l'alimentation qui était au deuxième rang des dépenses passe au troisième rang, le deuxième rang étant occupé par les dépenses de transport.

La construction d'un indice

Pour construire un indice de prix, on part du niveau des prix d'une année qui servira de point de comparaison, de référence, aux prix des autres années. Pour l'indice des prix à la consommation, on détermine ce qu'il en coûte à une famille urbaine moyenne pour vivre, compte tenu d'un panier déterminé de biens et de services.

Pondérations déterminées en tenant compte des dépenses des ménages en 1992 et 1996

| | Pondérations | | Rang selon l'importance | |
	1992	1996	1992	1996
Aliments	18,04 %	17,89 %	2	3
Logement	27,58 %	26,75 %	1	1
Dépenses et équipement du ménage	10,35 %	10,76 %	4	5
Habillement et chaussures	6,82 %	6,25 %	6	6
Transports	17,22 %	18,96 %	3	2
Santé et soins personnels	4,35 %	4,60 %	8	7
Loisirs et formation	10,17 %	11,25 %	5	4
Tabac et alcool	5,47 %	3,54 %	7	8
Ensemble	100,00 %	100,00 %		

Source : *Statistique Canada*, no 11-010-XPB au catalogue.

Par exemple supposons qu'en 1986, il en coûtait 2000 $ pour acheter tout ce qu'il fallait pour vivre, pendant un mois, pour une famille moyenne urbaine. Ce 2000 $ déterminera l'indice 100. L'année 86 est considérée comme point de départ ou année de référence.

Le mois suivant on relève les prix pour les mêmes dépenses et si on constate, par exemple, qu'il a fallu dépenser 2 100 $ pour obtenir les mêmes biens, l'indice de ce dernier mois sera de

■ 2000 $ = 100

■ 2100 $ = indice ×

■ donc l'indice × = $\dfrac{2100\ \$}{2000\ \$} \times 100 = 105$

Ce qui coûtait 100 $ coûte maintenant 105 $, les prix ont donc augmenté en moyenne de 5 % en un mois.

Pour obtenir des données qui reflètent réellement la variation des prix, il est nécessaire de retenir le plus d'articles possibles et de faire de nombreux relevés de prix dans une même ville.

La liste des articles retenus peut varier; plus elle est longue, plus les résultats seront représentatifs, mais plus l'administration en sera lourde et coûteuse. Chaque mois, Statistique Canada procède à plus de 186 000 relevés qui permettent, par un calcul de moyennes pondérées, d'évaluer le niveau moyen des prix.

Par exemple, à Montréal, plusieurs lieux d'observation sont choisis où le prix d'un kilo de viande hachée, d'une certaine qualité, sera relevé chaque mois. Une fois les relevés effectués, on calcule une moyenne de prix. Le résultat sera affecté d'une pondération qui lui donnera son poids relatif dans l'ensemble des dépenses consacrées à la viande, qui elles-mêmes représentent un certain pourcentage des dépenses d'alimentation. Supposons que le prix de la viande ait augmenté en moyenne le mois dernier de 10 % et que les dépenses de boucherie dans le budget alimentation représentent 10 %, l'impact de l'augmentation du prix de la viande dans le prix de l'alimentation ne sera que de 0,1 %, (0,10) x (0,10) = (0,01).

Et comme l'alimentation représente 17,89 % du total des dépenses, une augmentation de 1 % de l'alimentation affecterait l'IPC pour (0,1) x (0,18 = (0,0018) soit 0,18 %.

Une augmentation mensuelle de 10 % du prix de la viande réduirait à elle seule le pouvoir d'achat du ménage moyen urbain canadien de 0,18 %. Le tableau 3.6 montre l'évolution de l'indice des prix ded différents postes du budget de 1992 à 1996.

Tableau 3.6

L'indice des prix à la consommation (1992 = 100) du Canada.

Postes du budget	1996	1997	1998	1999	2000
Aliments	105,9	107,6	109,3		
Logement	103,1	103,3	103,7		
Dépenses, équipement du ménage	105,3	106,6	108,2		
Habillement, chaussures	101,4	102,7	103,9		
Transports	117,8	121,5	120,5		
Santé, soins personnels	104,1	105,9	108,1		
Loisir et formation	112,1	114,9	117,5		
Tabac et alcool	86,6	89,3	92,6		
Ensemble	105,3	107,6	108,6		

Source : *Prix à la consommation et indice de prix*, janvier 1999, cat. 62-010-X PB.

Interprétation des données de Statistique Canada

La lecture des indices peut donner lieu à des interprétations diverses. Ceux-ci permettent de connaître la variation des prix d'une période à une autre mais ne donnent aucune indication sur le niveau des prix, ce que nous allons expliquer en termes plus précis.

Chaque mois, Statistique Canada publie l'indice des prix à la consommation pour les grandes villes. À partir de ces résultats, il présente également un indice des prix pour le Canada et depuis 1988, un indice par province pour les 7 grandes catégories de dépenses du budget.

Le tableau 3.7 montre l'évolution de l'IPC dans quatre grandes villes canadiennes, de 1992, année de référence, à 1998. À partir de ces chiffres, il est possible d'estimer pour chacune de ces villes la variation du niveau moyen des prix. C'est ainsi qu'on pourrait dire que c'est à Vancouver que les prix ont le plus augmenté de 1992 à 1998, (l'IPC est passé de 100 à 110,4) et c'est à Montréal que l'augmentation a été la plus modérée (L'IPC est passé de 100 à 106,4). Par contre on ne peut pas dire dans quelle ville un ménage dépensait le plus d'argent pour l'achat du

Tableau 3.7

Indice des prix pour quelques villes du Canada, 1992 = 100, moyenne annuelle.

Années	Montréal	Toronto	Québec	Vancouver
1994	99,9	101,7	100,4	105,7
1995	101,7	104,2	102,6	108,4
1996	103,4	106,0	104,3	109,2
1997	104,8	107,9	105,7	109,8
1998	106,5	109,0	107,3	110,4
1999				
2000				

Source : *Prix à la consommation et indice de prix*, janvier 1999, cat. 62-001-X PB.

panier de biens et de services. On a affecté de l'indice 100 le coût d'un panier pour chacune des villes en 1992, mais sans tenir compte du niveau des prix pour chacune d'entre elles à ce moment-là. Il se pouvait qu'en 1992, il en coûtait beaucoup plus cher pour vivre à Vancouver qu'à Québec. Cela permet de comprendre pourquoi au Japon, pays qui affiche toujours des taux d'inflation très faibles, le coût de la vie est cependant un des plus élevé du monde. Pour en donner une idée en 1993, une salade à Tokyo coûtait 6 $ alors qu'à Montréal le prix tournait autour de 1,5 $. Les prix peuvent être stables dans une ville mais le coût de la vie beaucoup plus élevé que pour une autre.

Dans le cadre du G7, l'IPC permet de mesurer la variation des prix pour chacun des pays sans savoir toutefois dans quel pays les prix sont les plus élevés (tableau 3.8).

Les villes les plus chères au monde

L'Union des Banques suisses (UBS) avait dressé une liste des villes les plus chères du monde à partir d'une enquête effectuée en 1985 portant sur 52 villes. Le coût d'un panier, pondéré en fonction des habitudes de consommation européennes qui coûtait, par exemple, 100 en Suisse, coûtait à Montréal 67,9, si l'on ne tenait pas compte des loyers. Selon cette étude et compte tenu des taux de change en vigueur, c'est à Tokyo que le coût de la vie en 1985 était le plus élevé dans le monde et c'était à Bombay que la vie était la moins chère

IPC de quelques grandes villes en 1985.

Villes	Indices des prix sans loyer	Indice des prix avec loyer
	(Zurich = 100)	(Zurich = 100)
Tokyo	158,6	194,4
Stockholm	104,1	113,1
Zurich	100,0	100,0
Londres	80,2	88,2
New York	79,9	93,1
Paris	76,2	81,0
Toronto	69,7	82,4
Montréal	67,9	69,3
Mexico	44,0	42,7
Bombay	43,0	47,6

Source : *Prix et salaires dans le monde*, (UBS), éd., 1988.

Pour savoir quelle sera l'indemnité que le gouvernement fédéral canadien devra verser à ses fonctionnaires en poste à l'étranger, la division des indemnités calcule un indice de poste qui tient compte des différences de prix au détail à l'échelle internationale. Chaque mois on peut ainsi savoir dans quelle ville le coût de la vie est le plus cher pour un canadien qui doit tenir compte du taux de change de sa monnaie contre la devise du pays (les frais de logement sont exclus). Pour l'année 1996 ce qui valait 100 $ à Ottawa valait : à Tokyo 225 $, à Paris 160 $, à Dusseldorf 145 $, à Rome 145 $, à Londres 140 $ et à Washington 125 $. C'est donc à Tokyo que le coût de la vie est encore le plus cher.

Source : Statistique Canada, *Prix à la consommation et indices de prix,* janvier, mars 1996.

Tableau 3.8

Prix à la consommation. % de variation par rapport à la période précédente.

Pays	1995	1996	1997	1998	1999	2000
États-Unis	2,8	2,9	2,3	1,5		
Japon	-0,1	0,1	1,7	0,0		
Allemagne	1,8	1,5	1,8	1,0		
France	1,7	2,0	1,2	0,7		
Italie	5,4	3,8	1,8	1,7		
Royaume-Uni	3,4	2,4	3,1	3,3		
Canada	2,2	1,6	1,6	1,1		

Source : *Perspectives économiques de l'OCDE*, décembre 1998.

Tableau 3.9

L'indice des prix à la consommation au Canada (1986 = 100); données mensuelles, pour l'ensemble des dépenses du budget des ménages.

1991		1992	
mai	126,1	mai	127,8
juin	126,7	juin	128,1
juillet	126,8	juillet	128,4
août	126,9	août	128,4
septembre	126,7	septembre	128,3
octobre	126,5	octobre	128,5
novembre	127,0	novembre	129,1
décembre	126,4	décembre	129,1
1992		**1993**	
janvier	127,0	janvier	129,6
février	127,1	février	130,0
mars	127,5	mars	129,9
avril	127,6	avril	129,9

Source : *L'Observateur économique canadien*, Statistique Canada, juillet 1993.

À partir de données mensuelles, on peut décrire de différentes façons ce qui se passe. Par exemple, on peut estimer la variation des prix d'un mois par rapport au précédent ou par rapport au mois de l'année précédente (tableau 3.9).

Selon les données du tableau 3.9, les prix en juin 1992 par rapport au mois précédent ont augmenté de :

$$\frac{\text{IPC de juin 1992 - IPC de mai 1992}}{\text{IPC de mai 1992}} \times 100 = \frac{128,1 - 127,8}{127,8} \times 100 = 0,23\,\%$$

Dans ce cas les prix au mois de juin 1992 ont augmenté en moyenne de 0,23 % par rapport au mois précédent.

Pour avoir une idée plus juste du phénomène, il est parfois nécessaire de se reporter à une période plus longue que le mois. Au lieu de comparer la variation de l'indice par rapport au mois précédent, on le compare à l'indice du même mois de l'année précédente (glissement annuel).

$$\frac{\text{IPC de juin 1992 - IPC de juin 1991}}{\text{IPC de juin 1991}} \times 100 = \frac{128,1 - 126,7}{126,7} \times 100 = 1,1\ \%$$

Dans les journaux, on donne souvent l'indice du mois en évaluant cette variation mensuelle en terme annuel, calculé soit par glissement annuel soit par simple extrapolation.

Si la progression observée en juin 1992 par rapport à mai 92 se maintenait pendant un an, le résultat final serait en extrapolant une augmentation des prix annuelle de :

(0,23 %) 12 = (0,0023) 12 = 0,0276 soit 2,76 %

Pour être plus précis, comme chaque mois l'indice est amplifié de l'augmentation du mois, chaque mois suivant l'augmentation porte sur un montant plus élevé. En utilisant la méthode des exposants on obtient un résultat légèrement différent mais mathématiquement plus exact. Suivant la formule M (1 + 0,0023) ou M (1,0023) exposant 12 (12 mois), on pose sur la calculatrice le chiffre 1,0023, on appuie sur y exposant x et on tape le chiffre 12. Pour obtenir le résultat on enlève 1 soit :

(1,0023) 12 = 1,0279 soit 0,279

Avec cette méthode on évalue l'augmentation des prix à 2,79 % en terme annuel si l'augmentation observée en juin 1992 se maintenait au même rythme durant tout le reste de l'année.

Les années de référence peuvent changer, aussi faut-il faire attention, quand on utilise des données statistiques, de bien vérifier si les données se réfèrent à la même année de base. Ainsi on voit au tableau 3.10 que les années 1987 à 1989 n'ont pas le même indice selon qu'on prenne 1981 ou 1986 comme année de référence.

La figure 3.2 illustre la variation trimestrielle de l'IPC canadien des années 1987 à 1996. La figure 3.3 illustre la variation annuelle de l'IPC canadien de 1927 à 1997. Depuis 1987, on observe une nette décélération de l'inflation.

Utilisation de l'IPC

L'indice des prix à la consommation permet de déterminer des variables aussi marquantes que la variation moyenne des prix, le pouvoir d'achat de la monnaie, la valeur réelle du travail et des prestations sociales, etc.

Tableau 3.10

Indice des prix à la consommation pour le Canada, données annuelles, années de référence 1981, 1986 et 1992

1981	100	1986	100	1992	100
1982	110,8	1987	104,4	1993	101,8
1983	117,2	1988	108,6	1994	102,0
1984	122,3	1989	114,0	1995	104,2
1985	127,2	1990	119,5	1996	105,9
1986	132,4	1991	126,2	1997	107,6
1987	138,2	1992	128,1	1998	108,6
1988	143,8	1993	130,4	1999	
1989	151,1	1994	130,7	2000	
		1995	133,5		

Source : *L'Observateur économique canadien*, mars 1999.

Figure 3.2

Variation de l'IPC trimestriel au Canada des années 1987 à 1996.

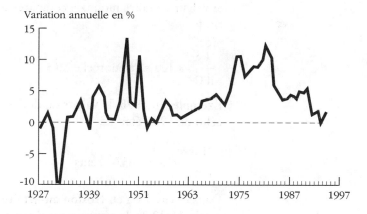

Figure 3.3

Variation annuelle de l'IPC au Canada de 1927 à 1997.

La variation des prix

Avec l'indice des prix à la consommation, on peut suivre l'évolution du niveau moyen des prix et savoir si les prix sont stables, s'ils augmentent ou s'ils diminuent. En calculant le taux de croissance entre les indices de deux années, on obtient le taux de variation des prix.

Par exemple entre 1990 et 1991 (indice 1986 = 100) l'indice est passé de 119,5 à 126,2; les prix ont donc augmenté de

$$\frac{126,2 - 119,5}{119,5} \times 100 = 5,61\,\%$$

Si le taux est positif, on parle d'inflation. Dans l'exemple ci-dessus, on observe que pour l'année 1991 l'inflation était de 5,61 %.

Si l'inflation passe par exemple de 8 % une année à 6 % l'année suivante il y a désinflation.

Si le taux est négatif, cela signifie que le niveau moyen des prix a diminué; il y a dans ce cas déflation ou phénomène de « destruction des prix » comme on disait au Japon quand en 1994 l'indice des prix à la consommation a diminué de près de 2 % et de 0,1 % en 1995.

Le pouvoir d'achat de la monnaie

Le pouvoir d'achat de l'argent dont on dispose peut varier dans la mesure où les prix des biens varient. Si les prix diminuent, avec un dollar on pourra acheter plus; par contre, si les prix augmentent avec ce même dollar, on ne pourra pas acheter autant de biens et de services.

Pour mesurer cette variation du pouvoir d'achat de la monnaie, il suffit de diviser le dollar par l'indice du mois précédent ou de l'année précédente. Le résultat nous donnera une idée de la valeur de notre monnaie comparée à celle d'une autre période.

$$\frac{1\,\$}{IPC} \times 100 = \text{valeur réelle du } \$$$

Exemple, en 1990, la valeur du dollar canadien par rapport à celui de 1986 était de

$$\frac{1\,\$}{119,5} \times 100 = 83,68 \text{ cents}$$

Dans ce cas il y a eu **érosion monétaire**. Le dollar nominal a perdu 16,32 % de son pouvoir d'achat comparé à celui de 1986 puisque :

$$\frac{\text{valeur réelle du } \$ \,(90) - \text{valeur réelle du } \$ \,(86)}{\text{valeur réelle du } \$ \text{ en } (86)} \times 100$$

$$\frac{0,8368\,\$ - 1\,\$}{1\,\$} \times 100 = \frac{-0,1632\,\$}{1\,\$} \times 100 = -16,32\,\%$$

La valeur du travail

Les salariés acceptent de travailler moyennant un montant d'argent qui leur donne accès à un certain nombre de biens et de services. Si le pouvoir d'achat du salaire diminue, c'est comme s'ils étaient de moins en moins payés pour un même travail et leur niveau de vie peut diminuer sans qu'ils s'en aperçoivent. La valeur du salaire réel est estimée en divisant le salaire nominal, c'est-à-dire celui qui est inscrit sur le chèque de paie, par l'indice des prix. Chaque mois, il est donc possible de savoir s'il y a ou non maintien du pouvoir d'achat.

$$\text{salaire réel} = \frac{\text{salaire nominal}}{\text{indice des prix}} \times 100$$

Par exemple, en 1986 votre salaire était de 20 000 $ par an, il est passé à 22 000 $ en 1990. Votre salaire réel avait-il augmenté ?

$$\frac{22\ 000\ \$}{119,5} \times 100 = 18\ 410\ \$$$

Alors que les prix avaient augmenté de 19,5 %, le salaire n'avait augmenté que de 10 %.

Non seulement votre salaire réel n'avait pas augmenté, malgré les apparences (salaire nominal), mais il avait réellement diminué en terme de pouvoir d'achat. Si vous ne vous en étiez pas rendu compte c'est que vous étiez victime sans le savoir de l'illusion monétaire !

Cela démontre que pour conserver, de période en période, son pouvoir d'achat, il faudrait que le salaire soit indexé au coût de la vie. C'est-à-dire qu'il varie de la même façon que le niveau moyen des prix. En vain les syndicats ont revendiqué une telle indexation. Au Canada, seuls le Régime de pension du Canada et le Régime de rentes du Québec, les allocations familiales, les primes d'assurances et les loyers sont assortis d'une telle indexation périodique. L'indexation sur les pensions de vieillesse avait été remise en question par le premier gouvernement Mulroney en 1983 qui aurait voulu réduire le déficit du gouvernement mais une vive opposition de la part des intéressés ne lui permit pas de donner suite à son projet de désindexation. On estime que c'est justement cette indexation qui aurait permis aux personnes âgées de conserver leur pouvoir d'achat tout au long des années 80. Dans certaines conventions collectives, il existe des formules d'indexation partielles ou « d'indemnités de coût de la vie » qui permettent d'ajuster automatiquement le salaire au-delà d'un certain pourcentage d'augmentation des prix. Par contre, quand les salaires augmentent ils risquent, dans un système de taxation progressive, d'être plus fortement imposés, ce qui réduit en définitive le revenu net d'impôt et augmente les recettes fiscales.

Tableau 3.11

Salaire horaire minimum en vigueur au Québec pour les adultes (depuis 1986 le taux en vigueur est déterminé chaque année le 1er octobre).

Années	IPC du Québec	Salaire horaire minimum des adultes en $	
		nominal	réel
1992	100	5,70	5,70
1993	101,4	5,85	5,77
1994	100,0	6,00	6,00
1995	101,8	6,45	6,34
1996	103,4	6,70	6,47
1997	104,9	6,80	6,48
1998	106,4	6,90	6,48
1999			
2000			

Source : Commission des normes de travail et Statistique Canada, dans *Le Québec statistique*, édition 1999.

Au Québec le salaire minimum qui est passé de 4 $ à 6,45 $ de 1986 à 1995 avait augmenté en terme nominal de 61,25 % mais en terme réel il n'avait augmenté que de 14,5 %. De 1992 à 1997, le salaire minimum a augmenté de 13,7 % en terme réel (tableau 3.11).

Au Québec, le salaire minimum est fixé par le gouvernement par voie de décret tous les 1er octobre depuis 1981.

Notons par ailleurs que certains coûts, qui n'ont pas augmenté nominalement ont en réalité diminué, compte tenu de l'augmentation des prix comme par exemple les frais de scolarité dans les universités gelés pendant de nombreuses années, qui devenaient au fil des ans de moins en moins onéreux.

Techniquement, l'indice des prix mesure la variation des prix pour les familles moyennes urbaines; pour les autres cela est moins pertinent. Dans le même ordre d'idées, compte tenu des disparités de revenu grandissantes entre les différentes catégories sociales, on construit des indices de prix pour des catégories spécifiques comme celle des personnes âgées qui ont des habitudes de consommation différentes des familles moyennes urbaines.

Variation des prix

On peut connaître la variation des prix d'une année par rapport à l'autre de trois façons :

– En utilisant l'indice implicite des prix (IIP);

– En utilisant l'indice des prix à la consommation (IPC);

– En faisant la différence entre le taux de croissance du PIB en dollars courants et en dollars constants.

C o n t r ô l e   d e s   c o n n a i s s a n c e s

- *Pour quelle raison dit-on que l'IIP est le plus complet de tous les indices de prix ?*
- *Que mesure l'indice des prix à la consommation ?*
- *Que se passerait-il si on changeait les pondérations et la liste des articles retenus pour calculer l'indice des prix à la consommation ?*
- *Est-ce que l'IPC permet de savoir dans quelle ville les prix sont les plus élevés ?*
- *De quelle façon peut-on reconnaître la valeur réelle du salaire à partir de sa valeur nominale ?*
- *Quels sont au Canada les revenus indexés au coût de la vie ?*
- *Quelles sont les trois façons de calculer la variation des prix ?*

Conclusion

Les indices de prix permettent de suivre l'évolution du niveau des prix et de la production réelle, mais il faut se rappeler qu'ils demeurent des estimations approximatives. Ils ne peuvent pas, par exemple, mesurer la variation de la qualité des produits achetés sur le marché. On remarque que lorsque les prix augmentent ou que le revenu diminue, les ménages achètent les mêmes types de biens, mais d'une qualité inférieure. Dans ce cas, la baisse du niveau de vie n'est pas mesurée. Certains prix ne sont pas pris en compte comme le coût du crédit à la consommation, le prix des terrains et les primes de plusieurs types d'assurances. De plus, il existe toujours des erreurs d'échantillonnage, d'observation et d'agrégation qui font que les données nationales et annuelles sont plus fiables que les données urbaines mensuelles, l'effet d'une erreur mensuelle se diluant sur une année.

Pour faciliter les comparaisons statistiques, les années de référence ne peuvent être trop éloignées de l'année d'observation; pour cela, elles changent tous les 10 ans (au Canada les années de références ont été 1971, 1981, 1986, 1992) et des enquêtes sur les habitudes de consommation des ménages sont effectuées également à intervalle régulier pour refléter les changements. Dans une page interactive de son site web, la Banque du Canada nous permet de connaître l'augmentation des prix au pays pour n'importe quelle période depuis 1914.

Résumé

Pour connaître la valeur réelle de ce qui est produit dans l'année, on réajuste le PIB nominal en fonction de l'augmentation ou de la diminution des prix en utilisant des indices. La croissance économique se calcule sur la valeur réelle du PIB.

L'Indice implicite des prix (IIP) qu'on obtient en divisant le PIB nominal par le PIB réel multiplié par 100 est le plus complet de tous les indices, car il tient compte du prix de tous les biens et services inclus dans le calcul du PIB du pays.

Il existe, par ailleurs, un grand nombre d'indices, le plus connu de tous est l'Indice des prix à la consommation (IPC). Avec cet indice on peut déterminer la valeur de la monnaie par rapport à une autre année et savoir si le pouvoir d'achat des revenus augmente ou diminue. L'IPC mesure la variation des prix et non le niveau des prix.

Mots clés

Année de référence ou année de base	Indice des prix à la consommation (IPC)
Croissance économique	Indice de prix
Dollar courant, dollar constant	PIB réel ou PIB nominal
Érosion monétaire	Pondération
Indexation au coût de la vie	Poste d'un budget
Indice Implicite des prix (IIP)	Taux de croissance

Exercices

1. Calculez le taux de croissance du PIB courant et du PIB constant et le taux d'inflation pour les années suivantes. Pour calculer le taux d'inflation, il vous suffit de soustraire le taux de croissance en dollars constants du taux de croissance en dollars courants (tableau 3.2). P our l'année de référence 1992 = indice 100.

Années	en $ courants	en $ constants	Taux d'inflation
1992 à 1993			
1993 à 1994			
1994 à 1995			

2. Indice des prix à la consommation (IPC)

   a) Calculez, en pourcentage, l'augmentation de l'indice des prix à la consommation pour chacune des années du tableau 3.10. Identifiez l'année où l'inflation a été la plus forte et celle où elle a été la plus faible de 1981 à 1989 (année de référence 1981).

b) Combien valait le dollar en 1998 par rapport au dollar de 1992 ? (année de référence 1992)

c) Quel poste du budget a le plus augmenté en 1997 par rapport à l'année précédente ? (voir tableau 3.6).

Calculez le taux de croissance pour chaque poste du budget et inscrivez les résultats de vos calculs dans le tableau de la question 3, première colonne, pour calculer ensuite votre inflation personnelle.

3. Calculez votre inflation personnelle. Pour ce faire, complétez le tableau ci-dessous, en tenant compte des instructions suivantes :

a) Dans la première colonne, vous indiquerez de combien en % les prix de chaque poste ont augmenté tel que vous les aurez déjà calculés pour l'année 97 à l'exercice 2 c). Dans la seconde colonne, indiquez la part de chacune de vos principales dépenses en % du total de vos dépenses.

b) Multipliez la part de vos dépenses par l'augmentation des prix concernant ces dépenses. Faites-en la somme et divisez par 100 pour obtenir votre % d'augmentation des prix, votre « inflation ».

c) Comparez votre inflation à celle déterminée par Statistique Canada.

Postes du budget	Variation de l'IPC	% de vos dépenses dans votre budget	Total
Aliments			
Logement			
Dépenses et équipement du ménage			
Habillement et chaussures			
Transports			
Santé et soins personnels			
Loisir et formation			
Tabac et alcool			
Total		100 %	

4. En vous référant au tableau ci-dessous, dans quelle ville les prix ont-ils le plus augmenté ? Dans quelle ville les prix sont-ils les plus élevés ?

Indice des prix à la consommation selon quelques villes. (1986 = 100)

Années	Québec	Montréal	Ottawa	Toronto	Vancouver
1986	100	100	100	100	100
1994	128,1	129,2	131,1	132,0	134,7

Source : *Tableau de référence économiques*, août 1995.

5. À partir des données fournies dans le tableau ci-dessous calculez le salaire horaire réel pour les années 1981 à 1984. Commentez.

Évolution du salaire horaire minimum nominal et réel au Québec, de 1981 à 1984. 1981 = 100.

Années	Salaire minimum en $ courants	IPC Canada	Salaire minimum en $ constants
1981	4,00	100	
1982	4,00	110,8	
1983	4,00	117,2	
1984	4,00	122,3	

Questions d'intégration multidisciplinaire

	Économie	Sociologie	Histoire	Anthropologie	Psychologie	Sc. politique	Géographie
1. Étudiez l'évolution du salaire minimum au Québec en dollars courants et en dollars constants depuis 10 ans.	✗					✗	
2. Identifiez les différents facteurs qui favorisent la croissance économique.	✗		✗		✗	✗	
3. Comparez le coût de la vie dans deux grandes villes du monde.	✗	✗				✗	✗

Lectures suggérées

Denis Clerc, (1989). *Inflation et croissance*, Paris Syros, Alternatives, 155 pages.

Brémond, J. (1991). *Mieux comprendre l'économie, comment ne pas se laisser duper par les économistes*, Éditions Liris.

Guelec, D. et Ralle, P. (1995). *Les nouvelles théories de la croissance*, Repères, La Découverte, 118 pages.

Jacquard, Albert, (1991). *Voici le temps du monde fini*, Seuil.

Statistique Canada, (1996). *Votre guide d'utilisation de l'indice des prix à la consommation*.

Sites Web

www.bank_banque_canada.ca
Feuille de calcul de l'inflation par la Banque du Canada.

CHAPITRE

Inflation et déflation

Au terme de ce chapitre vous serez capable de :

▓ Distinguer l'inflation de la déflation;

▓ Mesurer l'effet de ces phénomènes sur les différents agents économiques;

▓ Évaluer le niveau réel des taux d'intérêt;

▓ Identifier les causes de l'inflation et de la déflation selon les différentes écoles de pensée;

▓ Mesurer le danger des désordres économiques;

▓ Réagir adéquatement aux changements de conjoncture.

Il fut des temps dans l'histoire où les prix étaient stables pendant des siècles; puis, depuis la fin du 19e siècle, des périodes de hausse et de baisse de prix se sont succédées (voir figure 4.1). Certains économistes attribuent ce phénomène au développement de l'économie capitaliste. Les prix, qui devaient retrouver d'eux-mêmes leur point d'équilibre dans une économie de concurrence, sont devenus moins souples et les périodes d'ajustements plus chaotiques. Aux mouvements d'expansion succèdent des récessions aux répercussions désastreuses sur le plan social.

À l'euphorie de la spéculation des périodes inflationnistes succèdent les désillusions et les retours de fortune. Selon la conjoncture les agents économiques doivent ajuster plus ou moins radicalement leur comportement. L'inflation comme la déflation sont des phénomènes qu'il convient de bien comprendre pour en mesurer le danger et réagir adéquatement.

4.1   L'inflation

L'inflation est une hausse du niveau général des prix des biens et des services observée sur une période mensuelle ou annuelle, tandis que la déflation, au contraire, se caractérise par une baisse du niveau général des prix. Ces variations sont mesurées par les indices de prix. En période d'inflation certains prix peuvent tout de même diminuer, mais d'autres augmentent fortement et c'est

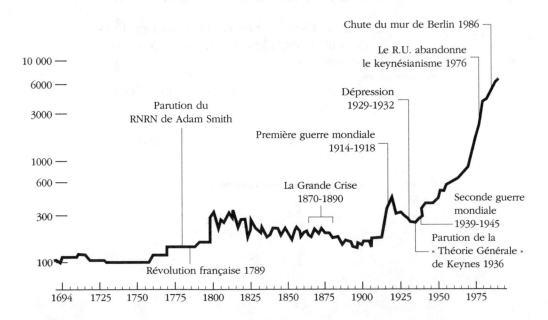

Figure 4.1

L'inflation dans une perspective historique. Évolution de l'indice des prix de la fin du 17e siècle à nos jours en Europe. L'échelle de l'indice des prix est semi-logarithmique (1694 = 100). Source : Banque d'Angleterre.

le niveau moyen des prix qui augmente. Les économistes, s'ils s'accordent sur la façon de décrire l'inflation, ne s'entendent pas pour l'expliquer. Selon la cause incriminée ou le responsable désigné, le remède proposé diffère.

Les degrés de l'inflation

En soi, une augmentation des prix n'est pas fondamentalement redoutable, c'est l'importance et la durée de cette augmentation qui sont préoccupantes.

Quand le niveau des prix augmente faiblement, de l'ordre de 2 à 3 % l'an, l'inflation est qualifiée de rampante. Ce type d'inflation était connu de pays comme le Japon ou l'Allemagne qui, jusque dans les années 90, affichaient une remarquable stabilité des prix quand les autres pays capitalistes étaient aux prises avec une perpétuelle inflation qu'ils devaient maîtriser sous peine d'en perdre le contrôle. C'est ainsi que le taux d'inflation peut devenir préoccupant à compter de 5 à 9 %. À partir de ce niveau, l'inflation a tendance à s'accélérer et à devenir incontrôlable. Le taux d'augmentation peut atteindre très rapidement 2, 3 chiffres et même aller jusqu'à 10^6 comme

L'hyperinflation allemande

Ayant perdu la guerre de 1914-1918, l'Allemagne au traité de Versailles dut verser aux vainqueurs, la France et l'Angleterre, au titre de réparations, une compensation monétaire de 40 milliards de marks-or ce qui représentait 4 années de revenu national d'avant guerre. Cette somme d'argent considérable, cependant, devait ruiner le pays pour un grand nombre d'années et lui interdire à tout jamais de se reconstituer une armée. Cela représentait comme une dette extérieure, qu'elle ne pouvait rembourser qu'en exportant des produits à l'étranger. Il aurait fallu que les Allemands subissent des hausses d'impôt, mais le gouvernement décida plutôt d'imprimer de l'argent, de « faire marcher la planche à billets » (figure 4.2). Plus ils vendaient des marks sur le marché des changes, contre des francs et des livres anglaises, plus le mark se dépréciait et plus il se dépréciait plus il fallait en imprimer. Il en résulta une formidable inflation durant l'été 1923. Cette inflation provoqua une perte de confiance dans la monnaie. Pour faire leurs courses les Allemands devaient transporter des masses de billets de banque. Comme l'argent avait *de facto* perdu toute sa valeur, le gouvernement confia au gouverneur de la Reichbank, le docteur Schacht,

Figure 4.2

Coupure de 10 milliards de marks de l'Allemagne d'après Versailles.

le soin de créer une autre monnaie; le rentenmark, qui valait mille milliards de mark-papier. Sa valeur était gagée sur les ressources du pays. Cette inflation qui a ruiné le petit épargnant et mis en faillite certaines banques a cependant facilité le remboursement de la dette, elle a permis aux industriels de se regrouper et elle a donné un bon élan aux exportations allemandes.

Source : J. Brémond, *Dictionnaire d'Histoire économique de 1800 à nos jours*, Hatier, 1987, p. 26.

ce fut le cas en Allemagne, en Pologne et en Autriche pendant les années 1920.

L'hyperinflation ne peut durer que quelques semaines, car une fois perdue la confiance en la monnaie, celle-ci n'est plus acceptée par les agents économiques comme moyen de paiement, et le système du troc réapparaît jusqu'à ce qu'une autre monnaie soit créée.

Certains pays sont plus affectés que d'autres par l'hyperinflation, plus particulièrement les pays en voie de développement et les pays en guerre. L'Argentine et le Brésil ont connu, dans les années 80, une hyperinflation si grave que les gouvernements ont dû changer la monnaie.

Le Président argentin Alfonsin, en 1985, remplaçait le peso par l'austral, tandis qu'au Brésil le cruzeiro était remplacé par le cruzado. En été 1993, Boris Eltsine échangeait les roubles anciens par de nouveaux roubles afin de réduire l'hyperinflation et démasquer l'économie parallèle.

Les effets de l'inflation

L'inflation opère des transferts de pouvoir d'achat d'une poche dans une autre sans qu'il y paraisse. Elle crée dans la population un sentiment d'injustice. Tout le monde n'est pas perdant, puisque certains y gagnent.

Les gagnants

Tous ceux qui répercutent les hausses de prix qu'ils subissent sur d'autres vont pouvoir effectivement, non seulement se prémunir des effets appauvrissants de la hausse des prix mais s'enrichir davantage dans la mesure où les hausses de prix qu'ils décident seront plus élevées que celles qu'ils subissent. Pour répercuter les hausses de prix, il faut que ces agents économiques disposent d'un certain pouvoir. C'est l'État, les grandes compagnies, les propriétaires d'immeubles, les détenteurs de portefeuilles d'actions, et même certains syndiqués. Sur le plan international, les pays qui transforment les matières premières à partir de produits dont le prix augmente moins vite que le prix de ce qu'ils vendent, peuvent être gagnants d'une telle situation.

Grâce à l'inflation, la dette d'un gouvernement pourrait être plus facilement remboursée avec de l'argent dont le pouvoir d'achat diminue et des recettes fiscales qui s'accroissent automatiquement quand les salaires nominaux augmentent.

Supposons que vous ayez acheté, en décembre 1990, une obligation du gouvernement de 1000 $, remboursable en l'an 2000 et que les prix augmentent régulièrement de 10 % l'an. La première année l'obligation aurait déjà perdu 10 % de son pouvoir d'achat soit 100 $, les 900 $ restants auraient perdu eux-mêmes 10 % de leur pouvoir d'achat l'année suivante et ainsi de suite. Au bout de 10 ans, sans compter les intérêts, le gouvernement vous rendrait le principal de 1000 $ qui aurait un pouvoir d'achat égal à 385,55 $ de 1990.

En supposant que l'indice des prix soit de 100 en 1990 et que les prix augmentent chaque année de 10 %, l'indice en l'an 2000 serait de 259. En divisant la valeur nominale de l'obligation par l'indice 259 on obtiendrait pratiquement le même résultat (386,10 $).

Plus il y a d'inflation, plus le poids de la dette s'allège. Ce qui est vrai pour le gouvernement l'est aussi pour tout autre agent économique endetté. L'inflation aide les cigales (débiteurs) aux dépens des fourmis (prêteurs).

Cela est vrai à toutes les fois que les taux d'intérêt nominaux sont inférieurs au taux d'inflation.

Quand les prix des matières premières ou de l'énergie augmentent, les entreprises ont la possibilité de reporter ces augmentations de coût sur le prix des produits qu'elles mettent sur le marché. Elles peuvent même en profiter pour que ces augmentations leur assurent un bénéfice substantiel. En 1973, quand le prix mondial du pétrole a triplé, on aurait pu s'attendre à une réduction des profits des grandes compagnies pétrolières. Cette année-là, au contraire, leurs bénéfices ont fortement augmenté pour la simple raison qu'elles ont pu réclamer des hausses de prix plus que proportionnelles à celles qu'elles avaient elles-mêmes subies.

Quand le prix des assurances, du chauffage ou des taxes augmente, les propriétaires d'immeubles haussent généralement les loyers. Dans ce cas encore, les hausses de prix ne les affectent pas puisqu'ils les transmettent aux locataires.

Les taux d'intérêt réels

Quand on prête de l'argent, on souhaite obtenir, en compensation, un revenu qu'on nomme intérêt. Pour que ce revenu soit attrayant, il faut qu'il soit supérieur au taux d'inflation, sinon la perte de pouvoir d'achat de l'argent prêté risque d'annuler les gains. Pour connaître le taux d'intérêt réel, il faut lui soustraire le taux d'inflation :

Exemple :

taux d'intérêt nominal des obligations du gouvernement = 10 %
taux d'inflation = 12 %
taux d'intérêt réel = 10 % - 12 % = -2 %

Dans cet exemple, le créancier perdrait 2 % de la valeur de son capital par an en prêtant de l'argent. Ce qui est perdu est gagné par celui qui a emprunté. Cette situation où des taux d'intérêt nominaux sont inférieurs au taux d'inflation a existé dans les années 60. Par contre, quand les taux d'intérêt nominaux sont supérieurs au taux d'inflation, cela signifie que les prêteurs sont gagnants et que les débiteurs auront à assumer une dette plus lourde.

Il n'y a pas que le gouvernement et les propriétaires qui peuvent détenir ce pouvoir de répercuter sur les autres les hausses de prix qu'ils subissent. Dans la mesure où les syndicats sont puissants, quand le taux de chômage est faible et que le rapport de force est du côté des travailleurs, ils peuvent exiger des employeurs un réajustement des salaires compte tenu de l'augmentation constatée des prix afin de défendre le pouvoir d'achat de leurs membres. Les employeurs des grandes entreprises publiques ou privées, qui peuvent à leur tour reporter ces hausses de salaires sur le prix du bien ou service vendu, auront tendance à accepter ces revendications en échange de la paix sociale. Au début des années 1980, les syndicats de la fonction publique ont réussi à faire accepter dans les conventions collectives des « clauses de vie chère » qui prévoient des augmentations de salaire automatiques quand le taux d'inflation dépasse un certain seuil. En cas de déflation, la clause ne pourrait jouer en sens inverse (effet de cliquet) et les fonctionnaires ne verraient que croître leur pouvoir d'achat.

Quand le prix des matières premières augmente, les pays acheteurs peuvent répercuter plus que proportionnellement ces hausses dans les produits qu'ils transforment. C'est ainsi que des pays comme le Japon ou l'Allemagne ne sont pas touchés par l'inflation mondiale, dans la mesure où le prix des produits qu'ils vendent peut être majoré sans que leur marché en souffre. Pour cette raison, la présence d'industries à forte valeur ajoutée est un atout majeur pour tout pays.

De plus, l'inflation permet aux propriétaires d'immeubles et aux actionnaires d'entreprises de percevoir d'importants gains de capital quand ils réalisent, c'est-à-dire qu'il vendent, leurs biens ou actions sur un marché haussier.

Les perdants

Par contre, l'augmentation des prix réduit le pouvoir d'achat de tous ceux qui ne peuvent répercuter les augmentations de prix des biens ou services qu'ils consomment. En fait, l'inflation pèse sur tous ceux qui ne disposent d'aucun pouvoir économique.

Ceux qui ne possèdent aucun actif tant immobilier que mobilier, ceux qui ne peuvent acheter de « valeurs refuge » comme des terrains, de l'or, des diamants et des œuvres d'art. Les locataires et les obligataires sont très affectés par les hausses de prix. Pour les premiers les hausses de loyer se traduiront parfois par la nécessité de changer de logement, pour les autres une baisse du pouvoir d'achat de leur épargne vient réduire leur sécurité financière.

Les personnes qui vivent de rentes fixes voient inexorablement leur pouvoir d'achat s'amenuiser au fur et à mesure que les prix des biens et services qu'ils doivent acheter augmentent. Dans les pays où les pensions de vieillesse ne sont pas indexées au coût de la vie, l'inflation appauvrit les personnes âgées qui ne vivent que de leur retraite. De même quand les prix augmentent, le dédommagement versé par les compagnies d'assurances n'a plus le pouvoir d'achat espéré.

Les travailleurs non syndiqués ainsi que les petites entreprises sont particulièrement touchés quand les prix augmentent.

On observe donc que l'inflation opère un transfert de pouvoir d'achat des plus démunis aux mieux nantis ce qui accentue les disparités de revenu et de richesse entre les membres de la société.

Les dangers de l'inflation

L'inflation n'est dangereuse que dans la mesure où elle s'accélère. À l'intérieur du pays, l'augmentation des prix des biens domestiques réduit la compétitivité des produits nationaux face aux produits étrangers. La compétitivité concerne le niveau des prix des produits nationaux comparé aux prix des produits étrangers. Si le prix des produits domestiques est de plus en plus élevé par rapport aux prix des produits étrangers, les consommateurs vont préférer acheter des produits importés et les entreprises du pays auront plus de difficulté à vendre leurs produits tant sur le marché national que sur les marchés étrangers. Il est donc souhaitable dans une économie ouverte que le prix des produits reste à des niveaux stables et plus faibles que les prix des concurrents étrangers.

Une trop rapide dépréciation de l'argent peut engendrer une crise de confiance en la monnaie et entraîner un retour aux échanges de troc. Une telle situation se traduirait par un ralentissement draconien des échanges.

L'inflation, en accentuant les inégalités sociales, pourrait provoquer une crise de surproduction, une rupture du consensus social et engendrer une déflation. C'est dire que l'inflation possède dans sa dynamique même le germe de la destruction du processus qui la nourrit. L'inflation, poussée à un certain degré, génère son contraire qui est la déflation. Plus les prix augmentent, moins il est possible d'acheter. Les exemples de l'Allemagne des années 20 et des pays en voie de développement enseignent qu'il faut contrer sinon supprimer toutes les tendances inflationnistes. Ce rôle revient au gouvernement, mais pour que ces politiques d'austérité soient suivies, il faut que les enjeux soient bien compris par les différents agents économiques et qu'ils assument chacun leur part respective de responsabilité. Cela implique aussi que la répartition de la richesse soit relativement juste et qu'elle puisse tout au moins se stabiliser et ne plus être remise en question.

Pour se prémunir contre les effets de l'inflation, certains agents économiques vont tenter d'anticiper les mouvements de prix pour ajuster leur comportement au meilleur de leurs intérêts mais, compte tenu de l'incertitude qui règne sur les marchés, leur calcul tient plus du pari sur l'avenir que d'une rigoureuse planification.

Les explications théoriques de l'inflation

On a dit de l'inflation qu'elle est, comme la grippe, un mal aux virus variés qui, selon les époques, sont plus ou moins redoutables. Un remède efficace dans un certain contexte pouvait être inopérant dans un autre. À chaque poussée inflationniste, il faut trouver une solution spécifique. Selon la cause de l'inflation, le gouvernement décidera d'adopter tel ou tel type de politique. Déterminer la cause de l'inflation, c'est cependant pointer du doigt le responsable qui devra faire les frais des mesures d'austérité. Chacune des écoles de pensée propose une explication qui lui est propre et suggère des moyens d'intervention qui reflètent son idéologie.

Pour les monétaristes, l'inflation est un désordre monétaire

Dans les économies de marché libre, l'inflation est un phénomène monétaire. Normalement, selon les monétaristes de l'école libérale, la monnaie doit croître au même rythme que la production sinon il s'ensuit un ajustement au niveau des prix. Pour l'économiste américain Milton Friedman (1912-) « la cause immédiate de l'inflation est toujours et partout la même : un

---

L'inflation sous la Renaissance en Europe

C'est au 15e siècle, à la suite de l'arrivée massive de l'or de l'Amérique, que l'Europe a connu une hausse générale des prix. À cette époque, le phénomène était nouveau et on croyait que la cause de l'inflation était les manipulations monétaires que les rois effectuaient pour augmenter leur pouvoir économique. Parfois en effet, ils rognaient les pièces d'or pour les multiplier. Cela avait pour effet de mettre en circulation un plus grand nombre de pièces de monnaie et comme les gens avaient plus d'argent, les achats et les prix augmentaient.

Cet afflux de numéraire a entraîné une forte augmentation des prix qui a ruiné les seigneurs féodaux, mais qui a stimulé la production artisanale et artistique et développé le commerce surtout pour les pays qui, pour attirer l'or dans les coffres de l'État, devaient vendre des produits aux Espagnols. Ce qui prouve que l'inflation, dans certaines conditions, peut stimuler la croissance économique. On comprit dès lors qu'il y avait une relation entre la quantité de monnaie en circulation et le niveau des prix.

C'est ainsi que Sieur de Malestroit, conseiller du roi de France, prétendait que les prix augmentaient en raison des manipulations monétaires des rois et qu'il suffisait de faire cesser cette pratique pour stabiliser les prix. Au contraire, Jean Bodin (1530-1596), un célèbre politologue, qui s'intéressait aussi aux problèmes économiques, démontra que l'augmentation des prix était due à l'afflux d'or et que le pouvoir d'achat d'une monnaie était inversement proportionnel à la quantité de numéraire en circulation sans que le roi y soit pour rien. Il formulait ainsi une première ébauche de la théorie quantitative de la monnaie.

accroissement anormalement rapide de la quantité de monnaie par rapport au volume de la production ».

Pour lutter contre l'inflation, il convient donc de surveiller le volume de la masse monétaire en circulation. Nous verrons au chapitre 12 que la Banque du Canada, responsable du système monétaire, surveille à cet effet le volume de la monnaie. L'équation de Fisher (voir encadré) montre que les prix augmentent essentiellement lorsque la masse monétaire augmente.

Pour simplifier davantage le principe de Fisher, supposons qu'un pays dispose de 100 millions de dollars pour financer 1 millier de voitures. Chaque voiture coûterait donc 10 000 $. Si, pour une raison inexpliquée, on mettait en circulation 100 autres millions de dollars pour acheter le même nombre de voitures, le prix d'une voiture coûterait le double soit 20 000 $. L'exemple est absurde mais il nous permet de comprendre que si une plus grande somme d'argent circule pour financer un même nombre de produits, il s'ensuit un ajustement au niveau des prix. Ce phénomène monétaire a pour effet d'éroder le pouvoir d'achat de l'argent. Avec les 10 000 dollars d'économie vous pouviez vous procurer une voiture mais à cause de l'inflation vos économies se sont évaporées à tel point que vous ne pouvez plus en acheter. Dans ce sens l'inflation à le même effet qu'un impôt qui ne pourrait pas être sanctionné démocratiquement.

Pour les monétaristes, le remède pour juguler une inflation consiste à restreindre la masse monétaire en augmentant, par exemple, les taux d'intérêt. Ayant moins d'argent, les agents économiques achèteront moins et les prix diminueront, dans la mesure évidemment où il existe une véritable économie de concurrence. En effet, si les prix ne sont pas libres le système économique ne peut se rééquilibrer lui-même. Il convient donc de réintroduire plus de concurrence et d'atténuer plus particulièrement le rôle de l'État et des syndicats qui maintiennent des salaires et des prix rigides.

Équation de Fisher

$M \times v = P \times Y = $ PIB nominal

où

M   = masse monétaire c'est-à-dire le volume de l'argent en circulation (stock de $ en circulation)

v   = vitesse de circulation de la monnaie, pour financer la production, ou nombre de fois qu'un dollar est utilisé en un an.

P   = l'indice des prix des biens et des services

Y   = PIB réel en $

La production réelle multipliée par les prix devrait être égale à la monnaie en circulation, soit la masse monétaire, multipliée par sa vitesse de circulation. Dans l'hypothèse où la vitesse de circulation de l'argent est à peu près constante, c'est donc le volume de l'argent mis en circulation qui exerce une pression à la hausse ou à la baisse des prix quand la production est stable (M = P). Donc, s'il y a trop d'argent, les prix augmentent.

Pour les keynésiens, l'inflation est due à un excès de la demande globale

Pour Keynes, une augmentation de la masse monétaire se traduit effectivement par une augmentation des prix; mais elle peut également être à l'origine d'une augmentation de la production. N'attribue-t-on pas l'essor économique de l'Europe de la Renaissance à l'arrivée de l'or d'Amérique ? C'est parce que les Espagnols avaient de l'argent en abondance que l'industrie des autres pays a connu un formidable développement à la fin du 16e siècle. C'est parce que les prix étaient plus élevés qu'il était devenu plus intéressant de produire. Une augmentation de la demande aura par ailleurs pour effet de stimuler la production. Produisant plus, les coûts unitaires baisseront, ce qui secondairement, pourrait amener les prix à baisser. Par contre, si face à une augmentation de la demande les entreprises sont incapables de répondre aux commandes excédentaires, il y aura, dans ce cas, véritablement, inflation non désirée.

Keynes, dans sa *Théorie Générale*, écrit :« Lorsqu'un nouvel accroissement du montant de la demande effective ne produit plus de nouvelle augmentation du volume de la production et se traduit par un accroissement de l'unité de coût, on est parvenu à un état qu'on peut qualifier d'inflation véritable »

L'inflation dans ce cas résulterait d'un excès de la demande que le gouvernement pourrait éponger par des mesures fiscales.

Dans cette perspective, on estime que le gouvernement doit intervenir non seulement par une politique monétaire mais par une politique budgétaire et fiscale adéquate.

L'indice des prix réglementés (IPR)

Statistique Canada a bâti un indice des prix que les pouvoirs publics réglementent, et dont la liste est la suivante :

- poulet
- dinde
- produits laitiers
- loyers
- communications

- frais de scolarité
- gaz naturel
- électricité
- impôts fonciers
- permis de conduire[1]

Ces prix ne peuvent donc pas fluctuer en fonction de l'offre et de la demande. Cet indice permet de savoir comment se comportent ces prix. Alors qu'en 1991, le prix de la nourriture diminuait de 2 % et que le prix de l'essence chutait de 15 %, que les maisons à Toronto se vendaient 20 % moins cher, le prix du permis de conduire augmentait de 31 %, celui de l'électricité de 14,2 % et celui des frais de scolarité de 16,9 %. C'est un étrange paradoxe; alors que l'État lutte contre l'inflation, il augmente les prix des biens et des services qu'il contrôle. En réalité, l'État utilise ces prix pour intervenir dans la répartition des revenus et obtenir un plus large financement des services publics. Une étude publiée dans la Revue de la Banque du Canada, en août 1992, semble démontrer que les prix réglementés ne s'ajustent pas aux variations de la demande mais qu'ils suivent, cependant avec un certain décalage, le mouvement général des prix.

1. L'inflation et le comportement des prix réglementés au Canada. Revue de la Banque du Canada, août 1992, p. 11.

Pour les marxistes, l'inflation est due à la rigidité des prix

Pour les monétaristes, l'inflation serait engendrée par le comportement de l'État et des syndicats qui maintiennent à la hausse les prix. Pour les marxistes, c'est la présence des monopoles qui empêche le marché d'assurer l'équilibre.

Trop souvent, quand les prix des matières premières diminuent, les prix des biens de consommation ne diminuent pas nécessairement et ce sont plutôt les profits qui augmentent. Les prix augmentent aussi en raison de la multiplication des intermédiaires entre le producteur et le consommateur et le recours de plus en plus fréquent des entreprises au crédit. Les machines coûteuses, au coût incompressible, utilisées à faible capacité, obligent les entreprises à vendre à prix élevés pour financer ces biens de production improductifs. Dans cette optique, l'inflation serait l'expression d'un gaspillage qui condamnerait à long terme le système qui le produit.

Les causes techniques de l'inflation

On peut observer plusieurs types d'inflation selon l'origine de la hausse des prix. Cela peut être une inflation par les coûts, une inflation par la demande, une inflation importée.

L'inflation par les coûts

Quand une matière première sans substitut voit son prix brutalement augmenter, comme ce fut le cas en 1973 pour le prix du pétrole qui est passé de 5 $ à plus de 35 $ le baril, l'inflation qui existait déjà s'est accélérée. La hausse du prix du pétrole, venue de l'extérieur, s'est répercutée dans toute une gamme de prix de produits et de services qui en dépendent.

L'inflation peut prendre de l'ampleur à la suite d'augmentations des salaires qui n'auraient pas été suivies par une augmentation de la productivité. Le volume de la production n'ayant pas augmenté aussi vite que le pouvoir d'achat, les prix augmenteraient justifiant à leur tour d'autres revendications salariales de la part des travailleurs aux prises avec des dépenses supplémentaires.

L'indicateur du mouvement du prix du travail au Canada

Sur le modèle américain publié depuis 1975, par le Bureau of Labor Statistics, Statistique Canada publie un nouvel indicateur, depuis 1983, qui tient compte de l'évolution des gains horaires moyens et de la rémunération hebdomadaire moyenne dérivés de l'enquête sur l'emploi, la rémunération et les heures de travail (EERH). Pour repérer les tendances inflationnistes par les coûts, Statistique Canada envoie un questionnaire à toutes les grandes entreprises et à un échantillon de plus petites unités, pour leur demander le niveau de rémunération de leurs salariés. Les résultats obtenus selon les branches d'activité, les provinces et les catégories de travailleurs permettent de savoir où se situent les tendances inflationnistes ou déflationnistes.

Au Canada près de 40 % des salariés sont protégés par des conventions collectives qui fixent les conditions de travail et de rémunération. Les règlements de ces différentes conventions sont importants à suivre, car ils donnent le ton à ce que seront les conditions de travail et le niveau de rémunération de l'ensemble des salariés.

L'inflation par la demande

Si les agents économiques sont prêts à acheter plus de produits que les entreprises peuvent en produire, il s'ensuit une situation de pénurie. Dans ce cas, une surenchère va s'amorcer et les prix risquent de flamber. On retrouve ce genre de situation en période de guerre.

L'inflation importée

Quand un pays doit s'approvisionner auprès d'un unique partenaire commercial et que ce dernier connaît une situation d'inflation, les prix des biens importés augmentent et ces hausses se répercutent sur le prix des biens domestiques.

Écueil à éviter

L'écueil à éviter quand on cherche une explication au phénomène de l'inflation, c'est de prendre un effet pour une cause. Dire que l'inflation est due à une augmentation de la masse monétaire n'explique pas la raison de cette augmentation. Incriminer la hausse des salaires, c'est oublier que ces augmentations ne viennent souvent que rattraper la hausse des prix. La spirale inflationniste des salaires et des prix est un exemple de comportement symétrique où chacun reporte sur l'autre la responsabilité des hostilités.

Les remèdes

Certains prétendent ironiquement que l'inflation est à l'économie ce que le sexe est au roman, qu'elle a pour effet de faire monter l'intérêt.

Quand l'inflation devient préoccupante, les pouvoirs publics ont à leur disposition tout un arsenal de mesures pour la juguler, et dont nous reparlerons dans les autres chapitres. Certains de ces remèdes entraînent parfois des effets non souhaités. Une augmentation des taux d'intérêt, par exemple, qui devrait ralentir l'économie, peut engendrer un véritable marasme dans le secteur de la construction. Plus radicale est l'adoption d'une politique de contrôle des prix et des salaires ou plan de stabilisation. Un contrôle des salaires et des prix a déjà été appliqué au Canada, en 1975, sous le gouvernement de P.E. Trudeau pour maîtriser une inflation à deux chiffres. Ce genre d'intervention de l'État dans l'économie est considéré comme excessif par les tenants du libéralisme. S'il est aisé de geler les salaires, il est plus difficile pour les pouvoirs publics de surveiller tous les prix. Cette politique exige un large consensus et souvent, quand les mesures de restriction sont levées, il se produit un rattrapage annulant les effets positifs obtenus. L'intervention de l'État peut cependant décourager les anticipations inflationnistes des agents économiques et si ces derniers réduisent leurs achats, les prix ne devraient plus être pris dans la tourmente de la surenchère.

Contrôle des connaissances

- *Quand peut-on dire qu'il y a inflation ?*
- *Quels sont les différents degrés d'inflation ?*
- *Dans quelle mesure peut-il y avoir des gagnants et des perdants en période d'inflation ?*
- *Comment peut-on connaître le niveau des taux d'intérêt réels ?*
- *Comment l'inflation peut-elle engendrer une déflation ?*
- *À quel rythme doit augmenter la masse monétaire ?*
- *Quand les keynésiens reconnaissent-ils qu'il y a inflation ?*
- *Quels sont les différents types d'inflation ?*
- *Que peut-on faire pour juguler l'inflation ?*

4.2 La déflation

La déflation est une période de récession économique qui se traduit par une baisse générale du niveau de la production, des prix et une augmentation du chômage. Ces périodes sont beaucoup plus difficiles à vivre, car elles se traduisent par une paralysie de plus en plus grande du système de production et une dégradation du tissu social. Le terme de déflation est tellement négatif que pour l'occulter on parlera plutôt de

Inflation et consensus social

Au-delà des phénomènes économiques, il semblerait que l'inflation se produise dans des sociétés où le consensus social n'est pas très solide. Selon cette hypothèse, l'inflation témoignerait des tensions entre les groupes sociaux en relation de rivalité plutôt que de coopération.

« Une possibilité plus inquiétante est que l'inflation soit le symptôme de contradictions et de conflits sociaux et économiques profondément enracinés, entre de grands groupes économiques qui prétendent chacun à des parts de gâteau telles que le gâteau entier ne suffit pas à les assurer toutes. L'inflation est la manière par laquelle ces prétentions, à condition qu'elles soient exprimées en termes nominaux, sont provisoirement rendues compatibles. Mais l'inflation se poursuivra et même s'accélérera tant que les conflits fondamentaux à propos des droits réels et du pouvoir réel ne cesseront pas ». James Tobin, (école keynésienne) Inflation, *Encyclopédie économique*, Douglas Greenwald, éd. Économica, 1984. p. 518.

récession. Les Japonais ont inventé une nouvelle expression face au phénomène de la baisse des prix dans leur économie telle qu'observée en 1995, c'est ainsi qu'ils parlent de « destruction des prix » afin d'éviter d'utiliser le terme de déflation, tout en sachant que c'est également accompagné d'une « destruction des emplois ».

Même si le prix des biens diminue, la demande risque de stagner dans la mesure où les ménages n'ont pas d'argent ou qu'ils craignent de ne plus en avoir, si leur emploi devient incertain face aux vagues de licenciements collectifs. Plus les anticipations des agents économiques sont pessimistes, plus l'économie risque d'en souffrir. Les industries de biens durables sont les premières touchées car les consommateurs peuvent différer leurs achats de quelques mois et opter pour des biens substituts à prix plus abordables. Au lieu de s'acheter la voiture de l'année, on achètera un voiture d'occasion ou bien on fera faire des réparations supplémentaires.

En période de déflation, les dettes de l'État deviennent de plus en plus lourdes pour plusieurs raisons. D'une part, la montée du chômage se traduit par une diminution des recettes fiscales et, d'autre part, comme la valeur réelle de l'argent augmente l'État doit rembourser ses dettes avec de l'argent dont le pouvoir d'achat est plus élevé qu'au moment de l'emprunt. En 1930, Keynes faisait remarquer qu'en raison de la baisse des prix, la dette nationale britannique était de 40 % supérieure à ce qu'elle était en 1924[1].

Dans une telle situation, le comportement des agents économiques doit se transformer du tout au tout et l'on sait combien il est difficile pour des êtres humains de changer leur manière de vivre une fois les habitudes bien ancrées.

En période de déflation, il vaut mieux rembourser ses dettes le plus rapidement possible et ne pas en contracter d'autres. Il faut éviter de vendre ses actifs mobiliers ou immobiliers qui seront vendus sur des marchés baissiers. Au contraire toute la liquidité devra permettre l'achat de biens tangibles et utiles dont le prix diminue. Il est possible dans une telle période de s'enrichir dans la mesure où l'on peut acheter et pouvoir attendre, pour vendre, que le marché reprenne. Si dans une période d'inflation tout le monde a l'impression de pouvoir s'enrichir vite et sans effort, dans une période de dépression, on se ruine si on est contraint de vendre ce qu'on avait acheté à crédit. Les paniques financières, les faillites qui se traduisent par des dépôts de bilan et des fermetures d'entreprise se multiplient, la situation économique ressemble à ce jeu de domino où la chute d'une pièce entraîne celle de toutes les autres. À la limite on pourrait dire qu'une déflation produit l'effet d'un « big bang » où s'effectue une nouvelle distribution des cartes.

---

1. J.M. Keynes, *Essais sur la monnaie et l'économie*, Payot, 1978, page 40.

En période de déflation, les agents qui ne sont pas soumis aux lois du marché sont protégés : les fonctionnaires, les professeurs qui voient même le nombre des étudiants augmenter du seul fait qu'ils ne trouvent plus de travail. La crise est durement ressentie par ceux qui n'ont pas su prévoir la situation, mais au-delà de la prévoyance, c'est encore les plus démunis qui sont les plus affectés par le désordre des marchés.

Contrôle des connaissances

- *Selon qu'on se trouve en période d'inflation ou de déflation quel doit être le comportement adéquat ?*
- *Quels sont les manifestations d'une déflation ?*

Conclusion

Parce que l'inflation fait peser des menaces de déflation, elle doit être maîtrisée par les pouvoirs publics. La difficulté c'est que l'État est en partie responsable de l'inflation et qu'il est mal placé pour défendre des politiques d'austérité. Nous reviendrons sur ce sujet qui est au cœur de l'économie globale et qu'il sera impossible d'épuiser.

Une société où le niveau des prix serait stable impliquerait un fort consensus sur la manière dont les revenus sont répartis tant du point de vue national qu'international.

Selon la conjoncture, l'agent économique rationnel devra adopter des comportements différents pour ne pas subir les effets négatifs et savoir tirer parti de la situation au mieux de ses intérêts.

Résumé

Ce n'est que depuis la fin du 19e siècle que les économies ont connu des périodes de fortes variations de prix. Les périodes inflationnistes sont plus fréquentes que les périodes de baisse de prix. Normalement une économie de concurrence pure et parfaite pourrait absorber ces fluctuations et revenir d'elle-même à l'équilibre. Mais comme le système économique est contrôlé par des groupes qui détiennent des pouvoirs économiques très importants (État, syndicats, oligopoles) les prix ne réagissent qu'à retardement aux variations de l'offre et de la demande. Il en résulte que les périodes d'inflation peuvent devenir chroniques et incontrôlables.

L'inflation profite à ceux qui ont le pouvoir de répercuter sur les autres les augmentations de prix dont ils sont victimes.

On distingue plusieurs types d'inflation par la demande, par les coûts, par l'importation.

Si les économistes s'entendent sur la description du phénomène inflationniste, ils identifient différentes causes qui impliquent diverses solutions. Selon que le gouvernement est inspiré par l'une ou l'autre école de pensée, monétariste ou keynésienne, il adoptera des politiques monétaires et fiscales différentes pour juguler l'inflation.

Statistique Canada utilise plusieurs indicateurs pour estimer et repérer l'origine de l'inflation. En plus des différents indices de prix, il publie maintenant un indicateur des tendances de l'inflation par les salaires.

Mots clés

Dépréciation monétaire

Équation de Fisher

Hyperinflation

Inflation rampante

Inflation galopante

Plan de stabilisation

Politique des revenus

Taux d'intérêt réel

Théorie quantitative de la monnaie

Vitesse de circulation de la monnaie

Spirale inflationniste des salaires et des prix

Exercices

1. Parmi les situations suivantes, identifiez les causes possibles de l'inflation (inflation par les coûts (c), inflation par la demande (d), inflation importée (m).

_____ a) Les pays de l'OPEP, en 1973, ont décidé d'augmenter le prix du pétrole;

_____ b) Les syndicats ont obtenu une hausse salariale substantielle;

_____ c) La récolte de blé a été désastreuse.

_____ d) Le gouvernement a augmenté le niveau des prestations sociales.

_____ e) Après la seconde guerre mondiale, le gouvernement a décidé de rembourser par anticipation les « Bons de la victoire ».

_____ f) Le gouvernement réduit les impôts sur le revenu.

_____ g) En 1993, les prix ont fortement augmenté en Russie, car les Russes disposaient de trop de billets de banque.

_____ h) La TPS, introduite au Canada en 1990, a eu pour effet de faire augmenter l'IPC.

_____ i) L'indicateur des tendances de l'inflation par les salaires indique que les salaires dans la construction ont fortement augmenté.

_____ j) En raison d'un taux de change favorable au yen, les produits japonais sont plus chers en Amérique du Nord.

2. Quel effet, toutes choses étant égales par ailleurs, pourrait avoir l'inflation sur les personnes suivantes : enrichissement (E) ou appauvrissement (A).

_____ a) Les gens qui se sont enrichis sur le marché noir, en Russie, avant la période de hausse des prix et qui ont accumulé des roubles au pouvoir d'achat plus faible.

_____ b) Ces mêmes personnes mais qui auraient accumulé des dollars américains.

_____ c) Des étudiants qui obtiennent des prêts bourses.

_____ d) Le détenteur d'un compte d'épargne.

_____ e) Les spéculateurs à la Bourse dans un marché haussier.

_____ f) Les travailleurs au salaire minimum.

_____ g) Un jeune ménage qui achète une maison avec un prêt hypothécaire.

_____ h) Les producteurs de matières premières dont les prix augmentent moins vite que le prix des biens manufacturés.

_____ i) Un retraité dont la pension ne serait pas indexée.

_____ j) Un gouvernement endetté.

3. Dans une période de déflation quels comportements seraient dangereux ?

_____ a) Rembourser ses dettes le plus vite possible.

_____ b) Acheter une maison avec une hypothèque.

_____ c) Abandonner son emploi pour reprendre ses études.

_____ d) Acheter avec ses liquidités des actifs dont le prix a fortement baissé.

_____ e) Ne trouvant pas d'emploi se remettre aux études.

_____ f) Utiliser les obligations d'épargne du gouvernement pour s'acheter une maison dont le prix a fortement diminué.

_____ g) S'acheter une voiture à crédit.

_____ h) Vendre ses actions à n'importe quel prix.

_____ i) Acheter de l'or et des bijoux.

_____ j) Attendre pour vendre sa maison.

Questions d'intégration multidisciplinaire

	Économie	Sociologie	Histoire	Anthropologie	Psychologie	Sc. politique	Géographie
1. Comparez le comportement des agents économiques en période d'inflation et de déflation.	X	X					X
2. En quoi les faussaires nuisent-ils au système économique ?	X		X				
3. Étudiez l'hyperinflation en Europe dans les années 20, décrivez le processus et les conséquences économiques, sociales et politiques dans les différents pays touchés par le phénomène.	X		X			X	X
4. Effets des mesures anti-inflationnistes sur les différents agents économiques.	X	X	X				
5. Étudiez le problème de l'hyperinflation dans un pays en voie de développement.	X		X			X	
6. Étudiez les problèmes monétaires de la CEI.	X		X			X	X

Lectures suggérées

Flamant Maurice (1991). *L'inflation*, Que sais-je, 8e édition, 1460, PUF.

Cohen André et M.C. Terrondon (1986). *L'inflation*, Hatier.

Goux, J.-F. (1998). *Inflation, désinflation, déflation*, Dunot, 1128 p.

CHAPITRE

Emploi et chômage

5

Au terme de ce chapitre vous serez capable de :

■ Définir le plein emploi;

■ Interpréter les statistiques concernant le marché du travail;

■ Distinguer les différents types de chômage;

■ Distinguer PIB potentiel et PIB réel;

■ Interpréter la courbe de Phillips;

■ Évaluer le coût du chômage.

Une économie qui fonctionnerait optimalement utiliserait tous les facteurs de production dont elle dispose (ressources, matières premières, capital et travail), et ce, de la façon la plus efficace possible. De plus, le pays atteindra sa performance économique optimale quand les besoins exprimés seront satisfaits avec un minimum de temps, d'effort et de gaspillage. On espérait qu'avec le recours de plus en plus grand aux machines on accéderait à la « société des loisirs » où les êtres humains pourraient se livrer au jeu ou à des activités bénévoles non contraignantes.

En réalité, on constate que la société se scinde en deux groupes : certaines personnes parviennent à se trouver un emploi bien rémunéré et permanent, tandis que d'autres sont soit exclues du marché du travail, soit confinées à des emplois peu rémunérés ou précaires. Certains travaillent trop pour pouvoir jouir d'une vie équilibrée tandis que d'autres, qui ont du temps, ne disposent pas d'assez d'argent; toutes sont plus ou moins insatisfaites.

Selon la théorie libérale, si l'économie était réellement soumise aux seules forces du marché, s'il existait une véritable économie de concurrence, le chômage ne pourrait exister que de façon éparse et temporaire. En réalité, prétendent les keynésiens, le marché du travail est contrôlé par des grandes entreprises, des syndicats et des réglementations gouvernementales, il se crée donc des déséquilibres permanents qui obligent les gouvernements à intervenir. Pour ce faire, les pouvoirs publics doivent là encore disposer d'une information adéquate sur la situation réelle du marché du travail afin de prendre des mesures correctives efficaces, en temps et lieux opportuns, pour rétablir l'équilibre économique et assurer le plein emploi.

Certains économistes estiment que le **plein emploi** est atteint quand « quiconque peut trouver un travail près de son domicile, au salaire courant et qui répond à ses aspirations compte tenu de ses compétences. » Si cette définition illustre une situation optimale qui pourrait être qualifiée d'utopique, elle peut toutefois servir de balise.

Le plein emploi est un objectif des partis socialistes et des partis néo-keynésiens qui préfèrent une approche macroéconomique de soutien de la demande pour résoudre le problème du chômage. Ce type de politique sera efficace dans la mesure où l'économie est relativement fermée et où toute relance de la demande ne se traduit pas par une augmentation des importations de produits faits à l'étranger.

Pour les libéraux, le gouvernement doit, de préférence, aider les entreprises à embaucher de la main-d'œuvre, qu'il rendra plus mobile et efficace grâce à des programmes de recyclage et de formation (politique active de la main-d'œuvre).

D'autres économistes enfin acceptent que les sociétés capitalistes développées en pleine mutation technologique ne puissent assurer à tous un emploi rémunéré et ils renoncent à le voir disparaître.

L'atteinte du plein emploi dépend de plusieurs facteurs : du taux de création d'emploi par rapport à l'augmentation de la population active, de la structure de la population, du taux de scolarité, des changements technologiques, etc.

À partir de recensements ou d'enquêtes spécifiques, le gouvernement est tenu de publier des données sur la situation de l'emploi et du chômage dans la société.

Chaque mois Statistique Canada procède à une enquête auprès d'un certain nombre de ménages (environ 52 000) pour savoir approximativement combien de personnes ayant plus de 15 ans se déclarent à l'emploi, à la recherche d'un emploi, ou inactives. À partir des réponses, on détermine différentes catégories, ce qui permet au fil des mois et des ans de savoir si la situation économique s'améliore ou se détériore.

Il est dès lors possible de mettre en œuvre des mesures ciblées sur les régions, les secteurs ou les catégories sociales les plus affectés par les pertes d'emploi.

En comparant les statistiques nationales à celles des autres pays, on peut savoir si la performance nationale en matière d'emploi est meilleure ou pire que celle des autres dans la mesure où chacun utilise les mêmes critères d'évaluation. Statistique Canada a adopté les définitions proposées par le Bureau International du Travail (BIT).

Dans ce chapitre nous allons étudier les notions de population active, d'emploi et de chômage.

5.1   La population active

La population active ou force de travail potentielle comprend la partie de la population civile, hors institution, âgée de 15 ans et plus qui avait un emploi ou qui était au chômage déclaré pendant la semaine où s'est déroulée l'enquête, appelée « semaine de référence ».

La plupart des personnes exclues de cette catégorie sont les étudiants, les conjoints au foyer, les retraités, les travailleurs saisonniers en saison morte et les personnes qui ne peuvent travailler en raison d'une longue maladie ou d'une incapacité physique. Les pensionnaires d'institution, les Amérindiens dans les réserves et les soldats sont également exclus de cette catégorie.

Le taux d'activité

Le taux d'activité exprime le pourcentage de la population active par rapport à la population totale âgée de 15 ans et plus.

$$\text{Taux d'activité} = \frac{\text{population active}}{\text{population totale âgée de 15 ans et plus}} \times 100$$

Pour les comparaisons internationales, il faut vérifier si l'âge d'entrée sur le marché du travail est le même ou pas.

Depuis les années 1990, on observe que le taux d'activité des pays du G7, tel que mesuré par l'OCDE, a tendance à diminuer sauf pour les États-Unis, le Japon et le Royaume-Uni. C'est au Japon que le taux d'activité est le plus élevé en 1997 (tableau 5.1).

Au Canada en 1998 le taux d'activité moyen était de 72,4 % pour les hommes et de 58,1 % pour les femmes (tableau 5.2). Le taux d'activité des hommes a diminué tandis que celui des femmes a augmenté.

Tableau 5.1

Le taux d'activité dans le G7. Standardisé par l'OCDE.

	États-Unis	Japon	Allemagne	France	Italie	Royaume-Uni	Canada
1990	76,6	74,1	69,1	69,1	66,6	59,2	77,9
1995	76,9	76,5	69,1	66,7	57,2	75,3	75,7
1996	77,0	76,9	68,8	67,1	57,5	75,3	76,9
1997	77,6	77,9	68,5	67,2	57,7	75,3	76,0
1998	77,5	78,1	68,2	67,3	57,8	75,2	76,4
1999							
2000							

Source : *Perspectives économiques de l'OCDE*, juin 1998.

Tableau 5.2

Le taux d'activité par sexe et par âge au Canada.

Années	Les 2 sexes	Hommes	Femmes	15 à 24 ans	25 ans et +
1976	61,5	77,8	45,6	63,0	61,0
1980	64,6	78,6	51,0	67,8	63,5
1990	67,3	76,3	58,7	69,2	66,9
1995	64,3	72,5	57,4	62,2	65,4
1996	64,9	72,4	57,6	61,5	65,5
1997	64,8	72,5	57,4	61,2	65,5
1998	65,1	72,4	58,1	62,0	65,8
1999					
2000					

Source : *Statistiques Canada – Statistiques chronologiques sur la population active*, avril 1999.

La présence des femmes sur le marché du travail

En 1971, 40 % des femmes étaient sur le marché du travail et en 1995, le taux est passé à un sommet historique de 58,7 %.

En Amérique du Nord c'est l'arrivée des femmes et des jeunes qui a fait augmenter la population active dans les années 1980.

Quand le taux d'activité diminue, cela peut signifier une situation de récession dans la mesure où des personnes découragées renoncent à se chercher du travail.

Contrôle des connaissances

- *Qu'est-ce que le plein emploi ?*
- *Quelles personnes font partie de la population active ? LEsquelles en sont exclues ?*
- *Comment obtient-on le taux d'activité ?*
- *Le taux d'activité des hommes et des femmes depuis 1970 est-il identique ?*

5.2 Les emplois

La population à l'emploi se compose de toutes les personnes qui pendant la semaine d'enquête travaillaient contre rémunération pour un employeur ou à leur propre compte, travaillaient sans rémunération dans une entreprise familiale ou une exploitation agricole familiale ou avaient un emploi dont elles étaient temporairement absentes. Pour être considéré à l'emploi, il suffit d'avoir travaillé 2 heures par semaine.

On peut constater une augmentation régulière du nombre d'emplois et observer tout de même une augmentation du chômage dans la mesure où le nombre de personnes qui arrivent sur le marché du travail est supérieur aux emplois créés. Cela a été le cas dans les années 1980 en Amérique du Nord. Par ailleurs, quand la population vieillit, et qu'un grand nombre de personnes vont prendre leur retraite, le chômage peut diminuer avec une diminution d'emplois. Au Canada, on prévoit pour cette raison que les entreprises vont bientôt connaître une pénurie de main-d'œuvre. Enfin, compte tenu du niveau de connaissances exigées pour maîtriser les nouveaux postes de travail créés, il existe des secteurs où il y a du chômage et d'autres qui connaissent au contraire un manque de main-d'œuvre qualifiée.

Pour étudier la situation de l'emploi le gouvernement dispose de données statistiques annuelles des emplois par secteur et par industrie. À partir de ces données, on peut déterminer le ratio des emplois sur la population.

La croissance des emplois

De 1971 à 1980, le Canada a enregistré le plus fort taux de croissance de l'emploi de l'ensemble des pays de l'OCDE (moyenne de 3,1 %; voir tableau 5.3) cependant cet accroissement n'a pas été suffisant pour répondre à l'augmentation de la population active. Depuis les années 1990, la croissance de l'emploi a ralenti bien qu'elle reste toujours pour le Canada au-dessus de la moyenne du G7.

Les emplois par secteur d'activité

Les emplois rémunérés officiellement sont régulièrement recensés et présentés dans des tableaux, par région et par secteur d'activité. Cela permet de distinguer les secteurs en expansion des secteurs en déclin pour ce qui concerne le nombre de postes de travail. Les agents économiques pourront ainsi avoir une idée des besoins en main-d'œuvre de la société et pourront se préparer à y répondre.

Le Centre de Recherche et de Statistique sur le marché du travail du Québec publie, par exemple, régulièrement, des études sur la situation de l'emploi et il présente des prévisions qui seront utilisées par le ministère de l'Emploi pour planifier et orienter les ressources humaines nécessaires.

L'ensemble de l'activité économique est divisé en 9 secteurs que sont : l'agriculture, les mines, l'industrie manufacturière, la construction, les transports, le commerce, le secteur financier, les services et l'administration publique. D'année en année, on remarque que certains secteurs utilisent de plus en plus de main-d'œuvre, tandis que d'autres perdent des emplois.

Le tableau 5.4 présente la situation de l'emploi au Canada pour l'ensemble des industries, de 1990 à 1998. Des données sont également disponibles pour chaque industrie. Par exemple, dans le secteur secondaire où l'emploi, en général, diminue depuis 20 ans, l'industrie du vêtement au Québec, de 1976 à 1991, est passé de 89 000 à 53 000 postes soit une perte de 36 000; ce qui représente une diminution de près de 40 % des

Tableau 5.3

Croissance de l'emploi dans les pays membres du G7 (taux annuel moyen en pourcentage) de 1961 à 1990.

Pays	61-70	71-80	81-90	1995	1996	1997	Prévisions 1998	1999	2000
États-Unis	1,8	2,4	1,8	1,5	1,4	2,2	1,3	0,4	0,8
Japon	1,4	0,8	1,2	0,1	0,5	1,1	-0,7	-0,6	-0,1
France	0,6	0,4	0,2	0,8	0,1	0,4	1,2	1,3	1,3
Royaume-Uni	0,2	0,2	0,8	1,2	1,1	1,7	0,5	-0,6	-0,2
Allemagne	0,1	0,0	0,6	-0,4	-1,3	-1,3	0,0	0,4	0,7
Italie	-0,4	0,6	0,4	-0,6	0,4	0,0	0,2	0,4	0,4
Canada	2,9	3,1	1,6	1,6	1,3	1,9	2,5	1,8	1,7
G7	1,3	1,5	1,3	0,8	0,7	1,3	0,7	0,2	0,6

Source : *Perspectives économiques de l'OCDE*, décembre 1998.

effectifs. Seules quelques rares industries ont vu durant cette période leurs effectifs augmenter comme l'industrie de l'équipement de transport ou l'industrie de l'électronique, c'est-à-dire le secteur de pointe. Cette« désindustrialisation » s'accompagne fort heureusement d'un développement du secteur tertiaire (« tertiarisation » de l'économie).

C'est dans le secteur tertiaire effectivement que se crée le plus d'emplois. Ce secteur, à lui seul, absorbait en 1990 les trois quart des emplois comme l'indique le tableau 5.5.

Le ratio des emplois sur la population

Le ratio des emplois sur la population âgée de 15 ans et plus est un bon indicateur pour évaluer la vigueur du marché du travail. Une diminution du pourcentage est un signe d'affaiblissement. Cependant on ne sait pas s'il s'agit de travail à temps plein ou à temps partiel (tableau 5.6).

Tableau 5.4

Situation de l'emploi dans l'industrie, Canada et Québec, 1990 et 1994. Données désaisonnalisées; en millions de personnes.

	Québec	Canada
1990	2,760	11,104
1995	2,629	10,803
1996	2,676	11,000
1997	2,664	11,087
1998	2,738	11,577
1999		
2000		

Source : *Emploi, gains et durée du travail*, Statistique Canada, déc. 1998, cat. 72 002.

Tableau 5.5

Emploi dans les différents secteurs au Québec, en 1976, 1986 et 1991 (000) et en % par rapport au total de l'emploi.

Secteurs	1976		1986		1991	
Primaire	122	5 %	123	4,3 %	93	3 %
Secondaire	734	30 %	693	24,5 %	676	23 %
Tertiaire	1600	65 %	2009	71,2 %	2203	74 %
Total	2456	100 %	2825	100 %	2972	100 %

Source : Statistique Canada, *Enquête sur la population active*, 1992.

Tableau 5.6

Taux d'emplois pour les deux sexes, 15 ans et plus, données désaisonnalisées (décembre).

Années	Canada	Québec	Ontario
1990	60,6	56,5	63,7
1995	58,5	55,3	59,8
1996	58,5	54,3	59,8
1997	59,2	55,5	60,8
1998	60,4	56,7	62,2
1999			
2000			

Source : Statistique Canada, *Statistiques chronologiques sur la population active*, p. 4.

5.3 La population en chômage

La population en chômage se compose de toutes les personnes qui, pendant la semaine de référence, étaient sans travail mais avaient activement cherché du travail au cours des quatre dernières semaines.

Il ne faut pas confondre les chômeurs effectifs et les chômeurs secourus. Ceux qui reçoivent de l'assurance-chômage doivent avoir travaillé précédemment un certain nombre de semaines et avoir effectivement cotisé pour avoir droit aux prestations. En général au Canada ce n'est que la moitié des chômeurs qui sont secouru par le programme du gouvernement fédéral. Compte tenu des programmes d'aide aux chômeurs, le nombre de prestataires pourra augmenter ou diminuer.

Pour alléger le fardeau financier de l'État canadien, le gouvernement conservateur, en 1992, a resserré les règles d'accès au programme d'assurance-chômage. Alors que le nombre de chômeurs augmentait en raison de la récession les chômeurs secourus diminuaient.

L'Assurance-chômage (maintenant assurance-emploi) au Canada

En 1940, le Canada s'est doté d'un programme d'assurance-chômage inspiré du modèle britannique. Auparavant, l'aide sociale était confiée aux municipalités sous forme de « secours direct » et aux bonnes œuvres des églises. Dans une optique keynésienne et laïque, les prestations d'assurance-chômage permettent de soutenir le pouvoir d'achat des ménages qui ont perdu leur emploi et de maintenir le niveau de la production. Depuis sa création l'assurance-chômage a été à plusieurs reprises modifiée.

En 1942, date à laquelle furent versées les premières prestations, 50 % de la population active était assurée. Ce taux est passé en 1960 à 68 % pour atteindre 96 % à la suite de la loi de juin 1971 qui adoptait le principe de l'universalité des prestations sociales. Les gains assurables étaient alors de 60 % du revenu pour une durée d'un an.

Le Canada possédait le système le plus accessible et le plus généreux de tous les pays de l'OCDE. Cependant, avec la persistance de la récession et des problèmes financiers du gouvernement, la loi C-21, votée en 1990, réduit cette accessibilité et diminue le montant des prestations offertes. Avec la réforme du ministre Axworthy (1995) le programme canadien change de nom pour devenir l'assurance-emploi.

Le taux de chômage

Le taux de chômage s'obtient en divisant le nombre de chômeurs par la population active :

$$\text{taux de chômage} = \frac{\text{chômeurs}}{\text{population active}} \times 100$$

Ces taux, au Canada, sont déterminés pour chacune des provinces, pour les grandes villes et pour différentes catégories de personnes.

Le phénomène du chômage ne frappe pas uniformément tous les membres de la société. Il y a des secteurs, des régions, des classes d'âge, des pays plus particulièrement touchés. En 1998, c'est la France qui a le taux le plus élevé des pays du G7 (tableau 5.7). Depuis 1982, le taux de chômage des États-Unis ne cesse de diminuer. Il est beaucoup plus faible que celui du Canada (figure 5.1).

Tableau 5.7

Les taux de chômage du G7. Standardisés par l'OCDE.

	États-Unis	Japon	Allemagne	France	Italie	Royaume-Uni	Canada
1990	5,6	2,1	6,2	8,9	9,1	5,8	8,1
1995	5,6	3,1	8,2	11,7	11,9	8,7	9,5
1996	4,9	3,4	8,9	12,5	12,0	8,2	9,2
1997	4,5	4,1	10,0	12,4	12,1	7,0	8,3
1998	4,6	3,6	10,0	12,1	–	6,5	8,6
1999							
2000							

Source : *Perspectives économiques de l'OCDE*, 1999.

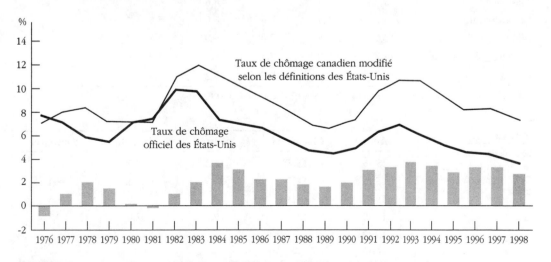

Figure 5.1

Écart entre le taux de chômage des États-Unis et le taux canadien modifié. Source : *Statistique Canada*, no 71-005-XPB au cat.

Plus la situation du chômage sera détaillée plus les pouvoirs publics, tant nationaux que locaux, pourront cibler leur intervention sur les populations les plus touchées.

Le taux de chômage canadien est une moyenne pondérée des taux provinciaux. Historiquement, on observe, en général, que les taux de chômage à l'est de l'Outaouais sont supérieurs à la moyenne nationale, alors que le taux de chômage des provinces à l'Ouest est inférieur à cette moyenne (tableau 5.8). À l'intérieur des provinces, il existe également des disparités. Certaines régions, certaines villes, certains quartiers de ville sont aux prises avec des problèmes de sous-emploi plus graves qu'ailleurs (tableau 5.9). Ces situations nécessitent non seulement une politique de l'emploi nationale mais des interventions provinciales voire municipales. Des « tables de concertation » qui réunissent les chefs syndicaux, les patrons et les représentants des pouvoirs publics des différents paliers de gouvernement sont mises sur pied afin de trouver des solutions d'urgence.

Tableau 5.8

Taux de chômage par province au Canada, 15 ans et plus (en décembre).

Provinces	1985	1995	1996	1997	1998	1999	2000
Est de l'Outaouais							
Terre-Neuve	20,8	18,3	19,4	18,8	17,9		
Île du Prince-Édouard	13,4	14,7	14,5	14,9	13,9		
Nouvelle-Écosse	13,6	12,1	12,6	12,2	10,7		
Nouveau-Brunswick	15,2	12,4	11,7	12,8	12,1		
Québec	11,9	11,3	11,8	11,4	10,4		
Ouest de l'Outaouais							
Ontario	8,1	8,7	9,1	8,5	7,2		
Manitoba	8,2	7,5	7,5	6,6	5,7		
Saskatchewan	8,2	6,9	6,6	6,0	5,9		
Alberta	10,1	7,8	7,0	6,0	5,7		
Colombie-Britannique	14,2	9,0	8,9	8,7	8,9		
Canada	10,5	9,5	9,7	9,2	8,3		

Source : *L'Observateur économique canadien*, 1997/1998, cat. 11-210-XPB.

Tableau 5.9

Le taux de chômage dans quelques villes du Canada. Données non désaisonnalisées.

Années	Chicoutimi	Montréal	Toronto	Vancouver
1995	15,3	11,3	8,5	8,3
1996	14,7	11,9	9,1	8,1
1997	13,3	10,9	8,0	8,5
1998	12,6	9,7	7,0	8,1
1999				
2000	–	–	–	–

Source : *Chronologie sur la population active*, cat. 71-201 annuel, Statistique Canada, mai 1998.

Le taux de chômage est différent selon qu'il s'agit de personnes jeunes ou plus âgées et selon leur sexe (tableau 5.10).

Le taux de chômage varie aussi selon le niveau d'instruction (tableau 5.11). S'il est juste de dire qu'un diplôme ne donne pas automatiquement accès à un emploi, il n'en demeure pas moins que le chômage touche surtout ceux qui ont un niveau d'instruction plus faible. Compte tenu de l'ouverture des marchés à la concurrence mondiale, le pays doit disposer d'une main-d'œuvre instruite.

Les travailleurs découragés

Jusqu'en 1967 aux États-Unis, on comptait parmi les chômeurs toutes les personnes qui souhaitaient un emploi, même si elles avaient renoncé à poursuivre des démarches pour en trouver un. Les statisticiens ont estimé qu'ils fallait retirer les personnes « découragées ». Pour ce faire, on retient maintenant uniquement comme chômeurs les personnes qui déclarent avoir cherché activement du travail pendant la semaine de référence; en France, on les désigne plus justement comme les « demandeurs d'emploi ». Les personnes découragées se trouvent donc recensées parmi la population inactive. En période de ralentissement économique, un grand nombre de personnes vont quitter ainsi la population active sachant très bien qu'elles ne trouveront pas d'emploi. Certaines d'entre elles, par exemple, vont aller étudier à temps plein, ce qui a pour effet de réduire le taux de chômage artificiellement. Par contre, lors d'une reprise économique on verra réapparaître soudain un grand nombre de deman-

Tableau 5.10

Le taux de chômage par sexe et par âge, au Canada.

Années	Hommes	Femmes	15 à 24 ans	25 ans et +
1990	8,1	8,1	12,7	7,1
1995	9,8	9,2	15,6	8,3
1996	9,9	9,4	16,1	8,5
1997	9,2	9,2	16,7	7,8
1998	8,5	8,1	15,2	7,0
1999				
2000				

Source : *L'Observateur économique canadien*, 1998, cat. 71.201 S.C.

Tableau 5.11

Chômage selon le niveau d'instruction, 1980, 1989 et 1995.

Niveau d'instruction	1980	1989	1996
Études primaires (0-8 ans)	9,0	11,1	13,6
Études secondaires	8,6	8,9	9,5
Diplôme post-secondaire	5,0	5,2	7,9
Grade universitaire	3,1	3,7	5,7

Source : *Enquête sur la population active*, Statistique Canada, cat. 71 001, juin 1996.

deurs d'emploi, ce qui fera augmenter la population active et donc le taux de chômage. Une baisse du taux de chômage pourra donc signifier une reprise dans la mesure où elle est précédée d'une augmentation du taux d'activité. Une diminution du taux de chômage qui s'accompagnerait d'une diminution du taux d'activité témoignerait d'une aggravation de la situation. Quand on parle de taux de chômage, il est donc indispensable de vérifier parallèlement l'évolution du taux d'activité.

Les différents types de chômage

Le chômage peut résulter de situations différentes plus ou moins irréversibles qui nécessiteront des mesures particulières. Selon qu'il s'agit de chômage saisonnier, cyclique, structurel, technique, technologique, frictionnel, les agents économiques devront réagir différemment.

Le chômage saisonnier et les données désaisonnalisées

Certaines activités sont liées aux saisons ou à des coutumes. C'est l'exemple du travail agricole qui nous vient en premier à l'esprit et qui dépend encore largement du climat, mais il occupe un pourcentage faible de la population. Il faut aussi penser au secteur de la construction, à celui de la mode vestimentaire, aux ventes de voitures, à l'hôtellerie etc., qui concernent un grand nombre de postes de travail et qui présentent des périodes de grande activité, de pointes suivies de périodes plus calmes. Statistiquement dans ces secteurs, on note que les taux d'activité et de chômage ont chaque année un pic qui reflète cette activité saisonnière. Pour connaître la situation corrigée de l'effet saisonnier, il convient donc de retirer des données brutes l'effet des variations saisonnières; ainsi on obtiendra des variations qui reflètent vraiment la conjoncture.

Le chômage cyclique ou conjoncturel

On constate qu'en période de baisse d'activité les mises à pied se multiplient et le chômage augmente dans un grand nombre de secteurs d'activité. Par exemple, quand les taux d'intérêt augmentent les ventes de maisons neuves diminuent et cela entraîne un ralentissement de la construction qui explique la montée du

Interprétation des taux de chômage et d'activité

Si le taux de chômage augmente et que le taux d'activité diminue :	signe d'aggravation de la récession.
Si le taux de chômage diminue et que le taux d'activité diminue :	signe de détérioration de la situation.
Si le taux de chômage augmente et que le taux d'activité augmente :	signe de reprise économique.
Si le taux de chômage diminue et que le taux d'activité augmente :	signe d'expansion économique.

chômage. Dès qu'il y a reprise des activités, les agents économiques pourront espérer que ce type de chômage se résorbera et que les emplois perdus reviendront.

Le chômage structurel

Plus grave est le chômage structurel, car il résulte soit d'un changement de la demande pour une industrie soit d'une restructuration de l'appareil de production. L'industrie de la chaussure par exemple, au Québec, qui employait un grand nombre de travailleurs jusqu'à ce que les mesures protectionnistes soient levées, a dû faire face à la concurrence étrangère. Des milliers d'emplois ont été à tout jamais perdus. Dans ce cas le gouvernement pourrait prévoir des mesures de réaffectation de la main-d'œuvre vers des secteurs en expansion. Avec le libre-échange Canada-États-Unis-Mexique, le mouvement de délocalisation des entreprises du secteur de la fabrication s'est accentué au profit des pays où les coûts salariaux sont plus faibles. La réorganisation de la société implique une période d'ajustement plus ou moins onéreuse sur le plan social.

Le chômage technique

Parfois des travailleurs sont mis à pied parce que l'entreprise ne peut poursuivre la production pour des raisons techniques. Une grève dans une entreprise qui fournit des matières premières ou des pièces, un incendie ou un bris de machine, un désastre naturel obligent l'entreprise à fermer ses portes temporairement ou définitivement. Les travailleurs ont la possibilité d'attendre un éventuel rappel ou sont obligés de se trouver un nouvel emploi.

Le chômage technologique

L'invention d'une machine a toujours pour but de réduire le travail; aussi les travailleurs s'en sont-ils toujours méfiés. Alfred Sauvy (1898-1990), un économiste démographe français, a tenté de démontrer que la mécanisation, contrairement à la croyance populaire, a créé plus de postes de travail qu'elle n'en a supprimés. En effet, la salarisation a constamment progressé depuis la fin du XVIIIe siècle. Par contre, nous devons constater qu'avec l'arrivée de l'électronique et de l'informatique, des milliers d'emplois sont perdus. En Suède où le taux de syndicalisation atteint les 90 %, la résistance à l'innovation a été moins forte que partout ailleurs. C'est en Suède et au Japon qu'on observe le plus grand nombre de robots par entreprise. L'introduction d'une nouvelle machine ne se traduit pas dans ces pays par des licenciements mais par des recyclages de la main-d'œuvre qui abandonne volontiers aux machines le travail répétitif. Dans les années 1990 on a observé cependant qu'en raison d'une technologie de plus en plus performante les reprises économiques s'accompagnent d'une augmentation du taux de chômage.

Le chômage frictionnel

Quand un salarié quitte un travail pour en chercher un autre, cela témoigne en faveur de la fermeté du marché du travail. Espérant trouver un meilleur emploi, mieux rémunéré, plus intéressant ou peut-être plus près du lieu de résidence, le salarié prend le risque de se remettre en quête d'un emploi. Dans une situation de plein emploi, ce type de chômage ne devrait pas disparaître, car il témoigne de la mobilité des travailleurs. Par contre, en période de récession, il devient trop risqué de quitter un emploi, même insatisfaisant, pour un autre hypothétique. Le risque de se retrouver en chômage de longue durée freine la mobilité de la main-d'œuvre. Le chômage frictionnel est inévitable et il est donc égal au taux de chômage minimum.

Notion de chômage naturel

Pour un certain nombre d'économistes de tendance libérale, il existe sur le marché un certain pourcentage de personnes qui se cherchent du travail et qui n'en trouvent pas, faute d'une bonne information. C'est ce qu'ils appellent le chômage naturel. Ce taux augmenterait dans les périodes de restructuration; ce serait le prix à payer pour que l'économie s'adapte aux nouvelles contraintes du marché international. Une étude de la Caisse de dépôt, publiée en mai 1994, estimait que le taux de chômage naturel du Québec se situait au niveau de 9,5 % alors qu'il était de 7,5 % au Canada.

Le taux de chômage naturel serait égal au taux de chômage total (frictionnel, structurel, conjoncturel) moins le chômage conjoncturel. Si on estime qu'au Canada le chômage frictionnel est de l'ordre de 2 % et le chômage structurel de 6 %, le taux de chômage naturel serait donc de 8 %.

Au taux de chômage naturel, on associe le taux de chômage non-inflationniste (TCNI) c'est-à-dire celui en-dessous duquel les pressions inflationnistes pourraient reprendre. Pour certains, un trop faible taux de chômage pourrait relancer les revendications salariales et réamorcer la spirale inflationniste des salaires et des prix. La crainte du chômage, au contraire, réduit les revendications syndicales et stabilise les travailleurs souvent endettés.

L'arbitrage entre chômage et inflation : la courbe de Phillips

À l'origine, des économistes avaient constaté qu'il existait une relation inverse entre la variation du salaire nominal et le taux de chômage. Cette observation avait été notée dès 1926 par l'économiste et mathématicien américain Irving Fisher (1867-1947), mais c'est A.W. Phillips (1914-1975) qui en démontra l'existence en étudiant la variation des salaires nominaux et du taux de chômage en Angleterre de 1861 à 1957. Plus tard, on devait constater qu'il existait une relation inverse entre l'inflation et le chômage (voir figure 5.2). Quand l'inflation, mesurée par l'indice des prix, s'accélère, le chômage diminue et, inversement, quand le chômage augmente l'inflation diminue. À court terme, il existerait donc un arbitrage (*trade off*) entre le chômage et l'inflation. Cela signifiait que pour résorber le chômage, il fallait accepter une augmentation de l'inflation et au contraire, pour stabiliser les prix, une augmentation du taux de chômage était nécessaire.

Cependant, à partir du début des années 1970 on observa que le chômage et l'inflation pouvaient augmenter en même temps (stagflation). La courbe se déplaçait donc vers la droite. L'apparition d'un chômage incompressible de plus en plus important expliquerait ce phénomène. La courbe 2 du graphique 5.2 illustre une situation où le taux de chômage augmente alors que l'inflation reste au même niveau.

Le coût du chômage

Quand un grand nombre de personnes se trouvent sans emploi, cela représente un coût considérable qu'il est difficile à chiffrer précisément. On peut cependant estimer le montant du PIB potentiel à partir du PIB réalisé. Si pour une année on a réussi à produire un PIB au prix du marché de x milliards de dollars et que l'on estime à Y le salaire moyen, le PIB potentiel pourrait atteindre un montant supérieur égal au nombre de chômeurs multiplié par le salaire moyen. Pour le Centre canadien du marché du travail et de la productivité, le manque à gagner en 1992 représentait près de 70 milliards de dollars. Cette somme,

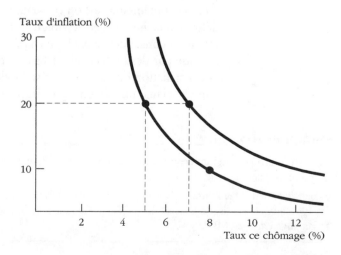

Figure 5.2

La courbe de Phillips.

prétendait l'agence fédérale, aurait pu fournir un salaire moyen de 44 000 $ aux 1 600 000 chômeurs recensés.

En 1992, il y avait au Canada 1 556 000 chômeurs et le PIB était de 688 milliards réalisés par les 12 240 000 de personnes à l'emploi. Si tous les chômeurs avaient travaillé (hypothèse d'un taux de chômage = 0 qui ne tient pas compte du taux de chômage naturel) on pourrait estimer la valeur de la production perdue en utilisant la règle de trois comme suit :

si 12 240 000 personnes produisaient 688 milliards de $ en 1992, 1 556 000 supplémentaires produiraient x de plus :

$$\text{où } x = \frac{1\ 556\ 000 \times 688\ \text{milliards \$}}{12\ 240\ 000} = 88\ \text{milliards de \$}$$

en 1992 le PIB potentiel aurait donc été de 688 milliards $ + 88 milliards de $ = 776 milliards de $.

Le chômage fait doublement augmenter le déficit du gouvernement. D'une part, comme les chômeurs ne touchent pas de salaire, ils ne payent pas d'impôts sur le revenu et, d'autre part, le gouvernement doit débourser des sommes pour les secourir.

Quant au coût social du chômage prolongé, il est incalculable. Le chômage peut atteindre la dignité de l'être humain. Le chanteur et poète québécois, Félix Leclerc, ne disait-il pas que la plus sûre façon de tuer un homme, c'était de le payer à ne rien faire.

Il existe un indice de gravité du chômage (IGC) qui associe justement au taux de chômage sa durée. La situation d'une personne qui perd un emploi pour quelques jours n'est évidemment pas la même que celle qui est au chômage depuis des mois voire des années.

Aux États-Unis, une étude démontrait que pour chaque point d'augmentation de pourcentage du taux de chômage national (1 % de plus se traduit aux États-Unis par 1 million de chômeurs supplémentaires) on constatait que les taux de suicide, de délinquance juvénile et de violence de toutes sortes, augmentaient en conséquence. Cela se traduisait dans une seconde période par des budgets alourdis au titre de la sécurité publique, la construction de nouvelles prisons, des policiers et des intervenants sociaux aux effectifs plus importants. Selon le rapport du

Le coefficient d'Okun

Pour calculer le PIB potentiel un économiste américain, Arthur Okun a calculé un ratio qui détemine la variation du PIB quand varie le taux de chômage.

Le coefficient déterminé permet d'évaluer la croissance du PIB quand le taux de chômage diminue de 1 %. En 1962, aux États-Unis, on estimait qu'une diminution du taux de chômage d'un point de pourcentage faisait augmenter le PNB de 3 %.

Département de la justice rendu public en août 1996, la population carcérale aux États-Unis a doublé en dix ans pour atteindre fin 1995 1,6 million de personnes dont 7888 mineurs. Un américain sur 167 se trouvait en prison ! Au Québec, un prisonnier coûte en moyenne par année aux contribuables près de 80 000 $.

Si l'augmentation du chômage permet de réduire les revendications salariales et évite les grèves (en 1976 il avait eu au Canada 11 610 milliers de journées de travail perdues alors qu'il y en a dix fois moins en 1994; voir tableau 5.12), la baisse du pouvoir d'achat de ces centaines de milliers de personnes au chômage qui en résulte a un effet déflationniste sur l'ensemble de l'économie. Même si les travailleurs, qui craignent de perdre leur emploi, sont plus disciplinés, ils deviennent plus prudents quand il s'agit d'acheter des biens durables ou de contracter de nouveaux emprunts. Un sondage effectué à la fin de l'été 1993 révélait que 40 % des travailleurs canadiens étaient inquiets pour leur emploi ce qui expliquait entre autre le marasme dans le secteur de l'immobilier. Les anticipations déflationnistes ne sont-elles pas encore plus redoutables que les anticipations inflationnistes parce qu'elles remplaceraient le rêve par la crainte des lendemains.

La mesure du chômage de longue durée

Le chômage fait d'autant plus de ravage qu'il est de longue durée. On a remarqué que depuis la récession de 1982, les périodes de chômage étaient de plus en plus longues. Quand on multiplie le nombre de chômeurs par la durée moyenne de chômage (indice de gravité du chômage), on constate qu'en 1980, il y avait, au Canada, 12,7 millions de semaine-personnes de chômage et qu'en 1989 ce chiffre atteignait 18,2 millions. Le volume du chômage se serait donc accru de plus de 40 % entre 1980 et 1989.

Si dans les années 80 la période moyenne de chômage était de 14 semaines, dans les années 90 elle dépassait les 21 semaines; et pour certaines catégories de personnes le chômage est devenu un phénomène permanent. La figure 5.3 représente, pour le Québec, l'évolution de l'indice de gravité du chômage, de 1983 à 1993.

Figure 5.3

Évolution de l'indice de gravité du chômage pour le Québec, de 1983 à 1993. Source : Les publications du Québec, *Le Québec statistique*, 60e édition, 1995.

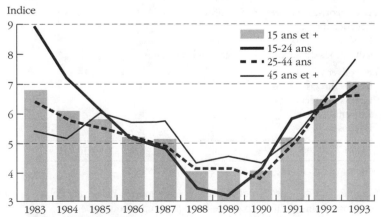

Tableau 5.12

Journées de travail perdues dans le cadre de conflits de travail dans l'industrie (en jours-personnes) au Canada.

Années	Nombre de journées
1990	5154
1995	1607
1996	3343
1997	3573
1998	2436
1999	
2000	

Source : *L'Observateur économique canadien*, avril 1999.

Répartition des coûts économiques du chômage

Le Forum pour l'emploi a publié une étude en 1993 sur le coût du chômage au Québec et au Canada. À partir d'un taux de chômage minimum estimé à 3,5 % (taux de chômage frictionnel) la répartition des coûts entre les différents groupes de la société est calculée à partir des données fournies par la comptabilité nationale.

Au terme de cette étude, le Québec aurait eu en 1993 un manque à gagner de près de 31 milliards de dollars (109 milliards de dollars pour le Canada). Compte tenu d'un coefficient d'Okun de 2, toute augmentation de 1 % du taux de chômage coûterait 3 milliards de $ pour le Québec et 14 milliards de $ pour le Canada.

Au Québec, 1993 – en millions de $

	Coûts globaux	Coûts pour chaque 1 % de chômage

Les personnes en chômage
  Salaires bruts perdus
  Prestations d'assurance-chômage
  Prestations d'aide sociale
  Impôts directs
	1 601	166

Les personnes en emploi
  Impôts directs augmentés
  Cotisations d'assurance-chômage supplémentaires
	4 666	486

Les entreprises et autres propriétaires
  Bénéfices perdus
  Impôts
  Cotisations d'assurance-chômage supplémentaires
	10 345	1 077

Les gouvernements
  Impôts directs
  Impôts indirects
  Subventions
  Dépenses
	14 145	1 473

TOTAL	30 757	3 202

Source : *Le coût du chômage*, Forum sur l'emploi, 1993.

Compte tenu de tous ces coûts, certains économistes (Bellemare, Poulin-Simon) se demandent s'il ne serait pas moins onéreux de mettre les gens au travail ou aux études.

- *Quelles personnes sont considérées comme chômeurs ?*
- *Sur quelle population calcule-t-on le taux de chômage ?*
- *Est-ce que le chômage frappe uniformément la population ?*
- *Quelles personnes font partie des inactifs ?*
- *Que représente la courbe de Phillips ?*
- *Que mesure l'indice de gravité du chômage ?*
- *Quelle différence y a-t-il entre PIB potentiel et PIB réel ?*
- *Quels sont les coûts du chômage ?*

Conclusion

Keynes estimait qu'en période de récession, le gouvernement se devait de dépenser de l'argent quitte à s'endetter. La situation économique qui prévalait dans les années 1930 n'était pas la même que dans les années 80-90. À cette époque-là, le taux de chômage en Amérique du Nord se situait autour de 30 % de la population active, les chômeurs n'étaient pas secourus et les gouvernements n'étaient pas aussi fortement endettés. Actuellement l'assistance sociale ne permet plus à elle seule d'espérer résoudre le problème du sous-emploi et de nouvelles voies devraient être explorées.

En réalité, il existe toujours des personnes qui se cherchent du travail et pour certains le taux de chômage minimum pourrait être de l'ordre de 2 à 3 %, taux que l'on retrouve dans certains pays et que l'Amérique du Nord a connus dans les années 1950.

Résumé

On dispose de données statistiques qui permettent de connaître à partir d'enquêtes mensuelles le niveau de l'emploi et son évolution et de savoir combien il y a de personnes qui travaillent à temps plein ou à temps partiel dans les différents secteurs, combien il y a de chômeurs par région, par sexe, par âge, par niveau d'instruction, combien il y a d'inactifs, etc.

À partir de ces dénombrements, on détermine différents taux, comme le taux de chômage et le taux d'activité et le ratio de l'emploi sur la population âgée de 15 ans et plus. Le taux de chômage se calcule en divisant le nombre de chômeurs par la population active, le taux d'activité s'obtient en divisant la population active par la population totale âgée de 15 ans et plus. Le chômage ne frappe pas toutes les catégories de la population avec la même intensité, il existe par ailleurs différents types de chômage (saisonnier, conjoncturel, structurel, technique, technologique, frictionnel, etc.) qui témoignent de situations plus ou moins irréversibles.

Entre le chômage et l'inflation, il existe une relation inverse illustrée par la courbe de Phillips. Si l'inflation a tendance à ralentir quand il y a du chômage, le chômage engendre des coûts inestimables pour la société et ce, d'autant plus qu'il dure.

Mots clés

Coefficient d'Okun	PIB potentiel
Chômage	Plein emploi
Courbe de Phillips	Population active
Désaisonnalisation	Secteur de pointe
Désindustrialisation	Taux de chômage
Indice de gravité du chômage (IGC)	Taux d'activité
Indice de l'offre d'emploi (IOE)	Tertiarisation

Exercices

1. Donnez un exemple pour chacun de ces types de chômage :

   Saisonnier : _agriculteur_   Structurel : _fabricant de chaussure_

   Technique : _machiniste_   Conjoncturel : _construction_

   Technologique : _employé d'usine_   Frictionnel : _cadre_

2. Laquelle des situations suivantes vous semblerait la plus problématique du point de vue de la conjoncture ?

   _____ a) Le taux de chômage diminue ainsi que le taux d'activité.

   _____ b) Le taux de chômage augmente ainsi que le taux d'activité.

   _____ c) Le taux de chômage diminue et le taux d'activité augmente.

   ___X___ d) Le taux de chômage augmente et le taux d'activité diminue.

3. Calculez le PIB potentiel sachant que le PIB nominal était de 800 milliards de $ en 1994, quand 20 millions de personnes travaillaient et que 2 millions de personnes se cherchaient de l'emploi.

   80 milliards

4. Selon les données disponibles au tableau suivant, calculez le nombre de chômeurs, d'inactifs ainsi que le ratio emploi sur population, le taux d'activité et de chômage.

Années	Population 15 ans et +	Population active	Emploi	Chômeurs	Inactifs	Taux d'activité	Taux de chômage	Taux d'emploi
1990	21 277	14 329	13 165	1164				
1991	21 613	14 408	12 916					
1992	21 986	14 482	12 842					
1993	22 371	14 663	13 015					
1994	22 717	14 832	13 292					
1995	23 027	14 928	13 506					

Source : *Chronologie sur la population active*, cat. 71-201 annuel, Statistique Canada, p. 294, mai 1996.

Questions d'intégration multidisciplinaire

	Économie	Sociologie	Histoire	Anthropologie	Psychologie	Sc. politique	Géographie
1. Étudiez les différentes mesures que les gouvernements du G7 ont préconisées pour lutter contre le chômage.	X	X				X	
2. Les effets du chômage de longue durée sur la population.	X	X			X	X	
3. L'arrivée des femmes sur le marché du travail.	X	X		X	X		
4. Les diplômes sont-ils garants d'un emploi ?	X						
5. Le partage du travail comme solution au manque d'emploi.	X	X					
6. La machine détruit-elle le travail depuis le 18e siècle ?	X		X		X		
7. La société des loisirs est-elle pour bientôt ?		X			X		
8. Comment explique-t-on la différence du taux de chômage américain du taux de chômage canadien.	X	X			X	X	

Lectures suggérées

André C. et Sicot D. (1994). *Le chômage dans les pays industrialisés*, Paris Syros, Alternatives économiques.

Bellemare, D. et Poulin Simon L. (1986). *Le défi du plein emploi*, Éd. Saint-Martin.

Bellemare, D. et Poulin Simon L. (1994). *Quels sont les coûts du chômage au Canada*. Éd. Saint-Martin.

Comparaison entre le marché du travail au Canada et aux États-Unis. Étude spéciale de l'Observateur économique, Sc., décembre 1998.

Copocci, A. (1995). *Le chômage*, Hachette.

Demazière D. (1995). *Le chômage de longue durée*, Que sais-je, PUF.

Forum pour l'emploi, (1994). *Les coûts économiques du chômage en 1993, la méthode d'évaluation et de répartition et les résultats détaillés pour le Québec et le Canada*. Volume II, numéro 2, édition spéciale.

Holeman, Robert (1998). *Le sous-emploi : l'évaluation du Bureau of Labor Statistics et d'Eurostat*, dans Cahiers français, no 286, Les indicateurs économiques en question, p. 49.

Tremblay, Diane Gabrielle (1998). *Objectif plein emploi : Le marché, la social-démocratie ou l'économie sociale*, Presse de l'Université du Québec.

Sites Web

www.ilo.org/
  Bureau international du travail.

www.csn.qc.ca
  Le plein emploi.

www.travail.gouv.qc.ca
  Salaire minimum.

Le marché libre et les fluctuations économiques

Au terme de ce chapitre vous serez capable de :

- Reconnaître les différents types de cycles, en repérer et en prévoir les phases;

- Citer quelques théories explicatives des cycles économiques;

- Utiliser les indicateurs avancés, coïncidents, tardifs et composites;

- Décrire le processus d'une crise économique capitaliste;

- Énoncer la loi des débouchés de J. B. Say.

Depuis la première révolution industrielle, on observe que la conjoncture économique passe par des périodes de prospérité et des périodes de crise économique, des périodes où le taux de croissance de l'économie est élevé, de l'ordre de 6 % à 8 % suivies de périodes de ralentissement voire de décroissance. Loin d'assurer un équilibre naturel, comme le pensaient les économistes libéraux, l'économie de marché libre passe au contraire par des phases d'accélération prolongée et par de brutales récessions difficiles à prévoir. Les déséquilibres sont parfois si marqués qu'ils provoquent des désordres sociaux et politiques et l'équilibre n'est rétabli que par l'intervention des pouvoirs publics. Cependant, les interventions de l'État ne garantissent pas la stabilité, car elles engendrent à leur tour des effets parfois non désirés. Pour les gouvernements, la tâche n'est pas aisée, d'autant moins que la durée des mandats ne leur permet pas d'être toujours présents au moment où les effets des mesures adoptées vont agir et qu'ils héritent eux-mêmes de situations dont ils ne sont pas responsables.

Les conjoncturistes essaient de déterminer à quel moment du cycle la situation économique est rendue, afin de déceler le plus rapidement possible les retournements de tendance. À l'aide de multiples indicateurs précurseurs, ils essaient de prévoir un ralentissement ou une reprise pour que les agents économiques, l'État, les entreprises et les ménages, puissent réagir le plus adéquatement possible aux changements de situation.

6.1   Les cycles économiques

Déjà dans l'ancien testament on avait remarqué en Égypte que les années de prospérité ou de misère revenaient à intervalles réguliers. Aux 7 ans de vaches maigres succédaient 7 ans de vaches grasses. Actuellement, il n'existe pas de théorie du cycle économique qui fasse l'unanimité.

En Autriche, l'ultra-libéral Friedrich August von Hayek (1899-1992) à l'Institut de recherche sur le cycle des affaires tente de découvrir dans les années 1920, au-delà des fluctuations saisonnières, une tendance (trend) à partir de séries de données statistiques. Il essaie de démontrer que les crises économiques sont dues à un excès de monnaie dans l'économie qui amène les entrepreneurs à investir exagérément.

En 1927, un économiste américain fondateur du National Bureau of Economic Research, (NBER) Wesley Clair Mitchell, décrivait, dans son livre *Le cycle des affaires et leurs causes*, une douzaine de théories sur les cycles et il en donnait une définition qui a été depuis lors retenue : « **un cycle se compose de phases d'expansion qui interviennent simultanément dans de nombreuses activités économiques, suivies de phases non moins générales de récession, de contraction et de reprise qui débouchent sur une nouvelle phase d'expansion** ».

Les phases d'un cycle économique

On représente un cycle économique comme un mouvement ondulatoire emprunté à la mécanique, une sorte de vague dont on peut distinguer plusieurs moments. Un temps d'expansion, un ralentissement, un sommet puis un temps de contraction, un creux de la vague et, tout de suite après, un mouvement de reprise et une nouvelle expansion, ainsi de suite.

L'ordonnée représente l'activité économique mesurée par le montant du PIB réel ou par l'emploi. L'abscisse mesure le temps en années (figure 6.1).

L'expansion ou période d'essor économique

Cette période se caractérise par un taux de croissance soutenu, peu de chômage voire même une situation de plein emploi, des stocks de marchandises qui augmentent, des carnets de commandes fournis, des projets d'investissement nombreux et des prix stables ou à la hausse. Dans cette phase, à chaque ralentissement succède une reprise plus vigoureuse. Le niveau de vie de la population augmente, les consommateurs sont optimistes et ils achètent des biens durables. La demande de nouveaux logements relance le secteur de la construction qui, à son tour, donne une impulsion à une multitude d'entreprises. Dans les villes, on observe une amélioration dans les infrastructures; les chaussées et les trottoirs sont bien entretenus, les immeubles anciens sont rénovés et de nouvelles constructions apparaissent. Le paysage urbain exprime la vitalité des entrepreneurs. Le niveau d'endettement des ménages et des entreprises augmente alors que les dettes de l'État diminuent. Les travailleurs bénéficient d'un meilleur rapport de force et leurs conditions de travail s'adoucissent tandis que leurs salaires augmentent. Les tensions sociales diminuant et l'espoir de s'enrichir augmentant, les indicateurs sociaux témoignent d'une amélioration de la vie sociale.

Arrive un moment cependant où la croissance s'essouffle, la demande ralentit et, par prudence, les entreprises cessent leurs

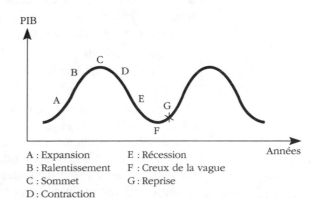

Figure 6.1

Les cycles de l'activité économique dans une économie de libre marché.

A : Expansion
B : Ralentissement
C : Sommet
D : Contraction

E : Récession
F : Creux de la vague
G : Reprise

commandes pour liquider les stocks. L'économie est arrivée à son sommet, c'est une période de retournement de tendance qui amorce la contraction.

Le sommet

Toute période d'expansion connaît un moment de ralentissement. Si la demande pour les biens et les services est saturée ou si les revenus se concentrent d'une manière de plus en plus inégalitaire, les commandes vont diminuer et la production ralentir. Les causes peuvent être prévisibles comme une décroissance démographique, d'autres plus fortuites comme la fermeture de marchés extérieurs, l'accentuation de la concurrence peuvent surprendre les agents économiques. Le sommet est un point de retournement de tendance qu'on ne peut souvent identifier qu'une fois le phénomène passé. Cependant quelques indices précurseurs peuvent sonner l'alarme comme l'accumulation des inventaires, une pression inflationniste, un ralentissement de croissance, un fléchissement des ventes dans le commerce de détail, des baisses de profits, une hausse des taux d'intérêt, etc.

La récession

Les contractions sont, en général, moins longues que les périodes d'expansion mais la chute est plus rapide que l'ascension. Durant cette période, le taux de croissance ralentit et peut même devenir négatif, les prix diminuent dans la mesure où il n'existe pas de monopoles, les commandes se font attendre, les faillites d'entreprise et le chômage augmentent et c'est le cercle vicieux de la récession qui s'installe. Ayant moins d'argent les ménages deviennent pessimistes, inquiets, ils renoncent à acheter des biens durables à crédit ce qui ralentit davantage la demande globale. Pour maintenir leur niveau de vie certaines personnes puiseront dans leurs épargnes au risque de compromettre leur niveau de vie futur si une reprise tardait à se présenter. On constate, par exemple, que la reprise qui a eu lieu après la récession de 1982 a été largement financée par l'épargne accumulée précédemment par les ménages. Les effets de la récession ont donc été amortis par ce coussin financier.

Dans un cycle de récession de longue durée, les reprises sont de plus en plus faibles et le taux de chômage continue à augmenter.

La situation économique se détériore, le tissu social est affecté et les indicateurs sociaux tels le taux de suicide ou le taux de détention augmentent. Les dettes de l'État s'alourdissent dans la mesure où les rentrées fiscales sont plus faibles du seul fait que les emplois bien rémunérés diminuent et qu'il faut secourir ceux qui ont perdu leur travail. À l'inverse de la période d'expansion, on se rend compte que les routes sont de moins en moins bien entretenues, que les services publics se détériorent; toute la société adopte une allure de désenchantement, de déclin. Alors que dans les périodes de prospérité on espère tous grimper l'échelle sociale, dans les périodes de crises économiques la mobilité se fait en sens inverse. Les « nouveaux pauvres » devront s'adapter à un style de vie plus modeste et renoncer au « rêve américain ».

On parlera généralement de récession quand le PIB réel décroît pour deux trimestres consécutifs et que le ralentissement touche la majeure partie des branches d'activité. Cette règle du déclin consécutif ne satisfait pas tous les économistes qui attachent plus d'importance à l'ampleur du resserrement. Par contre un déclin cumulatif dans l'activité économique qui s'étend sur plus de 4 trimestres représente aux yeux de tous une récession quelle qu'en soit l'ampleur. La récession durera tant que le rattrapage n'aura pas été réalisé même s'il peut subvenir des périodes de reprise (récession à double creux comme en 1991 et 1992). Pour le NBER la phase de reprise n'est pas terminée tant et aussi longtemps qu'elle n'est pas revenue à un sommet antérieur.

Après avoir atteint « le creux de la vague » qui est un moment de retournement de tendance, l'économie redémarre pour une nouvelle période d'expansion.

La reprise économique

Les conjoncturistes sont à l'affût, en temps de récession, des signes avant-coureurs de la reprise, mais ils sont parfois trompeurs. Il y a souvent de faux départs. Pour faire reprendre confiance, les spécialistes annoncent une reprise espérant que le comportement des agents économiques va relancer la demande pour les biens et les services mais cela ne suffit pas toujours. La baisse des prix et des taux d'intérêt ne peut à elle seule réamorcer la pompe. En fait, la reprise ne se fera que si les ménages se remettent à acheter des biens durables, si le gouvernement finance des programmes de grands travaux ou si la production du pays trouve des débouchés extérieurs, c'est-à-dire si la consommation, les investissements ou les exportations augmentent.

Les différents types de cycles économiques

Plusieurs économistes ont tenté de démontrer, à partir de statistiques disponibles, qu'il existait des cycles économiques ayant des durées plus ou moins longues d'un sommet à un autre sommet. Schumpeter en compte trois sortes qu'il a désignées du nom de leur auteur. Un cycle long autour de 60 ans : le Kondratieff; un cycle plus court de 10 ans : le Juglar ou cycle des affaires; et le plus court, le cycle Kitchin de 40 mois.

Le cycle Kondratieff

C'est un économiste russe, Nicolaï Kondratieff, qui a remarqué que l'histoire de l'économie capitaliste était jalonnée par des crises économiques qui se répétaient à intervalles plus ou moins réguliers. Ces crises s'inscrivaient dans un cycle long d'une durée approximative de 60 ans. Par exemple, entre la Grande Crise de 1870 et la dépression des années 1930 on retrouve bien ce laps de temps. Mais pourrait-on en déduire qu'autour de 1990, 2000, une autre crise surviendra, seule l'histoire pourra répondre à cette question.

Le cycle Juglar

À l'intérieur des cycles longs, un médecin français, qui se passionnait pour les statistiques économiques, avait déjà observé des cycles de plus courtes durées, autour de 9 à 10 ans, qu'on appelle maintenant plus couramment le cycle des affaires. Juglar (1819-1905) fut la première personne à parler de cycles économiques. Le cycle des affaires est en général de deux à dix ans, il ne se reproduit pas nécessairement régulièrement, sa durée et sa fréquence sont imprévisibles, mais c'est surtout de ce type de cycle dont on parle habituellement.

Dans un cycle Kondratieff, il y aurait en moyenne 6 cycles Juglar. Des économistes du Bureau de la Recherche Économique des États-Unis (le NBER), Wesley C. Mitchell et Arthur F. Burns évaluent le cycle des affaires de 1 an à 10 ans. Par la suite le Bureau a établi une chronologie des hauts et des bas du cycle des affaires depuis 1854. C'est ainsi qu'on apprend qu'aux États-Unis de 1854 à 1975 on a compté en 121 ans 33 cycles d'une durée moyenne de 51 mois. Sur cette période historique, on remarque que les cycles ont tendance à s'allonger, que les périodes d'expansion sont de plus en plus longues et les périodes de récession de plus en plus courtes.

Les 5 types d'innovation qui permettent une sortie de crise selon J.A. Schumpeter

Pour Joseph A. Schumpeter (1883-1950) formé à l'école libérale autrichienne et professeur à l'Université de Harvard, c'est aux entrepreneurs à trouver une innovation qui relancera l'économie.

1. Fabrication d'un bien nouveau;
2. Introduction d'une méthode de production nouvelle;
3. Ouverture d'un nouveau débouché;
4. Conquête d'une nouvelle source de matière première;
5. Réalisation d'une nouvelle organisation, comme la création d'une situation de monopole.

Source : J.A. Schumpeter : *Théorie de l'évolution économique*, Dalloz, 1935.

Le cycle Kitchin

Plus courts, des cycles de 40 mois ont été décrits en 1923 par un statisticien anglais Joseph Kitchin qui parlait de cycles mineurs à l'intérieur du cycle des affaires. Ces mouvements seraient particulièrement sensibles aux variations des stocks de marchandises. En période de ralentissement économique, les entreprises commencent par liquider leurs stocks avant d'augmenter leur production, ce qui amplifie le phénomène. On a cru observer depuis la dernière guerre mondiale que les phases d'expansion se sont accompagnées d'une augmentation des stocks tandis que les périodes de récession se caractérisaient par une liquidation des stocks. Ces variations du niveau des stocks précéderaient de quelques mois le niveau de l'activité générale ce qui permettrait de prévoir les périodes de récession ou de reprise.

Contrôle des connaissances

- *Quels sont les grands moments d'un cycle économique ?*
- *Quels sont les différents cycles économiques ?*
- *Quels types d'innovation permettraient selon Schumpeter de sortir d'une crise ?*

6.2 Les indicateurs du cycle économique

Pour analyser un cycle économique, les conjoncturistes disposent de plusieurs types d'indicateurs, ceux qui permettent de prévoir l'avenir, ou *indicateurs avancés*, comme par exemple, le nombre de demandes de permis de construire qui laisse présager la situation dans l'immobilier quelques mois à l'avance, les indicateurs qui suivent le cycle, ou *indicateurs coïncidents* comme le PIB, et les *indicateurs tardifs* qui découlent de la situation et dont on peut prévoir l'évolution, comme la baisse du revenu déclaré par les ménages l'année où il y aurait eu une forte augmentation du chômage.

Les indicateurs pour repérer les récessions

Pour repérer les changement de situation économique les conjoncturistes retiennent la variation du PIB réel trimestriel, le PIB *per capita*, le nombre des emplois ou l'indice de l'ensemble de l'activité économique (EAE) qui est la moyenne de la variation du PIB *per capita* et de l'emploi pour un trimestre donné.

$$EAE = (PIB_t + E_t)/2$$

Dans le tableau 6.1 Statistique Canada démontre que les dates des récessions voire leur existence dépend parfois de l'indicateur retenu. Par exemple, en 1949,1967,1986 il n'y avait pas de récession si l'on ne retenait que le PIB. Seul le PIB *per capita* signalait une récession. Au tableau 6.2, on trouvera les caractéristiques et particularités des différentes périodes de récession

Tableau 6.1

Dates et durée des récessions au Canada, selon différents critères.

N (1, 2, 3, 4) = trimestre.

PIB réel	PIB *per capita*	PIB *per capita* et emploi (EAE)
1947 : 3 - 1948 : 2	1947 : 3 - 1948 : 2	n.d.
1949 : aucun	1949 : 1	n.d.
1951 : 2 - 1951 : 4	1951 : 2 - 1951 : 4	n.d.
1954 : 1 - 1954 : 2	1953 : 1 - 1954 : 2	1953 : 3 -1954 : 2
1957 : 1 - 1957 : 4	1957 : 1 - 1958 : 1	1957 : 1 -1958 : 1
1960 : 2 - 1961 : 1	1960 : 2 - 1961 : 1	1960 : 2 -1961 : 1
1967 : aucun	1967 : 1	aucun
1970 : 2	1970 : 1 - 1970 : 2	1970 : 1 -1970 : 2
1974 : aucun	1974 : 2 - 1975 : 1	1975 : 1
1980 : 2	1980 : 1 - 1980 : 3	1980 : 2
1981 : 3 - 1982 : 4	1981 : 3 - 1982 : 4	1981 : 3 - 1982 : 4
1986 : aucun	1986 : 2 - 1986 : 4	aucun
1990 : 2 - 1991 : 1	1989 : 2 - 1992 : 4	1990 : 2 - 1992 : 3

Source : *L'Observateur économique*, février 1996.

Tableau 6.2

Les récessions au Canada et leurs caractéristiques.

Périodes	Caractéristiques
1947-1949	Diminution des dépenses après la période d'expansion de la consommation d'après guerre.
1951	Les achats provoqués par la guerre de Corée ralentissent; mesures anti-inflationnistes; baisse de la construction.
1953-1954	Fin de la guerre de Corée; baisse des dépenses pour la défense sans relance de la consommation privée.
1957-1958	Baisse des investissements après un boom dans l'exploitation des ressources naturelles et des méga-projets des années précédentes.
1960-1961	Chute des investissements, baisse dans la construction de logement en raison d'une réduction des prêts bancaires en vertu de la loi nationale sur l'habitation.
1967	Très faible baisse du PIB *per capita*, les entreprises cessent d'accumuler des inventaires.
1974-1975	Les politiques fiscales et monétaires adoptées en 1969 ont ralenti la croissance du revenu et de la demande intérieure. Recul des inventaires.
1980	Hausse de l'inflation et premier choc pétrolier. Récession aux États-Unis et baisse des exportations canadiennes. Recul net dans le secteur du logement et de l'automobile.
1981-1982	Les États-Unis adoptent des mesures d'austérité après une hausse des prix du pétrole. Baisse des exportations de voitures au Canada, recul dans le bâtiment.
1986	Mesures anti-inflationnistes. Six semestres de recul de l'emploi, du PIB *per capita* et de l'IAE. Effondrement du prix de l'énergie, hausse des taux d'intérêt, les dépenses et les exportations augmentent sans augmentation de la production (réduction des stocks et des importations).
1989-1992	Guerre du golf; l'introduction de la TPS entraîne une réduction de la consommation.

Source : *L'Observateur économique canadien*, février 1996.

économique au Canada depuis 1947. Le tableau 6.3 montre les durées des périodes d'expansion et de récession successives.

Certains économistes utilisent l'indice de diffusion qui mesure le % des industries en expansion. Par exemple si plus de 50 % des industries sont en expansion (mesuré par la production, l'emploi ou les livraisons) cela signifie qu'on se trouve dans une phase d'expansion et s'il y a baisse cela témoigne d'une récession.

Tableau 6.3

Dates des périodes de récession et d'expansion mensuelles.

Expansion	Nombre de mois	Récession	Nombre de mois
Janvier 1952 à mai 1953	(15)	Juin 1953 à juin 1954	(12)
Juillet 1954 à janvier 1957	(30)	Février 1957 à janvier 1958	(11)
Février 1958 à mars 1960	(25)	Avril 1960 à janvier 1961	(9)
Février 1961 à mai 1974	(87)	Juin 1974 à mars 1975	(9)
Avril 1975 à janvier 1980	(57)	Février 1980 à juin 1980	(4)
Juillet 1980 à juin 1981	(11)	Juillet 1981 à octobre1982	(15)
Novembre 1982 à mars 1990	(90)	Avril 1990 à avril 1992	(24)

Source : Statistique Canada, Étude spéciale de *L'Observateur économique canadien*, février 1996.

Les indices de retournement de tendance

Pour prévoir l'évolution du cycle économique, les américains ont été les premiers à bâtir des indices précurseurs très appréciés par les agents économiques en quête d'anticipation. En 1920, Wesley Mitchell et Arthur Burns du National Bureau of Economic research (NBER) ont pensé pouvoir construire un indicateur qui puisse tenir compte d'un très grand nombre de renseignements statistiques sur la situation économique du pays. Ils recherchaient plus particulièrement des données qui pouvaient devancer le cycle économique et signaler le retournement de tendance.

En 1938, le gouvernement américain leur demandait d'établir une liste d'indices qui permettrait de prévoir un nouveau cycle de prospérité. Année après année, ils affinèrent leur outil statistique qui devint très populaire. En 1950, Geoffrey Moore du NBER créait des indicateurs clés avancés et c'est Julius Shiskin qui les a rassemblés dans un indice composite. Depuis 1975, c'est le ministère du commerce américain qui parraine la publication de cet indicateur composite.

Au Canada, les premiers travaux ont été effectués par Singer Associate, la Banque Royale et la Banque Canadienne Imperiale de Commerce. Actuellement, on dispose de plusieurs versions d'indicateurs avancés; celui de la Banque royale, de la BCIC, de Statistique Canada et de l'OCDE. La BCIC et l'OCDE incluent une courbe de rendement qui est la différence entre les taux d'intérêt à court terme et les taux d'intérêt à long terme. Le Trendindicateur de la Banque Royale est un indice trimestriel comprenant 7 composantes.

Au Japon, c'est l'Agence économique de planification du Japon qui a bâti un indice novateur. Elle utilise un indice de diffusion plutôt qu'un indice composé.

Un indice de diffusion mesure le pourcentage des composantes qui augmentent. La norme est de 50 % : si 50 % des composantes augmentent, c'est un signe d'expansion, si c'est moins de 50 %, la croissance sera plus faible.

D'autres données pourraient être utilisées comme indice précurseur comme le nombre de contrats que les entreprises signent avec des architectes avant d'entreprendre la construction d'un édifice. Une augmentation des contrats de sous-traitance auxquels ont de plus en plus recours les entreprises pourrait présager une reprise économique, etc.

On a remarqué qu'avant l'utilisation des télécopieurs et dans les pays qui avaient une population dispersée, comme le Canada ou l'Australie, il existait un lien entre le niveau des affaires et le nombre d'interurbains téléphoniques. Si le nombre d'appels interurbains augmentait, cela signifiait que les affaires reprenaient.

Les baromètres des affaires

Pour suivre l'évolution de l'activité économique, il existe aussi des baromètre des affaires. Ces baromètres sont établis à partir des moyennes pondérées de la production des principaux secteurs d'activité du pays. Ils comprennent, par exemple, la valeur de la production de l'acier, le coût de l'électricité, le tonnage transporté. Ce baromètre des affaires donne une

---

**L'indicateur composite avancé (ICA)
de Statistique Canada (1981 = 100)**

Statistique Canada publie, depuis 1981, un indicateur avancé qui comprend dix séries statistiques différentes :

- Indice du logement (mises en chantier et ventes de maisons)
- Emploi dans les services aux personnes et aux entreprises (en milliers)
- Indice du cours des actions de la bourse de Toronto TSE 300 (1975 = 1000)
- Offre de monnaie en millions de $ de 1981 en utilisant l'IPC
- Indicateur avancé composite des États-Unis (1967 = 100)
- Heures hebdomadaires de travail dans la fabrication
- Nouvelles commandes en biens durables (en millions de $ de 1981)
- Ratio des livraisons aux stocks
- Vente des meubles et articles ménagers (en millions de $ de 1981)
- Ventes d'autres biens durables (en millions de $ de 1981)

Source : *Statistique Canada*, cat. 11-0011F.

indication assez pertinente sur l'évolution du monde des affaires. Il existe des indices mensuels ou hebdomadaires, comme celui du Business Week qui est aussi largement utilisé.

Contrôle des connaissances

- *Quelle différence y a-t-il entre un indicateur avancé, coïncident ou tardif ?*
- *Qu'est-ce qu'un indice composé ?*

6.3   Les crises économiques

Les crises économiques des sociétés traditionnelles d'autosubsistance (autarciques) ou des économies de type capitaliste ne sont pas du tout du même type. Alors que dans les économies agricoles traditionnelles les périodes problématiques résultent de mauvaises récoltes qui mettent en péril la survie du groupe, les crises capitalistes, paradoxalement, sont dues à un excès de production par rapport à la capacité d'acheter des agents économiques.

Les crises dans les économies autarciques

Dans les économies autarciques, les années fastes de bonnes récoltes se traduisent par des fêtes plus nombreuses, un enrichissement collectif et une augmentation de la population. Par contre, les années de mauvaises récoltes amènent des périodes de soudure (période qui va de la fin des réserves alimentaires à la prochaine récolte) problématiques avec le retour des calamités, les disettes, la famine, les maladies et la baisse de la population. Les causes de ces crises sont attribuées à la nature, que l'homme ne parvient pas à contrôler rationnellement. Le fatalisme, la solidarité et les pratiques magiques ont été des réponses traditionnelles aux problèmes de survie des populations concernées.

La loi des débouchés de Jean-Baptiste Say (1767-1832)

Pour les économistes classiques les crises économiques sont des périodes de réajustement qui permettent au système de supprimer « naturellement » les facteurs inefficaces. Puisque toute production génère des revenus (salaires, profits), les produits fabriqués seront achetés avec cet argent. Parfois il peut y avoir un déséquilibre entre l'offre et la demande mais très rapidement le marché retrouvera son équilibre dans la mesure où l'État n'intervient pas et où il existe une véritable situation de concurrence. La crise économique est une période de rajustement qui permet de supprimer les facteurs de production inefficaces. La faillite est dans cet esprit la juste sanction d'un manque d'adaptation aux contraintes du marché. Pas de pitié pour les canards boîteux !

Les crises économiques dans les économies de marché

Dans les économies de marché, les phases d'expansion, en raison même de l'abondance engendrée, peuvent déboucher sur des crises de surproduction. La surproduction, au lieu d'assurer la richesse, provoque l'effondrement des prix, puis des revenus, et le poids des dettes s'alourdit au point d'acculer certains agents économiques à la faillite voire à la famine.

L'histoire du capitalisme est jalonnée de crises économiques, désignées selon les époques par des noms différents pour en conjurer peut-être le mauvais sort comme le suggère John Kenneth Galbraith (1908-), le célèbre économiste américain. Marasme, méventes, engorgement des marchés, paniques financières, étaient des termes utilisés au 19e siècle, qui furent remplacés par « crise de surproduction » dans les années 1870-1890 et par « dépression » en 1930. Maintenant, on préfère plutôt parler de ralentissement économique, de périodes de réajustement, de décroissance, de récession, de restructuration.

L'histoire des deux derniers siècles rapporte deux crises majeures, celle de 1870-1890 qu'on appelait « la grande crise » et la dépression des années 1930, qui, toutes deux, ont engendré des désordres politiques et sociaux considérables.

Certains économistes croient que ces crises récurrentes prouvent l'existence de cycles économiques commençant par une période d'expansion amorcée par différents facteurs tels une grande découverte, des changements de climat, une poussée démographique, expansion suivie d'une contraction.

La crise des années 1930

Pour éviter de commettre les erreurs du passé l'étude de la crise des années 1930 est instructive. Ne dit-on pas que « ceux qui ignorent l'histoire sont condamnés à la revivre ». Dans l'imagination populaire on évoque toujours le krach boursier du « jeudi noir » du 24 octobre 1929, comme si la panique boursière avait été à l'origine de la crise économique, alors qu'elle n'en fut qu'un effet. Avant d'être financière, la crise fut d'abord et avant tout agricole et marchande, puis elle se répercuta dans le secteur industriel pour finalement toucher tous les autres secteurs, y compris le secteur financier. Le dysfonctionnement durable ds marchés entraînera des troubles sociaux et politiques dans tous les pays intégrés au marché international.

La crise agricole

Les années 1920 après la guerre mondiale de 1914-1918, surnommées « les années folles », ont été particulièrement prospères pour les pays nouveaux comme l'Australie, l'Argentine et l'Amérique en général. Profitant de l'absence des pays européens pour conquérir les marchés internationaux, ces pays ont développé rapidement leur agriculture et l'exploitation de leurs ressources naturelles. Comme les terres étaient abondantes et nouvelles, les rendements étaient élevés et les coûts de production plus faibles que les coûts du vieux continent. Sur le plan de la concurrence, la production de ces pays était bien placée.

Cependant quand l'Europe se releva des effets de la guerre et qu'elle se remit au travail, il y eut trop de produits sur les marchés et les prix s'effondrèrent. Par comble de malchance, une série de bonnes récoltes amplifia le problème et entraîna finalement la catastrophe. Dès 1928 le blé canadien et le papier journal (industrie concentrée au Québec) se vendaient moins bien sur les marchés internationaux. Les fermiers, qui avaient acheté leur terre et leur matériel aratoire à crédit, s'aperçurent que leurs revenus diminuaient et le poids de leur dette augmenta automatiquement, les entraînant à la faillite.

Les plus touchés furent ceux qui étaient le plus intégrés à l'économie de marché international, ceux qui produisaient pour l'exportation. Durant les années 30, les prix des produits agricoles baissèrent en moyenne de 60 %. Les fermiers de l'Ouest canadien qui s'étaient spécialisés dans la monoculture céréalière furent plus affectés par l'effondrement du cours du blé que les cultivateurs de l'est du pays qui vivaient en semi-autarcie. Le tableau 6.4 montre à quel point les prix des denrées agricoles ont chuté durant cette période.

Le Canada, dont les 2/3 des revenus provenaient des marchés extérieurs, fut particulièrement affecté par la fermeture des marchés étrangers. La loi protectionniste américaine Smoot-Hawley (1930), qui imposait un droit de douane de 53 % *ad valorem* sur les produits étrangers eut un effet particulièrement désastreux sur l'économie canadienne.

Face à cette surproduction internationale, les cultivateurs décidaient parfois de détruire leurs stocks dans l'espoir de faire monter les prix. Cette politique « malthusienne[1] » de réduction artificielle de l'offre choquait particulièrement l'opinion publique et démontrait l'incapacité d'une économie de marché à répondre aux besoins de ceux qui n'ont pas d'argent. D'un coté on détruisait des produits alimentaires pendant que certaines catégories de la population, privées de revenu, connaissaient la famine.

---

1. Malthus, (1766-1834) économiste anglais et auteur du célèbre *Essai sur le principe de la population* (1798) avait observé que naturellement la population augmentait proportionnellement plus vite que la production, et qu'il fallait donc trouver des moyens pour restreindre l'augmentation de la population, par exemple en maintenant le prix du blé élevé, sinon les fléaux naturels rétabliraient l'équilibre. Pour cette raison, il était contre les lois protégeant les pauvres. D'un point de vue économique, on parle de pratiques malthusiennes quand on limite volontairement la production.

Tableau 6.4

Évolution des prix (base 100 en 1926) aux États-Unis.

Années	Prix agricoles	Prix non agricoles	Ensemble des prix
1929	104,9	93,3	95,3
1930	88,3	85,9	86,4
1931	64,8	74,6	73,0
1932	48,2	68,3	64,8

Source : S. Berstein, *Dictionnaire d'histoire économique de 1800 à nos jours*, Hatier, 1987.

La crise industrielle

Les premières entreprises affectées par la baisse de la demande furent les entreprises de matériel agricole. Ensuite le secteur de l'industrie lourde, telles les aciéries qui fournissaient le secteur de la transformation. Ces industries procédèrent à des coupures de personnel et des milliers de travailleurs perdirent leur emploi. N'ayant plus de revenu, un grand nombre d'entre eux n'avaient plus accès au marché quand bien même les prix diminuaient. Aussi les entreprises de biens de consommation connurent à leur tour des baisses dans leurs ventes et certaines d'entre elles durent fermer leur porte. Certaines entreprises, qui réussissaient à se maintenir sur le marché, étaient tout de même contraintes de licencier une grande partie de leurs travailleurs ou de couper les horaires de travail parfois de moitié comme ce fut le cas dans les usines Angus situées dans l'Est de Montréal. Durant les années 1930, les prix des matières premières chutèrent de 40 % et ceux des produits manufacturés de 15 %.

La crise financière

Ces difficultés commerciales entraînèrent des cessations de paiement qui, à leur tour, ébranlèrent des établissements financiers et c'est en bout de ligne les épargnants qui leur avaient confié leur argent qui en firent les frais en ne pouvant plus se faire rembourser. Aux États-Unis, alors qu'il existait plus de 25 000 banques en 1929, il n'en restait que 14 000 en 1933.

Par ailleurs, dans les années 1920, le public s'était mis à spéculer à la Bourse. Comme le cours des actions montait sans cesse, il suffisait d'acheter des titres dans une période pour les revendre avec profit un peu plus tard (achat sur marge). Les banques prêtaient même de l'argent pour l'achat des actions. Plus l'économie réelle donnait des signes de faiblesse, plus l'argent affluait à la Bourse, dernier lieu où des gains étaient encore réalisables. La bulle spéculative devait inévitablement crever à un moment ou à un autre, il devait y avoir ce qu'on appelle « une correction boursière »; celle du 24 octobre 1929 fut particulièrement sévère et l'effritement des cours se prolongea jusqu'en 1933. En trois ans la valeur des actifs financiers diminua de près de 20 %.

On remarque que c'est un élément souvent fortuit qui fait effondrer le château de cartes érigé par la spéculation. En 1929, l'élément déclencheur fut une augmentation des taux d'intérêt par la Banque d'Angleterre qui attira les capitaux du monde entier. Les capitaux placés à la Bourse de New York se dirigèrent vers Londres et les ordres de vente amorcèrent un vent de panique pour tous ceux qui avaient acheté à crédit et qui se sont vu obligés, par leur banque, de liquider coûte que coûte leurs actions pour rembourser leur dette. Si un grand nombre de personnes se sont effectivement enrichies vite et sans effort dans les années vingt, d'autres, les derniers arrivés, ont tout perdu. La somme des gains boursiers peut être égale à la somme des pertes dans la mesure où la valeur des titres au lieu de refléter une augmentation de la valeur des entreprises n'est que l'effet de la spéculation.

Le secteur immobilier n'est lui-même pas à l'abri des méfaits de la crise. Comme pour les autres secteurs, le prix des immeubles s'est effondré en même temps que celui des loyers. Bien que les prix diminuaient, la demande solvable étant absente aucune reprise n'eut lieu. Seuls ceux qui n'avaient pas d'obligation financière pouvaient conserver leur patrimoine tandis que ceux qui se voyaient obligés de liquider leurs avoirs subirent des pertes catastrophiques. Les banques qui avaient des hypothèques reprenaient les immeubles donnés en garantie qu'elles devaient elles-mêmes liquider à perte. Les reprises de banques et les ventes aux enchères se multipliaient au grand bénéfice de ceux qui disposaient de liquidités dont le pouvoir d'achat augmentait avec la baisse des prix.

La crise sociale

Dans les journaux de l'époque, on pouvait lire les noms des entreprises qui fermaient leur porte, qui procédaient aux coupures de personnel ou qui réduisaient la semaine de travail à deux ou trois jours, ce qui de toute façon ne permettait plus aux familles des travailleurs épargnés de vivre convenablement. (Comme quoi le partage du travail n'est pas forcément la solution !)

Des milliers de personnes qui vivaient uniquement de leur salaire perdirent, avec leur travail, leurs moyens de subsistance (tableau 6.5). Faute de secours public, ils erraient à travers le pays en quête d'un emploi. Pour un poste disponible des centaines de personnes se présentaient en pure perte de temps. (Comme quoi la mobilité de la main-d'œuvre n'est pas un gage de succès !)

Aux États-Unis en 1933, au plus creux de la crise, une personne sur trois de la population active était en chômage, soit 18 millions de chômeurs, et durant toute la décennie le taux de chômage demeura au-dessus de 10 %.

Tableau 6.5

Évolution du nombre de chômeurs et taux de chômage aux États-Unis.

Années	Nombre de chômeurs	Taux de chômage
1929	1 500 000	3,1 %
1930	4 200 000	8,8 %
1931	7 900 000	16,1 %
1932	11 900 000	24 %

Source : S. Berstein, *Dictionnaire d'histoire économique de 1800 à nos jours*, Hatier, 1987.

Au Canada, le taux de chômage atteint un sommet de 20 % en 1933 et il demeura élevé jusqu'en 1939, malgré une légère reprise amorcée en 1935.

Tout le monde ne fut pas touché avec la même intensité. Ceux qui avaient réussi à conserver leur travail, comme les fonctionnaires, même si leur salaire avait diminué, leur pouvoir d'achat en terme réel, et compte tenu de la baisse des prix, n'avait pas autant diminué.

Pendant toute cette période les gouvernements tant fédéral que provinciaux, faute de ressources suffisantes, ne firent pratiquement rien jusqu'en 1935. Fidèles à la doctrine libérale, ils pensaient qu'il suffisait de diminuer les taux d'intérêt pour que l'économie reprenne son cours. Même si les taux d'intérêt diminuaient, même si on annonçait une « reprise prochaine », espérant réamorcer magiquement la pompe de la croissance économique, aucune reprise durable ne se profilait à l'horizon.

La pauvreté s'était aggravée partout et surtout dans la population ouvrière et immigrante des villes. Il n'y avait aucun secours public avant 1933 et ce sont les églises et les municipalités qui se chargeaient des œuvres charitables. La société Saint-Vincent de Paul fournit des vêtements et des aliments, des soupes populaires sont offertes aux plus affamés. Au Québec, il existait à partir de 1933 un Secours Direct financé par les municipalités aux ressources très réduites. Des camps de travail aux conditions quasi pénitentiaires avaient également été mis sur pied par le gouvernement fédéral pour regrouper les chômeurs errants à qui on retira, par mesure de sécurité, le droit de vote. À Valcartier près de Québec, un camp de travail dénombrait plus de 2000 travailleurs payés 20 cents par jour, logés et nourris quand le salaire moyen durant la Crise est de 35 cents l'heure. Pour limiter le nombre de demandeurs d'emploi le gouvernement fédéral déportait massivement vers leur pays d'origine les immigrants. Entre 1930 et 1934 il y eut 25 000 déportations.

L'Église catholique préconisait quant à elle le retour à la terre. Sous le gouvernement Taschereau « le plan Vautrin », du nom du ministre de l'agriculture du Québec, préconisait l'envoi de familles ouvrières sur des morceaux de forêt à défricher comme au début de la colonisation. Quelques 3000 colons soit

2 % des 150 000 chômeurs québécois furent installés sur des lots de forêt en pure perte de temps et d'énergie. Face à ce constat d'échec du système capitaliste, l'idéologie communiste commençait à avoir une certaine audience en Amérique du Nord. Des jeunes hommes s'enrôlaient dans « les brigades internationales » pour aller combattre, en Espagne, les troupes fascistes du général Franco en guerre civile contre les communistes. Toute cette effervescence effrayait la bourgeoisie qui jouissait alors d'un niveau de vie confortable.

Une crise capitaliste de surproduction se caractérise par son caractère universel. Partie d'un secteur, elle se répercute de secteur en secteur dans toute l'économie de marché. Quand il y a crise, c'est tout le système économique qui est affecté, toute l'économie. Seuls le secteur public et les pays socialistes ne sont pas touchés par les baisses de prix, dans la mesure où ils ne sont pas soumis au système des prix libres.

Les crises politiques

Aux désordres sociaux, de nouveaux partis politiques vont proposer des solutions parfois radicales et aventureuses qui susciteront l'enthousiasme des populations désemparées même si elles remettent en question la démocratie. Le nationalisme face aux pays concurrents et le racisme face aux minorités seront utilisés pour ressouder des solidarités que le système libéral de la concurrence avait minées. En Europe, la menace des communistes va expliquer l'arrivée au pouvoir des partis fascistes. En Allemagne, en 1933, Hitler était élu démocratiquement et son programme d'intervention économique et de remilitarisation a remis au travail les chômeurs désespérés. Des boucs émissaires seront désignés, juifs, communistes, tziganes, comme responsables des troubles économiques.

Aux États-Unis le président Roosevelt en 1933 propose un *New-deal* qui laisse une plus grande place aux interventions de l'État. Au Canada le gouvernement de Bennet fait voter en 1935 une série de lois inspirées du *New-deal* américain : assurance-chômage, salaire minimum, limitation des heures de travail, mais la Cour Suprême les déclare inconstitutionnelles sous prétexte qu'elles empiètent sur les pouvoirs des provinces.

Finalement, c'est une guerre mondiale qui mit un terme à ce marasme des années 30.

Les caractéristiques d'une crise économique capitaliste

Crise de surproduction ou sous-consommation. Parti d'un secteur, le marasme affecte un grand nombre de secteurs économiques. La crise est internationale, tous les partenaires commerciaux sont affectés. C'est finalement tout le système de l'économie de marché qui est perturbé.

Contrôle des connaissances

- *La croissance économique est-elle constante ?*
- *Que justifie la loi des débouchés de J.B. Say ?*
- *Qu'est-ce qu'une pratique agricole malthusienne ?*
- *Les pénuries dans les économies autarciques sont-elles comparables aux crises capitalistes ?*
- *Décrivez le processus de la dépression des années 1930.*

Conclusion

Les journaux publient, à la fin de chaque année, une recension des différentes prévisions des institutions qui effectuent des analyses de conjoncture. En général, les indicateurs retenus concernent le PIB, le taux de chômage, l'IPC, les mises en chantiers, les bénéfices des sociétés avant impôts, le résultat de la balance commerciale, le niveau des taux d'intérêt hypothécaires et la valeur du dollar canadien. En conservant ce document, il est possible de savoir à la fin de l'année suivante quelle institution a réussi à faire la meilleure prévision ! Le rêve de tout économiste serait de prévoir le niveau de l'activité économique afin de pouvoir éviter les crises ou tout au moins de savoir comment réagir rapidement et le plus adéquatement à tout changement.

En s'appuyant sur des données statistiques qui concernent le passé, on aimerait savoir de quoi l'avenir sera fait, mais la situation économique dépend de tant de facteurs qu'aucune équation ne pourra jamais en rendre parfaitement compte. L'incertitude fait partie de la condition humaine, nul ne peut y échapper. Les conjoncturistes imaginent un avenir en extrapolant une tendance à partir d'observations de phénomènes réalisés. Les prévisions permettent aux agents économiques de se faire une idée de l'avenir qui les inciteront à agir dans un sens plutôt que dans un autre. Le gouvernement selon l'optique Keynésienne devra adopter des politiques contra-cycliques pour réduire l'amplitude des cycles naturels en concertation avec les gouvernements des pays partenaires commerciaux.

Résumé

Les cycles économiques ont été étudiés par un certain nombre d'économistes. Ils sont de plus ou moins longue durée. On distingue le cycle Kondratieff, le cycle des affaires ou Juglar et le cycle plus court Kitchin. Chaque cycle se compose d'une phase d'expansion suivie d'une phase de ralentissement ou de contraction. L'économie est déclarée en récession après une décroissance du PIB réel pendant deux trimestres consécutifs. La récession est terminée quand le PIB a retrouvé son niveau d'avant la récession. La reprise est le moment de retournement de tendance qui annonce une nouvelle période d'expansion.

Pour repérer les périodes de récession on utilise plusieurs indicateurs, la variation du PIB réel, le PIB *per capita* ou l'indice EAE; pour prévoir la situation économique, les conjoncturistes disposent d'indicateurs avancés regroupés dans un indicateur composite. Le baromètre des affaires utilise des statistiques concernant la production industrielle.

Les crises économiques se répètent à intervalles plus ou moins réguliers dans les économies capitalistes. L'étude de la dépression des années 1930 nous permet de comprendre la nature et les effets des crises dites de surproduction. À partir d'une surproduction agricole internationale, la crise s'est propagée de secteur en secteur. À la crise industrielle a succédé la crise financière, boursière, immobilière puis sociale et politique.

Mots clés

Baromètre des affaires	Indice de l'ensemble de l'activité (IEA)
Crise économique	Indice avancé composite
Cycle Kondratieff	Indicateur coïncident
Cycle Kitchin	Indicateur tardif
Cycle économique	Indicateur avancé
Cycle des affaires	Krach boursier
Cycle Juglar	*New deal*

Exercices

1. Comparez les résultats obtenus par l'économie du Québec et du Canada en 1998 et en 1999 avec les prévisions des principales institutions, telles que présentées par le journal la Presse du 20 décembre 1997 et du 13 décembre 1998, dans *Les boules de cristal*. Quelle institution avait fait les meilleures prévisions ?

Institutions	Taux de croissance du PIB				Taux de chômage				Taux de croissance de l'IPC	
	Canada Prévu		Québec Prévu		Canada Prévu		Québec Prévu		Canada Prévu	
	98	99	98	99	98	99	98	99	98	99
Banque Nationale	3,4	2,4	2,9	2,2	8,8	8,2	10,9	9,8	2,1	1,8
Desjardins	3,1	2,3	2,9	2,2	8,8	8,1	10,8	9,8	1,7	1,4
Caisse de dépôt	3,8	2,4	3,0	2,4	8,4	8,1	10,6	10,0	1,8	1,5
Conference board	3,1	2,5	2,6	2,3	8,8	8,2	10,7	10,0	1,8	1,8
HEC	3,3	2,6	2,6	2,2	8,6	8,0	10,9	9,9	1,5	1,3
Banque Royale	3,3	2,0	2,8	1,8	8,8	8,4	11,5	10,2	1,8	1,5
Banque Scotia	3,0	1,8	2,3	1,8	8,8	8,5	10,9	10,4	1,7	1,4
Banque de Montréal	4,2	2,1	3,8	1,8	8,5	8,4	10,5	10,1	1,1	1,4
Moyenne	3,4	2,3	2,8	2,15	8,7	8,2	10,8	10,0	1,6	1,4

Vous pourriez faire le même exercice pour toute autre année.

2. À partir des indicateurs suivants, identifiez s'il s'agit d'une période d'expansion, de récession ou de reprise économique.

_____ a) Le taux de croissance du PIB réel s'élève à 7 % l'an.

_____ b) Le taux d'activité est passé pour les hommes de 75 % à 73 %.

_____ c) Le nombre de mises en chantier a fait un bond de 4 %.

_____ d) Le prix des maisons a diminué cette année de 12 %.

_____ e) Les ventes des grands magasins augmentent régulièrement de 3 %.

_____ f) Les stocks se sont reconstitués.

_____ g) Les ventes à l'étranger se sont contractées.

_____ h) Les importations ont diminué.

_____ i) Le taux de suicide augmente.

_____ j) Les ventes d'essence augmentent.

3. Identifiez parmi les indicateurs suivants ceux qui devanceraient le cycle économique (indicateurs avancés), ceux qui témoignent du cycle (coïncidents) et ceux qui résulteraient d'une situation passée (tardifs).

_____ a) Le taux de chômage.

_____ b) Le nombre de permis de construire délivrés par la municipalité.

_____ c) Le nombre d'inscription d'étudiants dans les cégep.

_____ d) Les faillites commerciales.

_____ e) Le PIB.

_____ f) Les ventes des grands magasins.

_____ g) Le taux d'activité.

_____ h) Le nombre d'appels téléphoniques interurbains.

_____ i) Les dépenses en carburant.

_____ j) Le trafic sur les routes aux heures de pointe.

4. Mettez une croix en face de la bonne réponse.

a) Une crise de type capitaliste :

☐ Concerne un secteur économique.

☐ Affecte une région du monde.

☐ Touche l'ensemble de l'économie de marché d'un pays.

☐ Est nécessairement internationale.

b) On parlera de crise économique de type capitaliste quand :

☐ Il y a mévente dans un secteur.

☐ La pénurie engendre famine et misère.

☐ La production est excédentaire par rapport au pouvoir d'achat des ménages.

☐ Les besoins élémentaires ne sont pas satisfaits.

c) Lequel parmi les indicateurs suivants est un indicateur coïncident ?

☐ Le trafic ferroviaire.

☐ Les cours boursiers.

☐ Les demandes de subventions.

☐ Les offres d'emploi.

Questions d'intégration multidisciplinaire

	Économie	Sociologie	Histoire	Anthropologie	Psychologie	Sc. politique	Géographie
1. Comparez la situation économique, politique et sociale du pays avec celle qui prévalait dans les années 1930.	X	X	X				
2. Dans toutes les sociétés il existe des systèmes pour prévoir l'avenir, décrivez-en quelques-uns. Pour quelle raison cherche-t-on à prévoir l'avenir ? Y a-t-il des méthodes plus fiables que d'autres ?	X			X			
3. Quelles ont été les périodes de récession et d'expansion depuis 1945 ?	X		X				X
4. En période de récession quelles sont les activités en expansion ?	X						

Lectures suggérées

Cross, P. (1996). *Diverses mesures des cycles d'affaires au Canada : 1947-1992*, Étude spéciale, L'Observateur économique canadien.

Galbraith, John Kenneth (1970). *La crise économique de 1929, anatomie d'une catastrophe financière*, Payot.

Maurice Baslé et coll. (1988). *Histoire des pensées économiques*, Les contemporains, Sirey.

Histoire du mouvement ouvrier au Québec de 1825-1976. Co-édition CSN-CEQ, 1979.

Keynes, J.M. Théorie générale de l'emploi, de l'intérêt et de la monnaie (chap. 5), de la prévision en tant qu'elle détermine le volume de la production et de l'emploi.

Turin, Michel (1993). *La planète bourse, de bas en hauts*, Histoire, Découverte Gallimard.

Sunil, Sharma (1999). *Peut-on prédire les crises économiques ?* Finances et Développement, F.M.I.

Philippe, Gilles (1996). *Crises et cycles économiques*, Armand Colin, Cursus.

Sites Web

www.conferenceboard.ca
Conference board du Canada.

www.imf.org/fandd
Revue du Fonds monétaire international.

Intervention de l'État dans l'économie

Au terme de ce chapitre vous serez capable de :

- Distinguer les différentes conceptions de l'État;

- Mesurer l'utilité des programmes de sécurité sociale;

- Identifier les objectifs des politiques économiques;

- Comprendre les différentes politiques d'intervention du gouvernement;

- Mesurer les avantages et les risques d'un retour aux lois du marché.

La théorie économique libérale estime que les crises économiques sont des périodes de réajustement durant lesquelles les agents économiques doivent s'adapter aux nouvelles conditions du marché. Les entreprises les moins performantes, soumises à la concurrence, font faillite; les travailleurs mis à pied se voient contraints de se recycler. Pour sortir de la crise les agents économiques doivent imaginer de nouvelles activités, sortir des sentiers battus, favorisant le progrès. C'est durant les périodes de crise que l'on serait le plus inventif même si parfois il faut attendre une reprise économique pour mettre en application les découvertes. Les crises purgeraient ainsi le système de tous les facteurs de production inefficaces.

La crise des années 1930, qui s'est résorbée grâce à l'économie de guerre, avait démontré que le plein emploi ne se réalisait pas aussi naturellement que le prétendaient les économistes libéraux (loi de Say) et que l'intervention de l'État était nécessaire pour contrôler les désordres économiques et sociaux.

Le concept d'État a évolué parallèlement à l'évolution du marché; de l'État-nation des mercantilistes à l'État minimal des libéraux, on est passé à l'État-providence de l'économie capitaliste mixte pour maintenant évoquer, avec l'apparition du marché mondial, l'idée d'une institution internationale.

7.1   Évolution de la notion d'État

On associe souvent l'État à un écrasant pouvoir bureaucratique qui menacerait la liberté individuelle. Or, dans les sociétés démocratiques, cette institution a été conçue au contraire pour protéger les individus de la domination personnelle exercée par les seigneurs féodaux et l'Église.

Pour comprendre ce paradoxe, il est nécessaire de se rappeler comment et dans quel but l'État moderne a été créé et comment il a évolué.

L'État-nation

Au 16e siècle, grâce à l'arrivée de l'or de l'Amérique, l'Europe disposait dès lors d'un volume de monnaie considérable qui eut pour effet de faire monter les prix. Cette période d'inflation favorisa les échanges commerciaux et l'usage de la monnaie. L'expansion économique profita tout particulièrement aux artisans et aux marchands qui s'associèrent au roi pour combattre le pouvoir des seigneurs féodaux en créant un État-nation au pouvoir absolu. Des philosophes comme Hobbes (1586-1679), Machiavel (1469-1527) et Jean Bodin (1530-1596) vont préconiser un État tout puissant qui puisse faire régner l'ordre et assurer la paix civile. Selon leur conception, et plus particulièrement selon celle de Hobbes qui a écrit *Le Léviathan* et *Du citoyen*, les hommes à « l'état de nature » vivaient dans une parfaite liberté mais comme chacun ne pensait qu'à son intérêt et que rien n'était interdit, tous vivaient dans la peur d'être tués. En fait, c'était un état de guerre perpétuelle et les hommes comprirent donc qu'il était dans leur intérêt de renoncer à leur liberté et à leur parfaite égalité pour transférer au souverain le monopole de la violence. Au terme d'un « contrat social », accepté par tous, les citoyens renoncent à la liberté naturelle et se soumettent au Prince qui, en échange, leur assure la protection et l'ordre public.

La théorie politique de l'absolutisme (qui reconnaît un pouvoir incontestable au prince[1]) se traduit sur le plan économique par ce que les libéraux du 18e siècle ont appelé avec mépris « le système mercantile » ou le « mercantilisme ». Le mercantilisme qui se caractérise par une très forte intervention des pouvoirs publics pour réglementer les activités économiques a permis, en trois siècles, de donner le pouvoir économique à une nouvelle classe sociale : la bourgeoisie. C'est sous la protection et l'encouragement de l'État qu'une accumulation de capitaux a rendu possible l'émergence et le développement d'une économie capitaliste, industrielle et bureaucratique.

L'État-nation contrôlait un espace de marché homogène où les marchandises et les personnes pouvaient circuler en sécurité. Le commerce international, qui avait pour but de faire entrer l'or nécessaire au pouvoir du prince, était sous le contrôle de l'État. Des compagnies avec privilège, comme la Compagnie de la Baie d'Hudson (1670), contrôlaient le commerce dans les colonies. La production était fortement réglementée afin d'en assurer une excellente qualité. C'est à cette époque, en France, que se sont créées les grandes entreprises d'État. Les exportations de produits manufacturés étaient favorisées, alors que les importations étaient limitées voire interdites. Les entreprises nationales naissantes pouvaient donc se développer à l'abri de la concurrence étrangère.

Une fois le pouvoir féodal neutralisé, le pouvoir de l'État devint à son tour inutilement contraignant et une nouvelle conception du rôle de l'État émergea au 18e siècle.

L'État minimal

Dès le 17e siècle, le pouvoir absolu des monarques ne se justifiait plus face au déclin du féodalisme, et les philosophes du 18e siècle ont imaginé un système politique qui pouvait assurer aux citoyens un maximum de liberté individuelle. Pour ce faire, on comprit que le pouvoir, pour ne pas être abusif, avait besoin d'un contre-pouvoir pour le contrôler. Le pouvoir du souverain selon Montesquieu (1689-1755), c'est-à-dire l'État, devait être

---

1. En littérature classique, le mot prince désigne le roi, le souverain; par extension, en économie et en science politique ce mot désigne le chef de l'État et parfois l'État lui-même.

fractionné en trois instances : l'exécutif, le législatif et le pouvoir judiciaire. Les lois votées par les représentants des citoyens étaient ensuite imposées à tous. La Révolution Française de 1789 a consacré ces principes révolutionnaires qui ont été adoptés par tous les autres pays européens plus ou moins rapidement. L'État de droit moderne ou « l'État-gendarme » devenait le représentant de la volonté générale, mais l'individu, pour vivre dans une société libre, devait, par contre, se soumettre à son autorité.

Les impôts, dans cette nouvelle société, étaient une ponction acceptée par tous pour défrayer les services dispensés par l'État. Les fonctionnaires devenaient ainsi les serviteurs de l'État, mais aussi et avant tout, de tous les citoyens. La fonction publique ne devait plus être une charge accordée à ceux qui courtisaient le monarque, mais une fonction confiée aux personnes compétentes recrutées par voie de concours. En France, on créa dans cet esprit les grandes écoles comme Polytechnique. Napoléon en 1808 met en place le système des collèges, lycées et facultés pour former une « pépinière de gens instruits », parmi lesquels seraient recrutées les personnes les plus talentueuses qui pourraient servir l'État avec diligence et honnêteté. À une bureaucratie stérile, on voulait substituer ce qu'on appellerait maintenant une « technocratie » efficace. Cependant, les emplois du secteur public devinrent très convoités car, non soumis aux fluctuations du marché, ils étaient souvent accordés à vie.

Dans un État libéral cependant, la fonction publique est réduite au minimum, car l'intervention de l'État est elle-même discrète. L'espace économique, affranchi de toute contrainte arbitraire, permet à l'initiative privée de s'exprimer en toute liberté, le marché apportant la sanction de son activité.

L'État-providence

La crise des années 1930 démontra que l'État devait intervenir pour relancer l'économie mais surtout pour venir en aide aux laissés-pour-compte du système de la concurrence. Traditionnellement ce sont les églises qui assumaient les services sociaux. Hôpitaux, écoles, orphelinats, hospices pour indigents, étaient administrés par les membres du clergé. Les églises se finançaient par un prélèvement, la dîme, qui correspondait à 10 % du revenu et par différents dons que de généreux fidèles leur consentaient. Peu à peu, l'État va prendre en charge ces services sociaux en commençant par les écoles, suivant un mouvement de laïcisation. Dans certains pays, la séparation de l'Église et de l'État se fera brutalement, comme en France dès 1907; dans d'autres pays, elle se fera progressivement. Au Québec ce n'est que dans les années 1960, lors de la « Révolution tranquille » que les services sociaux seront assumés par le secteur public. Certains groupes remettent en question cette laïcisation et revendiquent le maintien de la confessionnalité des écoles dans l'espoir de reprendre l'influence perdue.

Pendant la guerre de 1939-45 et jusqu'en 1949, l'économie de guerre s'est substituée à l'économie libre. Les biens étaient distribués non plus en fonction des moyens mais des besoins. Chaque famille recevait un carnet de rationnement qui donnait accès, à un prix modique, aux biens de première nécessité. La population s'est ainsi familiarisée avec la prise en charge par l'État des problèmes économiques. Pour contrer l'attrait que les régimes socialistes exerçaient sur les populations éprouvées, les gouvernements vont adopter des programmes universels de sécurité sociale et des codes qui réglementent le marché libre.

En Angleterre, où un premier programme de sécurité sociale concernant une assurance en cas de maladie et de chômage avait été mis sur pied dès 1911, Lord Beveridge (1879-1963) auteur d'un programme de sécurité sociale qui fut mis en place par le parti travailliste en 1945, déclarait en 1942 que « l'État était dorénavant responsable de l'individu, du berceau à la tombe ». À cette même époque, la France, prenant exemple sur l'Angleterre, adoptait un programme qui permettait à tous les travailleurs d'avoir accès aux services médicaux gratuits. Cette intervention massive de l'État dans les services sociaux devait entraîner une augmentation de ses dépenses qui supposait dès lors une ponction fiscale équivalente. Les impôts sur le revenu qui avaient été votés pour financer la guerre vont dorénavant demeurer et représenteront une part importante des ressources de l'État.

Le *New deal*

Aux États-Unis, le gouvernement démocrate, élu en pleine crise économique des années 1930, a adopté un programme de renouveau économique en 1933 : le *New deal* ou nouvelle donne.

Le président Franklin Delano Roosevelt (FDR) assisté de son *braintrust*, c'est-à-dire de ses conseillers formés d'intellectuels et d'hommes d'affaires, décida, pour redonner du pouvoir d'achat aux Américains, d'expérimenter une politique budgétaire expansionniste. Pour remettre les gens au travail, le gouvernement mit sur pied un vaste programme de grands travaux publics. Le plus célèbre d'entre eux, la Tennessee Valley

L'État-providence ⎯⎯⎯⎯⎯⎯⎯⎯⎯⎯⎯⎯⎯⎯⎯⎯⎯⎯⎯⎯

Sur le plan social, c'est un système universel de sécurité sociale qui donne à toute personne le droit de recevoir un revenu minimum garanti (prestation) en cas de nécessité, des soins médicaux et une scolarisation obligatoire, une pension de vieillesse, etc.

Sur le plan politique, c'est l'option des partis socialistes ou sociaux-démocrates.

Sur le plan économique, c'est l'économie mixte de type keynésien.

Authority (TVA), permettait d'atteindre quatre objectifs : créer des postes de travail, augmenter les revenus de la nation, produire de l'électricité et maîtriser un cours d'eau capricieux.

La dévaluation du dollar de 41 % en janvier 1934 par rapport à l'or (1 once d'or valait dès lors 35 $) permettait également d'émettre plus de papier-monnaie et donc d'injecter plus d'argent dans l'économie, ce qui eut pour effet de relancer la demande intérieure. L'inflation qui en a résulté allégea les charges des fermiers et des industriels particulièrement endettés. Un dollar moins cher favorisait les exportations et renchérissait les produits étrangers et les entreprises domestiques avaient donc plus de facilité à écouler leurs produits.

En 1935 et 1937, d'autres mesures furent également adoptées pour venir en aide aux millions de chômeurs et mettre un terme aux troubles sociaux. La *Social Security Act* (Plan du Wisconsin de 1932) créait l'assurance chômage et la retraite obligatoire. En 1938, la *Fair Labor Standard Act* posait le principe d'un salaire minimum, fixait à 40 heures la semaine de travail et interdisait le travail aux personnes ayant moins de 16 ans. Certaines de ces lois ont été jugées inconstitutionnelles par le Congrès, mais le président Roosevelt, au terme d'une longue bataille juridique, réussit à imposer son programme. Malgré tout, en 1939, il y avait encore 8 millions de chômeurs aux États-Unis et c'est l'impulsion de la seconde guerre mondiale qui remit durablement en marche la machine économique.

Contrôle des connaissances

- *Quelle différence y a-t-il entre État-nation, État minimal et État-providence ?*
- *Quand et dans quel but a été créé l'État moderne ?*
- *Qu'est-ce que le mercantilisme ?*
- *Pour quelle raison réclamait-on au 18e siècle un affaiblissement de l'État ?*
- *Qu'est-ce que le* New deal *?*

Le « Wohlfahrstaat » allemand

Dans les années 1880, les partis socialistes étaient suffisamment puissants en Allemagne pour inciter les gouvernements à prendre des mesures de sécurité sociale.

Les premiers programmes d'assistance sociale ont été mis de l'avant par le chancelier Otto von Bismark (1815-1898).

Cette nouvelle législation concernait une assurance contre la maladie (1883), contre les accidents du travail (1884), et des pensions de vieillesse (1889) ou d'invalidité, c'est-à-dire le *Wohlfahrstaat*.

Imitant l'Allemagne, l'Autriche et la Hongrie adoptèrent des mesures similaires.

Wohlfahrstaat se dit en anglais *Welfare State*, littéralement État-bien-être, c'est-à-dire « État-Providence ».

7.2   La théorie keynésienne

Au plus fort de la crise, un économiste anglais va formuler une nouvelle théorie qui non seulement légitime les interventions de l'État dans le domaine économique mais tient responsable le gouvernement de la situation économique en général.

John Maynard Keynes (1883-1946)

Né l'année de la mort de Karl Marx, en 1883, John Maynard Keynes meurt en 1946 d'une crise cardiaque en courant après un train. Issu d'une famille d'intellectuels, son père John Nevill, mathématicien et ami d'Alfred Marshall, était un chargé de cours en économie politique à l'université de Cambridge; sa mère, une des premières femmes diplômées, était mairesse de sa ville. Keynes appartenait donc à un milieu riche financièrement et intellectuellement, un milieu politiquement libéral (réformateur) et anticonformiste. Jeune, on le surnommait le révolté de Bloomsbury; plus tard cependant l'establishment va l'adopter et il sera même anobli à la fin de sa vie.

Après ses études, il entre comme fonctionnaire aux Affaires indiennes pour devenir ensuite professeur à Cambridge grâce à l'appui d'A. C. Pigou (1867-1959), disciple de Marshall, dont il ne partage cependant pas du tout les idées[1]. Pendant la guerre de 1914-1918, il entre au ministère des Finances. Il démontre que pour financer la guerre, il n'y a que deux solutions : l'inflation qui diminue la dette publique au détriment des rentiers, et les impôts sur le revenu. Lors des négociations qui ont amené la signature du Traité de Versailles le 28 juin 1919, il tente de modérer les alliés qui voulaient faire payer de lourdes compensations au titre des dommages de guerre à l'Allemagne et, au risque de passer pour sympathisant de l'ennemi, il déclare qu'il est dangereux de ruiner un pays. Loin d'avoir des tendances socialistes, et hostile à tout égalitarisme, il reconnaissait que le système capitaliste livré à lui-même s'autodétruirait. Comme on le voit, Keynes était un esprit fondamentalement anticonformiste, courageux et original, mais il se définissait lui-même volontiers comme simplement réaliste. Il était aussi un grand amateur d'art et fréquentait assidûment les salons littéraires. Politiquement, il ne parvenait pas à s'identifier à l'un ou l'autre des deux partis de son pays. De par son origine sociale, il ne pouvait être travailliste mais il jugeait bornés les conservateurs.

---

1. A. C. Pigou dans son livre *Veil of money* (1949) démontre qu'en période de chômage les salaires doivent diminuer, donc les coûts de production diminuent également; comme les prix diminuent les agents économiques ont un pouvoir d'achat qui augmente et cela entraîne une augmentation de la demande et donc de l'emploi (effet Pigou).

En 1936, son œuvre principale *Théorie générale de l'emploi, de l'intérêt et de la monnaie* reçut tout de suite un accueil favorable.

La cause des crises économiques

Pour Keynes la raison du chômage, c'est l'épargne des riches. L'épargne c'est ce qui n'est pas dépensé donc plus il y a d'épargne moins il y a de dépenses et donc moins il y a de revenu. L'épargne devrait normalement servir à l'investissement, mais ce n'est pas toujours le cas. Parfois elle ne sert qu'à financer le stockage de produits finis (investissements involontaires), parfois elle est utilisée pour spéculer à la bourse ou dans l'immobilier. Dans les deux cas, c'est de l'argent qui est soustrait au circuit réel de la production, il y a moins d'argent disponible pour les achats. Si quelques ménages accumulent de plus en plus de revenus, ils épargneront toujours davantage tandis que les autres agents économiques n'auront plus assez d'argent. Faute d'acheteurs, les entreprises ne pourront plus écouler toute leur production et seront obligées de fermer. Perdant leur emploi, de plus en plus de travailleurs ne pourront plus acheter et le cercle vicieux de la récession se referme.

Le gouvernement doit donc veiller à ce que le niveau des dépenses effectuées dans l'économie puisse assurer un niveau d'emploi optimum avec des prix stables.

Les objectifs des politiques économiques

La dépense ou demande globale (DG) concerne toutes les dépenses qui ont été officiellement déclarées dans l'année. Elle correspond au PIB calculé par la méthode des dépenses. La dépense ou demande globale est égale à la somme des dépenses de consommation (C), des dépenses d'investissements (I) et des dépenses des administrations publiques (G), auxquelles il faut ajouter les exportations de biens et de services (X) et soustraire les importations de biens et de services (M) (solde du compte courant).

$$DG = C + I + G + (X - M)$$

La demande globale doit être telle qu'elle permet d'atteindre les quatre grands objectifs macroéconomiques suivants :

1) la stabilité des prix mesurée par l'indice des prix;

2) le plein emploi mesuré par les taux de chômage et d'activité;

3) la croissance économique mesurée par le taux de croissance du PIB réel et;

4) l'équilibre des échanges extérieurs mesuré par le solde du compte courant.

Ces objectifs sont atteints quand la demande globale est égale à l'offre globale, celle-ci représentant la valeur de tous les services et biens produits par la nation dans l'année.

Par contre deux situations de déséquilibre peuvent se produire :

A. la demande globale est supérieure à l'offre globale, il s'ensuivra donc la séquence suivante : DG > OG →

$\downarrow$stocks → $\uparrow$prix → $\uparrow$production → $\downarrow$chômage;

dans ce cas, il s'agira d'une situation inflationniste et le gouvernement devra adopter des mesures restrictives pour réduire la demande globale.

B. la demande globale est inférieure à l'offre globale, et la séquence s'inversera de la façon suivante : DG < OG →

$\uparrow$stocks → $\downarrow$prix → $\downarrow$production → $\uparrow$chômage;

la situation sera qualifiée de déflationniste (récessionniste) et le gouvernement adoptera des mesures pour relancer l'économie en stimulant la demande globale par des mesures expansionnistes.

Aidé d'une armada de fonctionnaires dont les cadres sont formés dans les écoles d'admistration publique (ENA, ENAP), le ministre des Finances, responsable de la politique économique du gouvernement, doit pouvoir rétablir l'équilibre de plein emploi par des politiques appropriées. Pour atteindre les quatre objectifs, le gouvernement, selon le type de situation identifié, aura à relancer l'économie par des politiques expansionnistes (situation déflationniste) ou à appliquer les freins par des mesures restrictives d'austérité (situation inflationniste).

L'un ou l'autre de ces types de politique pourra avoir des effets positifs par rapport à l'objectif recherché, mais avoir également des effets non désirés sur d'autres plans. Par exemple, une politique anti-inflationniste pourrait générer du chômage et, au contraire, une politique de relance économique pourrait résorber le chômage mais relancer l'inflation. Le gouvernement doit, dès lors, veiller à moduler ses politiques en fonction du contexte toujours très particulier dans lequel il se trouve. L'Angleterre, après la seconde guerre mondiale, pratiquait, dans une optique keynésienne, la politique du *stop and go*, c'est-à-dire qu'à certains moments, le gouvernement relançait l'économie, puis à d'autres moments, il donnait un coup de frein pour éviter l'accélération de l'inflation, etc.

L'évaluation des performances économiques

Pour illustrer l'efficacité des politiques économiques par rapport aux quatre objectifs, on utilise parfois la figure du « losange magique » (figure 7.1).

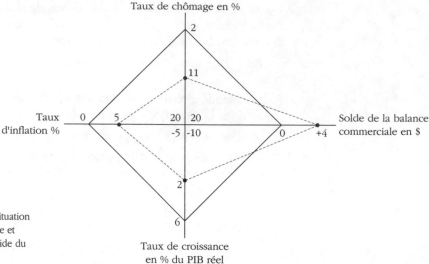

Figure 7.1

Comparaison de la situation économique optimale et réelle d'un pays à l'aide du « losange magique ».

Sur chacun des quatre axes perpendiculaires, on fixe un point qui correspondrait à une situation optimale, c'est-à-dire la plus souhaitable, de telle sorte que les quatre points forment un losange. Au centre on indique les pires performances. Par exemple, sur l'axe du taux de chômage, au sommet on indique un taux de 2 % considéré comme idéal et au centre un taux de 20 % considéré comme désastreux. Ensuite, on place le taux réellement observé dans l'économie sur l'axe gradué de 20 % à 2 %. En procédant de la même façon pour les trois autres axes, on obtient une seconde figure plus ou moins déformée par rapport au losange idéal initial.

Cette présentation graphique sert aussi à comparer la situation d'un pays par rapport à sa situation passée ou par rapport à la situation d'un autre pays. D'un coup d'œil, il est ainsi possible d'évaluer la performance économique d'un pays, de savoir si la situation s'améliore ou se détériore.

Exemple : Dans la première colonne nous supposons la situation idéale d'un pays, dans la deuxième une situation désastreuse et dans la troisième la situation réelle telle qu'observée, en nous appuyant sur quatre indicateurs économiques :

Situations	Idéale	Désastreuse	Réelle
Taux de chômage;	2 %	20 %	11 %
Taux de croissance du PIB réel;	6 %	-5 %	2 %
Inflation mesurée par l'IPC;	0 %	20 %	5 %
Solde de la balance commerciale;	0 $	-10 milliards $	+4 milliards $

Les données de la première colonne déterminent des points placés sur les axes perpendiculaires qui formeraient un losange en les unissant. Les données de la deuxième colonne sont portées au point d'intersection des deux axes; elles permettent de graduer les axes. Ensuite, nous pouvons indiquer les données de la troisième colonne. Nous obtenons ainsi deux figures, l'une représente la situation idéale, l'autre la situation réelle.

7.3 Les instruments d'intervention de l'État

Comme le gouvernement doit veiller à ce que la situation économique soit équilibrée, il doit étudier l'évolution et le comportement des composantes de la dépense globale à savoir : la Consommation, les Investissements, les Dépenses publiques, les Exportations et les Importations.

Compte tenu de la situation, il utilisera, dans un sens ou dans un autre, les instruments mis à sa disposition dans le cadre de politiques conjoncturelles ou structurelles.

Les politiques conjoncturelles

Pour faire face aux aléas du marché, le gouvernement a la possibilité de prendre des mesures de redressement qui éviteront les trop brusques soubresauts. Il s'agit de mesures transitoires qui pourront être modifiées en fonction de la situation.

La POLITIQUE MONÉTAIRE, mise en œuvre par l'intermédiaire de la banque centrale, contrôle le niveau des taux d'intérêt. Quand on juge que la demande globale est excédentaire et que cela entraîne des tendances inflationnistes, une hausse des taux d'intérêt aura pour effet de ralentir les achats à crédit et, au contraire, des taux d'intérêt faibles pourront relancer l'économie. Toute mesure qui restreint le crédit a pour objectif la lutte à l'inflation.

Sous la responsabilité du ministre des Finances, la POLITIQUE BUDGÉTAIRE concerne les prélèvements fiscaux et les paiements de transfert. En augmentant ou diminuant les impôts, le gouvernement relance ou freine l'économie. Il peut également agir au niveau de ses dépenses publiques. Toute dépense est un revenu pour un autre agent économique et le gouvernement a donc la possibilité de faire varier le niveau des revenus des ménages par l'intermédiaire de son budget.

La POLITIQUE DU TAUX DE CHANGE est menée par la banque centrale qui contrôle, chaque jour, la valeur de la monnaie par rapport aux monnaies étrangères. Quand la valeur d'une monnaie diminue par rapport aux autres, cela signifie que les produits du pays sont moins chers pour les étrangers, alors on peut s'attendre à ce que les exportations augmentent.

Plus rarement, parce que jugé trop interventionniste, le gouvernement décidera, pour lutter contre une inflation quasi-incontrôlable, de geler les salaires et les prix (POLITIQUE DES REVENUS) aussi bien dans le secteur public que dans le secteur privé. Quand le prix du marché n'est plus déterminé par l'offre et la demande, mais par des groupes dominants, le gouvernement est parfois obligé de recourir à de telles mesures.

Les politiques structurelles

Quelle que soit la conjoncture, l'État-providence se dote d'un filet de protection permanent et les mesures prises reflètent des choix de société. Les aides financières publiques atteignent deux buts simultanément, d'une part elles réduisent les inégalités, et d'autre part elles permettent au système de mieux fonctionner. Faire en sorte que les gens soient en bonne santé, qu'ils soient instruits, c'est aussi les rendre plus efficaces.

Pour venir en aide aux laissés-pour-compte du système de la concurrence, le gouvernement intervient dans la mesure où le secteur privé ne peut pas répondre aux besoins non-solvables par des POLITIQUES SOCIALES.

Inciter les jeunes à poursuivre leurs études, aider les familles dans le besoin, réinsérer sur le marché du travail les ex-détenus et les femmes qui souhaiteraient trouver un emploi après avoir élevé leurs enfants, secourir les chômeurs, protéger une culture, etc., impliquent des mesures particulières qui, pour être cohérentes, doivent faire partie d'un programme social établi en fonction d'une perspective à long terme de réinsertion des exclus.

Pour les entreprises, dans le cadre d'une POLITIQUE INDUS-TRIELLE OU AGRICOLE qui vise à doter le pays d'un outil de production conforme aux intérêts nationaux, le gouvernement par l'intermédiaire de subventions, d'avantages fiscaux, de réglementations, de soutien des prix oriente la production.

Enfin, la protection de l'environnement (POLITIQUE ENVIRONNEMENTALE) est apparue depuis quelques années comme un objectif fondamental dont tout gouvernement a la responsabilité.

Contrôle des connaissances

- *Qui protège l'individu dans une économie mixte ?*
- *Quelle est la cause des crises économiques selon Keynes ?*
- *Quels sont les quatre objectifs des politiques économiques ?*
- *Quelle différence y a-t-il entre une politique conjoncturelle et une politique structurelle ?*

7.4 La remise en question de l'intervention de l'État dans l'économie

Depuis la fin des années 1970, un ralentissement économique s'est fait sentir. Pour contrebalancer l'effet de la récession, les États sont intervenus de plus en plus massivement et un certain nombre de critiques se sont élevées contre cette implication. Cependant un retour aux lois du marché n'est pas sans susciter également quelques inquiétudes.

Les limites de l'intervention de l'État

Il ne faut pas croire que les critiques qui visent l'intervention excessive de l'État soient nouvelles. Dès le début de l'instauration de l'État-providence, J.K. Galbraith rapporte que le milieu des affaires américain, au temps du *New deal*, prétendait que l'État-providence « allait ruiner le pays parce qu'il détruirait l'initiative en décourageant les gens économes et en étouffant la responsabilité individuelle[1] ».

Un économiste autrichien contemporain de J.M. Keynes, Friedrich Hayek, (1899-1992) dénonçait l'intervention de l'État dès 1944. Il prétendait que « Une fois le libre jeu du marché entravé, le dirigeant du plan sera amené à étendre son contrôle jusqu'à ce qu'il embrasse tout[2]. » ce qui voulait dire que l'intervention de l'État menait au totalitarisme et que seul un marché libre assurait le maximum de liberté aux individus.

On reproche plus particulièrement au secteur public de s'être transformé en une gigantesque bureaucratie de plus en plus lourde à gérer efficacement. Par ailleurs, certaines personnes craignent que la prise en charge par l'État déresponsabilise les individus et augmente les coûts de la main-d'œuvre indépendamment des gains de productivité. Sur le plan international, la compétitivité des produits nationaux pourrait être affectée par des charges sociales plus lourdes que celles assumées par les partenaires commerciaux étrangers. Les exportations ralentissant, la production du pays serait négativement affectée en même temps que le niveau de l'emploi.

Le budget de l'État contrôle une part de plus en plus importante des revenus et des dépenses effectuées dans la société et toute variation des sommes prélevées ou injectées a des répercussions sur l'ensemble des agents économiques. L'État est aussi le plus gros patron et les conditions de travail qu'il accorde à ses employés n'est pas sans influencer les conditions de travail du secteur privé. L'aide sociale publique, qui devait dépanner momentanément, est devenue permanente pour certains groupes

---

1. John K. Galbraith, *L'économie en perspective, une histoire critique*, p. 269, Seuil, 1989.
2. F. Hayek, *La route de la servitude*, 1944, réédité en 1993, PUF, coll. Quadrige, p. 80.

de personnes et l'État malgré une augmentation sensible des impôts, ne parvient plus, depuis 20 ans, à équilibrer ses finances. Il s'ensuit un niveau d'endettement élevé qui inquiète les milieux financiers privés.

Les dangers du retour aux lois du marché

Pour résoudre ces problèmes et augmenter la productivité du pays, certains préconisent un retour aux lois du marché. Une déréglementation des activités économiques, des privatisations d'entreprises publiques, une réduction de la fiscalité et de la couverture sociale, sont autant de mesures souhaitées par les tenants d'un libéralisme jugé plus stimulant. Cependant le désengagement de l'État peut se traduire par une réaffectation des ressources vers d'autres domaines publics. Au lieu de réduire le déficit budgétaire, l'argent frais des privatisations peut être réinjecté vers d'autres entreprises publiques en difficulté.

L'accentuation de la concurrence internationale oblige les entreprises à procéder à des « restructurations » qui mettent à pied des milliers de travailleurs. Dans un tel contexte, les inégalités sociales maintenues à peu près au même niveau dans les pays industrialisés depuis la fin de la seconde guerre mondiale, risquent, en augmentant maintenant, d'accentuer le mécontentement dans la population en général.

Enfin l'affaiblissement de l'État laisse le champ libre aux multinationales qui agissent dans un espace de marché mondial et aux organisations criminelles au pouvoir de corruption redoutable.

Contrôle des connaissances

- *Que reproche-t-on à l'État-providence ?*
- *Quels sont les aspects positifs et négatifs du désengagement de l'État ?*

Conclusion

C'est pour lutter contre les seigneurs féodaux que l'État a été reconnu comme institution fondamentale. Depuis le 18e siècle, le pouvoir de l'État s'est substitué peu à peu à tous les autres pouvoirs pour libérer et protéger toujours davantage les individus. Avec l'État-providence, les plus démunis et les femmes ont pu obtenir une protection qui les mettaient à l'abri de l'oppression économique et patriarcale. Protégeant à l'origine l'individu de la domination personnelle, l'État est paradoxalement perçu par certains comme une menace à la liberté individuelle.

Dans le cadre de la mondialisation des échanges, le pouvoir de l'État pour contrôler l'activité économique du pays est de plus en plus confronté à la contrainte extérieure et l'on peut s'interroger sur la pertinence et l'opportunité d'en affaiblir l'autorité à moins que ne soit mises en place des institutions supra-nationales qui prennent en charge les intérêts des populations ou des régions perdantes au jeu de la concurrence.

Résumé

La conception de l'intervention de l'État dans l'économie a évolué depuis le 16e siècle. De l'État interventionniste des mercantilistes à l'État minimal des libéraux, les démocraties occidentales ont opté, depuis 1945, pour un État-providence.

Depuis lors, le gouvernement est tenu responsable de la situation économique et sociale du pays. Un économiste anglais, J. M. Keynes, a démontré dans sa *Théorie générale de l'emploi, de l'intérêt et de la monnaie* (1936) que le gouvernement devait intervenir pour rétablir des équilibres que le système de la concurrence ne pouvait à lui seul assurer. Il devait plus particulièrement veiller à ce que l'épargne ne se traduise pas par une baisse de revenu qui réduirait le niveau des dépenses entraînant l'économie dans une nouvelle crise de surproduction.

En contrôlant le niveau de la dépense globale, le gouvernement doit atteindre quatre objectifs, à savoir la stabilité des prix, le plein emploi, la croissance de la production et l'équilibre dans le commerce avec les étrangers. Pour ce faire, le gouvernement dispose de plusieurs instruments d'intervention qui sont, entre autres, les politiques conjoncturelles comme les politiques monétaires, budgétaires et du taux de change et les politiques structurelles comme les politiques sociales, industrielles et environnementales.

Mais depuis le début des années 1970, l'État qui, à l'origine, a été créé pour protéger l'individu, est maintenant perçu par certains comme menaçant. Pour protéger la liberté individuelle et relever le défi de la concurrence internationale, un retour aux lois du marché est préconisé par les tenants d'un libéralisme jugé plus efficace. Cette remise en cause n'est pas sans comporter elle-même quelques dangers pour les éléments les plus fragiles de la société.

Mots clés

État minimal	Politique industrielle
État-nation	Politique conjoncturelle
État-providence	Politique environnementale
Losange magique	Politique monétaire
Mercantilisme	Politique budgétaire
New deal	Politique structurelle
Politique de taux de change	Sécurité sociale
Politique des revenus	Théorie keynésienne
Politique sociale	

Exercices

1. À quelle conception de l'État pourriez-vous attribuer les énoncés qui suivent : mercantiliste (M), providence (P); libéral (L); communiste (C).

    _____ a) Pas moins d'État, mais mieux d'État.

    _____ b) L'État doit favoriser les producteurs nationaux.

    _____ c) L'État subventionne les exportateurs et limite les importations.

    _____ d) La mondialisation des échanges réduira l'ingérence de l'État dans les affaires économiques et donnera plus de liberté aux agents économiques.

    _____ e) Il faudrait déréglementer, privatiser et réduire la pression fiscale pour permettre aux agents économiques de réagir adéquatement aux contraintes de la concurrence.

    _____ f) Redistribuer le revenu national des riches vers les pauvres, des bien-portants vers les malades, des célibataires ou des familles à double revenu sans enfant, vers les familles nombreuses.

    _____ g) L'État réglemente la production afin d'en contrôler la qualité.

    _____ h) L'État doit se substituer au marché pour répondre aux besoins des individus.

    _____ i) Un État riche et puissant favorise le marché national.

    _____ j) Il faut de préférence acheter les produits de son pays.

2. Illustrez graphiquement à l'aide du losange magique et comparez les performances économiques de deux pays du G7 de votre choix.

3. À quel type de politique attribuez-vous les mesures suivantes ? (politique monétaire, budgétaire, du revenu, sociale, de taux de change, industrielle, agricole) Il peut éventuellement y avoir deux réponses.

    a) La variation des taux d'intérêt : _____

    b) Indemnités de chômage : _____

    c) L'augmentation des chèques de pension de vieillesse : _____

d) L'augmentation des impôts sur le revenu : _____

e) Programme de subventions aux entreprises privées : _____

f) Le contrôle du crédit : _____

g) Le gel des salaires et des prix pour lutter contre l'inflation : _____

h) Aide aux petites et moyennes entreprises qui favorisent l'emploi par des déductions fiscales plus généreuses : _____

i) Soutien du prix du lait par l'État : _____

j) Augmentation des taxes sur l'achat de biens et de services : _____

Questions d'intégration multidisciplinaire

	Économie	Sociologie	Histoire	Anthropologie	Psychologie	Sc. politique	Géographie
1. Dans quelle mesure la démocratie peut-elle être menacée par l'affaiblissement de l'État ?	X					X	
2. Étudiez le rapport de l'État aux femmes.		X	X			X	
3. La remise en cause de l'État providence dans les pays capitalistes (position du parti libéral de Québec en 1999)	X					X	
4. Le rôle de la fonction publique.	X					X	
5. Dans quel but a-t-on créé l'École Nationale d'Administration Publique (l'ENAP) au Québec ?			X			X	

Lectures suggérées

Ewald François, (1986). *L'État-providence*, Paris Grasset.

J.K. Galbraith (1989). *L'économie en perspective, une histoire critique*, Seuil.

Suède : adieu État-providence, Bulletin sur les relations de travail, CPQ, février 1994.

Tanzi, Vito (1999). *Transition et transformation du rôle de l'État*, Finances et Développement, FMI, volume 36, no 2.

Sites Web

www.imf.org
La banque mondiale. *L'État dans un monde en mutation* (1997). (Évolution du rôle de l'État)

www.monde_diplomatique.fr
Le monde diplomatique. I. Romanet. *Un autre monde est possible* (mai 98).

8

C H A P I T R E

La consommation

Au terme de ce chapitre vous serez capable de :

 Évaluer l'importance des dépenses de consommation dans le système économique;

 Énumérer les types de dépense de consommation;

 Repérer les facteurs qui influent sur le niveau de la consommation;

 Tracer une courbe de consommation;

 Prévoir le niveau des dépenses des ménages.

Dans cet ouvrage, pour suivre l'évolution de la demande globale, nous étudierons successivement ses grandes composantes, soit la consommation (C), les investissements (I), les dépenses courantes du gouvernement (G) ainsi que le solde de la balance commerciale (X - M).

$$PIB = C + I + G + (X - M)$$

La consommation est la principale composante de la demande globale, puisque les dépenses des ménages en biens et en services représentent dans les pays du G7 environ 60 % du PIB (tableau 8.1). Aux États-Unis, la consommation représentait plus de 73 % du PIB au premier trimestre de 1999. C'est donc dire l'importance des dépenses de consommation pour la conjoncture économique. Une faible baisse du pourcentage des dépenses en biens et en services représente des milliards de revenus en moins pour de multiples entreprises commerciales qui enregistrent ainsi une diminution de leur chiffre d'affaires.

D'une année à l'autre, les dépenses augmentent régulièrement et tout fléchissement de la consommation évaluée en terme réel exerce selon Keynes une grande influence sur le niveau de l'activité générale et de l'emploi. Dans les économies capitalistes avancées, la consommation est souvent la locomotive qui entraîne l'expansion économique.

Il est donc très important, pour les entreprises et le gouvernement en particulier, de surveiller le montant des dépenses des ménages et de prévoir toute variation de son niveau. Les économistes disposent d'outils d'analyse de plus en plus développés pour repérer tout signe annonciateur d'une augmentation, d'un ralentissement ou d'une diminution des achats.

Keynes, en étudiant la fonction de consommation, avait formulé une loi économique : lorsque le revenu disponible augmente, les dépenses de consommation augmentent, mais moins vite. Et il avait fourni des outils pour suivre le comportement de la consommation quand le revenu varie.

Tableau 8.1

Importance de la consommation (C) privée et publique dans les pays du G7 par rapport au PIB (en 1995).

Pays	C privée sur PIB	C publique sur PIB
États-Unis	68 %	16 %
Japon	60 %	10 %
Allemagne	57 %	20 %
France	60 %	20 %
Italie	63 %	16 %
Royaume-Uni	64 %	20 %
Canada	58 %	21 %

Source : *Perspectives économiques de l'OCDE*, décembre 1998.

Les dépenses en biens et services personnels (dépenses des particuliers)

8.1

La Consommation représente la somme des dépenses personnelles en biens et en services (C) effectuées par l'ensemble des ménages (individus, entreprises individuelles et organismes à but non lucratif). Les achats sont comptabilisés au coût d'acquisition, taxes incluses.

Ces dépenses sont individuellement classées dans un budget. Elles concernent les achats d'aliments, les dépenses de logement, les frais de transports, etc., qu'il faut payer chaque jour, chaque mois ou à intervalles plus longs, quand il s'agit de biens de consommation durables. La façon de dépenser son argent témoigne du niveau et du style de vie de la population. Certaines dépenses sont incompressibles quand il s'agit de biens nécessaires, d'autres, moins indispensables (dépenses discrétionnaires), peuvent être remises en question ou simplement reportées à plus tard. Selon qu'il s'agit de biens durables, non durables, semi-durables ou de services, la demande réagira différemment en cas d'incertitude économique.

La consommation de biens durables (Cd)

Les biens durables ont une durée d'utilisation qui excède trois à cinq ans. Selon le niveau de vie ou le mode de vie certains biens durables seront considérés par la communauté comme des biens de première nécessité, d'autres comme des biens de luxe. Prenons l'exemple des appareils ménagers ou des voitures. Si le taux de chômage augmente, on constatera un rapide ralentissement de ces achats, soit parce qu'un grand nombre de ménages ont perdu leur emploi et donc leur revenu, soit que les autres travailleurs se sentent menacés par les vagues de licenciements et dans ce cas, par mesure de prévoyance, ils reporteront à plus tard l'acquisition de ces nouveaux biens. Les ménages plus prudents pourront également décider de faire réparer leur voiture plutôt que de la changer ou bien d'acheter une voiture d'occasion. Le marché des voitures d'occasion pourrait connaître un regain de vigueur en période de récession. Par contre, en période de reprise économique, quand les ménages se retrouvent du travail, ils décideront de remplacer leur voiture ou leurs appareils ménagers et cela renforcera la reprise qui s'était amorcée.

L'arrivée sur le marché de jeunes ménages ou d'immigrants va relancer la demande pour les biens durables. On sait qu'un des premiers achats qu'un immigrant effectuera est un appareil de télévision qui lui permettra de mieux connaître la société dans laquelle il s'apprête à s'intégrer.

Comme les biens durables sont surtout financés par le crédit à la consommation, une hausse des taux d'intérêt exercera une influence négative dans ce secteur

La part des biens durables dans la dépense totale de biens et de services est autour de 12 % pour les années 1990 (tableau 8.2).

À la lecture du tableau 8.3, on constate que de 1990 à 1993, les ventes de voitures particulières ont diminué ce qui reflétait le ralentissement économique dans un des secteurs les plus importants en Amérique du Nord. Les fabricants américains ont été plus particulièrement affectés puisque la part de leur marché est passée pour ces années de 68 % à 63 %.

En ce qui concerne les appareils électroménagers, la demande pour ces biens est influencée par la situation qui prévaut

Tableau 8.2

Part des dépenses en biens durables dans la dépense totale en biens et en services personnels au Canada en milliards de dollars de 1992 et taux de croissance de ces dépenses.

Années	Dépenses totales de consommation	Biens durables	$\dfrac{C_d}{C} \times 100$	$\dfrac{C_{d1} - C_{d0}}{C_{d0}} \times 100$
1990	411	50,5	12,0 %	-2,8 %
1991	406	48,4	11,9 %	-4,1 %
1992	413	48,8	11,8 %	0,7 %
1993	421	49,2	11,7 %	0,9 %
1994	434	51,6	11,9 %	4,9 %
1995	441	52,5	11,9 %	1,6 %
1996	452	54,4	12,0 %	3,7 %
1997	470	62,0	12,9 %	1,2 %
1998	484	66,2	13,6 %	6,7 %
1999				
2000				

Source : *L'Observateur économique canadien*, SC, supplément statistique historique, 1999.

Tableau 8.3

Ventes au Canada de véhicules automobiles neufs (voitures particulières) en milliers d'unités.

Années	Fabriquées en Amérique du Nord	Fabriquées outre-mer	Total
1990	579	306	885
1991	570	299	869
1992	503	295	798
1993	494	245	739
1994	573	175	749
1995	553	117	670
1996	573	88	661
1997	629	109	739
1998	591	150	741
1999			
2000			

Source : *L'Observateur économique canadien*, Statistique Canada, supplément statistique historique, 1999.

dans l'immobilier et en particulier dans le secteur de la construction de logements. Toute nouvelle unité construite implique bien souvent l'achat des 4 ou 5 appareils (laveuse, sécheuse, cuisinière et réfrigérateur, machine à laver la vaisselle, etc.), qui correspondent maintenant à l'équipement habituel des ménages nord-américains.

La consommation de biens semi-durables (C_{sd})

La demande pour les biens semi-durables est théoriquement plus stable puisqu'il faut régulièrement les renouveler.

Dans les biens semi-durables on peut distinguer ceux que l'on doit remplacer au bout de quelques mois et ceux qui durent quelques années. Les achats de vêtements, de chaussures, qui représentent près de la moitié de ce type de dépenses, certains objets d'utilité courante comme la papeterie, le tissu, la quincaillerie demandent à être renouvelés constamment. On peut tout de même observer un ralentissement de la croissance de ces dépenses en période de récession et un rattrapage en période de reprise.

La part des biens semi-durables dans la dépense totale de biens et de services est autour de 10 % (tableau 8.4). En 1990 les dépenses en biens semi-durables ont diminué de 0,3 % et de plus de 8 % en 1991.

Tableau 8.4

Part des dépenses en biens semi-durables dans la dépense totale de consommation au Canada, en milliards de dollars de 1992 et taux de croissance de ces dépenses.

Années	Dépenses totales de consommation	Biens semi-durables	$\dfrac{C_{sd}}{C} \times 100$	$\dfrac{C_{sd1} - C_{sd0}}{C_{sd0}} \times 100$
1990	411	41,0	9,9 %	-0,3 %
1991	406	37,8	9,3 %	-8,1 %
1992	413	38,1	9,2 %	0,8 %
1993	421	39,1	9,3 %	2,6 %
1994	434	41,4	9,5 %	5,9 %
1995	441	42,5	9,6 %	2,6 %
1996	453	42,8	9,4 %	0,7 %
1997	471	44,6	9,5 %	4,2 %
1998	484	46,6	9,6 %	4,5 %
1999				
2000				

Source : *L'Observateur économique canadien*, SC, supplément statistique historique, 1999.

La consommation de biens non durables (C_{nd})

La demande pour les biens de consommation non durables est plus stable. Les industries liées à l'agro-alimentaire comme les boulangeries et les brasseries, et aux produits pharmaceutiques ne seront que peu affectées par les ralentissements économiques. Les facteurs déterminants, pour ce secteur, sont la croissance de la population et l'efficacité de leur campagne publicitaire pour s'attirer de nouveaux consommateurs.

Si la consommation d'électricité domestique dépend plus de la rigueur du climat que des fluctuations du revenu, les dépenses en carburant seront plus sensibles au niveau de l'activité économique et elles représentent un bon indice à suivre pour identifier les périodes de ralentissement ou de reprise économique.

Les biens non durables dans la dépense totale de biens et de services représentent près du quart de ces dépenses (tableau 8.5). En 1990 et 1991 ce type de dépenses a légèrement diminué.

Tableau 8.5

Part des dépenses en biens non durables dans la dépense totale de consommation au Canada, en milliards de dollars de 1992 et taux de croissance de ces dépenses.

Années	Dépenses totales de consommation	Biens non durables	$\dfrac{C_{nd}}{C} \times 100$	$\dfrac{C_{nd1} - C_{nd0}}{C_{nd0}} \times 100$
1990	411	107,9	26,2 %	-1,1 %
1991	406	107,1	26,3 %	-0,7 %
1992	413	108,3	26,2 %	1,1 %
1993	421	109,5	26,0 %	1,1 %
1994	434	113,1	26,0 %	3,3 %
1995	441	114,4	25,9 %	1,1 %
1996	453	116,7	25,8 %	2,0 %
1997	471	117,9	25,0 %	1,0 %
1998	484	120,2	24,8 %	1,9 %
1999				
2000				

Source : *L'Observateur économique canadien*, SC, supplément statistique historique, 1999.

La consommation de services

Une part de plus en plus grande du revenu est consacrée aux paiements de services. Cela concerne, par exemple, le paiement des loyers, des repas pris dans les restaurants et des sommes consacrées pour les voyages. Les services essentiels, tel le paiement des loyers sont des dépenses incompressibles donc peu affectées par l'incertitude des ménages. Par contre, les repas pris hors de la maison, les spectacles, les voyages pourront subir de fortes variations et les entreprises œuvrant dans de tels domaines doivent faire face à d'importantes fluctuations de leur chiffre d'affaires.

Les services représentent plus de la moitié de la dépense totale de consommation des ménages (tableau 8.6). La figure 8.1 illustre la proportion des services et des trois types de biens dans la consommation globale des ménages en 1998.

On observe que la valeur de la consommation estimée au prix du marché a toujours augmenté au Canada depuis la

Tableau 8.6

Dépenses en services dans la consommation totale au Canada en milliards de dollars de 1992 et taux de croissance.

Années	Dépenses totales de consommation	Services	$\dfrac{C_s}{C}$	$\dfrac{C_{s1} - C_{s0}}{C_{s0}}$
1992	413	218	52,8 %	2,8 %
1993	421	222	52,8 %	1,8 %
1994	434	227	52,3 %	2,3 %
1995	441	232	52,6 %	2,2 %
1996	453	238	52,6 %	2,5 %
1997	471	247	52,5 %	3,8 %
1998	484	251	52,0 %	1,6 %
1999				
2000				

Source : *L'Observateur économique canadien*, SC, supplément statistique historique, 1999.

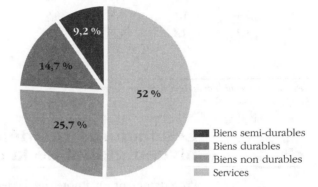

Figure 8.1

Répartition des dépenses de consommation au Canada en 1998.

seconde guerre mondiale. Par contre en terme réel, une fois l'augmentation des prix enlevée, on a pu observer des diminutions des dépenses de consommation en 1982 de l'ordre de 2,6 % et en 1991 de 1,6 %.

La croissance économique depuis la dernière guerre était largement soutenue par les dépenses des ménages qui augmentaient en moyenne au rythme de 5,2 % l'an pour le G7. Pour la période de 1981-1990, cependant, on notait un net ralentissement puisque la moyenne pour ces pays tombait à 3 %.

Dans les années 1990, le ralentissement de la consommation s'est confirmé pour l'ensemble des pays du G7 (tableau 8.7). En 1998, la consommation diminuait au Japon de 1,1 %.

Contrôle des connaissances

- *Quelle est la part des dépenses personnelles en biens et en services dans le PIB ?*
- *En période de ralentissement économique comment se comporte la consommation de biens durables, semi-durables, non durables et de services ?*

Tableau 8.7

Consommation privée en volume. Pourcentage de variation par rapport à la période précédente des pays du G7.

Années	États-Unis	Japon	Allemagne	France	Italie	Royaume-Uni	Canada
61-70	5,1	9,0	5,4	4,3	6,4	4,0	4,3
71-80	3,0	4,9	3,3	3,5	4,3	2,3	4,9
81-90	3,0	3,4	1,9	2,6	2,7	3,6	3,1
1990	1,7	4,4	5,4	2,7	2,5	0,6	1,0
1991	-0,6	2,5	5,6	1,4	2,7	-2,2	-1,6
1992	2,8	2,1	2,8	1,4	1,1	0,1	1,3
1993	2,8	1,2	0,5	0,2	-2,5	2,6	1,6
1994	3,0	1,8	0,9	1,4	1,6	2,7	3,0
1995	2,4	1,6	1,7	1,8	1,6	2,3	1,4
1996	3,2	2,9	1,6	2,0	0,8	3,6	2,4
1997	3,4	1,1	0,5	0,9	2,4	4,2	4,1
1998	4,9	-1,1	1,9	3,8	1,9	2,7	2,7
1999							
2000							

Source : *Perspectives économiques de l'OCDE*, juin 1999.

8.2   Les facteurs qui déterminent le niveau global de la consommation

Précédemment on a noté que la demande variait différemment selon qu'il s'agissait de biens durables, semi-durables, non durables ou de services, essentiels ou pas, mais le niveau de la consommation dépend d'un grand nombre de facteurs observables dont les plus importants concernent le nombre de ménages, leur âge, leur pouvoir d'achat, le niveau et la croissance du revenu disponible, la disparité des revenus, la valeur du patrimoine, les habitudes de vie, le niveau d'endettement, etc. Le gouvernement pourra évaluer à partir de ces facteurs quelles sont les mesures qu'il convient d'adopter pour atteindre les objectifs souhaités pour ce qui concerne le niveau de consommation qui permettrait d'assurer la meilleure situation économique.

Le nombre de ménages et leurs caractéristiques

La consommation est un agrégat qui représente la somme des dépenses en biens et en services des ménages, nous pourrions donc écrire que : $C = (c_1 + c_2 + ... + c_n$ ménages). Plus il y a de ménages dans le pays, plus les dépenses de consommation sont importantes. Selon Statistique Canada, on dénombrait 10 254 000 ménages canadiens en 1991. Avec une croissance moyenne annuelle de 200 000, en 2001 il y en aura 12 224 600.

Ce sont les jeunes ménages qui consomment le plus de biens et de services. Si le nombre de jeunes ménages diminue pour des raisons démographiques, on peut s'attendre à un ralentissement économique. De plus en plus les jeunes, tant en Amérique du Nord qu'en Europe, retardent leur départ de la maison, certains vont rester chez leurs parents jusqu'à la fin de leurs études qui sont de plus en plus longues. Selon Statistique Canada (1999), la proportion de jeunes de 20 à 34 ans vivant chez leurs parents est passée de 21 % à 28 % au cours des 15 dernières années. Économiquement, il est avantageux pour eux de rester chez leurs parents où tout est fourni et permis. Sur le plan de la consommation cependant, cela a un effet récessionniste. Par contre, quand un couple se sépare, ils vont former deux ménages qui auront à assumer des dépenses supplémentaires.

L'accroissement naturel, c'est-à-dire le nombre de naissances moins le nombre de décès (en 1995 il y a eu 383 145 naissances contre 212 990 décès) se situe autour de 170 000 personnes et, est à peu près égal, au Canada, au nombre d'immigrants qui arrivent au pays chaque année. Au total la population canadienne augmente d'environ 300 000 personnes par année (tableau 8.8). En terme de population et donc de marché, le Québec représente un peu moins de 25 % du total canadien.

Alors qu'en 1949 le taux d'accroissement annuel de la population canadienne atteignait le sommet de 4,9 %, en 1998 il affichait le plus faible taux soit dc 0,1 %.

Tableau 8.8

Développement démographique de 1947. Évolution de la population au Canada et au Québec, en milliers de personnes et en taux de croissance.

Années	Population en milliers		Taux de croissance de la population par rapport à la décennie ou l'année précédente	
	Canada	Québec	Canada	Québec
1950	13 712	3169	–	–
1960	17 870	5142	30 %	62 %
1970	21 297	6013	19 %	17 %
1980	24 593	6528	15 %	9 %
1990	27 791	7021	13 %	8 %
1991	28 120	7081	1,2 %	0,8 %
1992	28 542	7155	1,5 %	1,0 %
1993	28 947	7229	1,4 %	1,0 %
1994	29 036	7207	1,1 %	0,8 %
1995	29 353	7241	1,2 %	0,6 %
1996	29 671	7274	1,8 %	0,4 %
1997	30 011	7308	1,1 %	0,4 %
1998	30 301	7334	0,1 %	0,1 %
1999				
2000				

Source : *Statistiques Canada*, internet, juin 1999.

Si la population augmente faiblement, si elle vieillit, certaines dépenses vont avoir tendance également à ralentir. L'étude de la pyramide des âges permet de mieux se rendre compte du phénomène démographique (figure 8.2).

Au Québec, les 65 ans et plus représenteront le quart de la population en 2025 au lieu des 15 % qu'ils étaient en 1995. Les besoins d'une population vieillissante ne sont pas les mêmes qu'une population où les jeunes sont très nombreux et les entreprises devront s'ajuster aux nouvelles conditions du marché. Il faudra, par exemple, prévoir un déclin dans les ventes de bière mais une forte expansion dans le domaine des services médicaux, des loisirs, etc. On aura moins besoin d'écoles maternelles mais de plus de centres d'accueil pour personnes âgées.

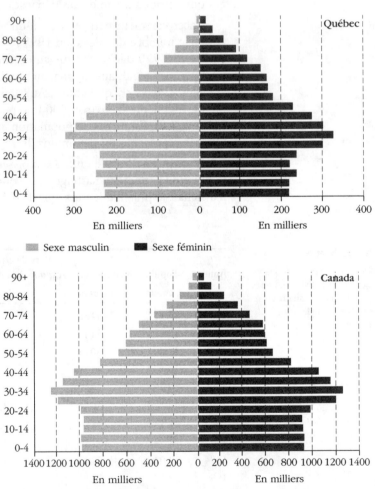

Figure 8.2

Pyramide des âges du Québec et du Canada, recensement de 1991.

Le niveau et la croissance du revenu disponible

Pour que le niveau des dépenses de consommation augmente, il ne suffit pas d'avoir un grand nombre de ménages, il faut que ces ménages disposent d'un revenu, pour que leur demande en biens et en services puisse être satisfaite. Dans une économie de marché, les biens et les services sont destinés à ceux qui ont de l'argent. Pour obtenir de l'argent, les agents économiques doivent participer d'une façon ou d'une autre au système de production. Pour ceux qui ne pourraient obtenir de revenu sur les différents marchés et qui se trouveraient donc exclus du marché des biens et des services, l'État verse des prestations sociales, afin de leur donner un minimum de pouvoir d'achat. Le revenu disponible, c'est le revenu national plus les revenus de transfert, à savoir les pensions de vieillesse, les allocation familiales et tout versement effectué par les administrations publiques pour venir en aide à différentes catégories de personnes.

Au cours des années 1990, le revenu disponible des canadiens a diminué en terme réel. Si le revenu disponible par habitant est resté pratiquement stable, sans compter l'inflation, c'est qu'il a en réalité diminué (tableau 8.9 et figure 8.3). Selon les données du recensement de 1991 et de 1996, le revenu moyen qui était au Canada de 26,805 $ n'était plus en 1995 que de 25,196 $.

Tableau 8.9

Revenu disponible par habitant en dollars au Canada.

Années	Revenu disponible par habitant	Taux de croissance
1992	16 671	–
1993	16 841	1,0 %
1994	16 867	0,2 %
1995	17 248	2,3 %
1996	17 296	0,3 %
1997	17 292	0,01 %
1998	18 242	
1999		
2000		

Source : *Statistiques Canada*, Cansim.

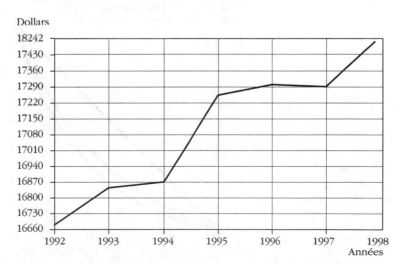

Figure 8.3

Revenu disponible par habitant au Canada de 1992 à 1998.

Depuis la dernière guerre, les revenus de transfert ont permis de soutenir le niveau de la consommation; ils ont été un facteur important de la croissance économique. Pour obtenir un niveau identique de consommation sans prestation sociale, il aurait fallu que les entreprises versent des salaires plus importants, ce qui aurait réduit leur marge bénéficiaire.

Comme le revenu disponible est égal au revenu personnel moins les impôts sur le revenu des personnes, le gouvernement dispose d'un moyen pour faire varier le niveau du revenu disponible en augmentant ou diminuant les impôts.

La disparité des revenus

La mesure du revenu disponible par habitant donne une idée du niveau de vie moyen de la population mais elle ne décrit pas la réalité du pouvoir d'achat des ménages. Il se pourrait très bien en fait que le revenu soit concentré entre les mains d'une minorité de la population et que les autres n'aient pas accès au marché. Dans ce cas, les entreprises produiraient surtout des produits de luxe pour répondre à sa clientèle fortunée pendant que des besoins de première nécessité ne seraient pas satisfaits.

Pour mesurer la disparité des revenus, on utilise la courbe de Lorenz (figure 8.4). Pour ce faire on divise la population en tranches de 10 % (déciles) ou de 20 % (quintiles), des plus pauvres aux plus riches, que l'on porte sur l'axe horizontal et on divise également le revenu par tranches de 10 % ou de 20 % sur l'axe vertical. Si les tranches de 20 % de la population recevaient chacun 20 % du revenu, on obtiendrait une diagonale droite dans le carré. Le coefficient de Gini serait égal à zéro et la répartition du revenu serait parfaitement égalitaire. Par contre si l'on obtient un arc de cercle de plus en plus éloigné de cette

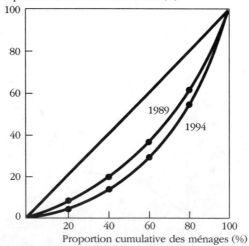

Figure 8.4

La courbe de Lorenz de répartition des revenus disponibles au Canada en 1989 et 1994.
Source : *Statistique Canada*, cat. 13-207, 1996.

	1989	1994
Q_1	4,8	4,7
Q_2	10,5	10,2
Q_3	16,9	16,7
Q_4	24,6	24,8
Q_5	43,2	43,6
Total	100	100

diagonale droite cela signifie qu'il existe une plus ou moins grande disparité dans la répartition du revenu. On pourrait observer, par exemple, que les 20 % des plus pauvres du pays ne reçoivent que 2 % du revenu, que les 40 % des plus pauvres ne reçoivent encore que 6 % du revenu, etc. Une parfaite inégalité correspondrait à un coefficient de Gini de 1. D'une année à l'autre, d'un pays à l'autre, il est alors possible de mesurer les différentes situations quant à l'évolution de la répartition des revenus.

Selon que l'on retient le revenu personnel ou disponible, c'est-à-dire selon que l'on tienne compte des prélèvements fiscaux et des revenus de transfert, on obtient des résultats différents. Sans l'intervention de l'État la disparité des revenus serait encore plus inégalitaire. Depuis la dernière guerre mondiale, on observe qu'au Canada, malgré toutes les politiques de transferts et l'augmentation du niveau de vie, les inégalités n'ont pratiquement pas diminué. À titre d'illustration, la figure 8.4 montre qu'en 1994 la répartition des revenus est plus inégalitaire qu'en 1989.

Le patrimoine des ménages

Quand les ménages ont accumulé de l'épargne ils ont tendance à la dépenser si le besoin se fait sentir. L'épargne sert en quelque sorte de coussin à une éventuelle baisse de revenu. Or, le taux d'augmentation des dépenses de consommation est plus élevé que le taux de contraction. Il est plus facile de dépenser plus que de restreindre ses dépenses. Lors de la reprise qui eut lieu après la récession de 1982, on a pu constater, en Amérique du Nord, que les ménages puisaient dans leur épargne et même dans leur fonds de retraite pour maintenir leur niveau de vie. Dans ce cas, c'est la consommation future qui risque d'être diminuée si aucune reprise d'importance ne permet de reconstituer les épargnes manquantes.

Les habitudes de consommation

Un facteur qui rend encore plus stable la consommation ce sont les habitudes qui dépendent de la culture à laquelle appartient la personne. Au Canada, des études de marché pan-canadiennes ont démontré que les Québécois ne dépensaient pas leur argent de la même façon que les autres Canadiens.

Pour ce qui concerne l'énergie, on remarque que même si les prix augmentent, les ménages ne vont pas changer leurs habitudes du jour au lendemain et le gouvernement devra prévoir de longues campagnes d'information pour inciter les ménages à réduire, par exemple, leur consommation d'électricité. Parfois, comme pour les cigarettes, il faut compter le temps d'une génération pour changer les comportements, sachant que les habitudes se prennent dans l'enfance et que seule une éducation précoce peut avoir un certain impact.

Le niveau d'endettement des ménages et les taux d'intérêt

Plus le crédit est accessible, plus les taux d'intérêt réels sont bas, plus les achats, surtout de biens durables, augmenteront.

Le développement du crédit à la consommation a été un autre élément déterminant dans l'augmentation des dépenses de consommation de biens durables depuis la dernière guerre mondiale. La figure 8.5 illustre l'évolution du taux d'endettement des ménages au Canada de 1971 à 1998 (tableau 8.10)

En période de récession, le taux de croissance du crédit peut être négatif.

Compte tenu des facilités d'emprunt, les achats à crédit sont devenus pratique courante dans toutes les classes de la société et les ménages se sont largement endettés. Si au moment de l'octroi du prêt, les achats augmentent, quand vient le moment de rembourser, la ponction sur le revenu disponible oblige les ménages à couper dans d'autres dépenses. Le remboursement des dettes est en soi déflationniste.

Figure 8.5

Endettement des ménages en pourcentage du revenu disponible.

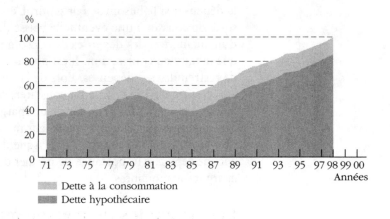

Tableau 8.10

Le crédit aux ménages en milliards de dollars et taux d'endettement en % du revenu disponible.

Années	Crédit à la consommation	Crédit hypothécaire	Total des crédits aux ménages	Revenu disponible	Taux d'endettement
1995	121	341	463	511	90,6 %
1996	132	358	490	518	94,6 %
1997	146	379	522	523	99,8 %
1998	157	397	557	553	100,7 %
1999					
2000					

Source : *Revue de la Banque du Canada*, printemps 1999.

Pour mesurer l'ampleur du phénomène de l'endettement on utilise plusieurs ratios tel le rapport des dettes des ménages au revenu disponible :

$$\frac{\text{dettes}}{\text{RD}} \times 100$$

Le rapport des dettes des ménages à leur revenu disponible a atteint, en 1998, un record de 100 % alors qu'il était en moyenne autour de 50 % dans les années 1970. Les dettes ne concernent pas seulement le crédit à la consommation mais aussi la dette hypothécaire qui représente les trois quarts des emprunts des ménages et qui correspond à une épargne forcée.

L'important quand on a des dettes c'est de pouvoir les rembourser et ce ratio ne permet pas de mesurer la ponction du remboursement de la dette sur le revenu; le ratio du service de la dette au revenu disponible est donc plus pertinent.

$$\frac{\text{service de la dette}}{\text{revenu disponible}} \times 100$$

Ce ratio qui était de moins de 2 % en 1970 n'a pas cessé d'augmenter pour atteindre un sommet de 8,5 % en 1981 puis après une légère diminution qui témoignait d'une récession, le ratio a atteint en 1991 le taux record de 10 %.

Les incertitudes entourant les perspectives d'emploi et de croissance du revenu disponible peuvent freiner la demande de crédit des ménages. Par contre, en période de reprise, le crédit à la consommation reprend de plus belle d'autant plus que les taux d'intérêt auront pu diminuer.

Dans ce domaine, toute augmentation des taux d'intérêt aura pour effet de diminuer l'argent disponible pour les autres achats, voire pourrait mettre en difficulté l'emprunteur qui n'aurait pas prévu ces hausses de coût sur lesquelles il n'a aucun contrôle.

Le poids des dettes peut s'alourdir au point de ne plus permettre à l'emprunteur d'honorer ses engagements et ce dernier n'aura pas d'autre choix que de déclarer faillite pour retrouver sa liberté et son pouvoir d'achat.

Le nombre de faillites personnelles recensé est un indicateur qui enregistre les méfaits d'une récession, qui en mesure sa gravité mais tout comme le taux de chômage, il ne donne aucun signe sur ce que pourrait être l'avenir. En 1991, le Canada a enregistré une augmentation de plus de 45 % des faillites personnelles par rapport à l'année précédente (figure 8.6).

Une étude a été réalisée par deux universitaires de l'Université Carleton (Schwartz et Anderson, 1998) pour savoir les raisons d'un tel phénomène aussi dévastateur sur le plan humain

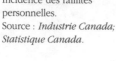

Figure 8.6

Incidence des faillites personnelles.
Source : *Industrie Canada; Statistique Canada.*

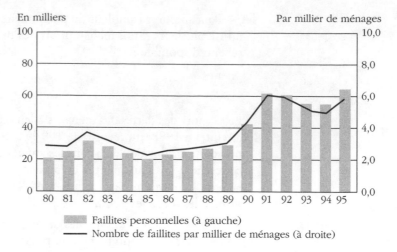

Faillites personnelles (à gauche)
Nombre de faillites par millier de ménages (à droite)

qui touchait, en 1996, 79 631 canadiens. Pour les jeunes, ils ont observé que la première cause d'endettement était les dettes d'études. Durant les années 1990, près de 20 milliards de dollars ont été prêtés à plusieurs centaines de milliers d'étudiants qui n'auraient pu, sans cet endettement, poursuivre leurs études faute de gratuité du système.

Contrôle des connaissances

- *Quels sont les facteurs qui déterminent le niveau de la consommation ?*
- *Comment mesure-t-on la disparité des revenus dans un pays ?*
- *À l'aide de quels ratios mesure-t-on l'endettement des ménages ?*

8.3 La fonction de consommation

Pour Keynes, la consommation doit se maintenir à un certain niveau pour qu'il y ait plein emploi des facteurs de production. Il a démontré que si les gens dépensent trop par rapport à la capacité de production, il va y avoir de l'inflation mais que s'ils réduisent leurs dépenses et se mettent à épargner obstinément, il s'ensuivra un ralentissement économique qui appauvrira tout le monde. Pour simplifier la pensée de Keynes deux économistes l'Américain Alvin H. Hansen (1887 -1975) et l'Anglais John Richard Hicks (1904-1989) vont représenter schématiquement dans les années 1950, l'équilibre macro-économique du marché des biens et des services par le fameux diagramme à 45 degrés où il est possible de visualiser les déséquilibres inflationnistes ou déflationnistes et de déterminer le sens et le montant des inter-ventions gouvernementales nécessaires (figure 8.7).

Figure 8.7

La fonction de consommation.

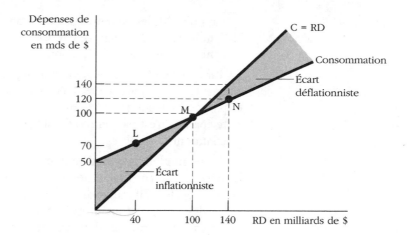

L'écart inflationniste et l'écart récessionniste

La consommation dépend d'un grand nombre de facteurs qu'il serait impossible de prendre tous en considération. Pour simplifier la démonstration, ne retenons qu'un des facteurs, soit le revenu disponible, postulant qu'il est le plus important, toutes choses étant par ailleurs égales. De plus, il est possible d'obtenir le montant des dépenses de consommation et le montant du revenu disponible par la comptabilité nationale. Le tableau 8.11, basé sur des chiffres fictifs, illustre les trois situations possibles : situation d'écart inflationniste, d'équilibre et d'écart déflationniste (voir aussi la figure 8.7).

Si le revenu était toujours entièrement dépensé, tous les points se situeraient sur la bissectrice. Cette droite à 45 degrés illustre les situations d'équilibre entre les dépenses et les revenus (RD = C).

Au point L, quand le revenu disponible est de 40 milliards de $, les dépenses de consommation sont de 70 milliards de $. Le niveau des dépenses est donc supérieur au montant du revenu disponible de 30 milliards. Ces 30 milliards de $ représentent des dettes. Dans ce cas, il y a un déséquilibre, il y a un écart « inflationniste ». La demande est plus forte que l'offre, il s'ensuit que les prix vont augmenter.

Tableau 8.11

Conditions fictives pouvant être à l'origine des trois conditions possibles d'équilibre, d'écart inflationniste et d'écart déflationniste.

Dépenses en biens et en services (C en milliards de $)		Revenu disponible (RD en milliards de $)	(RD - C en milliards de $)	Situation
L	70	40	-30 (dettes)	Écart inflationniste
M	100	100	0	Équilibre
N	120	140	20 (épargne)	Écart déflationniste

Au point M, les dépenses de consommation égalent le revenu (100 milliards de $). Dans ce cas, il y a équilibre et l'économie ne connaît ni inflation ni récession.

Par contre, plus le revenu augmente, plus les dépenses augmentent mais moins vite. La différence c'est l'épargne. L'épargne équivaut à une absence de dépenses dans la mesure où cette épargne n'est pas réinvestie, il y a dans ce cas un écart « déflationniste ».

Au point N, le revenu disponible est de 140 milliards de $ et les dépenses de consommation de 120 milliards de $, l'épargne est donc égale à 20 milliards de dollars. Néanmoins si ces 20 milliards d'épargne étaient investis, il y aurait de fait une situation d'équilibre entre les dépenses et les revenus. Le gouvernement doit donc veiller à ce que l'ensemble des dépenses (C + I) soient égales à l'ensemble des revenus ou que l'épargne égale l'investissement (E = I). Pour ce faire, le gouvernement peut intervenir de diverses façons que nous étudierons dans les chapitres suivants.

Les propensions moyennes et marginales à consommer et à épargner

Pour étudier le comportement des ménages quant à leur façon de dépenser leur revenu, on utilise plusieurs indicateurs : la propension moyenne à consommer (PMC) et à épargner (PME) et la propension marginale à consommer (PmC) et à épargner (PmE).

La propension moyenne à consommer (PMC) indique la proportion du revenu disponible qui est dépensée par les ménages.

$$\frac{C}{RD} \times 100 = PMC$$

$$PMC + PME = 1$$

Exemple : Si pour un revenu de 100 $ les ménages dépensent 60 $, on dira que la PMC est de 60 %. Dans ce cas, on en déduira que la propension moyenne à épargner (PME) est nécessairement de 40 %.

La propension marginale à consommer (PmC) mesure la variation des dépenses de consommation due à une variation du revenu disponible, soit

$$\frac{C2 - C1}{RD2 - RD1} \times 100 = PmC$$

$$PmC + PmE = 1$$

En d'autres termes, la PmC permet d'étudier le comportement des ménages quand leur revenu varie. Si le revenu passe de

100 $ à 120 $ et que les dépenses de consommation qui étaient de 60 $ passent à 70 $, la PmC sera de

$$\frac{70 - 60}{120 - 100} \times 100 = \frac{10}{20} \times 100 = 50\,\%$$

Cela signifie que les 20 $ d'augmentation de revenu ont été à moitié dépensés et que l'autre moitié a été épargnée. Le ménage a bien augmenté ses dépenses de consommation quand son revenu a augmenté mais pas autant que l'augmentation du revenu disponible.

On constate que lorsque le revenu disponible augmente pour les personnes à faible revenu, la consommation augmente d'autant, c'est-à-dire qu'elles ont une propension marginale à consommer proche de 100 % et que leur propension marginale à épargner est nulle, alors qu'une augmentation de revenu pour les personnes à hauts revenus se traduira par une augmentation de l'épargne. Selon que le gouvernement redistribue des revenus aux personnes à faibles revenus ou qu'il réduise les impôts des riches, l'argent ne suivra pas le même circuit. Pour les premiers, l'argent retournera dans le circuit économique puisque aussitôt reçu, aussitôt dépensé; pour les autres, l'argent risque de se retrouver dans les comptes d'épargne, à moins qu'il ne serve à acheter des biens de luxe de fabrication étrangère !

En 1977, le gouvernement fédéral avait remboursé aux Québécois un trop perçu d'impôt. Cet argent au lieu d'être dépensé par le gouvernement a été en grande partie épargné par les ménages. Ce remboursement qui aurait pu servir à relancer l'économie n'avait eu aucun impact.

Aux États-Unis, dans les années 80, le Président Reagan, qui voulait relancer l'économie américaine, avait favorisé la baisse des impôts pour les familles à hauts revenus, mais au lieu du résultat escompté, on observa que les Américains s'achetaient des biens de luxe comme des voitures et des vêtements étrangers, ce qui ne favorisa aucunement le commerce américain et eut pour effet de déséquilibrer encore plus la balance commerciale!

En connaissant les différentes propensions à consommer et à épargner des ménages, le gouvernement peut mieux cibler ces mesures de relance.

Contrôle des connaissances

- *Qu'est-ce qu'explique le diagramme à 45° de la figure 8.7 ?*
- *Que mesure la propension moyenne à consommer et à épargner ?*
- *Que mesure la propension marginale à consommer et à épargner ?*

8.4   La prévision de la consommation

Il y a deux façons de prévoir l'avenir en matière économique : ou bien on extrapole en projetant une tendance observée du passé sur l'avenir ou bien on utilise des enquêtes sur les projets des agents économiques. Par exemple, on dira que depuis quelques années la consommation augmente de 2 % en moyenne, on peut donc prévoir que l'an prochain la consommation s'élèvera à x. Cela a de fortes chances de se produire à moins qu'il y ait un retournement de tendance. À la fin de la deuxième guerre mondiale, les Américains ont cherché justement à prévoir ces points de retournement de cycle et ils ont donc utilisé des enquêtes sur les intentions d'achat des ménages en matière de logement, d'appareils ménagers et d'automobiles dont la demande est des plus fluctuante. Plus généralement, on mesure aussi le degré d'optimisme et de pessimisme des ménages, de doute ou de confiance. En connaissant la variation des opinions et des attitudes des ménages on peut avoir une idée de ce qui se passera dans les prochains mois.

Pour prévoir le niveau de la consommation, il existe ainsi des indices comme l'évolution des ventes au détail et l'indice de confiance des consommateurs. Ils permettent de prévoir si les ménages ont l'intention d'acheter ou d'épargner.

Les ventes au détail

Statistique Canada détermine la valeur des ventes au détail pour chacune des provinces et par genre d'entreprise. C'est ainsi que l'on peut obtenir des données sur le montant des ventes des principaux types de magasins.

Les ventes dans les grands magasins à rayons sont connues mois après mois et elles reflètent le comportement effectif des ménages. On peut également suivre l'évolution des ventes au détail pour toutes sortes d'autres produits. On identifie ainsi quels sont les secteurs qui connaissent le plus de difficultés ou qui redémarrent, mais plus généralement on peut suivre le cycle des affaires.

Avec ces données qui portent sur le passé on ne peut cependant qu'extrapoler.

L'indice de confiance des ménages

Suivant le modèle américain, les pays européens et le Canada publient un indice qui mesure la confiance des ménages. C'est le Conference Board du Canada, entreprise privée, qui publie cet indicateur précurseur. Pour connaître ce niveau de confiance en plus des enquêtes sur l'opinion des consommateurs, on inclut d'autres variables économiques comme le taux de chômage, le niveau de l'inflation, le niveau de l'endettement, etc. (figure 8.8).

Figure 8.8

Confiance des consommateurs.

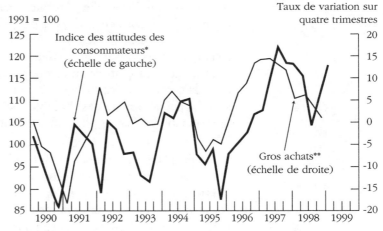

*Source : *Conference Board du Canada*.
**Achats, en dollars constants, au titre des biens de consommation durables et du logement.

Pour savoir si cet indice a un pouvoir de prévision important on le compare à l'évolution du cycle des affaires. Effectivement on observe que l'indice baisse avant le début d'une récession de façon significative, par contre en cas de reprise l'indice augmente dans un délai beaucoup plus court qui laisse peu de temps à la prévision.

Une des grandes difficultés concernant le comportement des consommateurs est qu'il n'est pas immuable. Ce qui était considéré comme alarmant pour une génération l'est moins pour une autre. Par exemple, les ménages se sont de plus en plus habitués à un niveau d'endettement élevé qui aurait fortement inquiété la génération née avant la seconde guerre mondiale. Là encore, on constate qu'il est très difficile de prévoir avec exactitude un comportement en se fiant au passé.

Contrôle des connaissances

• *Quels sont les deux indicateurs qui permettent de suivre et de prévoir le comportement de la consommation ?*

Conclusion

La consommation a longtemps été le moteur de l'économie, mais on observe que depuis quelques années la croissance des dépenses de consommation a tendance à fléchir. La consommation représente l'espace des choix individuels en matière de dépenses. Les pouvoirs publics peuvent prendre des mesures pour stimuler la consommation ou la restreindre. Plus le gouvernement vient prélever d'impôts, plus il réduit cette liberté d'acheter des biens et des services privés au profit des biens et services collectifs. Par exemple vaut-il mieux permettre à tous ceux qui ont les moyens de posséder une piscine ou construire pour les gens du quartier un centre aquatique. La répartition entre la consommation privée et la consommation de biens et de services publics reflète des choix de sociétés qui peuvent s'avérer plus ou moins efficaces pour satisfaire optimalement la population.

Depuis la fin des années 1970 on observe que les politiques keynésiennes de relance de l'économie par la consommation qui devaient réduire le chômage n'opèrent plus. En raison de l'ouverture de plus en plus grande des économies sur le monde extérieur une relance de la consommation se traduit par une augmentation des produits importés et donc une détérioration de la balance commerciale (voir chapitre 15). Keynes raisonnait dans le cadre d'économies relativement fermées où les ménages consommaient des produits domestiques.

Résumé

La consommation concerne les dépenses des particuliers en biens et services privés. Dans les pays développés capitalistes la consommation représente autour de 60 % du PIB, c'est donc la plus importante composante du produit intérieur brut. Selon qu'il s'agit de biens durables, semi-durables, non durables ou de services, la demande réagit différemment en périodes de ralentissement ou de reprise économique.

La croissance des dépenses de consommation qui après la seconde guerre mondiale a permis une croissance soutenue semble maintenant s'essouffler dans les pays du G7.

La consommation dépend du nombre de ménages, du niveau et de la croissance du revenu disponible, de la disparité des revenus, du patrimoine, des habitudes de consommation et du niveau de l'endettement des ménages.

Le rapport des dettes et du service de la dette sur le revenu disponible mesure le degré d'endettement des particuliers. Le nombre de faillites personnelles enregistrées chaque année témoigne de la gravité de la récession.

J. M. Keynes a démontré que plus le revenu disponible augmente plus les dépenses de consommation augmentent mais à un rythme moindre. Il se produit donc un écart entre les dépenses et le revenu disponible dû à l'épargne. Cet écart sera inflationniste ou déflationniste selon que les dépenses seront supérieures ou inférieures au revenu disponible.

Le gouvernement devra intervenir pour stimuler ou freiner la consommation compte tenu des différentes propensions moyenne et marginale à consommer et à épargner qui dépendent du niveau de revenu des ménages.

D'autres indicateurs comme l'indice de confiance des ménages, les ventes au détail, permettent de prévoir une reprise en évaluant le comportement des consommateurs. Selon Keynes, une fois réamorcée la pompe de la consommation, l'appareil de production devait se remettre en marche vers une nouvelle période d'expansion.

Compte tenu de la mondialisation des marchés, le gouvernement n'obtient plus les mêmes effets en relançant la consommation. Une augmentation du revenu disponible peut se traduire par une augmentation des importations.

Mots clés

Biens durables, semi-durables, non durables

Crédit à la consommation

Coefficient de Gini

Consommation privée, publique

Courbe de Lorenz

Dépenses discrétionnaires

Faillite personnelle

Fonction de consommation

Indice de confiance des ménages

Propension moyenne à consommer et à épargner

Propension marginale à consommer et à épargner

Pyramide des âges

Services

Service de la dette

Ventes au détail

Exercices

1. Que se passerait-il si on réduisait considérablement nos dépenses de consommation ?

_____

_____

_____

  a) Décrivez toutes les conséquences sur l'économie en utilisant des flèches.

    Si $C\downarrow$ → stocks_, → prix_, → production_, → emploi_, → PIB_.

  b) Cela entraînerait une situation inflationniste ou déflationniste ? _____

2. Distinguez parmi les dépenses suivantes celles qui concernent la consommation privée (Pr) de celles qui concernent la consommation publique (Pu).

_____ a) L'emprunt d'un livre à la bibliothèque du quartier.

_____ b) La location d'une voiture pour une fin de semaine.

_____ c) L'utilisation d'une autoroute.

_____ d) Un repas pris dans un restaurant.

_____ e) Une promenade dans un parc.

3. On vous donne différents renseignements. Indiquez par un signe dans quel sens le taux de croissance de la consommation devrait logiquement évoluer, toutes choses étant égales par ailleurs ? Utilisez les signes suivants devant chacun des énoncés (+ si la croissance de la consommation augmente, – si la croissance de la consommation ralentit, si le niveau de la consommation reste stable).

_____ a) Le gouvernement augmente le taux des taxes de vente.

_____ b) Les taux d'intérêt diminuent.

_____ c) Le salaire des travailleurs du secteur public a augmenté.

_____ d) Le gouvernement réduit l'impôt sur le revenu des personnes à faible revenu.

_____ e) Le taux de chômage remonte.

_____ f) Le nombre de divorces augmente.

_____ g) Les jeunes décident d'étudier plus longtemps.

_____ h) Le taux d'activité diminue.

_____ i) Le revenu disponible reste stable.

_____ j) Les prix sont stables.

_____ k) Le nombre d'immigrants diminue.

_____ l) La croissance naturelle de la population est négative.

4. Calculez pour les différents niveaux de revenus disponibles la PMC, la PME, la PmC et la PmE. Quelle loi ce tableau illustre-t-il ?

Niveau du RD	C	PMC	PME	PmC	PmE
8000	8000				
18 000	16 000				
24 000	20 000				
28 000	22 000				
34 000	24 000				

5. Consultez sur le site web d'Industrie Canada, l'étude sur le comportement des canadiens sollicitant la protection de la faillite et relevez les causes de l'endettement repérées.

Questions d'intégration multidisciplinaire

	Économie	Sociologie	Histoire	Anthropologie	Psychologie	Sc. politique	Géographie
1. Qu'entend-on par société de consommation ?	X	X					
2. Étudiez le phénomène de l'endettement comme mode de vie.	X	X			X		
3. Quels effets pourrait avoir le vieillissement de la population sur la consommation ?	X	X			X		
4. Étudiez le niveau d'endettement des ménages depuis les années 1950.	X	X	X				
5. Étudiez l'évolution des ventes au détail pour une catégorie de produits de votre choix depuis dix ans.	X		X				

Lectures suggérées

Boyd (1999). *Continuer de vivre chez ses parents*, Statistique Canada.

Conference board (1999). *Indice des attitudes des consommateurs*, printemps.

Schwartz et Anderson (1998). *Analyse du comportement du canadien sollicitant la protection de la faillite*, Université Carlton.

Sites Web

http://strategis.gc.ca
   Industrie Canada.

www.conference-board.org/
   Qui publie l'indice de confiance des consommateurs.

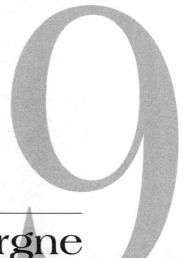

L'épargne globale

Au terme de ce chapitre vous serez capable de :

- Distinguer les deux théories concernant l'épargne;

- Expliquer l'importance que joue l'épargne dans l'économie;

- Évaluer le niveau de l'épargne et en repérer les sources;

- Énumérer les facteurs qui favorisent ou découragent l'épargne;

- Mesurer l'impact de mises à la retraite massives dans les années à venir;

- Évaluer l'efficacité des incitations gouvernementales en matière d'épargne.

Si on consommait tout ce qui est produit, s'il n'y avait aucun surplus accumulé, on ne pourrait pas accroître son niveau de vie, on resterait au niveau de la survie et l'incertitude du lendemain serait perpétuelle.

C'est en renonçant à consommer en un premier temps que l'on pourra consommer davantage plus tard. L'épargne est cette partie du revenu non dépensée qui, investie, sert à maintenir et à accroître la richesse future de la collectivité :

$$RD = C + E$$

L'épargne permet la croissance économique et assure une plus grande sécurité; c'est dire son importance.

Les agents économiques, ménages, entreprises, administrations publiques ont toujours le choix entre consommer tout de suite ou penser à l'avenir. En ce qui concerne l'épargne, plusieurs théories s'affrontent, même si tous les économistes s'entendent pour reconnaître son importance.

Le gouvernement doit évaluer les besoins de financement de la société et les ressources financières mises à sa disposition. En estimant le niveau de l'épargne générée chaque année, sa provenance et les facteurs qui incitent les particuliers à épargner, le gouvernement saura quelles sont les mesures qu'il convient d'adopter pour favoriser une situation optimale.

9.1 Les théories de l'épargne

Pour qu'il y ait épargne, il faut que certains agents économiques disposent de surplus qu'ils mettent de côté. Si l'épargne au niveau individuel est toujours une bonne chose, au niveau collectif elle peut avoir des effets négatifs. À cet égard deux conceptions s'opposent : la classique et la keynésienne.

L'épargne des riches : la conception classique

Autrefois, seuls les riches pouvaient se permettre de mettre de côté de grosses sommes d'argent, qui servaient aux dépenses d'investissement. Le reste de la population avait tout juste de quoi survivre.

On justifiait d'ailleurs les profits et l'inégalité de la répartition de la richesse comme étant la source de l'épargne. Ceux qui avaient le pouvoir de prélever le surplus collectif avaient aussi la responsabilité d'accumuler des capitaux pour assurer la croissance économique qui profiterait, ultérieurement, à tous. S'il n'y avait pas de profit, il ne pouvait pas y avoir d'épargne et pas d'épargne, pas d'investissement, et la société risquait de connaître un état stationnaire.

La fable des abeilles

La racine du Mal l'Avarice,
Ce damné, malfaisant et
*   funestre Vice,*
Était esclave de la
*   Prodigalité,*
Ce noble péché; pendant
*   que le Luxe*
Employait un million
*   de Pauvres,*
Et l'odieux Orgueil un
*   million de plus :*
L'Envie elle-même,
*   et la Vanité,*
Étaient Ministre
*   de l'Industrie;*
Leur Folie, l'Inconstance,
En nourriture, Meubles,
*   et Habits,*
Cet étrange et ridicule
*   Vice, représentait*
Le vrai Rouage qui faisait
*   marcher le Commerce.*
Partout maintenant la
*   même réponse :*
Pas de vente, donc
*   pas d'emploi !...*
On cesse de bâtir.
Chez les artisans, pas
*   de commande,*
Le Peintre, l'ébéniste, et
*   le tailleur de pierre,*
Sont tous chômeurs et
*   sans moyen d'existence.*

Bernard Mandeville
(1670-1733)

Si l'on retient cette conception, l'imposition des riches nuit aux investissements puisqu'elle réduit l'accumulation de capital. La crise des années 1930 apporta, là encore, un sérieux démenti, car on vit l'épargne s'orienter là où les rendements étaient les meilleurs, c'est-à-dire vers la spéculation. Au lieu de s'investir dans l'économie réelle des entreprises, l'argent servait à faire de l'argent, ce qui entraîne une répartition de plus en plus inégalitaire des revenus sans augmentation de la production de richesse.

Le paradoxe de l'épargne des keynésiens

Malthus bien que libéral prétendait que les crises économiques étaient dues à une insuffisance de la demande; cette idée fut reprise en 1899, par un économiste britannique John Atkinson Hobson (1858-1940) qui alla jusqu'à dire que les crises résultaient d'une sur-épargne et d'une répartition trop inégalitaire des revenus. Galbraith raconte dans son livre sur l'argent que son « hérésie était si grave qu'on lui interdit d'enseigner même à des adultes consentants ».

Plus tard, Keynes, s'inspirant de la fable des abeilles de Bernard Mandeville, va démontrer dans sa *Théorie générale de l'emploi, de l'intérêt et de la monnaie*, que l'épargne n'est pas forcément une bonne chose, qu'elle engendre les crises économiques; en termes plus provocateurs, il prétendait même que la cause des crises est due aux riches qui épargnaient trop. En effet si l'épargne n'est pas réinjectée sous forme de dépenses en biens et services de production (investissements), si elle sert à nourrir la spéculation ou si elle est thésaurisée, (le bas de laine des paysans traditionnels) elle représente en fait une ponction monétaire pour l'économie réelle. Cette réduction de dépense engendre, pour d'autres agents économiques, une absence de revenu et, les dépenses de consommation diminuant, cela entraîne une contraction de toute l'économie.

C'est ce que l'on a qualifié de paradoxe de l'épargne; si l'épargne, au niveau individuel, est le produit d'une vertu qui est la prévoyance, c'est d'un autre côté un vice, effet de l'avarice, au niveau collectif. En effet, l'argent non dépensé va se traduire par le non-achat des produits, il y aura donc une insuffisance de la demande par rapport à l'offre, il s'ensuivra une situation de surproduction ou de sous-consommation. Les prix, dans un système de concurrence, devraient alors diminuer et la production ralentir. Le ralentissement de la production engendre une diminution des revenus distribués dans la nation et une augmentation du chômage; en définitive la hausse de l'épargne va entraîner, à sa suite, une baisse des revenus et donc une diminution de l'épargne :

Si $É > I \rightarrow 0 > D \rightarrow$ prix $\downarrow \rightarrow$ Production $\downarrow \rightarrow$ Chômage $\uparrow \rightarrow$ RN $\downarrow \rightarrow$ donc É $\downarrow$

Cette séquence nous montre qu'un comportement individuel a des effets très différents s'il devient collectif. Pour briser ce cercle vicieux, Keynes suggérait que le gouvernement vienne chercher l'épargne improductive sous forme d'impôts (ponction monétaire) pour la réinjecter dans l'économie réelle (injection monétaire).

Quoiqu'il en soit, tous les économistes s'accordent pour dire que l'épargne est une ressource fondamentale puisque d'elle dépend la croissance économique et le niveau de vie futur de tous. Le gouvernement doit donc veiller à ce que le niveau de l'épargne domestique privée ou publique soit adéquat pour répondre aux besoins de financement des entreprises et aux besoins futurs d'une population vieillissante.

Au 19e siècle l'épargne était faible et ce n'est qu'après la seconde guerre mondiale, avec l'instauration des régimes de retraite obligatoires et le développement des compagnies d'assurance-vie, que l'épargne recueillie par les investisseurs institutionnels (les « zinzins ») va transformer la vie financière aussi bien des particuliers que des collectivités. Ces zinzins sont, entre autres, les sociétés de fiducie, les compagnies d'assurances, les caisses de retraite. Les biens de production qui à l'origine étaient la propriété de quelques familles capitalistes sont de plus en plus contrôlés par ces institutions.

Contrôle des connaissances

• *Quelles sont les deux théories de l'épargne ?*
• *Qu'est-ce que le paradoxe de l'épargne ?*

9.2   L'évaluation de l'épargne

L'épargne peut être étudiée en terme de flux dans la mesure où l'on parle des sommes épargnées chaque année, ou en terme de stock ou patrimoine.

L'épargne en terme de flux

Pour évaluer le montant de l'épargne générée annuellement, on utilise, à partir de la comptabilité nationale, deux ratios particuliers : l'épargne sur le produit intérieur brut ou l'épargne sur le revenu disponible en dollars courants. L'épargne est une donnée résiduelle puisqu'on l'obtient en déduisant les dépenses de consommation des ménages en biens et en services du revenu disponible.

$$É = RD - C$$

Le taux d'épargne national brut (E/PIB)

Le taux de l'épargne sur le produit intérieur brut mesure la part de l'épargne générée à partir de la production d'une année pour l'ensemble des agents économiques (ménages, entreprises, administrations publiques) en incluant les sommes consacrées à la dépréciation. Cela donne une idée de la capacité du système à dégager des surplus qui financeront ses besoins d'investissement. Plus ce taux est faible plus l'argent disponible est rare et les taux d'intérêt vont avoir tendance à être élevés. Ces taux d'intérêt élevés vont attirer des capitaux étrangers qui serviront à financer les investissements privés ou publics. On observe dans les pays du G7 une érosion du taux d'épargne depuis la fin des années 1970 sauf pour le Japon qui est devenu le pays prêteur par excellence. Le Japon a un taux d'épargne deux fois plus élevé que celui des États-Unis (tableau 9.1).

Le taux d'épargne des particuliers sur le revenu disponible (E/RD)

Le rapport de l'épargne des particuliers sur le revenu disponible (tableau 9.2) permet de savoir quelle proportion du revenu n'est pas dépensée globalement par les consommateurs. (Le montant de l'épargne est obtenu en soustrayant du revenu disponible les dépenses de consommations RD - C = Épargne personnelle.) La figure 9.1 illustre l'évolution du ratio de l'épargne sur le revenu

Tableau 9.1

Le taux d'épargne national brut dans les pays du G7 en % du PIB/PNB nominal.

Années	États-Unis	Japon	Allemagne	France	Italie	Royaume-Uni	Canada
1990	15,6	34,6	24,9	21,5	19,6	14,3	16,5
1995	15,9	30,8	20,6	19,8	20,6	14,3	17,8
1996	16,5	31,7	19,7	18,6	20,4	14,6	18,1
1997	17,4	31,1	20,7	20,0	20,4	14,9	18,4
1998							
1999							
2000							

Source : *Perspectives économiques de l'OCDE*, décembre 1998.

Tableau 9.2

L'épargne personnelle des Canadiens sur le PIB et sur le RD (en milliards de dollars courants).

Années	PIB	E	E/PIB %	RD	E/RD %
1995	806	38	4,7	511	7,4
1996	829	26	3,1	519	5,4
1997	866	11	1,2	529	2,1
1998	888	7	0,8	546	1,2
1999					
2000					

Source : *L'Observateur économique*, SC. supplément historique, mars 1999.

Figure 9.1

Évolution du ratio de l'épargne personnelle sur le revenu disponible, au Canada, de 1982 à 1998.
Source : *Ministère des Finances du Canada,* Tableaux de référence économiques, mars 1999.

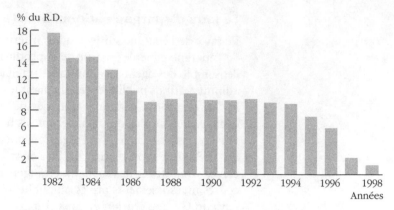

disponible des canadiens, de 1982 à 1998. La situation du Canada à ce chapitre s'est considérablement dégradée puisque son taux est le plus faible du G7 en 1997.

Dans les pays du G7 (tableau 9.3), les Américains ont un taux d'épargne traditionnellement très faible par rapport aux autres pays. On reproche aux ménages américains de consommer excessivement et de trop recourir à l'épargne étrangère (surtout japonaise) pour financer leurs investissements, mais en même temps, ils sont aussi les principaux clients des pays prêteurs. Si les Américains décidaient de réduire leur consommation pour épargner davantage, les pays fournisseurs des États-Unis (Canada, Japon) pourraient voir leurs exportations chuter considérablement.

L'épargne en terme de stock, de patrimoine

L'épargne des particuliers concerne deux types d'avoirs, soit des titres financiers soit des biens immobiliers, qu'il est toujours possible de liquider plus ou moins rapidement en cas de besoin. Pour maintenir leur niveau de consommation les ménages qui ont un patrimoine peuvent décider de déségargner en période de récession pour reconstituer leur patrimoine en période d'expansion. En période de récession les actifs vont perdre de la valeur puisque l'offre augmente.

Tableau 9.3

L'Épargne des ménages en % du RD dans les pays du G7.

Années	États-Unis	Japon	Allemagne	France	Italie	Royaume-Uni	Canada
1990	5,2	12,1	13,8	12,5	18,2	8,1	9,7
1995	3,8	13,7	11,4	14,5	14,5	10,5	8,0
1996	3,1	13,8	11,5	13,3	13,8	9,7	5,9
1997	2,2	12,6	11,0	14,5	12,4	9,9	2,2
1998	0,5	13,6	11,0	14,1	11,5	7,8	1,2
1999							
2000							

Source : *Perspectives économiques de l'OCDE*, juin 1999.

Quand on veut évaluer la richesse ou le patrimoine d'une personne, il faut non seulement tenir compte de l'argent détenu dans ses comptes d'épargne mais il faut aussi ajouter la valeur des titres sous forme d'obligations ou d'actions qu'elle possède (montant du portefeuille). Par ailleurs, la plus grande partie des avoirs concerne des biens immobiliers puisqu'ils représentent près de 80 % du patrimoine.

Aux États-Unis, au Canada et au Royaume-Uni on inclut par ailleurs les biens durables comme la valeur des voitures dans le patrimoine des ménages. L'ensemble de ces richesses représente l'actif, dont il faut retrancher les dettes pour connaître l'actif net. L'évolution du ratio avoirs sur le revenu disponible permet de savoir si globalement les particuliers s'enrichissent ou s'appauvrissent (tableau 9.4). Par contre, cela ne donne aucun renseignement sur la façon dont est répartie la richesse. Pour le savoir, il faudrait avoir comme pour les revenus, une courbe de Lorenz mais les études sur la répartition de la richesse sont plus rares.

Il faut également ajouter que les études sur le patrimoine ne tiennent pas compte de la totalité de la richesse accumulée car il faudrait y inclure la valeur des œuvres d'art, des objets de collection, des bijoux que les familles les plus fortunées possèdent et qui, en cas de besoin, pourraient être liquidés ou donnés à l'État contre des reçus qui permettront de réduire le revenu imposable.

Tableau 9.4

Patrimoine net des particuliers pour le G7 en % du Revenu disponible.

Années	États-Unis	Japon	Allemagne	France	Italie	Royaume-Uni	Canada
1990	470,8	849,0	178,3	395,6	531,3	575,2	428,0
1994	483,4	674,3	n.d.	425,2	n.d.	540,2	476,7

Source : *Perspectives économiques de l'OCDE*, juin 1996.

Contrôle des connaissances

- *Comment peut-on mesurer le niveau de l'Épargne ?*
- *Quelle différence y a-t-il entre l'épargne en terme de flux et l'épargne en terme de stock ?*

9.3 Les sources de l'épargne

L'épargne provient de plusieurs sources; soit des particuliers (épargne personnelle), soit des profits non distribués des entreprises privées, soit des administrations publiques soit enfin de l'étranger. Comme les profits non distribués auraient pu être versés aux ménages et que les impôts sont perçus à même le revenu des ménages, on peut dire qu'épargner, c'est renoncer à une consommation immédiate pour consommer plus ou mieux ultérieurement.

L'Épargne peut être générée par le secteur privé ou le secteur public. L'Épargne provient davantage des particuliers, plus que des pouvoirs publics, qui depuis le début des années 1970 sont plutôt à court d'argent en raison de leur déficit.

L'épargne des particuliers

Le secteur des particuliers comprend les ménages et les entreprises individuelles. Les opérations des organismes privés à but non lucratif (syndicats, églises, organismes de charité, universités), les opérations des régimes de retraite en fiducie et les placements d'assurance-vie sont aussi inclus dans ce secteur.

Pour évaluer le montant de l'épargne personnelle, on utilise deux méthodes, soit à partir du compte « provenance et emploi du revenu personnel » de la comptabilité nationale et dans ce cas le montant de l'épargne s'obtient par voie résiduelle comme nous l'avons déjà étudié, soit en faisant la somme des montants d'argent confiés par les particuliers aux différentes institutions financières. Par exemple en 1993 au Canada :

Revenu personnel total	633
moins transferts au gouvernement	146
moins transferts aux sociétés	6
Revenu disponible	481
moins dépenses de consommation	437
Épargne personnelle	44

Source : Ministère des Finances du Canada, *Tableau de références économiques*, août 1995.

Cette épargne globale de 45 milliards de dollars représentait toutes les sommes épargnées dans les différentes institutions qui recueillent les primes d'assurance-vie, les cotisations aux régimes de retraite en fiducie, les versements au titre des régimes enregistrés d'épargne-retraite.

Les régimes de retraite

Les régimes de retraite créés après la seconde guerre mondiale ont deux objectifs : forcer les travailleurs à épargner et mettre les personnes âgées à l'abri de la pauvreté.

Traditionnellement, les personnes âgées étaient à la charge de leurs enfants, c'est une des raisons pour laquelle il était alors si important pour eux d'avoir, faute d'argent, une descendance nombreuse, c'était une question de survie. Dans les pays industrialisés c'est maintenant l'État qui est responsable des personnes dans le besoin, aussi doit-il s'assurer de pouvoir, le temps venu, verser des prestations en prélevant des cotisations sur les salaires ou des impôts sur les revenus. Ceux qui auront contribué toute leur vie au régime de pension pourront s'attendre à recevoir les revenus de leur placement obligatoire et pour ceux qui ne travaillaient pas sur le marché officiel (le travail ménager, le travail au noir) l'État devra transférer une partie de l'épargne, dans un souci de redistribution.

L'épargne des organismes à but non lucratif et sous forme d'assurance-vie représentent respectivement 1 % et 2 % du revenu personnel disponible et ces pourcentages sont demeurés très stables depuis 1961. Les sommes canalisées par les régimes d'épargne retraite augmentent faiblement mais régulièrement depuis 1970 pour atteindre 2 % du revenu personnel disponible.

Au Canada, la proportion des gens qui bénéficient d'un régime de retraite financé par l'employeur est d'environ 45 %. Pour ce qui concerne le reste de l'épargne, celle qui figure aux différents comptes bancaires dans lesquels il est possible rapidement de puiser de l'argent, les fluctuations sont beaucoup plus importantes.

Une partie de l'épargne provient de la différence entre le revenu disponible et les dépenses courantes (épargne discrétionnaire), que les ménages vont placer ou pas, et l'autre partie de l'épargne est prélevée systématiquement (épargne non discrétionnaire) comme les primes d'assurance-vie et les cotisations aux régimes de retraite (tableau 9.5).

Les organismes qui recueillent les cotisations aux régimes de pensions de retraite et qui gèrent les versements disposent de sommes très importantes. Grâce à eux, l'accumulation capitaliste s'est fortement accélérée. C'est ainsi que la Caisse de dépôts et de placement du Québec (CDPQ), créée dans les années 1960, et surnommée la « machine à milliards » est devenue, au cours des ans, un puissant outil économique qui favorise le développement des entreprises du pays en leur fournissant du capital. Jusqu'en 1992 les sommes recueillies étaient supérieures aux paiements mais depuis cette date les régimes sont, au titre des recettes et des dépenses, déficitaires. Il n'y a plus de création d'épargne nette.

Tableau 9.5

Régimes de pension au Canada et des rentes du Québec (en millions de dollars).

Années	Régime de pension du Canada			Régimes des rentes du Québec		
	Recettes	Dépenses	Épargne	Recettes	Dépenses	Épargne
1990	12 169	10 431	1,738	3551	3224	313
1991	12 871	11 535	1,337	3604	3566	14
1992	13 522	13 154	445	3596	3932	-367
1993	13 996	14 467	-358	3657	4203	-587
1994	14 372	15 538	-1,049	3885	4466	-617
1995	15 681	16 199	-398	4149	4749	-645
1996	15 598	16 873	-1,275	4198	5107	-909
1997	15 416	17 705	-1,789	4435	5376	-941
1998						
1999						
2000						

Source : *L'Observateur économique canadien*, SC, supplément statistique historique 1997/98.

L'épargne des particuliers est de loin la plus importante et c'est elle qui finance les déficits des gouvernements et les besoins de financement des entreprises privées.

L'épargne des entreprises

Lorsqu'une entreprise privée réalise des profits elle a le choix de réinvestir l'argent pour accroître ses activités, de prêter de l'argent à d'autres agents économiques ou de répartir les bénéfices sous forme de dividendes aux actionnaires.

Pour financer leurs projets d'investissement les grandes entreprises s'autofinancent en grande partie. La capacité d'autofinancement ou *cash flow* est égale au montant des amortissements et des bénéfices nets d'impôt non distribués.

L'épargne publique

Quand l'État réussit à dégager un surplus budgétaire, il dispose d'une épargne qui lui permet de financer ses dépenses d'investissement. Par contre, quand il y a un déficit budgétaire, quand les impôts ne parviennent pas à couvrir tous les frais, l'État va recueillir l'épargne privée en vendant des obligations sur le marché financier. Que ce soit par les impôts ou la vente des obligations, l'État utilise toujours de l'épargne privée qu'il obtient de bon gré ou de force. Les impôts obligent les ménages à se départir d'une partie de leur revenu tandis que l'achat d'obligation est un prêt à l'État sur une base volontaire. Nous aurons l'occasion de revoir ce problème quand nous aborderons le chapitre 14 sur la dette publique.

L'ampleur des déficits budgétaires des administrations publiques réduit le taux d'épargne publique. Pour les pays industrialisés, de 1960 à 1972, le taux d'épargne publique variait autour de 4 % du PIB alors que de 1981 à 1993 ce taux s'élevait à moins de 1/2 % du PIB.

Pour financer les investissements, qu'ils soient publics ou privés, il est indispensable qu'une partie des revenus générés par la production d'une année ne soit pas consommée. Faute de capitaux disponibles, il est possible cependant d'emprunter l'argent épargné par un autre pays.

L'épargne étrangère

Lorsque le pays ne parvient plus à dégager suffisamment d'épargne pour répondre aux besoins de financement privés ou publics, il lui faut recourir à l'épargne des étrangers. Il y a deux principales sources à l'épargne étrangère : les capitaux apportés au pays par les immigrants et ceux investis par les étrangers.

Les immigrants qui arrivent dans un pays avec de l'argent ou une formation universitaire transfèrent du pays d'origine au pays d'accueil le fruit de leur épargne. Ce qui est gagné pour un pays est perdu pour l'autre. L'épargne réalisée dans un pays peut profiter à un autre pays dans la mesure où ce dernier saura offrir de meilleurs rendements. Depuis 1947, c'est la Corée du Sud qui dans le monde importe le plus de capitaux étrangers, soit en moyenne des montants équivalant à 9 % de son PIB suivi par le Mexique qui importe des sommes égales à 6 % de son PIB. Les États-Unis, qui ne réussissent pas à épargner tout l'argent dont ils ont besoin pour financer leur développement public et privé, absorbaient à eux seuls, de 1989 à 1993, plus du quart de l'épargne étrangère. La mondialisation des marchés en ce qui concerne les flux financiers, loin de répondre au principe égalisateur des vases communiquants, met plutôt en place un système de siphons qui attire l'épargne dans les pays riches là où les rendements sur le capital sont les plus élevés, au détriment des régions défavorisées.

Contrôle des connaissances

- *Quel est le principal patrimoine des ménages ?*
- *Comment peut-on évaluer l'actif net des ménages ?*
- *Quels sont les différents véhicules de l'épargne ?*
- *Où va l'épargne des particuliers ?*
- *Où va l'épargne étrangère ?*

9.4 Les facteurs qui influent sur le niveau de l'épargne

Mettre de côté de l'argent n'est pas si facile et il est intéressant d'étudier les raisons qui font qu'on épargne au lieu de consommer. Selon les études qui ont été effectuées, les économistes retiennent plusieurs facteurs pouvant avoir une influence sur le niveau de l'épargne, à savoir : la situation démographique, le comportement, les variations du revenu disponible des particuliers, la situation de l'emploi, les taux d'intérêt et le taux d'inflation.

La situation démographique

L'épargne dépend fortement de la composition démographique d'un pays. Si les ménages doivent assumer l'entretien d'un grand nombre de personnes, si le taux de dépendance est élevé (nombre de personnes âgées de 0 à 14 ans et de plus de 65 ans sur le nombre de personnes âgées de 15 à 65 ans), le revenu sera entièrement utilisé. Par contre une baisse du taux de natalité, accompagnée d'une augmentation de l'espérance de vie qui réduit le taux de dépendance, peut favoriser une augmentation de l'épargne. Dans ce cas les ménages ayant moins de personnes à charge peuvent mettre de l'argent de côté. Dans les pays industrialisés, même si le nombre de personnes âgées par rapport à la population totale augmente, le nombre de personnes âgées par rapport à la population active est stable sauf dans quelques pays comme le Royaume-Uni où cependant l'effet du vieillissement de la population n'influence pas encore négativement le taux d'épargne.

Entre 1995 et l'an 2030, le taux de dépendance des retraités va passer de 35 % à 50 % dans les pays industrialisés. L'Allemagne, l'Italie et le Japon auront la pire situation démographique (figure 9.2) avec un taux de dépendance de 60 % (nombre de retraités/population active). Actuellement, cinq personnes travaillent pour un retraité , et en l'an 2000 ce sera deux. Les engagements pris par les gouvernements pour verser des retraites constituent une sorte de « dette invisible ». Déjà cependant, compte tenu d'études actuarielles qui montrent un déficit grandissant entre les cotisations et les prestations, les gouvernements mettent en place des réformes pour prélever de nouveaux montants d'épargne (augmentation des cotisations ou des impôts, recul de l'âge de la retraite, ou diminution des prestations). Quoi qu'il en soit, la prise en charge des personnes âgées exigera l'aménagement d'un nouveau système de répartition des ressources et du travail. Compte tenu du développement des techniques, l'objet fondamental de la science économique sera plus que jamais le problème de la répartition des biens et des services produits.

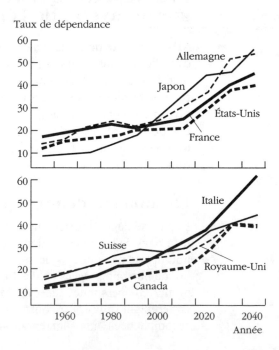

Figure 9.2

Taux de dépendance des retraités de quelques pays du G7 (ratio des plus de 65 ans sur la population active). *FMI Outlook*, mai 1996.

Le comportement des ménages

Contrairement aux personnes nées avant 1930 qui après avoir vécu les années de la dépression ont conservé l'habitude de la prévoyance, les *baby boomers* ne sont pas de gros épargnants. L'augmentation des couples sans enfant ayant deux revenus, ou DINKS (*double income no kid*) a réduit les incertitudes et leur consommation a reflété cette insouciance.

Épargner n'est pas un comportement naturel à toutes les sociétés. Dans les milieux traditionnels où la solidarité familiale est développée, l'habitude de partager ne permet pas de mettre de l'argent de côté. Dans certains pays africains, par exemple, quand une personne gagne de l'argent, elle se sent obligée d'aider tous les membres de sa famille élargie qui sont dans le besoin. Le revenu passe donc entièrement à la consommation et l'épargne discrétionnaire est pratiquement inexistante. Pour générer une épargne collective, il faut mettre en place des mécanismes de prélèvements obligatoires soit de type public, soit de type coopératif.

Être économe est le propre des sociétés capitalistes qui mettent l'accent sur la responsabilité individuelle. Être libre, c'est avoir de l'épargne et la prévoyance consiste justement à prélever pendant sa vie active une partie de ses gains pour s'assurer un revenu qui permette de conserver son niveau de vie quand le temps sera venu de quitter le marché du travail ou s'il survient un accident.

Les remboursements en capital d'un emprunt peuvent sous un certain angle être considérés comme une épargne forcée qui aurait déjà été investie. L'endettement de ce point de vue pourrait être considéré comme une épargne anticipée. Par exemple, un étudiant qui n'aurait pas les moyens de se payer les études pourrait emprunter un certain montant d'argent. Avec un diplôme, et dans la mesure où il se trouve un emploi rémunérateur, il consacrera une partie de son revenu au remboursement de son emprunt comme s'il mettait de côté de l'argent. Payer ses dettes, c'est une façon de prendre l'habitude d'épargner dans la mesure où cet emprunt est utilisé à financer des biens de production ou des dépenses utiles.

La variation du revenu disponible

En règle générale, plus le revenu est élevé plus la tendance à épargner est grande. Si le revenu par travailleur augmente on assistera à une augmentation du taux d'épargne.

On constate que les ménages vont modifier le volume de leurs épargnes pour maintenir leurs dépenses de consommation au même niveau. Quand le revenu diminue, l'épargne va compenser la perte de pouvoir d'achat et quand le revenu augmente, les réserves se reconstituent. Si le revenu disponible augmente faiblement, le taux d'épargne aura tendance à diminuer.

Également si un ménage pense que son revenu va augmenter les prochaines années, il aura moins tendance à épargner. Ce qui fait que lors d'une reprise économique les ménages peuvent adopter un comportement moins prévoyant et liquider leurs épargnes placées à court terme, ce faisant la reprise va se renforcer.

La situation de l'emploi

Il existe une relation paradoxalement positive entre le taux d'épargne et le taux de chômage. Alors que les chômeurs vont puiser dans leurs « bas de laine » pour maintenir leur niveau de vie, ceux qui travaillent et qui se sentent menacés vont avoir tendance à être moins dépensiers.

Au Canada, au début des années 1990, avec des taux de chômage qui dépassaient 10 % on a pu observer que le taux d'épargne augmentait. Le report des achats de biens de consommation durables dans une phase de ralentissement économique fait aussi augmenter le taux d'épargne. Au moment où les ménages recommencent à acheter ces biens de consommation, par exemple une voiture, le taux d'épargne diminue.

Les incertitudes concernant l'emploi rendent les personnes plus réservées dans leurs achats; aussi quand le gouvernement ou une grande entreprise annonce des programmes de mises à pied sans désigner précisément les catégories qui seront touchées, c'est l'ensemble des travailleurs qui vont reporter leur décision d'effectuer de gros achats et l'épargne (par précaution) augmentera.

La variation des taux d'intérêt

Si les taux d'intérêt réels augmentent, les épargnants auront un meilleur rendement sur leurs placements et le taux d'épargne peut également être à la hausse. Cependant l'inverse n'est pas nécessairement observable. On peut imaginer que dans une phase de récession même si les taux d'intérêt diminuent, par prudence les épargnants conserveront leurs placements.

Une majoration des taux d'intérêt a un effet positif sur les rendements des avoirs financiers mais un effet négatif pour ceux qui veulent emprunter. Quand les taux d'intérêt réels, c'est-à-dire réduits du taux d'inflation, sont élevés et que le risque de chômage crée un climat d'incertitude, les jeunes ménages renonceront à acheter une maison qui est une façon d'épargner à long terme. N'achetant pas de logement, ces jeunes ménages auront plus de liquidités à dépenser dans les biens et les services de consommation. Ce n'est que plus tard qu'ils constateront leur appauvrissement.

On constate donc qu'une hausse des taux d'intérêt peut avoir des effets opposés selon qu'on se trouve en récession ou en période d'expansion.

Le taux d'inflation

On remarque qu'une hausse de l'inflation a pour effet de provoquer une hausse des taux d'intérêt nominaux et le taux d'épargne suit. Le rendement nominal augmente mais on doit épargner une plus grande part de ce revenu pour compenser la dépréciation monétaire de l'argent investi pour ce qui concerne les avoirs financiers. En période d'inflation, comme la valeur des avoirs réels (actions et immeubles) augmente cela incite les ménages à acheter, même à crédit, ces valeurs « refuge » pour réaliser des profits à la revente. Face à l'inflation, deux comportements sont possibles : ou bien les gens veulent devancer l'augmentation des prix et s'empressent d'acheter, ou bien estimant que le gouvernement ne parviendra pas à juguler l'inflation, ils épargnent davantage, par précaution, pour compenser la dépréciation de leurs avoirs financiers. Face à l'incertitude les ménages vont adopter là encore des comportements plus prudents. On a attribué justement à l'inflation l'augmentation du taux d'épargne dans les années 1970 au Canada, ce qui prouve que l'inflation n'a pas que des effets négatifs.

Contrôle des connaissances

- *Quels sont les facteurs qui déterminent le taux d'épargne ?*
- *À quel problème font face actuellement les gouvernements en rapport avec les fonds de pension ?*

9.5 Les mesures publiques d'incitation à l'épargne

Les encouragements fiscaux, mis en place dans les années 1970, ont aidé les ménages à mettre de l'argent de côté. Au Canada, le régime fiscal favorise l'épargne, surtout celle qui va dans les régimes publics et privés de pension (Régime de pension du Canada, Régime des rentes du Québec). Les sommes sont prélevées directement sur les salaires comme un impôt (épargne forcée), mais en même temps elles réduisent le revenu imposable.

Les régimes enregistrés d'épargne tel le régime d'épargne logement REEL créé en 1974 et aboli en 1988 ou le régime d'épargne retraite (RÉER) qui donnent droit à des réductions d'impôt ont permis à des ménages à haut revenu de réduire leurs impôts tout en augmentant leurs épargnes. Les plafonds des cotisations ont même été majorés en 1986 et en 1991. Compte tenu des réductions d'impôt le rendement de ces placements peut atteindre de 40 à 50 % la première année puisque le montant investi réduit le revenu imposable. En période de récession, les retraits sont possibles moyennant le paiement des impôts ce qui permet de réduire les fluctuations du revenu.

Il existe d'autres mesures fiscales comme les réductions d'impôt sur les gains de capital qui incitent les particuliers à acheter des actions à la bourse ou des immeubles, les exonérations sur les revenus d'intérêt comme aux États-Unis, etc. Au Canada, certains économistes attribuaient aux mesures fiscales particulièrement généreuses le niveau plus élevé du taux d'épargne canadien comparé au taux américain.

Contrôle des connaissances

- *De quelle façon le gouvernement peut-il encourager les ménages à épargner ?*
- *Quelle différence y a-t-il entre l'épargne discrétionnaire et l'épargne forcée ?*

Conclusion

L'absence d'épargne dans les pays en voie de développement a toujours été un des principaux obstacles au « décollage économique ». Dans les pays industrialisés, le taux d'épargne ne cesse de décroître depuis quelques années, aussi il est particulièrement important de bien comprendre le phénomène pour trouver la manière d'inverser la tendance.

Avec la mondialisation des échanges on observe que les besoins de capitaux grandissants exercent des pressions à la hausse sur le prix de l'argent. La hausse des taux d'intérêt ralentit la production des économies où l'argent se fait rare, elle crée même un climat de récession qui met en faillite les entreprises les moins solides et remet en question les programmes sociaux.

Les plus touchés sont encore les pays en voie de développement déjà lourdement endettés et qui n'ont plus accès aux flux de capitaux. En 1993, la dette extérieure de ces pays s'élevait à 1770 milliards de $ US et le service de la dette dépassait les apports d'argent frais de l'aide. C'est-à-dire que ces pays fournissent aux pays riches plus d'argent qu'ils n'en reçoivent. Certains économistes estiment qu'au lieu de solliciter l'aide internationale, ces pays devraient tenter de retenir l'épargne locale par des politiques autarciques. Mais ces solutions viennent à contre-courant du mouvement de mondialisation des échanges et elles ont peu de chance d'être retenues.

Dans la mesure où les règles du marché ne permettent pas une affectation optimale des ressources, il faudrait imaginer à l'échelle mondiale un mécanisme de rétention ou de redistribution de la richesse entre les nations comme cela s'est fait après la seconde guerre mondiale dans le cadre des politiques keynésiennes de redistribution des revenus à l'échelle des pays ou des régions.

Résumé

L'épargne courante est la part du revenu disponible non dépensée en achat de biens et de services de consommation. Cette épargne sera productive dans la mesure où elle sert à financer les dépenses d'investissement.

Pour les classiques, l'épargne des riches permet à la société de poursuivre sa croissance et d'éviter l'état stationnaire. Keynes a démontré que les crises économiques pouvaient être causées par un excès d'épargne non investi et que le gouvernement devait donc contrôler l'épargne du pays.

L'épargne en terme de flux concerne la part du revenu non dépensée en biens et services de consommation tandis que l'épargne en terme de stock est l'épargne accumulée ou patrimoine.

Le taux d'épargne qui est le rapport de l'épargne sur le PIB ou sur le revenu disponible permet d'évaluer le niveau et l'évolution de l'épargne.

L'épargne provient de quatre sources : des particuliers, des entreprises, des administrations publiques et de l'étranger. La principale source de l'épargne est l'épargne des particuliers; une partie de cette épargne est discrétionnaire, l'autre est prélevée d'office sur les salaires dans le cadre des programmes de retraite (épargne forcée).

Les facteurs qui déterminent dans les pays industrialisés le niveau de l'épargne sont : la composition démographique, le comportement face à l'épargne, la variation du revenu disponible, la situation de l'emploi, les taux d'intérêt et l'inflation. Compte tenu de l'importance de dégager de l'épargne, le gouvernement canadien a adopté des mesures fiscales incitatives très efficaces.

Mots clés

Avoirs financiers et immobiliers	Paradoxe de l'épargne
Épargne brute, épargne nette	Patrimoine
Épargne privée et épargne publique	Taux d'épargne
Épargne discrétionnaire, épargne forcée	Taux de dépendance
État stationnaire	Thésaurisation
Investisseurs institutionnels	Zinzins

Exercices

1. Toutes choses étant égales par ailleurs, dans quel sens varierait le taux d'épargne dans les conditions suivantes (augmentation = +, diminution = -, indéterminé = *) :

_____ a) On annonce une vague de licenciements dans la fonction publique.

_____ b) Une période de guerre.

_____ c) Une reprise économique vigoureuse.

_____ d) Le gouvernement supprime les déductions fiscales sur les RÉER.

_____ e) Le taux de natalité remonte.

_____ f) Les taux d'intérêt nominaux augmentent.

_____ g) Les jeunes ménages décident de s'acheter une maison avec un prêt hypothécaire.

_____ h) Le gouvernement diminue l'impôt des riches.

_____ i) La disparité des revenus augmente.

_____ j) Le prix des actions et des maisons augmente.

2. Parmi les types d'épargne suivants lequel ne concernerait pas l'épargne discrétionnaire ?

_____ a) Les cotisations au régime de pension.

_____ b) Les versements au régime enregistré d'épargne retraite (RÉER).

_____ c) Le dépôt dans un compte d'épargne.

_____ d) Le paiement d'une prime d'assurance-vie.

Questions d'intégration multidisciplinaire

	Économie	Sociologie	Histoire	Anthropologie	Psychologie	Sc. politique	Géographie
1. Comparez le sort que l'on réserve aux personnes âgées dans différentes sociétés.	X	X	X	X	X		
2. Quel problème pose le vieillissement de la population au point de vue de l'épargne, de la consommation, des services sociaux ?	X	X			X		
3. Comparer les pays fourmis et les pays cigales.	X	X			X		
4. Comment inciter les sociétés traditionnelles à épargner ?		X				X	
5. L'avarice est-elle un vice ?					X		
6. Le problème des fonds de pension dans les pays industrialisés.	X						X
7. Le rôle joué par la Caisse de dépôts et de placements (CDPQ) dans l'économie québécoise.	X	X					
8. Les mesures fiscales d'incitation à l'épargne.	X						X

Lectures suggérées

Gélinas, B. Jacques (1994). *Et si le tiers monde s'autofinançait*, Éditions Écosociété, Québec.

Petitjean, Alexis (1993). *Au cœur de l'économie*, l'épargne, Coll. Optiques, Hatier.

Artus, Patrick, Bismut, Claude et Pilhan, Dominique (1993). *L'épargne*, Coll. Économie, PUF.

Sites Web

www.lacaisse.com
   La Caisse de dépôts et de placement.

Les investissements

Au terme de ce chapitre vous serez capable de :

- Démontrer la relation entre investissement et croissance économique;

- Reconnaître les différents types d'investissements;

- Distinguer investissement économique
et investissement social;

- Énumérer les facteurs qui favorisent ou
découragent la décision d'investir;

- Évaluer la pertinence des interventions
de l'État dans le domaine des investissements.

$$PIB = C + \boxed{I} + G + (X - M)$$

On entend souvent parler de la nécessité d'investir, sans que l'on soit très conscient des enjeux qui sont en cause. Les investissements sont les dépenses en biens de production des entreprises à but lucratif ou non, comme une compagnie, une coopérative ou une entreprise publique qui permettront de maintenir ou d'augmenter les revenus futurs. Grâce aux investissements, la productivité (produire mieux et plus au moindre coût) augmentera, et les gains qui en résulteront, dans la mesure où ils sont généralement répartis, pourront améliorer le niveau de vie de tous. Toute dépense qui génère un profit ou une moindre dépense est un investissement. Investir c'est dépenser pour gagner plus ou perdre moins.

Il existe deux catégories d'investissements : les investissements dits économiques qui concernent les achats de biens de production et les investissements sociaux (la santé, l'éducation, le bien-être) que l'on retrouve dans les dépenses du gouvernement (voir chapitre 13).

10.1   L'importance des investissements

Pour comprendre l'importance d'investir, il faut pouvoir en mesurer les effets tangibles et repérer les différentes sortes d'investissements que la comptabilité nationale recense. À partir de ces renseignements, les pouvoirs publics pourront plus facilement identifier les secteurs défaillants et prendre des mesures correctives adéquates.

Les enjeux

Les investissements de nature économique concernent toutes les dépenses en biens et en services effectuées par les différentes entreprises privées ou publiques. Construire une usine de pneus, un édifice à bureaux, une tour d'habitation, une centrale d'interconnexion téléphonique, un supermarché, sont autant d'investissements propres au secteur privé.

Les gouvernements, eux, investissent en construisant des hôpitaux, des routes et des maisons d'enseignement : ce sont des investissements d'infrastructures.

Il ne s'agit pas cependant d'investir pour investir car on peut le faire en pure perte. Toute décision d'investir doit être mûrement réfléchie pour éviter les « éléphants blancs » qui ne répondent pas aux besoins réels. Le surinvestissement est encore plus déraisonnable que le sous-investissement puisqu'il implique au départ une privation inutile.

Les investissements, qu'ils soient privés ou publics, génèrent des emplois : ceux requis pour mettre en place les biens de production, ceux requis pour les faire fonctionner et ceux créés par les retombées économiques secondaires : des épiciers, des notaires, des garagistes, des comptables.

Notons enfin que les investissements peuvent être réalisés par des entreprises nationales (ce sont les investissements dits domestiques), ou par des non-résidents (ce sont des investissements étrangers).

Le taux d'investissement en capital fixe ou I/PIB

Alors que la consommation concerne 60 % du PIB au Canada, les dépenses d'investissement publics et privés représentent autour de 20 % de la valeur de la production annuelle. Les investissements publics au Canada sont de l'ordre de 20 milliards de dollars annuellement. Pour que le niveau des investissements se maintienne de période en période, le gouvernement investit en conséquence, d'où l'importance de suivre cette donnée pour en prévoir les variations et agir à bon escient et d'une façon opportune. En période de boom économique tout nouvel investissement public pourrait être inflationniste et toute diminution de ces investissements en une période de ralentissement pourrait aggraver la situation. Le tableau 10.1 illustre l'évolution de l'investissement au Canada de 1990 à 1998.

La croissance des investissements en capital fixe

Le taux de croissance des investissements mesure la variation de la valeur des investissements par rapport à l'année précédente. Ces taux de croissance sont beaucoup plus fluctuants que ceux de la consommation. Durant la période de 1971 à 1980, le Canada, à ce chapitre, avait la meilleure performance avec un taux moyen de 7 % (tableau 10.2).

Tableau 10.1

La part des investissements dans le PIB au Canada et leur répartition entre les secteurs privé et public (en milliards de dollars).

| Année | PIB | I/PIB | Investissements | |
			Publics	Privés
1990	678	21 %	19	122
1995	807	17 %	20	115
1996	829	17 %	20	122
1997	866	18 %	19	143
1998	888	19 %	19	150
1999				
2000				

Source : *L'Observateur économique canadien*, 1997/1998.

Tableau 10.2

Croissance des investissements privés dans les pays du G7. (Investissements résidentiels compris.) (Taux annuel moyen en pourcentage.)

Pays	1961-1970	1971-1980	1981-1990
Japon	16,2	2,7	6,7
CANADA	4,9	7,1	3,8
États-Unis	4,0	3,3	3,0
Royaume-Uni	5,2	0,4	3,9
Allemagne	4,4	1,4	1,9
France	–	2,5	2,2
Italie	–	2,1	1,7
Moyenne du G7	6,8	2,8	3,5

Source : *Revue économique trimestrielle*, ministère des Finances du Canada, juin 1991.

Contrôle des connaissances

- *Quelle différence y a-t-il entre investissement économique et investissement social ?*
- *Pourquoi est-il important d'investir ?*
- *Quelle est la part des investissements dans le PIB ?*
- *Quelle est l'importance des investissements publics au Canada ?*
- *La croissance des investissements est-elle continue ?*

10.2 Les différents types d'investissement (immobilisations)

Qu'ils soient publics ou privés, domestiques ou étrangers, les investissements regroupent techniquement deux catégories de biens : le capital fixe et les stocks.

Formation brute de capital fixe

Les dépenses d'immobilisation ou formation brute de capital fixe (FBCF) concernent, par exemple, le coût d'acquisition et d'installation d'usines, de matériel, de machines, mais aussi les frais afférents aux études de faisabilité qui comprennent les honoraires d'avocat, d'architecte et d'ingénierie ainsi que les intérêts des prêts qui financent les immobilisations.

La construction est également considérée comme investissement quel que soit l'usage des immeubles construits, qu'il soit résidentiel, commercial ou industriel.

À la lecture du tableau 10.3, on constate que le taux de croissance de la formation brute de capital fixe connaît de fortes variations, d'une année par rapport à l'autre. Au Canada, le taux de 11,4 % est le plus élevé du G7 en 1997. Le Japon connaît une forte contraction en 1997 et 1998. Si l'on remontait à 1976, pour les pays du G7, on a déjà observé un taux de

Tableau 10.3

Croissance de la formation brute de capital fixe pour le G7,
pourcentage de variation par rapport à la période précédente, en volume.

Années	États-Unis	Japon	Allemagne	France	Italie	Royaume-Uni	Canada
1995	5,2	1,7	0,0	2,5	7,1	2,9	-2,5
1996	7,9	9,5	-1,2	-0,5	1,9	4,9	6,6
1997	7,3	-3,5	0,1	0,3	0,6	6,9	11,4
1998	9,8	-8,8	1,6	4,1	3,5	8,3	4,2
1999							
2000							

Source : *Perspectives économiques de l'OCDE*, juin 1999.

croissance maximum de 14,3 % aux États-Unis en 1977, et un taux de décroissance de -12 % en Italie en 1993.

Les achats de machines et de matériel

Les entreprises et les administrations utilisent pour fonctionner des machines et du matériel qu'il faut plus ou moins rapidement remplacer. Ces achats représentent des investissements. Dans les années 80, les entreprises ont eu à s'équiper en ordinateurs et matériel informatique divers qui devenaient désuets (phéno-mène d'obsolescence) très rapidement et qui exigeaient des amortissements accélérés. La situation ne risque pas de s'améliorer à cet égard.

La construction

Dans la comptabilité nationale, les dépenses effectuées pour la construction d'immeubles résidentiels ou non résidentiels sont considérées comme des investissements. En effet, toute construction est un bien de production qui rapporte des loyers. Qui plus est, elle peut prendre de la valeur avec le temps dans la mesure où l'immeuble est bien entretenu.

Les fluctuations dans le secteur de la construction peuvent présenter une grande amplitude. Il existe dans ce secteur des périodes de boom économique au taux de croissance atteignant 40 % (États-Unis en 1983 par rapport à 1982) et des périodes de creux très marqués (le Japon en 1987 a connu une décroissance de 22,6 %). Mais ce qui est plus grave ce sont les longues périodes de ralentissement des investissements comme en a connues le Royaume-Uni de 1989 à 1991 dans le secteur immobilier (tableau 10.4) et le Japon en 1997 et 1998.

La construction résidentielle neuve est divisée en plusieurs segments : celui de la maison, des duplex, des maisons en rangée et des appartements dans des immeubles.

Tableau 10.4

Construction de logements pour le G7, pourcentage de variation par rapport à la période précédente, en volume.

Années	États-Unis	Japon	Allemagne	France	Italie	Royaume-Uni	Canada
1995	-3,8	- 6,5	0,6	2,3	-1,7	-3,1	-14,1
1996	7,4	13,9	-0,5	-1,0	-3,4	9,7	10,9
1997	2,5	-16,3	-0,7	-0,6	-4,4	4,3	12,4
1998	10,4	-13,7	-3,8	1,3	4,6	-0,3	-1,6
1999							
2000							

Source : *Perspectives économiques de l'OCDE*, juin 1999.

Pour évaluer le nombre d'unités construites dans les différents secteurs, Statistique Canada et la Société canadienne d'hypothèques et de logements (SCHL), fournissent des renseignements sur les mises en chantier et les immeubles achevés. Ces renseignements permettent de connaître la situation de la construction par segment de marché.

Au Canada, c'est en 1974 que le nombre de logements achevés a été le plus élevé (sommet) avec 257 232 unités et c'est en 1982 qu'il y a eu le moins de construction résidentielle soit 133 942 unités (le creux de la vague). Ces données permettent de suivre le cycle du bâtiment qui est un des secteurs les plus déterminants pour l'ensemble de l'économie. Ne dit-on pas depuis toujours « quand le bâtiment va, tout va ». En effet, la construction de logements neufs implique un fort effet d'entraînement sur tous les autres secteurs qui en dépendent; industries de la moquette, de la verrerie, de l'ameublement, des luminaires, etc.

Il existe, par ailleurs, de semblables renseignements pour ce qui concerne la construction non résidentielle. L'investissement en construction non résidentielle comprend les bâtiments industriels et commerciaux et les immeubles à bureaux ainsi que les travaux de génie.

Les stocks (inventaires)

Les stocks, ou inventaires, constituent le deuxième type d'investissement. On distingue trois types de stocks : les stocks de matières premières, les produits en cours et les produits finis.

Les matières premières

Une partie des stocks représente un investissement réel, en particulier les stocks détenus de matières premières. Un chef d'entreprise peut décider d'acheter des matières premières pour devancer les hausses de prix prévues ou pour éviter les ruptures de stock qui obligeraient à ralentir, voire stopper, la production et mettre au chômage technique les travailleurs. Un manque d'approvisionnement en matière première obligerait l'entreprise à refuser des commandes ou à demander des délais de livraison au risque de perdre l'affaire au profit de concurrents mieux préparés. La constitution de stocks stratégiques est réalisée dans le but de gagner de l'argent dans un second temps. L'argent investi doit rapporter plus qu'il ne coûte.

Les produits en cours

Les stocks de produits semi-finis ou produits en cours témoignent quant à eux d'une vive activité. Ils représentent encore une immobilisation de capitaux tant qu'ils ne seront pas achevés et livrés. Une entreprise qui a besoin de financer des stocks très importants a besoin d'un fonds de roulement adéquat. Le fonds de roulement est l'argent nécessaire pour financer la production jusqu'à sa vente sur le marché. En période d'expansion économique le stock de produits en cours augmente. Par contre, quand il y a une baisse dans les commandes, très rapidement, les entreprises vont ralentir la production et les stocks de produits en cours vont diminuer.

Les produits finis

Les stocks de produits finis sont par contre des investissements « involontaires ».Les produits finis sont très coûteux quand ils prennent du temps à se vendre car en plus d'en avoir financé la production, l'entreprise devra assumer des coûts d'entreposage. Une croissance du PIB résultant d'une augmentation des stocks de produits finis due à la saturation des marchés présage un affaiblissement des prix et un ralentissement de la production. Quand, au Canada, on ne parvient plus à écouler toute la récolte de blé sur les marchés internationaux, on enregistre une croissance trompeuse du PIB d'où la nécessité de connaître la nature de cette pseudo-croissance.

Les fluctuations des stocks

Malgré la faiblesse de leur volume par rapport à la production globale, les investissements en stocks contribuent en général de façon marquée aux variations du cycle économique. En effet, la plupart des phases de ralentissement de l'activité économique au Canada depuis la guerre peuvent être reliées au comportement des stocks, en ce sens que, d'un point de vue comptable, la baisse du PIB s'expliquait essentiellement par la baisse du rythme d'accumulation des stocks.

L'évolution des techniques de gestion des stocks et le recours croissant aux nouvelles technologies de l'information ont favorisé une réduction tendancielle du ratio stocks/ventes au cours des deux dernières décennies. Ces progrès ont aussi permis aux entreprises de mieux réagir aux conditions changeantes de l'économie et de réduire ainsi les variations non souhaitées des stocks. Le rythme d'accumulation des stocks au premier semestre de 1995 laisse croire malgré tout que les fluctuations des stocks continueront d'avoir une grande influence sur la production globale dans le court terme.

Source : *Revue de la Banque du Canada*, novembre 1995.

Tableau 10.5

Le rapport des stocks aux livraisons (en millions de dollars).

Années	Stocks détenus en millions de $	Rapport stocks sur livraison
1995	45 539	1,36
1996	45 767	1,34
1997	47 835	1,29
1998	49 613	1,32
1999		
2000		

Source : *L'Observateur économique canadien*, SC, supplément statistique historique, juillet 1999.

Le ratio des stocks sur les livraisons permet de suivre le cycle économique (tableau 10.5). En période d'expansion, les stocks augmentent, tandis qu'ils diminuent en période de ralentissement économique. Dans le précédent tableau on constate que le rapport est passé de 1,36 (les stocks représentaient en moyenne une fois et demie la valeur des livraisons) en 1995 à 1,29 en 1997, ce qui serait un signe de ralentissement de l'économie dans la mesure ou la gestion des stocks n'explique pas ce phénomène (*just-in-time*).

Contrôle des connaissances

- *Quels sont les trois différents types de stocks ?*
- *Comment se comportent les stocks en période d'expansion ?*
- *Qu'entend-on par formation brute de capital fixe ?*
- *Quels sont les différents segments du secteur de la construction ?*

10.3 Les facteurs qui déterminent le niveau des investissements

La décision d'investir pour le secteur privé implique un risque financier qui exige un calcul de coûts/bénéfices très rigoureux. Quelle que soit cependant la méthode utilisée, il subsistera toujours une large part d'aléatoire. Pour investir, il faut que les décideurs aient une vision optimiste de l'avenir, qu'ils escomptent pour leur produit une demande en croissance. En l'absence de ces conditions cependant les entreprises peuvent être amenées à procéder à des dépenses en immobilisation dans la mesure où la concurrence les y contraint, que les coûts de la main-d'œuvre et les ressources financières leur en donnent la possibilité.

L'entreprise qui investit cherche tout d'abord à survivre sur le marché, à prendre de l'expansion pour réaliser le maximum de profits. La dépense ne sera effectuée que si elle est estimée inférieure au revenu escompté car en dernière analyse, c'est la promesse de rentabilité qui détermine la décision d'investir ou pas.

La vision de l'avenir

Lorsqu'une entreprise réalise des profits et qu'elle prévoit une augmentation des ventes telle qu'il lui faille augmenter sa capacité de production, les projets d'investissements seront mis de l'avant compte tenu des conditions du marché.

Comme investir est en quelque sorte parier sur l'avenir, les études de conjoncture sont déterminantes pour justifier l'opportunité d'un projet. Un climat d'incertitude économique (taux d'intérêt ou taux de change instable) ou politique (révolution ou remise en question des pouvoirs établis) peut décourager les investisseurs qui préféreront attendre que la situation se stabilise. Les grandes banques ont parfois un service d'étude pays-risque pour évaluer la situation économique, sociale et politique. Ces études servent à rassurer ou à mettre en garde les investisseurs internationaux.

Le niveau de la demande

Une économie en pleine expansion incite les entreprises à réaliser des projets d'investissement. Lorsque la demande pour un bien ou un service se manifeste, les entreprises voudront répondre aux commandes afin de ne pas laisser un concurrent prendre la place sur le marché.

En ce qui concerne le marché intérieur, une augmentation de la consommation due à l'arrivée d'une population disposant d'un pouvoir d'achat, (immigrants ou jeunes ménages) ou l'engouement pour un nouveau produit donneront l'impulsion à une vague de nouveaux investissements. D'autre part, l'ouverture de marchés extérieurs offrant de bonnes perspectives de débouchés aux produits peut également inciter les entrepreneurs à réviser à la hausse leurs objectifs de production. Un accord de libre échange incite les entreprises exportatrices à accroître leur immobilisation en vue d'une production sur une plus large échelle.

La pression de la concurrence

Lorsqu'un concurrent se dote d'un appareil de production plus performant, les autres entreprises, si elles veulent rester dans la course, sont obligées de suivre. C'est ainsi que l'introduction d'une nouvelle technologie peut générer d'importantes dépenses d'immobilisation qui auront pour effet de réamorcer la pompe des dépenses, condition nécessaire à une sortie de crise.

Les ressources financières

Pour financer leur programme d'investissement, les entreprises privées peuvent s'autofinancer en réinjectant les profits non distribués ou bien elles doivent se trouver des ressources financières extérieures. S'il s'agit d'une petite entreprise, le recours au crédit bancaire dépendra de sa capacité à emprunter et du niveau des taux d'intérêt, pour une plus grande entreprise elle aura le choix entre l'émission d'obligations et la vente d'actions sur le marché de la Bourse.

Le coût de la main-d'œuvre

Un pays qui dispose d'une main-d'œuvre abondante et à bon marché est moins porté à investir dans les machines. Par contre quand les salaires sont élevés les entrepreneurs voudront utiliser plus de machines et procéderont de préférence à des investissements qui permettront d'engager moins de travailleurs (*labour saving*) à moins qu'ils ne décident d'installer leur entreprise dans les zones à bas salaires et aux coûts sociaux plus faibles (phénomène de délocalisation).

La décision d'investir dépend d'un très grand nombre de facteurs et il est toujours possible de reporter à plus tard un plan d'investissement. Il est difficile de savoir si un projet va être ou non réalisé et cela crée un climat d'incertitude perpétuelle sur l'ensemble de l'activité économique.

Contrôle des connaissances

- *Quels sont les facteurs qui déterminent la décision d'investir, dans le secteur privé ?*

10.4 L'effet multiplicateur des investissements sur le revenu national et la condition d'équilibre

Toute dépense pour un agent économique est un revenu pour un autre. L'augmentation du revenu d'une personne va se traduire par une augmentation de ses dépenses ou de son épargne. Si toute l'augmentation va à l'épargne, il n'y aura pas de dépense, donc pas de revenu supplémentaire pour une autre personne. Par contre, si l'augmentation du revenu est dépensée en partie ou en totalité, cela va accroître le revenu d'une autre personne et ainsi de suite. Au bout du compte, le revenu national aura augmenté. Il est possible d'évaluer cette augmentation à partir du moment où l'on connaît la propension marginale à consommer qui nous permettra de déterminer la valeur du multiplicateur.

Le principe de l'effet multiplicateur

Prenons l'exemple suivant : supposons qu'une entreprise décide de construire une nouvelle usine au coût de 10 millions de dollars. Quelles en seraient les retombées économiques ? Rappelons-nous que l'investissement est une dépense (D) et qu'à cette dépense correspond un revenu (R) :

1 = D = R = 10 millions de $.

Ce revenu engendré sera consacré en partie à l'épargne (E) et en partie à la consommation (C), selon l'indice PmC (propension marginale à consommer, que nous avons expliqué au chapitre 8).

Supposons que la PmC soit de 0,8, que se passerait-il ? Dans un premier temps, une augmentation du revenu de 10 millions de $ se traduira par une augmentation de la consommation de 8 millions de $ et l'épargne sera donc égale à 2 millions de $. Puis, ces nouvelles dépenses de consommation de 8 millions de $ vont générer un revenu supplémentaire de 8 millions de $ qui sera lui-même dépensé à 80 %, etc.

1er tour : 10 millions de \$ →   C = 10 × 0,8 =   8 millions de \$
                                        E = le reste =   2 millions de \$

2e tour :   8 millions de \$ →   C = 8 × 0,8 =   6,4 millions de \$
                                        E = le reste =   1,6 millions de \$

3e tour : 6,4 millions de \$ →   C = 6,4 × 0,8 = 5,1 millions de \$
                                        E = le reste =   1,3 millions de \$

etc. Si on additionnait tous les revenus supplémentaires, on constaterait que le revenu national aurait augmenté de

$$10 [1 + (0,8) + (0,8)^2 + (0,8)^3 + ...(0,8)^n]$$

$$\text{ou } 10 \times \left[\frac{1}{1 - 0,8} \right] = 10 \times \frac{1}{0,2} = 10 \times 5 = 50 \text{ millions de \$}$$

$$\text{Le multiplicateur K} = \frac{1}{1 - \text{PmC}} \qquad K \times I = \Delta RN$$

Donc, quand la PmC est de 0,8 et qu'on réalise un investissement de 10 millions de \$, l'effet multiplicateur de cette injection entraînera une augmentation du revenu national de $10 \times 5 = 50$ millions de \$.

Mais pour que l'effet subsiste, il faut que les emplois créés lors de cet investissement soient durables.

Les fuites

On compare le processus du multiplicateur à une pompe dont la pression sera d'autant plus forte qu'il n'existe aucune fissure laissant passer l'air. Si tous les revenus générés par l'investissement allaient être dépensés dans la consommation de biens domestiques le processus serait infini mais l'argent peut servir à bien d'autres emplois.

Par exemple, les ménages peuvent ne pas augmenter leurs dépenses quand leur revenu augmente, diminuant d'autant l'effet multiplicateur. Une propension à épargner de 100 % n'induirait aucune autre dépense.

L'effet multiplicateur peut être également affecté négativement si l'État vient imposer les augmentations de revenu (propension marginale à taxer) ou si les agents économiques achètent des produits importés (propension marginale à importer). En effet, les augmentations de revenus engendrées par un investissement ne serviront pas totalement à financer l'achat de produits domestiques : il y aura eu des fuites. Si on préfère les produits étrangers, l'effet multiplicateur de l'investissement agira dans le pays fournisseur.

Plus les propensions marginales à épargner (PmE), à taxer (PmT) et à importer (PmM) seront fortes, moins le multiplicateur des dépenses autonomes sera élevé et moins il y aura de retombées économiques. Et plus la propension marginale à consommer est élevée, plus grand sera l'effet d'une dépense d'investissement sur le revenu national

Contrôle des connaissances

- *Qu'est-ce que l'effet multiplicateur d'un investissement ?*
- *Qu'est-ce qui peut réduire l'effet multiplicateur d'un investissement ?*

10.5 La prévision du niveau des investissements

Les conjoncturistes utilisent un certain nombre d'indicateurs et d'enquêtes pour prévoir le niveau des investissements à venir. Parmi ceux-ci, citons le taux d'utilisation de la capacité de production et les enquêtes effectuées par Statistique Canada auprès des entreprises. Pour le secteur de la construction on dispose de plusieurs indicateurs avancés comme les permis de construire ou les mises en chantier.

Le taux d'utilisation de la capacité de production (tableau 10.6)

L'indicateur qui mesure le niveau de l'activité des entreprises est le taux d'utilisation de la capacité de production. Cet indicateur mesure le degré d'utilisation des équipements de production au pays. Si ce taux est faible, il est peu probable que l'entrepreneur décide d'acheter de nouvelles machines; par contre si les entreprises fonctionnent à pleine capacité et donc que le taux d'utilisation est élevé, il se peut qu'elles doivent augmenter leur parc de matériel, présageant ainsi une vague d'investissements.

Tableau 10.6

Taux d'utilisation de la capacité industrielle au Canada en %.

	Années	T4	T3	T2	T1	Moyenne annuelle
Ensemble des industries	1990	78,0	77,4	77,1	77,4	81,2
	1991	78,0	78,4	77,5	76,6	90,7
	1992					
Construction	1990	84,4	84,5	83,4	82,0	
	1991	72,1	74,9	77,2	80,9	
	1992					

T = Trimestre. Source : *Statistique Canada*, cat. 31-003, vol. 17, no 4.

Les enquêtes sur les anticipations des entrepreneurs

Contrairement aux consommateurs qui ne planifient que très rarement leurs dépenses, les entreprises ont des plans d'investissement et des prévisions de demande. Aux États-Unis, c'est depuis la dernière guerre que le ministère du Commerce publie « L'Enquête sur les dépenses en usines et en équipements neufs ». Les enquêtes de McGraw-Hill, de printemps et d'automne, sur les plans de nouvelles usines et d'équipement portent sur toutes les grandes entreprises et un échantillon de PME.

C'est sur le modèle des enquêtes américaines que Statistique Canada publie son Enquête sur les dépenses en immobilisation des 300 plus grandes entreprises (EDIGE). Un questionnaire est envoyé aux entreprises pour leur demander en février et en août quels sont leurs projets d'investissement, quels sont ceux qu'elles ont réalisés et ceux qu'elles ont révisés. À partir des résultats, on prévoit s'il va y avoir dans l'année ou les prochaines années une reprise des investissements et on peut même se faire une idée de l'importance des sommes qui seront dépensées.

Il existe trois enquêtes effectuées par Statistique Canada sur l'investissement privé et public en construction non résidentielle. La première, en novembre de chaque année, donne des estimations des dépenses pour l'année en cours et pour l'année à venir, la seconde en juin pour faire des révisions et, la troisième l'année suivante enregistre les travaux réalisés.

Les indices précurseurs

Dans la construction, il est possible de prévoir le montant des investissements en compilant les permis de construire et les mises en chantier. Par exemple, pour les mises en chantier des logements individuels, 50 % des travaux sont en général réalisés durant le premier trimestre, 40 % dans le trimestre suivant et le reste dans le troisième trimestre. On peut également savoir s'il y a reprise ou ralentissement en se fiant aux ventes en gros de bois d'œuvre et de matériaux de construction.

Tous ces renseignements permettent aux conjoncturistes de faire des prévisions qui permettront aux décideurs d'agir d'une façon plus éclairée.

Contrôle des connaissances

- *Que signale le taux d'utilisation de la capacité de production ?*
- *Comment prévoir le niveau des investissements ?*

10.6 L'intervention du gouvernement dans le domaine des investissements

Compte tenu de la situation, le gouvernement décidera d'intervenir indirectement dans, le domaine des investissements par des incitations fiscales ou directement en investissant lui-même.

L'équilibre épargne-investissement

Pour que l'économie soit en équilibre, il faut non seulement que la demande globale planifiée soit égale à l'offre globale, que les dépenses soient égales aux revenus mais il faut aussi que l'épargne soit égale à l'investissement. $E = I$.

Lorsque l'épargne n'est pas compensée par une volonté équivalente d'investir, elle entraîne à moyen terme une insuffisance de la demande globale.

L'épargne sert à financer l'investissement; aussi pourrait-on s'étonner qu'il puisse exister un déséquilibre entre l'épargne et l'investissement.

L'épargne, au lieu de financer des dépenses d'immobilisation productives, peut financer les investissements en stocks de produits finis qui sont en fait des investissements involontaires. Les stocks d'invendus révèlent une situation de surproduction, de déséquilibre économique; ils coûtent cher en pure perte.

L'épargne peut aussi être thésaurisée (achat de métal précieux) ou nourrir la spéculation boursière ou immobilière, ce qui ne crée aucune richesse. L'épargne peut aussi fuir à l'étranger.

Si ce déséquilibre entre l'épargne et l'investissement subsiste, il est nécessaire selon J.M. Keynes que les pouvoirs publics interviennent avant que la situation devienne incontrôlable.

Les incitations fiscales

Les pouvoirs publics ont la possibilité d'influencer le niveau des investissements en créant un environnement propice. Un niveau de taxation plus élevé que dans un autre pays ou au contraire des déductions fiscales plus généreuses peuvent repousser ou attirer les investisseurs internationaux.

Quand une entreprise achète une nouvelle machine, l'administration publique lui permet de déduire de ses revenus le coût de cet investissement selon une table d'amortissement qui tient compte de la durée de vie du matériel. Un amortissement accéléré aura un effet incitatif encore plus fort. Des programmes d'aide aux entreprises avec des subventions donnent un élan aux personnes qui voudraient se lancer dans les affaires.

Les investissements publics

Pour que l'effet multiplicateur des investissements ait une action durable, il est nécessaire que le niveau des investissements se maintienne de période en période. Une diminution du volume des investissements peut engendrer un processus inverse, c'est-à-dire que l'effet multiplicateur peut agir en sens contraire. Une faible diminution des dépenses d'investissement va réduire le revenu national d'un montant plus important. Par exemple, une fermeture d'usine entraînera des pertes de revenu (sous forme de salaires, dividendes, etc.) pour un grand nombre d'agents économiques qui devront à leur tour réduire leurs dépenses.

Comme les dépenses d'investissement sont beaucoup plus instables que les dépenses de consommation, le gouvernement doit veiller à ce que le niveau des investissements soit constant. Lorsque les investissements privés diminuent, le gouvernement prend la relève et met en marche ses projets dont il avait d'ores et déjà obtenu les autorisations de programme (voir chapitre sur le budget).

En période de récession, le gouvernement utilise la main-d'œuvre au chômage pour effectuer des grands travaux. Dans ce cas, il utilise des facteurs de production non utilisés par le secteur privé.

Une partie des investissements sont réalisés par les administrations publiques tant locales que nationales. Au Canada, la part des investissements publics représente autour de 15 % (voir tableau 10.1) du total des investissements. Les travaux d'infrastructure qui nécessitent d'importants débours sont financés par des fonds publics. Les routes, les bâtiments d'intérêt public, les aéroports sont mis à la disposition des entreprises privées qui les utilisent à bon compte. Un pays doté d'une infrastructure efficace sera d'un grand attrait pour les investisseurs étrangers. Ces grands travaux sont financés soit par les impôts supplémentaires, soit par des emprunts publics. C'est ainsi que le gouvernement, une municipalité et une corporation publique vont faire appel à l'épargne privée en émettant dans le public des obligations.

Le gouvernement doit obtenir au préalable l'accord du Parlement sous forme d'« autorisation de programme » pour mettre en œuvre ses projets d'investissement. Comme les délais peuvent être longs, le gouvernement détient ces autorisations qu'il utilisera en fonction de la conjoncture. Les projets de construction de routes, d'aéroports seront mis de l'avant au moment jugé opportun, quand le secteur privé sera au ralenti et que de nombreux travailleurs seront au chômage de telle sorte que les salaires restent stables.

Contrôle des connaissances

- *Que se passe-t-il quand l'épargne n'est pas égale à l'investissement ?*
- *Pour quelle raison l'État doit-il surveiller le niveau des investissements ?*
- *Qu'est-ce qu'une autorisation de programme ?*

Conclusion

Un investissement, comme toute dépense, produit l'effet d'une injection monétaire. Comme la demande augmente, les prix auront tendance à augmenter ce qui stimulera d'autant la production. Un plus grand nombre de personnes normalement devraient être engagées et le chômage devrait se résorber dans la mesure où la technologie ne supprime pas un plus grand nombre d'emplois qu'elle n'en crée.

Pour qu'il y ait une relance des investissements privés, il faut au préalable que la consommation redémarre ou que les exportations se renforcent. Sans ces incitatifs, le déclin des investissements peut être durable et l'avenir de la communauté en sera hypothéqué. Aussi Keynes pensait que l'adoption par le gouvernement d'une politique de grands travaux était une façon de briser le cercle vicieux de la récession.

Cependant, avec la mondialisation de l'économie et les stratégies des multinationales qui planifient leur production à l'échelle planétaire, les pays se concurrencent pour offrir des conditions les plus avantageuses aux investisseurs étrangers. Pour attirer et retenir les capitaux, les gouvernements accordent des déductions fiscales, des subventions qui réduisent d'autant les bénéfices escomptés pour la collectivité.

Résumé

Les investissements représentent 20 % de la demande globale. D'une année à l'autre, la croissance des investissements peut varier grandement. Pour identifier les secteurs affectés, le gouvernement utilise les données statistiques sur les différents types d'investissements privés et publics. Les investissements, qu'ils soient domestiques ou étrangers, concernent la formation brute de capital fixe qui comprend les investissements en machine et matériel, la construction résidentielle et non résidentielle auxquels il faut ajouter les stocks.

La décision d'investir dépend d'un grand nombre de facteurs déterminants comme la situation économique générale, l'augmentation de la consommation ou des exportations, l'intensification de la concurrence, l'accès aux ressources financières, le coût de la main-d'œuvre, le taux d'utilisation de la capacité de production, le climat politique, etc.

Les dépenses d'investissement ont un effet d'entraînement que l'on peut évaluer à partir d'un multiplicateur qui dépend lui même de différentes propensions. Compte tenu des propensions marginales à consommer (PmC), à taxer (PmT) et à importer (PmM), le multiplicateur sera plus ou moins fort. Selon la situation, le gouvernement interviendra par des mesures incitatives ou des programmes d'investissements publics de telle sorte que le niveau des investissements se maintienne de période en période.

Mots clés

Amortissements

Autorisation de programme

Biens d'équipement

Dépenses d'immobilisation

Effet multiplicateur d'un investissement

Études pays-risque

Fonds de roulement

Formation brute de capital fixe

Infrastructure

Inventaires ou stocks

Investissement involontaire

Investissement net

Investissement brut

Productivité du capital

Propension marginale à taxer

Propension marginale à importer

Exercices

1. Parmi les dépenses suivantes lesquelles ne sont pas considérées par la comptabilité nationale comme « investissement » ?

_____ a) Les variations de stocks de matières premières.

_____ b) L'acquisition de nouveaux équipements.

_____ c) La construction d'immeubles.

_____ d) La formation brute de capital fixe.

_____ e) L'achat de titres boursiers.

_____ f) L'entretien des machines.

2. L'effet du multiplicateur sera d'autant plus fort que... (Terminez la phrase par « forte » ou « faible »)

a) Que la propension marginale à consommer (PmC) sera plus _____ .

b) Que la propension marginale à épargner (PmE) sera plus _____ .

c) Que la propension marginale à taxer (PmT) sera plus _____ .

d) Que la propension marginale à importer (PmM) sera plus _____ .

3. Calculez l'augmentation du revenu intérieur net, suite à un investissement, sachant que la PmC est égale à 0,5 (PmT et PmM = 0) et que le gouvernement effectue des travaux de réparation du réseau routier pour 1 milliard de dollars.

4. Dans quel sens évolueraient les investissements si, toutes choses étant égales par ailleurs, on apprenait que (+, - et * pour inchangé) :

_____ a) Le Canada vit une période d'instabilité politique.

_____ b) Le niveau de l'épargne diminue.

_____ c) Les chefs d'entreprises estiment que la situation comporte trop d'incertitudes.

_____ d) Les taux d'intérêt connaissent une période de détente.

_____ e) La concurrence entre les grandes entreprises s'intensifie.

_____ f) Le gouvernement accepte des amortissements accélérés.

_____ g) La consommation ralentit.

_____ h) Le gouvernement augmente les taxes sur les achats.

_____ i) Le gouvernement décide de construire une série de grands barrages.

_____ j) Les étrangers rapatrient leurs capitaux.

_____ k) Le taux d'utilisation de la capacité de production est de plus en plus faible pour l'ensemble de l'industrie.

Questions d'intégration multidisciplinaire

	Économie	Sociologie	Histoire	Anthropologie	Psychologie	Sc. politique	Géographie
1. Pour convaincre des investisseurs étrangers à venir au Québec, quels sont les points que vous porteriez à leur connaissance ?	X	X				X	X
2. Étudiez un pays étranger qui pourrait accueillir des investissements canadiens. Faites ressortir les points forts des points faibles.	X	X				X	X
3. Hydro-Québec veut construire un nouveau barrage dans le grand nord : quels seraient les différents éléments à étudier.	X	X		X			X
4. Quelles ont été les conséquences de la construction du chemin de fer transcanadien dans les années 1860 ?	X	X	X			X	X

Lectures suggérées

Le rôle des stocks dans les fluctuations de l'économie canadienne, Revue de la Banque du Canada, printemps 1996.

Sites Web

www.cmhc_schl.gc.ca
   Société canadienne d'hypothèques et de logements.

La monnaie

Au terme de ce chapitre vous serez capable de :

 Décrire le rôle que joue la monnaie dans une économie de marché;

 Raconter les grandes étapes de l'histoire de la monnaie;

 Énumérer les différentes sortes de monnaie qui circulent et évaluer leur importance relative dans la masse monétaire;

 Expliquer le processus de la création de monnaie par les banques.

Dans une économie où se pratique l'échange, c'est la monnaie qui permet de régler les transactions. La monnaie articule les relations commerciales entre les agents économiques. On la compare au sang qui circule dans le corps. Trop d'argent provoque de l'inflation, et quand il n'y en a pas assez cela nuit à l'expansion économique. L'État contrôle le volume de la monnaie en circulation et son débit pour en garantir la valeur. Pour ce faire, il est nécessaire de comprendre le rôle que joue la monnaie dans une société, de savoir d'où elle vient, ce qu'elle représente et ce qu'elle est réellement sur le marché monétaire.

11.1 La monnaie dans une économie de marché

L'évolution de la monnaie depuis son invention a été le reflet des transformations économiques, politiques et technologiques qui ont eu lieu au cours de l'histoire. Elle illustre plus particuliè-rement le type de rapports de pouvoir qui se tissent entre les différents agents économiques et l'autorité publique qui régit les relations commerciales. Au fur et à mesure que se mit en place une économie de marché, le pouvoir de l'argent se substitua au pouvoir des propriétaires fonciers. Actuellement l'argent détenu par une personne physique ou morale (société) mesure son pouvoir d'achat. On comprend son attrait.

Comme la valeur de l'argent dépend du rapport qui existe entre le volume de la monnaie en circulation et la valeur de la production, les pouvoirs publics doivent contrôler la création monétaire et veiller à ce que l'inflation ne vienne pas dangereu-sement miner la confiance sur laquelle repose tout le système.

L'histoire de la monnaie

Le commerce, qui implique un échange de gré à gré, a sans doute adouci les rapports humains. Traditionnellement dans les sociétés guerrières on ne commerçait pas, on prenait par la force. Le rapt, les mises à sac des villes, les razzias, rapportaient des butins qui récompensaient les risques encourus. Pour alléger le fardeau des soldats, des commerçants suivaient les armées et contre de l'argent plus facile à transporter, ils achetaient le produit des rapines.

L'argent tant désiré parce qu'il représente un pouvoir d'achat est un instrument qui facilite les échanges; au cours du temps il a pris des aspects variés. Au début, c'était un objet utilitaire ou religieux, puis il s'est peu à peu dématérialisé. Paradoxalement, d'instrument qui permettait les échanges de produits ou de services, la monnaie est elle-même devenue une marchandise dont le prix se fixe en fonction de l'offre et de la demande qui s'exprime sur un marché mondial. Aujourd'hui le marché de l'argent est sans doute un des plus lucratifs.

Pour ce que nous en savons, la monnaie est apparue avec le commerce à la fin du néolithique avec les premières villes, 7000 ou 8000 ans avant J.-C.

Alors que le troc implique une réciprocité, l'argent permet d'obtenir un objet ou un service d'une personne sans qu'il soit nécessaire d'avoir un autre objet ou service à lui offrir en échange. Pour qu'un objet joue le rôle d'une monnaie, il faut que les membres du groupe où il circule aient foi en son pouvoir d'achat universel. D'ailleurs le mot grec monas qui a donné *moneta* en latin puis monnaie en français, signifiait unité. Les objets qui ont pu être utilisés par les différentes sociétés où se pratiquait l'échange généralisé sont d'une surprenante variété. Avant l'apparition des pièces de monnaie, on utilisait selon les pays, des plaques de sel, des coquillages, des morceaux de métal. En Nouvelle-France, les peaux de castors étaient utilisées comme monnaie et on a même eu recours de 1685 à 1750 à des cartes à jouer, faute de numéraire suffisant pour payer les soldats qui étaient eux-mêmes les principaux consommateurs de la colonie.

La monnaie doit posséder certaines caractéristiques; elle doit être rare, facilement transportable et bien reconnaissable.

Pendant toute l'Antiquité et le Moyen-Âge, l'argent ne jouait pas un rôle très important puisque le pouvoir appartenait à ceux qui conquéraient les terres et dominaient les peuples. Le commerce marginal ne pouvait pas non plus se développer, car il y avait peu d'argent en circulation. Avec la découverte de l'Amérique, au 16e siècle, l'or et l'argent des Indiens vont résoudre le problème de manque de numéraire et le commerce ainsi que l'artisanat vont prendre un essor considérable. De grandes fortunes vont se créer. Compte tenu de la multiplication des échanges, de nouveaux moyens de paiement vont être inventés. La monnaie scripturale (lettre de change) aurait été utilisée par

L'origine des pièces de monnaie

Hérodote (484-420 av. J.-C.) raconte que c'est en Lydie au 6e siècle av. J.-C. (actuellement la Turquie) que sont apparues les premières pièces de monnaie frappées à l'effigie du roi Crésus qui régnait sur un pays où le fleuve Pactole, célèbre pour l'or qu'on en tirait, l'avait rendu fabuleusement riche. D'où l'expression encore utilisée de « riche comme Crésus ». Les marchands, les artisans et des filles qui exerçaient le métier de courtisanes pour l'honorer avaient financé le tombeau de son père. Au sommet, il y avait cinq bornes, sur lesquelles étaient gravées l'indication de la part prise à l'ouvrage par chaque groupe et leur mesure; la part des courtisanes se montrait la plus importante. En effet, ces jeunes filles étaient également très riches parce qu'avant de se choisir un mari, elles se constituaient une dot en pièces de monnaie. Les Grecs attribuaient donc l'invention des pièces de monnaie au « plus vieux métier du monde ». Mais selon des archéologues, on retrouve des pièces en électrum, mélange d'or et d'argent, dans les cités commerçantes d'Asie Mineure, bien antérieurement.

les Arabes au Moyen-Âge et les marchands italiens, florentins et vénitiens, à la Renaissance.

Le papier-monnaie (connu des chinois depuis le 12e siècle) qui représentait au départ des certificats d'or déposés chez des orfèvres, premiers banquiers, va être utilisé de plus en plus à partir du 17e siècle. Et progressivement, au fur et à mesure que le public s'habitue aux nouveaux moyens de paiement et que les échanges commerciaux s'intensifient, la monnaie va se dématérialiser.

À partir de la première guerre mondiale, en 1914, la monnaie se détache de l'or et devient une monnaie fiduciaire, c'est-à-dire dont la valeur est uniquement fondée sur la confiance. Ne trouve-t-on pas la devise *In god we trust* sur la monnaie américaine. Si le public perd confiance, le pouvoir d'achat de la monnaie disparaît.

Ce système fondé sur la foi pourrait paraître fragile : au contraire, il est d'une formidable solidité. Cela tient au fait que tous les membres de la société ont tout intérêt à croire au système sous peine de se voir du jour au lendemain dépossédés de leur avoir, de leur pouvoir d'achat.

Un effondrement du système monétaire équivaudrait à repartir à zéro dans ce vaste jeu de Monopoly qu'est la société capitaliste. Face à l'affaiblissement de la concurrence, qui fausse le jeu du libre marché, certains pensent qu'un retour à la case départ, un nouveau *big bang,* permettrait à nouveau une course à la richesse plus juste. Il y aurait comme une annulation des dettes et des épargnes, seuls les patrimoines, en valeur réelle, pourraient être conservés ce qui ne ramènerait pas tout le monde à la case départ.

Puis au papier-monnaie ont succédé la monnaie scripturale et la monnaie électronique, basées sur de simples écritures et parfaitement adaptées au rythme effréné des transactions commerciales d'aujourd'hui. À la vitesse de la lumière, les capitaux passent d'une place financière à une autre par delà les frontières politiques et ils échappent de plus en plus à la souveraineté des nations et au contrôle des pouvoirs publics ce qui n'est pas sans présenter une menace pour la démocratie.

Les différentes sortes de monnaie dans notre économie

En général, quand un pays devient indépendant, il adopte sa propre monnaie qui peut prendre plusieurs formes. La monnaie est une unité de compte qui permet d'évaluer la valeur des biens et des services à partir d'un même étalon, d'un même point de repère. Comme on se sent désorienté quand on arrive dans un pays étranger ! Pour s'y retrouver, on tente de convertir les prix du pays dans notre monnaie pour savoir si cela est cher ou pas.

Actuellement, nous utilisons plusieurs sortes de monnaies qui ont chacune leur utilité spécifique. La somme des pièces de monnaie en circulation (monnaie divisionnaire), des billets de banque (papier-monnaie) et des dépôts dans les banques (monnaie scripturale) constituent la **masse monétaire** d'un pays.

Les pièces de monnaie ou monnaie divisionnaire

Les pièces de monnaie divisent en général l'unité monétaire en plus petites parts. Par exemple, le dollar est divisé en cents (il y a 100 cents par dollar), le franc en centimes, etc.

Les pièces de monnaie en circulation représentent un pourcentage de plus en plus faible de la masse monétaire dans les pays capitalistes développés. Elles ont un pouvoir libératoire limité, c'est-à-dire qu'on ne peut pas payer avec des pièces des sommes très importantes. Par exemple, avec des 10 cents on ne pourrait pas payer un repas dans un restaurant à moins que le commerçant ne fasse une faveur de les accepter. Légalement ces pièces ne libèrent pas des dettes.

Les pièces de monnaie sont fabriquées par une entreprise d'État ou privée dans un métal qui ne doit pas coûter plus cher que la valeur qui est inscrite sur la pièce. En d'autres termes, la **valeur marchande** ne doit pas être supérieure à la **valeur d'échange**. Quand cela se produit, les détenteurs des pièces de monnaie les retirent de la circulation pour les revendre au poids ce qui est pour eux plus avantageux. Avant 1966, les pièces de dix et de vingt cinq cents étaient en argent et on a dû les retirer de la circulation pour cette raison. Même si le métal n'a pas grande valeur, le coût de production de la monnaie peut être cependant supérieur à la valeur nominale à cause de la gravure et de la manutention. La pièce d'un cent canadien coûtait en 1993 à l'État 1,5 cent !

Les pièces de monnaie servent pour les petits achats, les pourboires et pour rendre... la monnaie. On les utilise dans les machines distributrices, les péages et les parcomètres, mais dans un proche avenir l'usage des cartes à puces, beaucoup moins coûteuses, les remplaceront. Les pièces de monnaie qui n'ont plus cours sont refondues ou conservées par les numismates.

Le papier-monnaie

Les billets de banque représentent une reconnaissance de dette de la banque centrale envers le porteur, c'est la raison pour laquelle le montant en circulation figure au passif de son bilan (voir chapitre 12). La banque centrale se charge de les fabriquer par planches avec des gravures très sophistiquées pour en compliquer la reproduction. Au Canada, la production et l'émission des billets représentent pour la banque le deuxième coût d'opération après les salaires. En 1990, cela lui a coûté

41,5 millions de $ soit 22 % de ses dépenses d'exploitation (qui étaient de 186,6 millions). Ces billets ne représentent que le tiers de la masse monétaire. C'est une monnaie fiduciaire à cours forcé (l'État oblige les agents économiques à accepter ces billets comme moyen de paiement sans possibilité de remboursement d'or) au pouvoir libératoire illimité, c'est-à-dire que l'on peut payer n'importe quel montant en billets de banque.

Les banques qui comptent peu de commerçants parmi leurs clients n'ont pas suffisamment de dépôts en espèces, aussi doivent-elles demander à la banque centrale de lui fournir différentes coupures.

La manipulation des billets coûte très cher au système bancaire. Que l'on pense au transport de l'argent par camions blindés, au risque de braquage, aux machines distributrices, aux différentes manipulations comme le tri des billets abîmés. En 1993, quatre milliards de billets ont transité par la Banque du Canada.

Pour des raisons de commodité, comme pour les pièces de monnaie, l'usage des billets de banque tend lui-même à être remplacé par l'argent électronique sauf sur le marché noir où les paiements en argent liquide sont moins compromettants. Depuis l'utilisation des machines distributrices d'argent (les guichets automatiques), certaines coupures comme les 10 et les 20 dollars sont à nouveau de plus en plus utilisées, mais on peut prévoir que dans un proche avenir les cartes de débit et le porte-monnaie électronique qui est une carte à puce capable de stocker des fonds, viendront les remplacer.

La monnaie scripturale et électronique

C'est une monnaie matérialisée par un jeu d'écriture. On crédite et on débite un compte. Les chèques, les virements de compte à compte, les ordres de paiement, les cartes de débit, les transferts électroniques de fonds (TEF), les porte-monnaie électroniques

Les définitions de la masse monétaire et des différents agrégats monétaires

On désigne par masse monétaire (Mo) l'ensemble des moyens de paiement d'un pays. C'est la somme d'argent détenue par les différents agents économiques. Cela comprend les pièces de monnaie, les billets de banques (espèces ou monnaie hors banque), les comptes dans les différents organismes financiers (banques, caisses d'épargne, fiducies, etc.).

M1, ou masse monétaire au sens étroit du terme, concerne les espèces et les comptes de chèques dans les banques, c'est-à-dire les encaisses de transactions qui servent aux achats courants.

M1+, M2, M3, etc., qui comprend M1 plus différents comptes d'épargne plus ou moins rapidement mobilisables. Les agrégats monétaires, dans un sens plus large, peuvent ainsi inclure les comptes d'épargne, voir même les certificats de dépôt, les obligations, les fonds de placement, etc.

avec cartes à puces sont des moyens de régler des comptes sans avoir à manipuler de papier-monnaie. La télématique permettra, à partir d'un simple appareil de télévision ou d'un ordinateur, d'effectuer toutes ses transactions bancaires en restant chez soi. Prélèvements et virements automatiques, l'argent circule uniquement sous forme d'information.

Contrôle des connaissances

- *Comment le pouvoir de l'argent s'est-il substitué au pouvoir de la terre ?*
- *À quoi sert l'argent ?*
- *Qu'est-ce qui fonde le pouvoir de la monnaie ?*
- *Qu'est-ce qui peut faire varier le pouvoir d'achat de la monnaie ?*
- *Quelles sont les fonctions de la monnaie ?*
- *Qu'est-ce que la masse monétaire ?*

11.2   Les sources de création de monnaie

La masse monétaire augmente au fur et à mesure que se développent les besoins en argent de l'économie. Il existe donc des lieux où se crée la monnaie, des sources que les pouvoirs publics devront bien identifier et bien comprendre, s'ils veulent en contrôler le débit. Effectivement, la monnaie peut être créée dans l'économie soit par la banque centrale, soit par les banques à charte quand elles accordent des prêts.

La création de monnaie par la banque centrale

Traditionnellement, c'était le seigneur féodal, puis le roi, qui avait le privilège de l'émission de la monnaie. Ce privilège régalien n'a pas survécu et l'émission de monnaie a été de plus en plus confiée à un organisme indépendant, une banque centrale.

Comme le processus de création monétaire par la « planche à billets » est hyper-inflationniste, les banques centrales y ont très peu recours sauf en cas de force majeure, pour financer une guerre par exemple. Quand les premiers billets de banque ont été utilisés et qu'on ne faisait pas encore le lien entre la quantité de billets en circulation et la valeur de ces billets, les gouvernements avaient recours à la planche à billets pour financer leurs dépenses.

Après les guerres napoléoniennes, au début du 19e siècle, plusieurs États furent acculés à la banqueroute pour avoir déprécié leur monnaie à force d'en avoir trop imprimé. La Prusse en 1807, les Pays-Bas en 1814, l'Autriche en 1811 et le

Danemark en 1816 connurent ce genre de déboires. On comprit dès lors qu'il fallait confier à des organismes indépendants la création de monnaie. Cependant, la banque centrale a tout de même la possibilité de créer de la monnaie *ex nihilo* en faisant des avances de fonds au gouvernement. Par exemple, s'il advenait que le compte du gouvernement ne soit pas suffisamment approvisionné pour payer les fonctionnaires à la fin du mois, le gouvernement pourrait demander une avance à la banque centrale. Sur un simple appel téléphonique, la banque centrale inscrirait, au crédit du compte du gouvernement, la somme désirée en achetant des bons du trésor. Dans ce cas, la masse monétaire augmenterait et cela aurait pour effet de faire monter les prix. Cette pratique génère automatiquement de l'inflation, c'est pourquoi un gouvernement qui se donne pour objectif de lutter avant tout contre l'inflation pour maintenir la confiance en la monnaie, ne peut se permettre de faire fonctionner la « planche à billets ».

Quand, par ailleurs, des entreprises canadiennes exportent des produits à l'étranger, elles reçoivent des devises, c'est-à-dire de la monnaie étrangère. Ces devises sont acheminées à la banque centrale. Les devises sont alors conservées dans les voûtes de la banque et elles serviront à payer les importations. Ainsi, les exportations sont en soi inflationnistes puisqu'elles vont faire augmenter le volume de l'argent en circulation dans la société alors que les biens ont été vendus à l'étranger. Cependant dans la mesure où l'on pourra se procurer des produits importés moins chers que ceux produits au pays, l'effet contraire contrebalancera l'effet inflationniste des exportations.

La création de monnaie par les banques

En fait, ce sont essentiellement les banques qui créent la monnaie dans les économies capitalistes avancées. Pour que le processus fonctionne, il faut au préalable que le système bancaire soit bien organisé, qu'il soit solide et fiable. Pour en arriver là, il aura fallu des siècles.

L'activité bancaire

Pour les besoins de la démonstration, nous allons supposer qu'il n'existe qu'une banque dans le pays. Ce qui veut dire que si un agent retire de l'argent de son compte pour payer une dépense à quelqu'un d'autre, cette autre personne dépose dans la banque le somme reçue. Pour la banque, il y a toujours autant d'argent.

Au départ, pour créer une banque, il faut que quelques actionnaires mettent en commun de l'argent pour constituer un capital-action. Cet argent va servir à acheter un immeuble qui donnera confiance aux futurs déposants; la banque achètera également quelques obligations du gouvernement.

En étudiant le bilan d'une banque on comprend mieux la nature de ses activités.

Le Passif d'un bilan enregistre tout ce que l'entreprise doit (dettes) tandis que l'actif décrit comment est utilisé l'argent (avoirs). Cette méthode de comptabilité à partie double compte les mêmes sommes sous deux angles différents, sous l'angle des dus et des avoirs. Comme les deux parties doivent être égales, on repère vite les erreurs.

Pour une banque qui vient de se constituer, on retrouve bien dans sa présentation comptable le capital-actions (1000 $) au passif qui est égal à la somme des immobilisations, (immeuble) et des placements (obligations).

Bilan 1

ACTIF (avoir)		PASSIF (dus)	
Immeuble	800 $	Capital-actions	1000 $
Obligations	200 $		
TOTAL	1000 $	TOTAL	1000 $

L'objectif d'une banque est de recueillir dans un premier temps l'épargne et les dépôts des autres agents économiques, mais à ce stade, la banque ne fait pas encore d'argent. Son activité va commencer à être lucrative quand elle va prêter de l'argent à un taux d'intérêt supérieur à celui qu'elle aurait à payer si elle empruntait elle-même cet argent. C'est aussi à partir de ce moment qu'elle prend des risques et que sa principale vulnérabilité sera l'insolvabilité des emprunteurs. Par mesure de sécurité, elle ne prêtera pas la totalité de l'argent qu'on lui a confié au cas où les déposants retireraient leur argent. Elle va donc se constituer une réserve et le reste représentera le montant qu'elle pourra prêter aux particuliers et aux entreprises.

Le coefficient de la réserve est égal au rapport de la réserve de la banque sur ses dépôts,

$$\text{Coefficient de réserve} = \frac{\text{réserve}}{\text{dépôts}}$$

soit dans l'exemple du bilan 2 :

$$\text{Coefficient de réserve} = \frac{10\ \$}{100\ \$} = 10\ \%$$

Bilan 2

ACTIF (avoir)		PASSIF (dus)	
Immeuble	800 $	Capital-actions	1000 $
Obligations	200 $	Dépôts	100 $
Réserve	10 $		
Excédent	90 $		
TOTAL	1100 $	TOTAL	1100 $

Ayant reçu un dépôt de 100 $, la banque met en réserve, pour sa sécurité, 10 $. Le montant qu'il lui reste soit 90 $, qui représente l'excédent, pourra être prêté (réserve excédentaire).

Supposons maintenant que la banque accorde un prêt de 60 $.

Puisque la banque a prêté 60 $ alors qu'elle pouvait disposer de 90 $, la réserve excédentaire se monte donc à 30 $ (90 $ - 60 $). Le prêt de 60 $ a généré un nouveau dépôt de 60 $; suite à ce dépôt, une nouvelle réserve obligatoire de 6 $ laisse une réserve excédentaire de 54 $ (60 $ - 6 $).

Bilan 3

ACTIF (avoir)		PASSIF (dus)	
Immeuble	800 $	Capital-actions	1000 $
Obligations	200 $	Dépôts	100$
Prêt	60 $	Nouveau dépôt	60 $
Réserve	10 $ + 6 $		
Excédent	30 $ + 54 $		
TOTAL	1160 $	TOTAL	1160 $

Lorsqu'une banque accorde un prêt, cela se traduit par une augmentation des dépôts. En effet, la banque va ouvrir un nouveau compte de dépôt dans lequel elle déposera le montant du prêt accordé. Or, on définit la masse monétaire, au sens strict du terme, comme étant la somme de la monnaie hors banque et du solde des comptes de dépôt; donc, quand une banque accorde un prêt cela augmente d'autant les dépôts, donc la masse monétaire.

Le multiplicateur des dépôts bancaires

Comme nous avons vu, à chaque fois que la banque accorde un prêt, un nouveau dépôt se crée. Ce nouveau dépôt, à son tour permet à la banque d'accorder un nouveau prêt. Par mesure de sécurité ou par obligation, la banque va devoir mettre en réserve une part de ce dépôt. Plus cette part sera importante, moins la banque aura d'argent à prêter. Supposons que le coefficient de réserve soit de 10 %; cela signifie que pour un dépôt de 100 $, elle ne pourra prêter que 90 $ puisqu'il lui faudra mettre 10 $ en réserve.

Ayant prêté 90 $, il y aura un nouveau dépôt de 90 $, qui pourra à son tour être prêté à 90 %, etc. Pour calculer l'augmentation de la masse monétaire qui en résulterait, si les demandes d'emprunts étaient intarissables, on utilise la formule du multiplicateur des dépôts bancaires, k.

$$k = \frac{1}{\text{coefficient de réserve}}$$

si ce coefficient est égal à 10 %, k sera égal à 1/10 %, soit 10.

Cela signifie qu'un dépôt de 100 $ pourrait théoriquement faire augmenter la masse monétaire de 10 x 100 $ = 1000 $, si la banque accordait tous les prêts possibles.

Nouveau dépôt de	100 $
Excédent de 90 $ × 10 (k)	900 $
AUGMENTATION DE LA MASSE MONÉTAIRE = 1000 $	

Si le coefficient de réserve est porté à 20 %, k sera égal à 1/20 %, soit 5.

Nouveau dépôt de	100 $
Réserve excédentaire de 80 $ × 5 (k)	400 $
AUGMENTATION DE LA MASSE MONÉTAIRE = 500 $	

Cela signifie que pour un dépôt de 100 $, la masse monétaire pourrait augmenter de 5 × 100 $ = 500 $, si encore une fois, la banque accordait tous les prêts possibles.

Donc plus ce coefficient de réserve est élevé, moins la masse monétaire peut augmenter. Dans le chapitre suivant, nous verrons comment théoriquement ce coefficient peut être fixé par la banque centrale dans le cadre de sa politique monétaire. Effectivement, c'est en contrôlant les réserves des banques que la banque centrale contrôle la liquidité qui circule dans le système bancaire.

En réalité les banques créent de la monnaie en fonction des demandes d'emprunts qui leur sont faites et qui leur semblent sécuritaires. Aussi peut-on dire que la monnaie est créée pour répondre aux besoins d'argent « raisonnables » des agents économiques.

De la même façon que la masse monétaire augmente en fonction des prêts, la masse monétaire diminue au moment où se remboursent les prêts. Dans ce cas il y a phénomène de destruction monétaire.

La compensation

Dans l'exemple précédent, nous faisions comme s'il n'y avait qu'une banque, or dans le système bancaire les agents économiques ont le choix entre plusieurs établissements. Cette situation de concurrence entre les banques permet d'obtenir un prix de l'argent déterminé par l'offre et la demande qui est moins

L'Association canadienne des paiements (ACP)

L'Association canadienne des paiements a été constituée en 1980 pour remplacer l'ancienne Association des banquiers canadiens. Toutes les institutions qui reçoivent des dépôts transférables par chèques en font partie comme les banques à charte, les sociétés de fiducie, la Caisse Centrale Desjardins. Pour ce faire toutes ces institutions ont un compte à la Banque du Canada.

onéreux qu'un prix de monopole. Cependant, le circuit de l'argent est plus complexe; en effet si une personne dépose son argent dans une institution A et fait des chèques au profit d'une personne qui a son compte dans une banque B, on pourrait craindre que la banque A ne puisse honorer ses paiements. Le problème en fait ne se pose pas car cette banque A pourra aussi recevoir des chèques de l'autre banque B. Pour régler les transactions, il existe une « chambre de compensation » où chaque banque a son compte et où, chaque jour, un décompte est fait de ce que chacune doit et reçoit des autres établissements bancaires. Au terme de la journée l'une ou l'autre banque règle son dû aux autres en empruntant de l'argent au jour le jour sur le marché monétaire.

Contrôle des connaissances

- *Qui crée la monnaie ?*
- *Que signifie l'expression « les prêts créent les dépôts » ?*
- *Quel est l'objet de l'activité bancaire ?*
- *Comment fonctionne la compensation bancaire ?*

Conclusion

Pour que la monnaie ait de la valeur, il faut avoir confiance en son pouvoir d'achat. Si cette confiance est minée, il se produira un phénomène de fuite devant cette monnaie. Au mieux une autre monnaie fera son apparition, au pire il y aura un retour au système du troc qui limite drastiquement les échanges. Pour que le pouvoir d'achat de la monnaie soit stable, il faut que les prix le soient également, donc il ne faut pas que la demande des biens et des services soit supérieure à la capacité de produire. Comme la principale source de création monétaire est liée au crédit que fournissent les banques, c'est à un organisme indépendant d'en surveiller le fonctionnement; tel sera le rôle d'une banque centrale que nous étudierons dans le prochain chapitre.

Résumé

La monnaie est apparue avec le commerce. Au début il s'agissait d'un bien tangible désiré par tous parce qu'il conférait à son possesseur un pouvoir d'achat sur tous les autres biens et services offerts sur le marché. Puis, peu à peu, la monnaie va se détacher de son support matériel, elle va se dématérialiser pour n'être plus qu'un symbole, une information.

Actuellement, il existe en circulation trois sortes de monnaie; la monnaie divisionnaire, le papier-monnaie et la monnaie scripturale. Quand on fait la somme de tous les moyens de paiement qui circulent dans un pays, on obtient la masse monétaire.

La monnaie est créée en fonction des besoins de l'économie, soit pour une faible part par la Banque centrale (privilège d'émission), soit et surtout par les banques quand celles-ci accordent des crédits aux agents économiques. En effet, à partir des dépôts des clients, les banques peuvent distribuer plus ou moins de crédits, compte tenu des règles de réserves que leur imposent les pouvoirs publics ou qu'elles adoptent elles-mêmes, par mesure de sécurité. Avec le temps, les banques se sont structurées dans un système cohérent et fiable.

Un système de compensation fait le décompte, chaque jour, des mouvements de crédit et de débit entre les différentes banques concurrentes.

Mots clés

Actif et Passif d'un bilan	Monnaie scripturale
Association canadienne des Paiements (ACP)	Monnaie hors banque
Compensation	Multiplicateur des dépôts bancaires
Dépôts	Numéraire
Espèces	Pouvoir libératoire illimité
Fiduciaire à cours forcé	Réserve
Masse monétaire au sens strict (M1)	Solvabilité ou insolvabilité d'une banque
Masse monétaire (Mo)	Valeur marchande – valeur d'usage

Exercices

1. Faites le bilan d'une certaine banque, compte tenu des renseignements suivants. À combien se montent son passif et son actif ? Calculez le coefficient de réserve.

   Dépôt du gouvernement = 1000 $ _____

   Encaisse = 1000 $ _____

   Dépôts du public = 8900 $ _____

   Dépôts des courtiers = 100 $ _____

   Obligations du gouvernement = 600 $ _____

   Prêts = 9400 $ _____

   Capital action = 1000 $ _____

2. Calculez le montant de la masse monétaire créée pour un nouveau dépôt de 1000 $ à la banque quand le coefficient de la réserve requise est de 5 %, 10 %, 20 %.

	Économie	Sociologie	Histoire	Anthropologie	Psychologie	Sc. politique	Géographie

Questions d'intégration multidisciplinaire

1. Étudiez comment un quelconque objet peut être utilisé comme monnaie ?	X						
2. Peut-on imaginer une société sans argent ?	X	X	X	X			
3. Quels sont les différents aspects du pouvoir de l'argent ?	X	X	X			X	
4. En Nouvelle-France comment avait-on résolu le manque de numéraire ?	X		X				

Lectures suggérées

Galbraith, John Kenneth (1976). *L'argent*, Idées, Gallimard, Paris.

Sédillot, René (1989). *Histoire morale et immorale de la monnaie*, Bordas, Paris.

Jacoud, Gilles (1994). *La monnaie dans l'économie*, Paris, F. Nathan.

Atta-Mensah, Joseph et Loretta Nott (1999). *L'évolution récente des agrégats monétaires et son incidence*, Revue de la Banque du Canada, printemps, p. 5-19.

Sites Web

www.cba.ca
   Association des banquiers canadiens.
www.rcmint.ca
   Monnaie royale canadienne.
Chaque grande banque possède son site.

Le marché de l'argent et la politique monétaire

Au terme de ce chapitre vous serez capable de :

▓ Juger de la fiabilité du système bancaire;

▓ Expliquer le fonctionnement du marché monétaire;

▓ Décrire les fonctions d'une banque centrale;

▓ Distinguer les différents taux d'intérêt;

▓ Décrire les interventions de la banque centrale dans le cadre de la politique monétaire.

Le gouvernement est tenu responsable de maintenir une saine situation économique et, pour ce faire, plusieurs types de politiques stabilisatrices peuvent être mises en œuvre, comme on l'a vu précédemment. L'une d'entre elles, la politique monétaire, contrôle le volume de la monnaie qui circule dans la société. Le responsable de la politique monétaire n'est cependant pas un membre du gouvernement, c'est le gouverneur de la banque centrale, qui jouit d'une plus ou moins grande autonomie. Théoriquement, le marché monétaire sur lequel se détermine le prix de l'argent est libre mais la banque centrale, en agissant sur l'offre de monnaie, peut interférer et fixer un taux d'intérêt qui lui permet d'atteindre les objectifs souhaités.

Les interventions de la banque centrale ont un impact considérable sur l'ensemble de l'économie, mais elles sont le plus souvent largement incomprises du public et les critiques qui lui sont adressées ne permettent pas d'y voir plus clair. C'est en étudiant les règles du jeu du marché monétaire et en connaissant les objectifs de la banque centrale que les agents économiques pourront mieux évaluer la pertinence des mesures prises par cette dernière et agir dans le même sens.

12.1 Le marché monétaire

Dans une économie de marché, l'argent comme toute chose est une marchandise et son prix, l'intérêt (ou loyer, ou rendement), est fixé par l'offre et la demande d'argent sur le marché monétaire (figure 12.1). Une fois déterminé, le loyer de l'argent exerce à son tour une grande influence sur tous les autres marchés, plus particulièrement sur le marché immobilier et le marché des biens durables qui impliquent le recours au crédit par les acheteurs. Le prix de l'argent contrôle en quelque sorte l'ensemble d'une économie qui fait appel au crédit; c'est la raison pour laquelle les pouvoirs publics ne peuvent rester indifférents quand il se produit des fluctuations du taux d'intérêt.

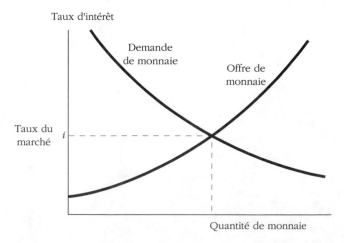

Figure 12.1

Le marché de l'argent et la fixation du taux d'intérêt.

Comme tout marché libre, le marché monétaire est le lieu de rencontre de ceux qui ont un surplus de fonds à prêter (offre de monnaie) et de ceux qui ont besoin d'emprunter de l'argent (demande de monnaie). Les principaux intervenants sont : les banques, les grandes entreprises, les compagnies d'assurances, les courtiers et la banque centrale.

Le marché de l'argent comporte plusieurs segments selon que l'argent est prêté ou emprunté plus ou moins longtemps :

– Le marché de l'argent au jour le jour (marché interbancaire) : l'argent est offert par les institutions financières qui possèdent des liquidités et il est emprunté par celles qui en manquent;
– Le marché des obligations à moyen terme de 1 an à 3 ans;
– Le marché des obligations à long terme de 3 à 30 ans ou plus.

Pour chacun de ces marchés, le prix de l'argent diffère (taux d'intérêt). Théoriquement, plus on emprunte de l'argent sur une longue période, plus le risque est élevé et donc le taux d'intérêt. On observe parfois que le prix de l'argent à court terme (rendement des obligations) est plus cher que l'argent à long terme quand les agents économiques s'attendent à une faible inflation future.

La demande de monnaie

Le marché monétaire n'est pas homogène car la demande de monnaie peut prendre plusieurs formes. Les entreprises ou les particuliers détiennent pour régler leurs dépenses des pièces de monnaie, des billets de banque ou des dépôts à vue mobilisés par des chèques, et ces encaisses ne rapportent rien (aucun taux d'intérêt). Ils peuvent aussi conserver de l'argent sous forme d'obligations qui rapportent des intérêts et sont rapidement remboursables.

Pour Keynes, il y a trois raisons pour lesquelles on peut désirer se procurer de la monnaie : pour payer ses dépenses courantes (motif de transaction), pour parer à une éventuelle dépense imprévue (motif de précaution) ou pour se prémunir

La perception d'un taux d'intérêt dans l'histoire

Selon la morale chrétienne du Moyen-Age, la perception d'un taux d'intérêt était interdite au nom de la fraternité. À cette époque là on ne distinguait pas encore les prêts pour la consommation et les prêts pour les investissements. On argumentait que le taux d'intérêt, l'usure, était le prix du temps et comme le temps appartenait à Dieu, il était diabolique de se l'approprier

Saint-Thomas d'Aquin avait bien trouvé quelques excuses pour dédommager celui qui avait charitablement un surplus à prêter à son prochain mais ce n'est qu'en 1570 que le protestant Calvin (Lettre sur l'usure) légitime la perception d'un taux d'intérêt sur les prêts et le profit de l'activité commerciale. À partir de ce moment le capitalisme va pouvoir se développer sans ce frein idéologique qui avait protégé les populations de l'asservissement des dettes, fléau de toute l'antiquité. Keynes prétend même que la perception des taux d'intérêts composés a effectivement permis la formidable accumulation capitaliste que l'on connaît.

contre la baisse du pouvoir d'achat de la monnaie : en cas d'inflation on achète un titre dont le prix risque à l'avenir d'augmenter (motif de spéculation). Cette demande de monnaie variera dans la mesure où le revenu et les taux d'intérêt augmentent ou diminuent.

La demande de monnaie est surtout fonction des demandes de crédit. Moins l'argent est cher, plus il devient intéressant d'en emprunter pour financer des investissements ou des biens ou services de consommation dont le prix risque d'augmenter à l'avenir.

La demande de monnaie dépend donc de plusieurs facteurs. Si les taux d'intérêt sont élevés, les gens vont préférer placer leur argent ou rembourser leurs emprunts plutôt que de détenir des encaisses stériles. Au lieu d'être des demandeurs, ils deviendront des offreurs.

Par contre, si les prix augmentent, il faudra prévoir plus d'argent pour régler les transactions. Lors d'une reprise économique, une demande de monnaie plus forte pourra faire monter les taux d'intérêt si l'offre de monnaie est rigide, et venir ainsi compromettre la reprise.

L'offre de monnaie

L'offre de monnaie dépend de la demande de monnaie et contrairement aux autres marchés des biens et services, les offreurs d'un jour peuvent être les demandeurs d'un autre jour, compte tenu de leur niveau de trésorerie. Ces intervenants sont particulièrement les banques, les institutions financières, la banque centrale, les gestionnaires d'entreprises. L'offre de monnaie est égale à la masse monétaire et c'est la banque centrale qui en contrôle le volume. En effet, les banques doivent pour des raisons de compensation déposer de l'argent à la banque centrale. La banque centrale peut faire varier ce dépôt obligatoire. Quand la banque centrale augmente ses réserves, les banques ont moins d'argent disponible à prêter; comme il y a moins d'argent en circulation, les taux d'intérêt augmentent. Au contraire, pour ajouter de la liquidité dans le système bancaire, la banque centrale prend « en pension » des effets c'est-à-dire qu'elle rachète, pour une période déterminée, des obligations détenues par les banques ou des courtiers. La banque centrale peut également utiliser les dépôts du gouvernement pour en transférer une partie à chacune des banques. Ces transferts d'argent augmenteront les dépôts des banques et donc leur possibilité de prêter (voir chapitre 11).

Les différents segments du marché de l'argent

Le prix de l'argent dépend théoriquement du temps. Emprunter de l'argent pour une journée ou pour trente ans ne comporte pas le même risque et les taux de rendement (l'intérêt étant aussi le prix du risque) ne seront donc pas les mêmes. Normalement les taux d'intérêt à court terme devraient être moins élevés que les taux à long terme mais en réalité le prix de l'argent dépend des anticipations sur le niveau futur de l'inflation et il arrive que les taux d'intérêt à court terme soient supérieurs aux taux d'intérêt à long terme (parce que les prêteurs veulent se prémunir contre la dépréciation de l'argent due à l'inflation) (figure 12.1). Le 22 avril 1998, par exemple, les obligations de 6 mois et de 3 ans avaient un rendement supérieur à celles de 7 ans.

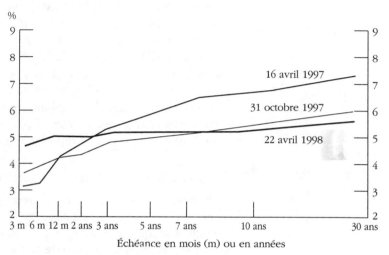

Figure 12.1

Structure des taux d'intérêt canadiens selon l'échéance. Taux de rendement des bons du Trésor et des obligations du gouvernement (1998). Source : *Banque du Canada.*

Le coût du financement à un jour dépend des liquidités demandées et offertes par les banques et les courtiers. Chaque jour un taux est fixé qui reflète les besoins ou les excédents de liquidités des banquiers et des courtiers.

Il existe par ailleurs un marché du papier commercial à 90 jours. C'est ce qu'on appelait traditionnellement les opérations d'escompte. Les banques prêtent de l'argent aux entreprises qui ont besoin de financer leurs achats jusqu'à ce qu'elles aient pu vendre leurs marchandises. Ces prêts sont mobilisés par des « effets » (reconnaissance de dette ou obligation à 90 jours) qui se négocient sur le marché et que la banque centrale peut réescompter.

Il existe donc différents niveaux d'échéances et de taux d'intérêt qui expriment la situation du marché de l'argent.

Contrôle des connaissances

- *Comment appelle-t-on le prix de l'argent prêté ou emprunté ?*
- *Quelles sont les trois raisons pour lesquelles on désire détenir de la monnaie selon Keynes ?*
- *Comment se détermine le prix de l'argent ?*

12.2   Le système bancaire

Pour distribuer le crédit et recueillir l'épargne des agents économiques, chaque pays dispose d'un réseau de banques privées qui théoriquement se font concurrence. La solidité du système est assurée par la banque centrale qui soumet les banques à des règles de fonctionnement strictes tout en garantissant de leur venir en aide en cas d'insolvabilité. Depuis la crise des années 1930, le gouvernement a créé, dans de nombreux pays, un système d'assurance-dépôt. Ainsi rassuré, le public n'ira pas en panique retirer son argent. Au Canada, les déposants pourraient être indemnisés jusqu'à 60 000 $ par institution par la société d'assurance-dépôts du Canada (SADC). Suite à la faillite de deux banques de l'Ouest du Canada, en 1985, le gouvernement fédéral a créé un Comité de surveillance des institutions financières (CSIF) qui juge de la viabilité et de la solvabilité des institutions financières. Ce comité peut décider de ne plus assurer une banque qui ne répondrait pas aux normes imposées.

Les banques commerciales

Une entreprise a souvent besoin d'argent pour payer ses fournisseurs avant d'obtenir le fruit de ses ventes, aussi elle a recours à un intermédiaire qui lui fera l'avance des fonds. Sans les banques bien des projets ne pourraient pas être financés et l'économie tournerait au ralenti. Le développement d'une économie capitaliste exige un système bancaire qui puisse recueillir l'épargne du public pour la mettre à la disposition des entrepreneurs. Depuis la seconde guerre mondiale le crédit à la consommation permet à tous et à chacun d'emprunter pour acheter les biens et les services disponibles sur le marché; aussi les banques ont-elles été amenées à jouer un rôle de plus en plus important dans les octrois de prêts.

Le secteur financier suite à la réforme de 1992

Le secteur financier canadien comprend cinq types d'institutions, cinq « piliers » qui assument depuis la crise des années 30 des activités différentes pour diviser les risques, mais de plus en plus la distinction entre ces institutions tend à s'estomper surtout pour ce qui concerne les banques et les sociétés de fiducie.

1. Les banques à charte constituées en vertu d'une loi fédérale et supervisées par le gouvernement fédéral. Elles prêtent aux entreprises et aux particuliers. Aucun particulier ne peut détenir plus de 10 % des actions de ces banques. Depuis 1980, des filiales de banques étrangères peuvent obtenir une charte.

2. Les sociétés de fiducie ou de prêt; elles accordent surtout des prêts hypothécaires.

3. Les mouvements coopératifs de crédit, *credit unions* et caisses populaires; ils relèvent de la législation des provinces.

4. Les compagnies d'assurance-vie; la plupart sont des mutuelles, c'est-à-dire qu'elles appartiennent aux détenteurs de polices.

5. Les courtiers, qui sont des intermédiaires entre les épargnants et le marché boursier

Le système bancaire canadien est régi depuis 1871 par une loi sanctionnée tous les 10 ans qui le protège et le contrôle. Il existe plusieurs types de banques : les banques à charte soumises à l'autorité de la Banque du Canada et les quasi-banques comme les caisses populaires qui dépendent du ministère des Corporations et Institutions financières du Québec.

Les banques à charte comme la Banque Royale ou la Banque Nationale du Canada sont actuellement au nombre de 11 ce qui est très peu comparativement aux 15 000 banques américaines. Le secteur bancaire est donc très concentré ce qui représente un avantage au niveau de sa solidité mais un inconvénient sur le plan de la concurrence. Pour remédier à ce problème depuis 1980, la Loi des banques autorise des filiales de banques étrangères à venir opérer au Canada dans la mesure où elles obtiennent une charte et que les prêts qu'elles accordent ne dépassent pas 16 % du volume des prêts nationaux, ce qui protège les institutions à propriété majoritairement canadienne.

La banque centrale

Si la première banque centrale au monde a vu le jour dès le 17e siècle (en Hollande), certains pays n'ont adopté une telle institution que très tardivement préférant donner le maximum de liberté au secteur bancaire. Les fonctions d'une banque centrale sont nombreuses mais sa principale responsabilité est de veiller à ce qu'il y ait une monnaie et un système bancaire fiables. En contrôlant l'offre de monnaie, la banque centrale influence indirectement l'ensemble de l'économie.

La création des banques centrales

La plupart des pays se sont dotés d'une institution plus ou moins autonome pour diriger leur politique monétaire afin d'éviter que le gouvernement ne soit tenté d'utiliser son privilège d'émission pour financer ses dépenses publiques plutôt que de recourir démocratiquement à la fiscalité ou à l'émission d'obligations.

Noms et dates de création de quelques banques centrales

Pays	Date	Nom
Hollande	1609	Banque d'Amsterdam
Angleterre	1694	Bank of England
France	1800	Banque de France
Allemagne	1872	Bundesbank (BUBA)
États-Unis	1913	Federal Reserve (FED)
Canada	1935	Banque du Canada
Japon	1868	Bank of Japan (BOJ)
Italie	1893	Banca d'Italia
Europe	1998	Banque centrale européenne

À l'origine les banques centrales ont été créées pour financer les dépenses militaires de l'État. C'est ainsi qu'une des premières banques centrales, la Banque d'Angleterre avait vu le jour en 1694, pour recueillir l'épargne des Anglais en leur vendant des titres publics qui devaient servir à financer les guerres du royaume contre la Hollande et la France. Pour les mêmes raisons, la Banque de France fut créée en 1800 par Napoléon après la déconfiture de certaines banques privées. En échange, la banque centrale assurait le réescompte des effets commerciaux. C'est-à- dire qu'elle prêtait de l'argent aux banques qui étaient à court de liquidité moyennant la remise de reconnaissances de dettes qu'elles avaient reçues en échange des avances d'argent qu'elles avaient elles-mêmes consenties aux entreprises.

Aux États-Unis, où on se méfiait de l'intervention de l'État, il existait un système bancaire très décentralisé jusqu'en 1913 où même l'émission de monnaie était faite par les banques. Les banques avaient alors l'habitude de mettre en réserve 20 % de leurs dépôts pour faire face aux retraits d'argent des clients. Si une banque éprouvait des difficultés, les autres banques lui venaient en aide. Mais en période de crise, les paniques bancaires se multiplièrent, aussi la Federal Reserve fut-elle créée pour redonner confiance aux déposants. Pendant la guerre de 1914, la Réserve fédérale demandait aux banques de prêter à leurs clients pour qu'ils achètent des obligations du gouvernement.

Officiellement la Banque du Canada a ouvert ses portes le 11 mars 1935. Avant la création de cette banque centrale, l'Association des banquiers canadiens se chargeait du système de la compensation et gérait les réserves centrales d'or. Par mesure de sécurité, les banques maintenaient sous forme de monnaie une réserve d'environ 10 % de leurs dépôts. En 1914, aux termes de la Loi financière les billets ne furent plus convertibles en or et les banques qui avaient des problèmes de solvabilité pouvaient obtenir des avances du ministère des Finances. Les billets du Dominion (figure 12.3) ne représentaient alors que 53 % des billets en circulation, les autres billets étaient émis par les différentes banques privées. À partir de 1950, seuls les billets de la Banque du Canada avaient cours légal.

Figure 12.3

Billet « du Dominion » de 1923.

La structure d'une banque centrale

Pour assurer son autonomie, le gouverneur (le président ou chairman pour la Réserve fédérale des États-Unis) est nommé par le conseil d'administration avec l'accord du gouvernement pour un mandat renouvelable d'une certaine durée. Le gouverneur de la banque centrale est en quelque sorte un chef d'orchestre qui contrôle le rythme de la création monétaire. Il doit réglementer le crédit et la monnaie dans « le meilleur intérêt de la vie économique de la nation ». Pour que les citoyens conservent leur confiance en leur monnaie, le gouverneur doit veiller à ce qu'il y ait suffisamment de monnaie dans l'économie; ni trop ce qui relancerait l'inflation, ni pas assez ce qui freinerait inutilement les échanges commerciaux.

En général, la banque centrale est une institution publique mais elle dispose d'une grande autonomie d'intervention pour qu'elle puisse se distancer d'un gouvernement qui serait tenté de financer ses dépenses par le moyen de création monétaire (« planche à billets »).

C'est le gouverneur de la banque centrale qui est officiellement le responsable de la politique monétaire.

Le gouverneur de la Banque du Canada est nommé, sous réserve de l'approbation du gouvernement, par les membres du conseil d'administration composé de six sous-gouverneurs, pour un mandat de sept ans renouvelable. Le gouverneur dispose donc d'une grande autonomie face au gouvernement et aux électeurs devant lesquels il n'a pas à se présenter. En cas de désaccord avec le gouvernement son poste cependant pourrait être supprimé, aussi son autonomie n'est-elle pas illimitée et le gouvernement demeure finalement le responsable de la politique monétaire adoptée.

Les fonctions d'une banque centrale

La banque centrale a deux grandes missions : 1) assurer la fiabilité du système bancaire et maintenir la confiance du public en la monnaie; 2) en même temps, elle joue le rôle de banquier auprès des banques et du gouvernement. La banque centrale assume ces fonctions dans le cadre de sa politique monétaire, c'est-à-dire que ses interventions doivent tenir compte du niveau de la masse monétaire.

Les gouverneurs de la Banque du Canada

Depuis sa création, six gouverneurs se sont succédés. Ils sont nommés pour sept ans et leur mandat est renouvelable une fois, ce qui fait qu'ils ne peuvent rester en place plus de quatorze ans.

Graham Towers 1935-1954	Gerald Bouey 1973-1987
James Coyne 1955-1961	John Crow 1987-1994
Louis Rasminsky 1961-1973	Gordon Thiessen 1994

La banque centrale est la banque des banques

Elle offre aux banques les mêmes services que le public pourrait obtenir d'une banque ordinaire. Chaque banque a un compte ouvert à la banque centrale où elle dépose une partie de ses réserves. Ces fonds, non rémunérés, servent à la compensation des chèques. Quand une banque a besoin de papier-monnaie, la banque centrale les lui échange en réduisant du même montant sa réserve. Pour assurer un maximum de garantie au public, l'Inspecteur général des banques contrôle la gestion des banques. Chaque semaine, il analyse les engagements de chacune d'entre elles. En contrepartie de ce contrôle, les banques qui connaîtraient un problème de liquidité sont assurées d'obtenir une aide de la banque centrale.

La banque centrale est le banquier du gouvernement

Étant l'agent financier du gouvernement, la banque centrale reçoit les recettes et elle règle les dépenses. Quand le gouvernement a besoin d'argent la banque centrale vend des titres à court terme ou des obligations à long terme. Ensuite elle gère la dette publique. Elle paie les intérêts sur la dette et rembourse les emprunts qui arrivent à échéance, émet de nouvelles obligations, etc.

En dernier recours la banque centrale pourrait accorder au gouvernement une avance en faisant « fonctionner la planche à billets » qui consisterait à inscrire un montant d'argent au compte du gouvernement à titre d'avance, en achetant des bons du Trésor.

Toutes ces interventions peuvent être retracées dans le bilan hebdomadaire de la banque centrale.

Le bilan d'une banque centrale

Actif	Passif
Bons du Trésor	Billets en circulation
Obligations du gouvernement	Dépôts du gouvernement
Avances aux banques	Dépôts des banques
Autres éléments	Autres éléments

À l'actif, la banque centrale détient des titres de créance qui représentent des dettes du gouvernement. Ces titres, elle les a achetés soit directement du gouvernement soit des banques ou des courtiers agréés. Il lui arrive également de faire des avances directes aux banques.

Au passif figurent toutes les sommes que la banque centrale doit aux autres agents économiques. Les billets mis en circulation sont des reconnaissances de dettes de la banque centrale vis-à-vis du public. Autrefois quand les déposants remettaient leur or en échange, on leur remettait un certificat, un billet qui représentait une reconnaissance de ce dépôt. Ce billet circulait dans l'économie, c'était un substitut de l'or. Aujourd'hui le billet n'est plus convertible en or, mais il représente une dette de la part de la banque centrale. Il peut être échangé, s'il est abîmé, par un autre billet. En général, les billets les plus utilisés sont renouvelés tous les ans.

Les dépôts des banques représentent les sommes que les banques doivent remettre au titre de la réserve requise ou de la compensation. Ces dépôts pourront servir à renflouer une banque en cas d'insolvabilité mais surtout ils permettent à la banque centrale de contrôler le volume des crédits accordés par les banques comme nous l'avons vu au chapitre précédent.

Enfin la banque centrale gère les réserves en devises; cette dernière fonction sera analysée au chapitre 15.

Contrôle des connaissances

- *Quelle institution contrôle l'offre de monnaie ?*
- *Pour quelle raison les banques sont-elles soumises à des règles strictes de gestion ?*
- *Quelle est la raison d'être d'une banque centrale ?*
- *Quelles sont les fonctions d'une banque centrale ?*

12.3   Le contrôle de la masse monétaire

On a observé dès le 16ᵉ siècle que si la monnaie était trop abondante, il s'ensuivait une augmentation des prix et le pouvoir d'achat de la monnaie diminuait. De cette observation on élabora une des premières théorie économique, la « théorie quantitative de la monnaie ». Comme ce sont maintenant les banques qui créent la monnaie quand elles accordent des prêts, la banque centrale va utiliser plusieurs moyens pour contrôler les octrois de crédit par les banques.

La valeur de la monnaie et le rôle de la banque centrale

La valeur de la monnaie est fondée sur la confiance en son pouvoir d'achat. Ce pouvoir d'achat dépend de la variation des prix. La banque centrale doit donc maintenir cette confiance en maîtrisant l'inflation. Pour ce faire elle doit contrôler l'offre de monnaie.

Le gouverneur de la banque centrale doit surveiller les variations du volume de la monnaie; en particulier, il veillera à ce que la masse monétaire n'augmente que dans des proportions souhaitées.

La théorie quantitative de la monnaie

Avant 1930, il n'était pas possible de mettre en doute le fait que l'inflation, c'est-à-dire l'augmentation du niveau moyen des prix, était due fondamentalement à un excès de monnaie dans l'économie. Et donc qu'il suffisait de contrôler la création monétaire pour rétablir l'équilibre. Il devait exister une relation entre la croissance de la production et la croissance de la masse monétaire.

Plus récemment un économiste américain Milton Friedman reformulait cette théorie en démontrant que la demande de monnaie varie en fonction du niveau des prix et du revenu réel.

S'il y a trop d'argent, la demande pour les biens et les services risque d'être supérieure à l'offre et une augmentation des prix se produira. Le niveau des prix augmentant, le pouvoir d'achat de la monnaie diminuera, réduisant par ce fait même la valeur des épargnes accumulées.

Par contre s'il n'y a pas assez d'argent dans le système, si les crédits sont inaccessibles pour financer les achats, un ralentissement peut s'ensuivre et les marchés s'engorger. Selon la théorie quantitative de la monnaie, *la croissance des moyens de paiement doit être égale à la croissance de la production*.

Pour simplifier, nous pourrions dire que si le taux de croissance du PIB réel est de 5 % et que le volume de la monnaie augmente de 5 %, cela ne provoque aucune variation de la valeur de la monnaie, c'est-à-dire qu'il n'y aura pas d'ajustement au niveau des prix.

En prenant un exemple simpliste, vous comprendrez que s'il y a trop d'argent par rapport à la production, les prix augmenteront automatiquement: si un pays produit 100 voitures et qu'il n'y a que 100 000 $ en circulation, une voiture coûtera 1000 $ mais si, soudainement, les agents économiques disposent du double d'argent soit 200 000 $ et que la production de voiture n'a pas changé, le prix d'une voiture doublera, du moins en principe. La croissance de la masse monétaire M1 précède de quelques mois la croissance du PIB réel. Elle peut donc être un indicateur précurseur (figure 12.4) de reprise économique.

Par ailleurs, on observe que plus un dollar circule rapidement durant l'année, plus il permet d'acheter et donc ce n'est pas seulement du volume de la monnaie dont on doit tenir compte mais aussi de sa vélocité. Cette vitesse de circulation est mesurée par le PIB nominal divisé par la masse monétaire. Cela mesure le nombre de fois dont on s'est servi de la monnaie pour financer la production. Dans le tableau 12.1 on observe que la valeur du PIB est égale à 2 fois la masse monétaire (M2). En période d'inflation cette vitesse s'accélère et en période de ralentissement des activités économiques la vélocité de la monnaie diminue (figure 12.4).

Tableau 12.1

L'offre de monnaie au Canada et la vitesse de circulation de la monnaie (en milliards de dollars).

	1995	1996	1997	1998	1999	2000
Masse monétaire*	378	407	406	406		
PIB nominal	776	826	866	896		
Vélocité de la monnaie PIB/M2	2,05	2,03	2,13	2,21		

Source : *L'Observateur économique canadien*, Statistique Canada, supplément statistique historique, 1997/1998, juillet 1999.

* La masse monétaire considérée ici comprend les espèces, les comptes de dépôts et les comptes d'épargne (« M2 »).

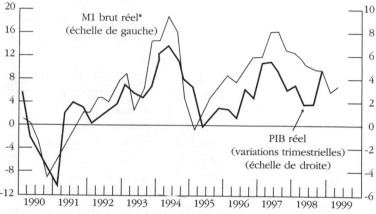

Figure 12.4

Taux de croissance du PIB réel et de M1 brut réel. Taux annuels. Source : *Banque du Canada*, rapport sur la politique monétaire, mai 99.

*Moyenne mobile sur deux trimestres du taux de croissance de M1 brut (corrigé par l'indice des prix à la consommation); chiffres du trimestre précédant le trimestre considéré.

Pour contrôler l'offre de monnaie, la banque centrale lui fixe des limites de croissance. Quand la masse monétaire augmente cela signifie que les agents économiques disposent de liquidité qui présage un niveau supérieur d'achat. Si la demande pour les biens et services augmente, les prix vont augmenter à tout le moins si l'offre ne suit pas. La banque centrale dispose théoriquement de cinq moyens pour contrôler la masse monétaire.

Les instruments d'intervention de la banque centrale

La banque centrale dispose de plusieurs moyens pour contrôler la masse monétaire. En faisant varier la réserve obligatoire ou en exigeant des réserves plus ou moins importantes au titre de la compensation, en vendant aux enchères des bons du Trésor ou des obligations à long terme sur le marché libre *(open market)*, en persuadant les banques de s'auto discipliner ou en contrôlant le crédit, la banque centrale peut régler le volume de la monnaie en circulation. Toutes ces interventions se traduisent finalement par des variations du taux d'intérêt, hausse des taux d'intérêt pour maîtriser l'inflation ou au contraire baisse des taux d'intérêt pour relancer l'économie.

Politique monétaire = Contrôle du volume de la monnaie →
Variation du taux d'intérêt

La variation des réserves des banques

Plus le taux de la réserve requise ou obligatoire est élevé moins les banques ont la possibilité de fournir des crédits. Comme nous l'avons étudié dans le chapitre 11, une augmentation du coefficient de la réserve obligatoire diminuera le multiplicateur des dépôts bancaires.

$$K = \frac{1}{\text{coefficient de réserve}}$$

Si le coefficient augmente, le multiplicateur des dépôts bancaires diminue et inversement si le coefficient diminue le multiplicateur augmente.

Conformément à la loi des banques de 1991, il n'y a plus au Canada de réserve obligatoire depuis l'été 1994, seule une réserve calculée sur les montants nécessaires à la compensation subsiste. Cependant, la banque centrale peut demander une plus grande contribution au titre de la compensation. Au lieu d'être assujetties à un pourcentage fixe de mise en réserve de leur liquidité les banques doivent répondre au jour le jour aux exigences de la banque centrale. Les sommes consacrées à la compensation feront varier le montant de leur réserve excédentaire et donc des prêts qu'elles peuvent consentir.

De plus, la banque centrale peut exiger des banques et des courtiers qu'ils prennent « en pension » des bons du trésor (opération dite à réméré). Ils vont alors remettre des liquidités contre une obligation. Disposant de moins d'argent à prêter, les taux d'intérêt vont augmenter et comme les prêts seront moins importants la masse monétaire va croître moins vite.

La variation du taux d'escompte

Le taux d'escompte est le taux d'intérêt que réclame la banque centrale quand elle prête aux autres banques. Quand les banques ont besoin d'argent c'est le prix qu'elles vont payer et qu'elles vont répercuter sur tous les taux d'intérêt qu'elles vont elles-mêmes prélever auprès de leurs clients. Au Canada, de 1980 à 1996, il était fixé chaque semaine, le jour où le gouver-

La Banque du Canada et les réserves obligatoires des banques

Depuis le 1er juillet 1994, les banques et les institutions para-bancaires qui adhèrent à l'association canadienne des paiements (ACP) et qui ont accès au système de compensation de la Banque du Canada, ne sont plus soumises à la réserve obligatoire. Auparavant elles devaient conserver à la Banque du Canada un certain pourcentage de leurs dépôts. Ces fonds, qui n'étaient pas rémunérés, leur faisaient perdre beaucoup d'argent. À la suite de la réforme, les banques doivent déposer une somme en fonction des soldes moyens nécessaires à la compensation dans leur compte de la Banque du Canada. La banque centrale peut également, pour injecter des liquidités dans le système bancaire, déposer dans les différentes banques des fonds du gouvernement qu'elle retirera à son gré.

nement vendait par l'intermédiaire de la Banque du Canada et par adjudication les bons du trésor. Depuis le 22 février 1996 la banque a adopté de nouvelles modalités pour supprimer l'incertitude que créait l'existence de deux types de taux, celui du marché au jour le jour et le taux d'escompte fixé sur la vente hebdomadaire des bons du Trésor qui ne donnaient pas nécessairement les mêmes signes aux investisseurs.

Depuis lors, le taux d'escompte correspond à la limite supérieure de la fourchette visée pour le taux de financement à un jour du marché monétaire (figure 12.5). Par exemple, le 21

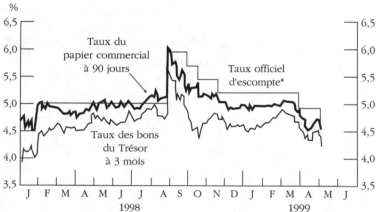

Figure 12.5

Taux du papier commercial à 90 jours, taux des bons du Trésor à trois mois et taux officiel d'escompte. Données quotidiennes. Source : *Banque du Canada*, 1999.

*Depuis février 1996, le taux officiel d'escompte correspont à la limite supérieure de la fourchette opérationnelle pour le taux du financement à un jour.

Les taux d'intérêt

Taux d'escompte ou taux directeur

Taux d'intérêt que la Banque centrale applique aux avances qu'elle accorde au banques.

Taux préférentiel

Taux consenti par les banques à leurs meilleurs clients (*prime rate* aux États-Unis).

Taux hypothécaire

Taux d'intérêt des prêts assortis d'une garantie réelle (immeuble). Les taux hypothécaires sont différents selon la durée du prêt.

Taux au jour le jour

Taux d'intérêt du marché monétaire fixé chaque jour, en fonction de l'offre et de la demande d'argent de la part des banques.

Taux d'intérêt sur les obligations ou rendement

Une obligation est une reconnaissance de dette, le titre comporte une échéance et un taux d'intérêt déterminé par le marché de l'argent à long terme.

Taux des prêts à la consommation

Taux d'intérêt des cartes de crédit, des ventes à tempérament ou pour les achats de biens durables (autos, meubles, etc.).

Taux des dépôts à terme

Les agents économiques qui disposent de liquidité peuvent acheter des certificats de dépôt à plus ou moins long terme (1 an à 5 ans);·normalement plus le terme est long, plus élevés seront les taux d'intérêt.

mars 1996, la Banque du Canada fixait cette fourchette à 5,25 % pour sa limite supérieure et à 4,75 % pour sa limite inférieure; le taux d'escompte était donc de 5,25 %. Le 18 avril 1996, la fourchette passait de 4,5 % à 5 % et le taux d'escompte était fixé à 5 %. Cela signifiait que la banque centrale assouplissait sa politique monétaire puisque le taux d'escompte diminuait. Par contre, à partir de 1997, la fourchette cible augmentait à nouveau.

Le taux d'escompte reflète le prix de l'argent sur le marché compte tenu des objectifs de la banque centrale et il joue un rôle directeur pour les autres taux d'intérêt pratiqués dans l'économie. C'est ainsi que dans les journaux vous pourrez lire que « la banque X a emboîté le pas ». Cela signifie qu'elle a modifié ses taux d'intérêt dans le sens indiqué par la variation du taux d'escompte (figure 12.6).

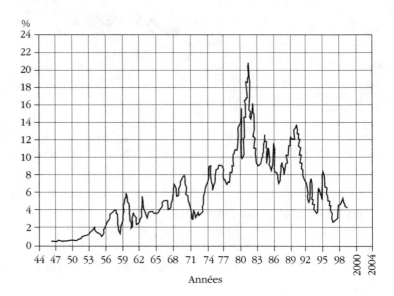

Figure 12.6

Taux des bons du Trésor à 90 jours du gouvernement canadien, de 1944 à 1998. Source : *Statistique Canada*.

La politique d'*open market*

La banque centrale vend ou achète des obligations. Quand elle vend, elle effectue une ponction monétaire. En effet la personne qui achète une obligation va remettre à la banque centrale une partie de ses liquidités, réduisant d'autant la masse monétaire. Quant aux banques, lorsqu'elles achètent des obligations du gouvernement, elles remettent à la banque centrale une partie de leur réserve d'argent et cet argent ne peut plus servir aux prêts. Une émission d'obligation réduit donc l'argent disponible dans le système bancaire et comme l'argent disponible est plus rare, les taux d'intérêt augmentent.

Les achats d'action deviennent comparativement moins attrayants et le secteur privé peut avoir certaines difficultés à financer ses projets d'investissements par des émissions d'actions (effet d'éviction). L'augmentation des taux d'intérêt pourrait décourager les investissements privés et l'épargne des particuliers serait captée pour financer des dépenses publiques. D'un certain point de vue l'épargne discrétionnaire des ménages serait comme « socialisée ».

À l'inverse, pour remettre de la liquidité dans le système, la banque centrale achète des titres détenus par les banques. En échange d'un papier la banque reçoit de l'argent qui pourra être prêté. Comme il y a plus d'argent disponible, les taux d'intérêt diminuent.

La persuasion morale

Au Canada, comme il n'y a pas un grand nombre de banques à charte, le gouverneur de la banque centrale peut facilement leur demander de s'auto-discipliner. Elles vont restreindre les prêts qu'elles accordent à leurs clients sans qu'elles aient à craindre de perdre une part de leur marché.

Le contrôle sélectif du crédit

La politique d'encadrement du crédit est une mesure où l'État intervient fortement dans l'économie. Pour réduire une demande de crédit excédentaire on peut obliger les emprunteurs à apporter un certain pourcentage d'argent personnel. Par exemple, pour orienter les achats des ménages vers les immeubles neufs la mise de fonds personnelle pourra être moindre (de 5 à 10 %) que celle qui est nécessaire pour acheter un immeuble ancien. Si pour acheter une auto, il faut en financer 50 % comptant, le nombre d'acheteurs sera beaucoup plus faible que si on peut acheter avec 90 % de crédit.

Ces réglementations des pouvoirs publics dans le choix des consommateurs sont souvent jugées comme une entrave au libre marché. Considérés comme trop interventionnistes au Canada, ces contrôles gouvernementaux n'ont jamais été adoptés mais d'autres pays comme les États-Unis pendant la seconde guerre mondiale et jusqu'en 1952 où le crédit à la consommation a été « libéré » et plus tardivement la France ont déjà eu recours à ces politiques «d'encadrement du crédit».

Contrôle des connaissances

- *Qui est responsable de la politique monétaire ?*
- *À quel rythme doit augmenter la masse monétaire ?*
- *Quels sont les cinq moyens dont dispose la banque centrale pour contrôler la masse monétaire ?*

12.4   La politique monétaire

Selon qu'il y a de l'inflation ou un taux de chômage jugé excessif par le gouvernement, la banque centrale pourra utiliser les instruments dont elle dispose dans le sens désiré. Au Canada, selon les périodes, la banque centrale a adopté une politique monétaire expansionniste ou restrictive.

Politique monétaire expansionniste ou restrictive

En cas d'inflation, la banque centrale estimera qu'il faut resserrer le robinet du crédit et ralentir la création monétaire afin que la confiance en la monnaie ne soit pas sapée. Dès lors, elle adoptera une politique d'argent cher ou une politique monétaire restrictive. La hausse du taux d'escompte donnera le signal pour les banques d'ajuster à la hausse tous leurs taux d'intérêt. Cette politique efficace sur le plan de l'inflation affecte tout particulièrement les PME plus dépendantes des banques et certains secteurs où les ménages achètent à crédit comme l'habitation ou les biens durables, voitures ou appareils ménagers.

Le but est de retirer de l'argent du système économique. Les agents auront moins d'argent à dépenser, la demande va ralentir et cela aura un effet bénéfique sur les prix (désinflation ou stabilisation des prix). Cependant cette politique risque en même temps de ralentir l'économie et donc de créer du chômage et de freiner les investissements.

En cas de récession, la banque centrale pourra adopter une politique expansionniste qui devrait relancer l'économie en injectant de l'argent dans le système bancaire. La baisse du taux d'escompte rendra l'argent moins cher et les ménages s'ils ne sont pas déjà trop endettés pourront acheter à crédit.

Compte tenu de l'interdépendance des marchés financiers et du marché monétaire, quand les taux d'intérêt sont élevés les détenteurs de capitaux vont avoir tendance à vendre leurs actions pour acheter des obligations. De même quand un vent de panique souffle sur la Bourse une réduction des taux d'intérêt peut être bénéfique; l'achat d'actions peut avoir pour effet de soutenir le cours des titres.

La politique monétaire au Canada

« La politique monétaire canadienne est axée sur la réalisation de la stabilité des prix. Toutefois, il ne s'agit pas là d'une fin en soi, mais plutôt du moyen dont dispose la Banque du Canada pour promouvoir une économie productive, bien huilée et permettant aux canadiens d'améliorer leur niveau de vie ». Gordon Thiessen, Allocution prononcée le 19 janvier 1996 lors de la conférence *The world in 1996* à Toronto.

En étudiant la politique suivie par la Banque du Canada depuis la dernière guerre, on observe deux grandes périodes qui coïncident avec le cycle économique : l'une dominée par la théorie keynésienne, l'autre plus inspirée par les monétaristes.

De la fin de la deuxième guerre mondiale à 1975, la Banque du Canada était fortement influencée par la théorie keynésienne. Cela signifie qu'en matière monétaire, elle veillait à ce que les taux d'intérêt et la liquidité bancaire puissent assurer l'atteinte des objectifs d'équilibre macroéconomique, à savoir plein emploi, stabilité des prix et équilibre de la balance des paiements.

Il s'agissait alors de contrôler les mouvements cycliques de courte durée et les interventions de la banque centrale se traduisaient par des mouvements de *stop and go*, créant un autre type d'instabilité qui selon certains observateurs comportait un biais inflationniste. Dès qu'apparaissait une augmentation du chômage due aux politiques restrictives, la banque centrale desserrait son étau avant même que n'aient réellement disparu les tendances inflationnistes.

Avec l'augmentation du prix des matières premières et en particulier du pétrole, l'inflation s'intensifiait et les banques centrales durent abandonner la gestion axée sur le court terme pour une politique de moyen terme d'inspiration monétariste.

À partir de 1975, la Banque du Canada se donna pour objectif prioritaire la lutte à l'inflation. Une politique graduelle de décélération continue de la croissance monétaire fut mise en place. De 1972 à 1975 le taux de croissance de la masse monétaire n'avait pas cessé de croître. Il était même passé à un niveau record en 1975 de plus de 14 %. Graduellement de 1975 à 1982 le taux de croissance est redescendu jusqu'à 6,5 % l'an par une politique de gestion des réserves-encaisse. Quand la croissance de la masse monétaire dépassait les normes visées, la banque centrale, en diminuant ses injections, favorisait une hausse du taux d'intérêt. La demande de crédit diminuait et la masse monétaire retrouvait un rythme de croissance plus faible.

L'influence de la politique monétaire des autres pays

Compte tenu de l'interdépendance des pays en matière de commerce international et de la possibilité pour les capitaux d'aller librement d'une place financière à une autre, la banque centrale d'un pays doit tenir compte des conditions du marché international de l'argent et veiller à stabiliser le taux de change de sa monnaie (voir chapitre 15).

Le Canada est particulièrement dépendant de la politique monétaire américaine. Si les taux d'intérêt au Canada étaient moins élevés que les taux d'intérêt américains, l'argent se réfugierait aux États-Unis et la valeur du dollar canadien chuterait. En effet, il serait alors plus rentable d'acheter des obligations américaines au meilleur rendement. Aussi la politique monétaire américaine est en quelque sorte un indicateur précurseur des mesures qui seront prises par la Banque du Canada. Aux États-Unis quand l'économie présente des aspects de surchauffe, quand il y a reprise économique, la demande de monnaie augmente et quand le taux de chômage est faible, la réserve fédérale sera tentée de resserrer le crédit et d'augmenter les taux d'intérêt.

Les États-Unis peuvent eux-mêmes être amenés à prendre des mesures pour s'ajuster aux marché international de l'argent. Au mois de mai 1996 on a vue les taux d'intérêt fléchir en Amérique du nord en raison de la baisse des taux d'intérêt en Allemagne. En effet, compte tenu de la dégradation de la situation économique en Allemagne et de la montée du taux de chômage la Bundesbank a décidé de desserrer le crédit ce qui permit aux autres pays de suivre le mouvement. C'est un exemple qui témoigne de l'interdépendance des politiques monétaires des pays.

Quand on observe une variation du taux des fonds fédéraux, on peut donc s'attendre à ce que le taux d'escompte américain suive et la Banque du Canada agira en conséquence.

Contrôle des connaissances

- *Qu'est-ce qu'une politique monétaire restrictive ?*
- *Qu'est-ce qu'une politique monétaire expansionniste ?*
- *Quelle est la priorité d'une banque centrale ?*
- *Quel est l'équivalent du taux d'escompte canadien aux États-Unis ?*
- *Pour quelle raison les taux d'intérêts canadiens doivent-ils être supérieurs aux taux américains ?*

Le système de la Réserve fédérale des États-Unis

La politique monétaire américaine est déterminée par le *Federal Open Market Committee* (FOMC) qui est formé des 7 membres du *Federal Reserve Board* nommés pour 14 ans par le Président des État-Unis et dirigé par un Président au mandat de 4 ans. Les 12 présidents de district représentent les intérêts des différentes régions. Ces personnes se réunissent plusieurs fois par année et elles décident du niveau des taux d'intérêt. Leurs directives sont ensuite acheminées au *trading desk* qui procède aux ordres d'achat ou de vente des titres publics. Aux États-Unis, il existe deux taux d'intérêt très importants à savoir le taux d'intérêt sur les fonds fédéraux et le taux d'escompte.

Les fonds fédéraux représentent les réserves conservées par les banques. Ces réserves sont achetées pour un jour par les banques à court de réserve et vendues par les banques qui ont des excédents. Quand les banques sont à court de réserve, la demande de monnaie augmente et le taux d'intérêt sur ces fonds augmente (marché interbancaire).

La Réserve fédérale se fixe une cible d'augmentation de ce taux d'intérêt. Si le taux augmente trop à son gré, la Réserve fédérale ira remettre de l'argent dans les réserves ce qui fera diminuer le taux d'intérêt et vice versa si les liquidités sont trop abondantes et que le taux d'intérêt chute, la Réserve fédérale retire de l'argent. C'est maintenant le principal instrument de la politique monétaire américaine.

Le deuxième taux d'intérêt est le taux d'escompte (*discount rate*) fixé tous les lundis qui est le taux des emprunts des banques auprès de la Réserve fédérale qui s'ajuste avec très peu de différence après le taux des fonds fédéraux que l'on peut donc considérer comme un indicateur précurseur.

Conclusion

La politique monétaire fixe des taux d'intérêt en interférant sur le volume des réserves des banques. Ces taux d'intérêt exercent une grande influence sur l'ensemble des marchés tant intérieurs qu'extérieurs. Mais, compte tenu de l'interdépendance des économies de marché, la banque centrale d'un pays n'est plus seul maître de sa politique monétaire, elle doit tenir compte des politiques menées par les autres banques centrales des pays dominants. L'influence qu'exercent les taux d'intérêt est une « contrainte extérieure» incontournable qui exige une concertation entre les nations. Par exemple, quand en Allemagne le taux d'escompte augmente, les spéculateurs étrangers vont acheter des obligations allemandes. Les capitaux à la recherche des meilleurs rendements circulent d'une place financière à l'autre provoquant des remous dans les économies nationales. Pour maintenir les capitaux au pays, la banque centrale devra, s'il le faut, relever le niveau des taux d'intérêt même si cela va à l'encontre des politiques de relance économique. En 1930, c'est l'augmentation des taux d'intérêt à Londres qui a provoqué un retrait d'argent à la Bourse de New York quand le taux d'escompte américain avait sensiblement diminué. Le marché monétaire et le marché financier sont interdépendants et agir sur l'un entraîne des effets sur l'autre. Les décisions d'une banque centrale remettent en question l'équilibre de tout le système et il est donc nécessaire que les responsables se rencontrent et se concertent pour coordonner les politiques monétaires.

Résumé

Théoriquement le prix de l'argent, c'est-à-dire le taux d'intérêt, se fixe sur le marché monétaire. Le marché monétaire met en relation ceux qui disposent d'argent (offre de monnaie) et ceux qui ont besoin d'argent à court terme (demande de monnaie). Les principaux intervenants sont les banques, les grandes entreprises, les compagnies d'assurances, les courtiers et la banque centrale qui gère les fonds du gouvernement.

Le gouverneur de la banque centrale dispose de plusieurs moyens pour contrôler l'offre de monnaie dans l'économie à savoir : la variation de la réserve obligatoire des banques ou des fonds exigés pour la compensation, la fixation du taux d'escompte, les opérations d'*open market,* le contrôle sélectif du crédit et la persuasion morale.

Comme la valeur de la monnaie dépend essentiellement de la confiance que les agents économiques accordent à son pouvoir d'achat, la banque centrale doit avant tout veiller à ce que cette confiance ne soit pas ébranlée par l'inflation. Quand des tendances inflationnistes se profilent à l'horizon, la banque centrale adopte une politique monétaire restrictive qui se traduit par une hausse des taux d'intérêt due à une diminution de l'argent disponible pour le crédit. Au contraire, en période de récession, une politique monétaire expansionniste « de desserrement du crédit » pourra redonner de la vigueur à une reprise des achats et des investissements avec le risque de voir les importations augmenter.

Au Canada, on observe depuis la dernière guerre deux grandes périodes :l'une de 1949 à 1975 durant laquelle la banque centrale s'inspirait de la théorie keynésienne et utilisait ses instruments pour contrôler la demande globale, la seconde plus monétariste visait essentiellement à lutter contre l'inflation.

Les banques centrales ne sont pas toujours maîtres de leur action et la politique monétaire adoptée par d'autres pays représente une contrainte dont elles doivent tenir compte. C'est ainsi que les décisions prises par la Réserve fédérale américaine ne peuvent être ignorées par les agents économiques canadiens. Compte tenu de la globalisation des échanges économiques, les banques centrales sont de moins en moins indépendantes des autres banques centrales et du marché mondial de l'argent.

Mots clés

Adjudication	Quasi-banque
Banque à charte	Réserve fédérale américaine
Banque centrale	Taux préférentiel
Bons du trésor	Taux d'escompte
Fonds fédéraux américains (*US Treasuries*)	Vente à réméré
Opérations sur le marché libre (OML)	Taux de base
Prise en pension de bons du Trésor	

Exercices

1. Laquelle des affirmations suivantes décrit le mieux la Banque du Canada ?

_____ a) Elle est propriété publique et son but est de fournir des revenus au Gouvernement du Canada.

_____ b) C'est une entreprise privée mais réglementée et son but est de rapporter des profits à ses actionnaires.

_____ c) C'est une société d'État et son but est de contrôler l'offre de monnaie et les taux d'intérêt, tout en veillant au bien-être économique.

_____ d) C'est une société privée, mais réglementée et son but est de réduire les risques de faillite des autres banques.

2. Combien de temps le Gouverneur de la Banque du Canada pourrait-il rester en fonction ?

_____ a) 7 ans.

_____ b) 2 ans.

_____ c) 14 ans.

3. Une augmentation des taux d'intérêt favorise :

_____ a) Les porteurs d'obligation.

_____ b) Le chef d'une petite entreprise.

_____ c) Les consommateurs.

_____ d) Les travailleurs non syndiqués.

_____ e) Le propriétaire d'une maison hypothéquée.

4. Laquelle des fonctions suivantes ne concerne pas une banque centrale ?

_____ a) La politique fiscale.

_____ b) La politique monétaire.

_____ c) Les prêts au gouvernement.

_____ d) La gestion de la dette publique.

_____ e) La défense du dollar canadien.

_____ f) La surveillance des Banques à charte.

5. Le Gouverneur de la Banque du Canada est :

_____ a) Élu par le peuple au suffrage universel.

_____ b) Nommé par le Premier ministre.

_____ c) Nommé par le conseil d'administration de la Banque du Canada.

_____ d) Nommé par le conseil d'administration de la Banque du Canada et approuvé par le gouvernement.

6. Quand les taux d'intérêt augmentent au Canada :

_____ a) Les consommateurs vont réduire leurs achats.

_____ b) L'activité économique reprend.

_____ c) Les entreprises canadiennes vont en profiter pour faire des emprunts en vue de financer leurs investissements.

_____ d) Le gouvernement augmente ses emprunts.

7. La théorie monétariste prétend :

_____ a) Que le volume de la monnaie doit augmenter au même rythme que le volume de la production.

_____ b) Qu'il faut stimuler l'économie en période de chômage, en réduisant, par exemple, les taux d'intérêt.

_____ c) Qu'il faut serrer les cordons de la bourse quand les prix augmentent, en diminuant les taux d'intérêt.

8. Parmi les mesures suivantes, laquelle ne serait pas un moyen pour lutter contre l'inflation ?

_____ a) Faire accepter aux travailleurs de réduire leur salaire.

_____ b) Bloquer les salaires et les prix.

_____ c) Réduire la masse monétaire.

_____ d) Augmenter les pensions de vieillesse.

9. Depuis 1996, le taux d'escompte correspond, au Canada,

_____ a) Au rendement des obligations à trente ans.

_____ b) Au rendement moyen des bons du Trésor à 90 jours, plus un quart de point de pourcentage.

_____ c) À la limite supérieure de la fourchette visée pour le taux de financement à un jour.

_____ d) Au taux des *federal funds* des États-Unis.

10. Quelle a été la priorité du Gouverneur de la Banque du Canada dans les années 90 ?

_____ a) La lutte contre l'inflation.

_____ b) La lutte contre le chômage.

_____ c) La croissance économique.

_____ d) La baisse des taux d'intérêt.

11. Comment se nomme l'instance suprême de la Banque du Canada où se prennent les décisions ?

_____ a) Le conseil d'administration.

_____ b) Le conseil des ministres.

_____ c) Le conseil des Banques.

12. On peut dire que le taux d'escompte

_____ a) Est le taux directeur dans la mesure où tous les autres taux d'intérêt le suivent.

_____ b) C'est le prix le plus cher de l'argent.

_____ c) Est un taux stable.

13. Par rapport au taux d'intérêt des fonds fédéraux américains, le taux d'escompte canadien est :

_____ a) Plus élevé la plupart du temps.

_____ b) Légèrement au-dessous.

_____ c) Parfois bien au-dessus, parfois bien au-dessous.

14. Lorsque les cours boursiers ont tendance à s'effondrer, la banque centrale devrait :

_____ a) Resserrer le crédit en augmentant les taux d'intérêt.

_____ b) Vendre des obligations pour drainer l'épargne disponible.

_____ c) Mettre plus d'argent dans l'économie en réduisant les taux d'intérêt.

15. Selon le Gouverneur de la Banque du Canada, lorsque la croissance s'accélère :

_____ a) Il faut assouplir le crédit pour relancer l'économie.

_____ b) Augmenter les taux d'intérêt pour « refroidir la marmite ».

_____ c) Pratiquer une politique monétaire neutre.

_____ d) Stimuler le crédit à la consommation.

16. Donnez un synonyme pour chacun des termes suivants :

La banque des banques : _____ Resserrement du crédit : _____

Loyer de l'argent : _____ Taux directeur : _____

17. Rédigez une phrase cohérente avec les éléments suivants :

a) Inflation • Resserrement du crédit • Taux d'escompte • Chômage • Banque centrale

_____

_____

_____

_____

_____

b) Taux d'intérêt • Prix des obligations • Politique monétaire restrictive

_____

_____

_____

_____

_____

18. Compte tenu des éléments suivants, à combien s'élèvent le passif et l'actif de cette banque centrale ? (en millions de $)

Bons du Trésor :	300
Billets en circulation :	500
Dépôts des banques à charte :	400
Avances aux banques :	200
Obligations du gouvernement :	500

19. En 1981, le taux d'escompte était de 17,9 % et l'inflation de 12,4 %, en 1995 le taux d'escompte était descendu à 7,3 % avec une inflation de 2,1 %. En quelle année le taux d'escompte en terme réel était-il le plus élevé ?

_____

Questions d'intégration multidisciplinaire

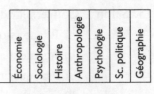

	Économie	Sociologie	Histoire	Anthropologie	Psychologie	Sc. politique	Géographie

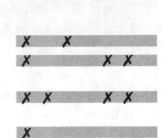

1. Étudiez les réactions des différents groupes (partis politiques, syndicats, patronat) face à la politique monétaire de la Banque du Canada.

X					X	

2. Pour quelles raisons les banques centrales ont-elles été créées ?

X	X					

3. Quelles sont les difficultés que rencontrent les européens pour l'instauration d'une monnaie unique ?

X					X	X

4. Évaluer les effets d'une hausse des taux d'intérêt sur les entreprises, les individus, l'État.

X	X				X	X

5. Comparez le système bancaire canadien au système bancaire américain.

X						

6. Comparez les taux d'intérêt américain et canadien de 1990 à 1996.

X						

Lectures suggérées

Élie, Bernard (1998). *Le régime monétaire canadien – Institutions, théories et politiques*. Presses de l'Université de Montréal.

Leroy, Vely (1984). *Monnaie et banque*. Édition Études vivantes.

Dévoluy, Michel (1994). *Monnaie et problèmes financiers*. Coll. Les fondamentaux, Hachette.

Thiessen, G. (1999). *D'une génération à l'autre : l'évolution des points de vue sur le rôle de la politique monétaire depuis la commission Porter*. Revue de la Banque du Canada, printemps.

Sites Web

www.bank_banque_canada.ca/
   Banque du Canada

www.ecb.int
   Banque centrale européenne.

www.banque_france.fr
   Banque de France.

Le budget de l'État et la politique budgétaire

Au terme de ce chapitre vous serez capable de :

 Suivre la présentation des budgets de l'État;

 Repérer les choix de société reflétés par les opérations budgétaires;

 Distinguer les différents types de dépenses et recettes budgétaires;

 Distinguer les différents types de déficits budgétaires;

 Comparer la pression fiscale d'un pays par rapport à un autre;

 Surveiller la gestion des fonds publics.

$$PIB = C + I + \boxed{G} + (X - M)$$

Depuis la seconde guerre mondiale, le secteur public a pris une grande place dans l'économie et les budgets de l'État reflètent cette évolution. La part des dépenses publiques dans le PIB est de plus en plus importante. Pour les pays du G7 le ratio dépenses publiques sur PIB qui était en moyenne de 33 % en 1973 est passé à 43 % en 1993. Les sommes concernées sont si considérables que toute modification engendre des effets notables sur l'ensemble de l'activité économique et le niveau de vie des citoyens. L'État est le plus gros employeur du pays et il gère des milliards de dollars prélevés sur certaines personnes et redistribués à d'autres. Théoriquement, ce sont les élus qui exercent un contrôle sur les recettes et les dépenses publiques. Tout citoyen responsable, en exerçant son droit de vote, accorde ou retire sa confiance en ceux qui administrent les fonds publics.

Il existe deux théories budgétaires, qui justifient deux types de gestion des finances publiques très différents. L'une préconise l'équilibre budgétaire annuel, l'autre l'équilibre sur un cycle économique. Le budget de l'État élaboré selon un long processus de budgétisation va refléter à travers les recettes et les dépenses des choix de société, une manière de répartir les ressources, qu'il convient de prendre en considération au delà des contraintes purement comptables. Derrière les chiffres, il y a une organisation sociale qui se justifie.

13.1 Les théories budgétaires

En matière de politique budgétaire, il existe plusieurs théories qui traduisent chacune un système de valeurs particulier. Jusqu'en 1945 et à l'exclusion des périodes de guerre où l'État contrôlait l'économie (économie de guerre), la plupart des économistes, de formation libérale, estimaient que pour que le marché fonctionne d'une façon efficace, l'État devait très peu y intervenir. Les budgets reflétaient cette situation.

Avec la crise économique des années 1930, une conception, jugée jusque-là irresponsable, remit en question l'orthodoxie financière traditionnelle. Le déficit budgétaire ne sera plus le résultat d'une mauvaise gestion, mais l'effet d'une politique responsable qui garde le contrôle de la situation économique. Avec l'apparition de l'État-providence, l'intervention de l'État est de plus en plus importante et la politique budgétaire va radicalement se transformer. L'orthodoxie financière du libéralisme économique va être remplacée après la seconde guerre mondiale par une politique conjoncturelle d'inspiration keynésienne, objet elle-même de sévères critiques à partir de la fin des années 1970.

L'orthodoxie financière libérale

Jusqu'à la seconde guerre mondiale, il était impensable pour un ministre des finances de présenter un budget déficitaire. Si le cas se présentait, il devait en même temps remettre sa démission. L'État, selon cette conception, devait dépenser compte tenu de ses moyens. Comme les recettes fiscales étaient peu importantes, les dépenses de l'État l'étaient également. Au Canada, en 1867, à la création de la Confédération, les droits de douanes représentaient la principale recette budgétaire (90 %). Ce n'est qu'en 1917, pour financer la guerre, que l'impôt sur le revenu des personnes fut institué d'une façon temporaire, mais il demeura cependant à un niveau très modeste. Lorsqu'éclata la crise de 1929, les rentrées d'argent diminuaient en raison des pertes d'emploi et du ralentissement du commerce extérieur. Pour équilibrer le budget, il fallait donc procéder à des coupures drastiques des dépenses ce qui avait pour effet de réduire le revenu des personnes touchées par ces compressions budgétaires.

Croyant au principe de neutralité des finances publiques (les dépenses budgétaires n'ont aucune influence), on estimait que le budget devait être équilibré annuellement et qu'il suffisait de mener une politique monétaire expansionniste pour relancer l'économie. En abaissant les taux d'intérêt, on espérait que les dépenses d'immobilisation des entreprises reprendraient, sans se rendre compte que la baisse du revenu aggravait la mévente qui déjà bloquait le système.

Le budget instrumental

Face aux ravages de la crise économique des années 1930, certains gouvernements très tôt ont adopté une politique budgétaire non orthodoxe. Un économiste norvégien Trygve Haavelmo démontra que l'augmentation des dépenses d'un budget, même équilibré, créait des effets d'entraînement sur l'ensemble de l'activité économique, ce qui contredisait le principe de neutralité du budget équilibré de l'orthodoxie libérale. La Norvège et la Suède seront les deux premiers pays à adopter des politiques budgétaires déficitaires.

Pour les keynésiens, les recettes et les dépenses publiques doivent être fixées à un niveau tel qu'elles permettent d'atteindre trois objectifs. Le premier de ces objectifs est de maîtriser les effets des cycles économiques, le deuxième de réduire les inégalités entre les ménages et le troisième d'installer un filet de protection sociale pour tous. Le budget devenait donc l'instrument de contrôle de l'économie par excellence dans un État-providence.

Contrairement aux idées reçues, les keynésiens affirmaient qu'un budget ne devait pas être équilibré sur une année, mais sur un cycle économique ce qui, à l'époque, tenait de la provocation. Au lieu de couper dans les dépenses en période de récession, le gouvernement devait injecter de l'argent dans l'économie pour redonner un pouvoir d'achat à ceux que le système de la concurrence avait exclus.

Depuis la seconde guerre mondiale, les États se sont impliqués de plus en plus largement dans la sphère économique; ils sont devenus les premiers patrons et les budgets se sont considérablement gonflés. Les budgets des États modernes concernent des sommes si importantes que toute variation des dépenses du gouvernement ou de ses recettes touche le niveau de vie de tous et chacun et nul ne peut donc y rester indifférent.

Si la situation économique est inflationniste, le gouvernement pourra adopter une politique budgétaire restrictive. Dans ce cas, on entendra parler de coupures budgétaires, de compression des dépenses, d'assainissement des finances publiques, de dégraissage de la fonction publique, de restructuration, de rationalisation, de privatisation, de déréglementation. Toutes ces mesures auront pour effet d'éponger l'excédent de monnaie et de demande. En effet, toute réduction des dépenses du gouvernement se traduit par une réduction du revenu pour un autre agent économique qui sera lui-même obligé de couper dans ses dépenses de consommation.

Par contre, si l'économie est au ralenti, si elle entre dans une période de récession, s'il y a trop de chômage, le gouvernement pourra adopter une politique budgétaire expansionniste de relance économique. Le gouvernement mettra de l'avant des projets d'investissement, il financera de nouveaux programmes d'investissements, multipliera les emplois dans le secteur public, débloquera des fonds pour injecter de l'argent dans le secteur privé.

Également, par l'intermédiaire de sa fiscalité, le gouvernement réduit les inégalités en augmentant les impôts de ceux qui s'enrichissent et en transférant des revenus aux personnes les plus démunies. Ces dernières disposeront alors d'un revenu qui leur permettra de rester sur le marché.

Depuis que l'État a pris en charge les services sociaux et les fonctions de la charité privée, des œuvres caritatives, le gouvernement devient également le responsable des dépenses sociales dont les coûts augmentent automatiquement en période de récession alors que les rentrées fiscales diminuent.

Keynes va s'opposer aux orthodoxes et va déclarer qu'en période de récession, le gouvernement ne doit pas réduire ses dépenses, mais au contraire les augmenter, au risque de créer ou de creuser un déficit existant. Le déficit est en quelque sorte une injection monétaire qui augmente le revenu de certains ménages, ce qui relance les achats dans l'ensemble de la société compte tenu de l'effet multiplicateur des dépenses.

Quand ceux qui ont de l'argent ne dépensent pas assez en produits faits au pays ou détournent l'épargne pour spéculer à la bourse ou ailleurs, au lieu d'investir dans l'économie réelle, le gouvernement capte l'épargne improductive sous forme d'impôts ou d'obligations pour la réinjecter sous forme de prestations sociales, de salaires aux fonctionnaires, de subventions ou de dépenses concernant les grands travaux d'infrastructure.

Une fois l'économie sortie de la récession, le gouvernement progressivement réduit son déficit d'autant plus facilement que les recettes fiscales augmentent. L'équilibre budgétaire est donc bien réalisé, non plus sur une année mais sur un cycle de plusieurs années.

Contrôle des connaissances

- *Quelles sont les deux grandes théories budgétaires ?*
- *Depuis quand les budgets de l'État ont-ils fortement augmenté dans les pays du G7 ?*
- *Quels sont les trois objectifs que doit viser un budget de l'État-providence ?*
- *Dans quelle mesure la variation des dépenses et des revenus de l'État affectent le niveau de vie des citoyens ?*
- *À quel moment doit-on adopter une politique budgétaire restrictive ou expansionniste ?*

13.2   Le budget de l'État

Le budget de l'État est un document comptable qui retrace la provenance et l'utilisation de l'argent qui passe entre les mains des pouvoirs publics et qui est soumis à l'approbation du pouvoir législatif. Lorsqu'il y a plusieurs paliers de gouvernement, il existe plusieurs budgets mais tous ont à peu près la même structure : une partie concerne les recettes, l'autre les dépenses. Au Canada, par exemple, les données statistiques distinguent le niveau fédéral de l'ensemble des administrations publiques (fédérale, provinciale et municipale). Pour les comparaisons internationales, on retient l'ensemble des administrations publiques.

Nous allons tout d'abord décrire le processus de budgétisation pour étudier ensuite la structure générale d'un budget, analyser les dépenses et les recettes et le solde budgétaire.

Le processus de budgétisation

Selon les pays, le processus de budgétisation peut différer, mais globalement l'objectif est le même, c'est-à-dire qu'il s'agit de préparer un document comptable qui puisse être soumis aux représentants des citoyens. Au Canada, au niveau du gouvernement fédéral, comme au niveau provincial, c'est le ministre des Finances nommé par le chef du gouvernement, le premier ministre, qui est chargé de préparer et de présenter le budget à la Chambre des communes et au Sénat (l'Assemblée nationale pour le Québec, le Congrès pour les États-Unis) pour obtenir l'approbation de la majorité du Parlement; une fois voté, le budget a force de loi. L'homologue américain du ministre des Finances est incarné par deux personnes : le Secrétaire au Trésor et le Responsable au Budget; en Angleterre, c'est le Chancelier de l'Échiquier.

À l'ouverture de la session parlementaire, le Premier ministre fait un discours inaugural qui trace les grandes lignes de la politique économique du gouvernement qui se traduiront par des mesures budgétaires ultérieures. Dès cet instant, on peut avoir une bonne idée de ce que sera le prochain budget (expansionniste ou restrictif).

L'adoption d'un budget se fait en deux temps : le premier concerne les tractations du gouvernement avec les administrations et le second la présentation du budget devant le parlement.

Le Conseil du Trésor demande, dans un premier temps, que chaque ministère lui prépare un budget pour l'année suivante, en octobre, compte tenu des recommandations du gouvernement. Le ministre des Finances prépare un document synthèse et le présente au Conseil des ministres (cabinet). Une fois accepté, le budget sera soumis au parlement. Pour permettre aux députés d'assumer pleinement leur fonction, des comités parlementaires permanents des Finances examinent en détail les comptes et veillent à ce que l'argent du contribuable ne soit pas gaspillé.

Les sept principes budgétaires dans une démocratie

Au 18e siècle, pour se libérer du pouvoir arbitraire du roi, les théoriciens politiques tel Montesquieu (1689-1755) ont pensé diviser le pouvoir en trois instances : le pouvoir exécutif, le pouvoir législatif et le pouvoir judiciaire. Ces pouvoirs divisés, en se surveillant et s'équilibrant mutuellement, protègent les citoyens des abus et assurent le bon fonctionnement de la démocratie. Dans un tel système, les citoyens élisent des représentants qui ont pour mission de surveiller et d'approuver les dépenses et les recettes de l'État. En matière budgétaire, plusieurs principes démocratiques ont été inscrits dans la Loi constitutionnelle canadienne de 1867.

1. Tout impôt et toute dépense de l'État doivent être approuvés par le Parlement.
2. C'est le gouvernement qui présente les projets de loi de finance, c'est-à-dire qui décide des choix budgétaires.
3. Le budget doit être voté chaque année.
4. Toute somme non dépensée pendant l'année fiscale devra être remise pour éviter que les ministères ne se constituent des fonds autonomes (principe de la prescription).
5. La totalité des sommes d'argent perçues par le gouvernement doit être versée dans un compte unique.
6. Les dépenses doivent être bien détaillées.
7. Il doit y avoir un contrôle comptable régulier des dépenses de l'État.

L'exposé budgétaire comprend en général trois parties : une description de la situation économique du pays, une énumération des changements que le gouvernement souhaite effectuer et des prévisions quant aux besoins financiers.

Une fois l'exposé terminé, une motion demandant à la chambre de donner un accord général est déposée, puis votée à la majorité, le ministre des Finances présente ensuite des projets de lois fiscales qui seront effectives dès qu'approuvées.

L'année fiscale commence le premier avril et se termine au 31 mars et c'est au début de l'année civile, en février ou mars, que se vote le budget du gouvernement fédéral. Normalement, aucune information ne doit filtrer avant le discours sur le budget pour éviter que des personnes bénéficient d'informations dont elles pourraient se servir à leur profit.

Le discours sur le budget est diffusé à la télévision et tout citoyen peut en suivre la présentation.

Depuis l'instauration des démocraties parlementaires, les citoyens déclarés majeurs (âgés de plus de 18 ans au Canada) et dûment inscrits sur les listes électorales, ont la possibilité d'élire, lors des élections législatives, des représentants qui devront accepter ou refuser les budgets du gouvernement. Une fois le gouvernement élu, il dispose d'une majorité qui lui assure un vote favorable. Habituellement, au Canada, cela ne pose pas de problème car le parti élu est majoritaire. Par contre, quand il s'agit d'un gouvernement minoritaire, le budget ne sera voté qu'au terme de multiples tractations pour en venir à une alliance avec un tiers parti comme cela est souvent le cas en Italie où il existe un grand nombre de partis politiques. Il arrive qu'un gouvernement minoritaire soit obligé de démissionner, si la coalition des partis d'opposition rejette le budget. Au Canada, une telle situation s'est présentée sous le gouvernement conservateur minoritaire de Joe Clark en 1979. Dans ce cas, le gouvernement dissout la Chambre et procède à une nouvelle élection générale pour obtenir un mandat populaire plus clair qui lui permettra de gouverner.

Enfin chaque mois, le ministère des Finances fédéral publie dans la Revue Financière un résumé qui fait le point sur la

L'impasse budgétaire américaine de 1995-1996

À l'automne 1995, le président démocrate américain Bill Clinton n'a pas réussi à faire voter son budget à la Chambre des représentants où les républicains étaient majoritaires. Ceux-ci exigeaient du président la promesse d'un retour à l'équilibre budgétaire avant 2002 qui devait amputer largement des budgets sociaux comme le programme d'assurance maladie des personnes âgées. Faute d'une entente entre le Président et la Chambre des Représentants, quelque 280 000 fonctionnaires fédéraux sur un total de deux millions se sont donc retrouvés au chômage technique et l'administration fédérale a été partiellement paralysée. Ce n'est qu'en avril 1996 que la Chambre des Représentants et le Sénat ont finalement adopté la loi de finances pour l'exercice fiscal s'achevant fin septembre 1996.

Tableau 13.1

Structure d'un budget de l'État.

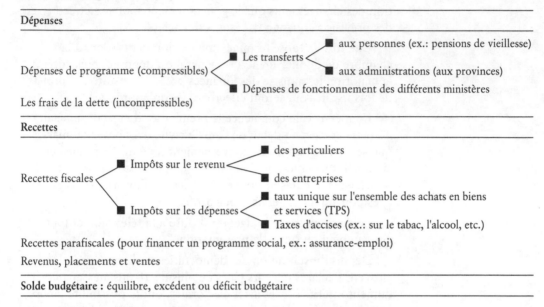

Dépenses
Dépenses de programme (compressibles) — Les transferts — aux personnes (ex.: pensions de vieillesse) / aux administrations (aux provinces) — Dépenses de fonctionnement des différents ministères
Les frais de la dette (incompressibles)

Recettes
Recettes fiscales — Impôts sur le revenu — des particuliers / des entreprises — Impôts sur les dépenses — taux unique sur l'ensemble des achats en biens et services (TPS) / Taxes d'accises (ex.: sur le tabac, l'alcool, etc.)
Recettes parafiscales (pour financer un programme social, ex.: assurance-emploi)
Revenus, placements et ventes

Solde budgétaire : équilibre, excédent ou déficit budgétaire

situation financière du gouvernement. Les économistes et les journalistes disposeront donc d'une importante documentation pour informer le citoyen.

Les opérations financières du gouvernement

Le budget de l'État est un document qui décrit les dépenses et les recettes de l'année mais là ne se limitent pas les opérations financières du gouvernement puisqu'il doit également faire le point sur les opérations non budgétaires, comme les opérations de change et celles sur la dette non échue (tableau 13.1).

Contrôle des connaissances

- *Quels sont les sept principes budgétaires dans une démocratie ?*
- *Décrivez le processus de budgétisation.*
- *Depuis quand et pour quelle raison le budget de l'État est-il soumis à l'approbation du parlement ?*
- *Quelle est la structure d'un budget de l'État ?*

13.3   Les dépenses budgétaires

Lorsque l'on parle de dépenses budgétaires au Canada, comme dans plusieurs autres pays, il faut toujours distinguer les dépenses du gouvernement fédéral et les dépenses de l'ensemble du secteur public, lesquelles incluent aussi celles de provinces, celles des municipalités et celles des organismes publics (hôpitaux, universités, etc.).

Les dépenses budgétaires du gouvernement fédéral

Il existe deux grands types de dépenses budgétaires : les premières concernent les **dépenses de programmes**, qui sont compressibles; les autres concernent les **frais de la dette**, dépense incompressible mais qui varie au gré des fluctuations des taux d'intérêt.

La structure des dépenses budgétaires reflète des choix de société. Compte tenu de ressources limitées, et comme nous l'avons expliqué au chapitre 1, toute dépense dans un secteur implique de moindres ressources pour un autre; aussi l'étude du budget est révélatrice des priorités mises de l'avant par le gouvernement (voir tableau 13.2 et figure 13.1).

Les dépenses de programme

Les dépenses de programme concernent deux types de dépenses : les transferts et les frais de fonctionnement de l'appareil de l'État (ministères et entreprises publiques).

Les frais de fonctionnement

Les dépenses en biens et services concernent le financement des ministères et incluent le paiement des salaires des fonctionnaires civils et soldes militaires; c'est le coût des services que le gouvernement offre aux différents agents économiques (dépenses des sociétés d'État, défense et autres ministères).

Les systèmes comptables des finances publiques au Canada

Les finances publiques sont comptabilisées selon trois méthodes : les comptes publics, les comptes nationaux et le système de la gestion financière.

- **Les comptes publics**. Pour permettre au Parlement de contrôler la gestion des deniers publics, le gouvernement fédéral présente, chaque mois, la situation financière selon des principes comptables différents du secteur privé : l'objectif du gouvernement n'est pas la recherche du profit mais le service aux citoyens. Les opérations sont enregistrées quand les sommes sont reçues ou déboursées (comptabilité de caisse)

- **Les comptes nationaux des revenus et des dépenses (CNRD)** établis trimestriellement par Statistique Canada selon le modèle de l'ONU visent à mesurer l'interaction entre le secteur public et les autres secteurs de l'économie. Cette approche permet mieux que la première de consolider les comptes de l'ensemble des l'administrations publiques et de faire des comparaisons internationales. Dans cette approche, les opérations sont enregistrées quand les sommes sont engagées (comptabilité d'exercice).

- **Le système de la gestion financière (SGF)**. À mi-chemin entre les deux systèmes précédents il permet de ventiler les dépenses de l'État à partir des comptes nationaux, par fonction, en tenant compte des résultats des entreprises publiques et des cotisations reliées aux fonds de pension. C'est la méthode comptable de « consolidation » des états budgétaires des divers niveaux de gouvernement.

Source : Ministère des Finances du Canada, *Le déficit mis en perspective*, annexe A, avril 1983.

Tableau 13.2

Les dépenses nettes du gouvernement canadien selon les comptes publics (en milliards de dollars).

	1995-1996	1996-1997	1997-1998	1998-1999	1999-2000
Dépenses de programme					
Transferts aux particuliers	57,0	56,5	57,2		
(dont pensions de vieillesse)	(21)	(22)	(22)		
Transfert aux administrations	28,9	24,3	25,7		
Total des transferts	85,9	80,8	82,9		
Dépenses des ministères et des sociétés d'État	32,4	31,4	31,5		
Total des dépenses de programme	118,3	112,2	114,4		
Service de la dette	45	43	44		
Total des dépenses budgétaires	159	149,7	150		

Source : *Revue de la Banque du Canada*, printemps 1999, G1.

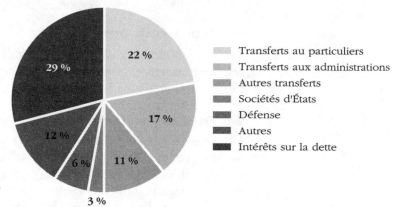

Transferts au particuliers
Transferts aux administrations
Autres transferts
Sociétés d'États
Défense
Autres
Intérêts sur la dette

Figure 13.1

Dépenses nettes du
gouvernement canadien pour
1995-1996. Comptes publics.

L'État est le principal employeur du pays. Si l'on tient
compte des différents paliers de gouvernement au Canada, ainsi
que des écoles et les hôpitaux, le secteur public fait travailler
plus de 2,5 millions de personnes, soit 18,5 % de la population
active (figure 13.2). Cela comprend les fonctionnaires qui
travaillent dans les ministères, les organismes du gouvernement
comme les musées, les conseils, les commissions, le personnel
militaire, les membres de la police ainsi que les établissements

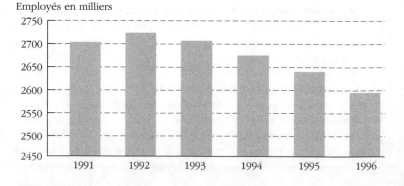

Employés en milliers

Figure 13.2

L'emploi dans le secteur
public à tous les niveaux de
1991 à 1996. Source : *Emploi
et salaires dans le secteur
public*, Statistique Canada,
juin 1998.

scolaires, de la santé, des prisons, etc. Après avoir atteint en 1992 le sommet de 2 725 268 personnes, l'emploi dans le secteur public décroît, surtout en raison des privatisations. En 1996, on dénombrait 2 593 000 personnes.

C'est le conseil du Trésor des gouvernements qui gère ces ressources humaines, qui les rémunère et qui veille à leur efficacité. En étudiant les effectifs, on peut évaluer l'importance que le gouvernement accorde à tel ou tel secteur et savoir quels sont les secteurs en expansion et les secteurs en voie de compression. En période de guerre, il va de soi que le budget de la défense devient prioritaire alors qu'en période de paix, selon les priorités et les choix de société compte tenu des besoins de la société, l'accent sera mis sur l'éducation, les services sociaux, la santé, la culture, etc. Au Canada, les dépenses liées à la défense représentent près du tiers des dépenses en biens et en services (9,9 mds $ sur 32,5 mds en 1995-96).

Les transferts

Les deuxièmes en importance sont les dépenses liées à la protection sociale (les transferts aux particuliers). Les pensions de vieillesse sont des dépenses qu'il est politiquement difficile de réduire. Au Canada, les pensions sont indexées au coût de la vie. Compte tenu du vieillissement de la population (voir la pyramide des âges au chapitre 8), ces dépenses à l'avenir ne pourront qu'augmenter à moins que l'âge de la retraite soit repoussé de quelques années.

Les programmes de sécurité sociale au Canada

Les bases du système de sécurité sociale du Canada ont été établies après la crise des années 1930 et la seconde guerre mondiale. Les gouvernements fédéral et provinciaux qui se sont succédés des années 1940 aux années 1970, se sont attaqués à l'iniquité sociale et à l'insécurité économique.

Aujourd'hui, le filet de sécurité sociale englobe un large éventail de programmes fédéraux, provinciaux et conjoints. Outre la Sécurité de la vieillesse, le Supplément de revenu garanti, le Régime de pensions du Canada et l'appui fédéral aux régimes de santé, les programmes les plus importants sont les suivants :

- Le régime d'assurance-chômage, instauré en 1942 puis élargi en. 1971 et réduit en 1990 qui devient l'Assurance-emploi en 1995 (Réforme Axworthy);
- Les prestations pour enfants qui ont remplacé les Allocations familiales en 1993;
- Le programme canadien de prêts aux étudiants, lancé en 1964;
- L'aide à l'enseignement post-secondaire qui prend la forme de transferts aux provinces au titre du financement des programmes établis (Loi de 1967);
- Le régime d'assistance publique créé en 1966 pour aider les provinces en matière d'aide sociale et de services sociaux;
- Le programme de réadaptation professionnelle des personnes handicapées, lancé en 1961;
- L'aide fédérale en matière d'emploi (Loi de 1967), avec l'utilisation des fonds de l'assurance-chômage à des fins productives et à la planification de l'emploi.

Source : *La sécurité sociale dans le Canada de demain*. Développement des ressources humaines canadiennes, Document de travail, octobre 1994, p. 12.

Les transferts aux administrations concernent les sommes que le gouvernement fédéral redistribue aux provinces au titre de la péréquation. Prélevant des impôts dans chacune des provinces, le gouvernement central redistribue de l'argent pour permettre à toutes les régions de connaître un niveau de vie plus égalitaire. Couper dans ces transferts se traduirait par un transfert du déficit aux provinces.

Il y a des dépenses qui augmentent quand il y a récession : ce sont les « **stabilisateurs automatiques** » du revenu. Par exemple, quand le chômage augmente, les prestations accordées aux chômeurs augmentent également, ce qui réduit les baisses trop prononcées de revenu pour les personnes privées soudain d'emploi, mais qui alourdit automatiquement les charges de l'État. Quand il y a reprise économique et que les emplois augmentent, les débours de l'État théoriquement s'allègent tandis que les recettes fiscales augmentent.

Le service de la dette

Dans le chapitre suivant (chapitre 14), nous étudierons plus particulièrement ce que représente la dette mais, d'ores et déjà, pour ce qui concerne les dépenses budgétaires, nous savons que les frais de la dette représentent une charge obligatoire pour laquelle le gouvernement ne peut se dérober.

Les **frais de la dette** concernent les intérêts que le gouvernement doit verser à ses créanciers. Le **service de la dette** comprend outre le paiement des intérêts, le remboursement d'une partie du capital ou principal. Compte tenu de l'importance de l'endettement des gouvernements, toute variation des taux d'intérêt a un impact considérable. Plus les taux d'intérêt sont élevés plus les frais de la dette augmentent.

Quand, par exemple, les taux d'intérêt augmentent de 1 % et que la dette publique est de 100 milliards de $, cela entraîne, au terme de l'année, une dépense supplémentaire de un milliard de $ qui obligera le gouvernement à couper dans d'autres dépenses.

Le **ratio des frais de la dette** sur le total des dépenses permet de mesurer la marge de manœuvre du gouvernement; plus le ratio est élevé moins le gouvernement a de ressources pour les autres dépenses. Cette contrainte financière oblige les gouvernements à prendre des mesures qui seront très impopulaires. En 1995-96, par exemple, les frais de la dette comptaient pour le tiers des dépenses courantes.

Les dépenses de l'ensemble du secteur public

Quand on compare la situation canadienne à celle des autres pays, il faut tenir compte de toutes les dépenses publiques effectuées à tous les paliers de gouvernement (tableau 13.3).

Tableau 13.3

Total des dépenses pour l'ensemble du secteur public au Canada, selon les comptes nationaux (en milliards de dollars).

	1997	1998	1999	2000
Dépenses de programmes				
Biens et services	186	197		
Transferts				
aux particuliers	107	110		
aux entreprises	8	9		
aux non-résidents	3	3		
Service de la dette	74	77		
Total des dépenses publiques	389	396		

Source : *L'Observateur économique canadien*, avril 1999.

Tableau 13.4

Dépenses totales de l'ensemble du secteur public pour le G7, en % du PIB, PNB nominal.

Années	États-Unis	Japon	Allemagne	France	Italie	Royaume-Uni	Canada
1973	32,4	22,4	41,7	39,4	36,9	39,2	35,3
1983	33,4	33,9	47,8	53,1	48,9	45,9	45,3
1993	33,9	33,4	49,6	56,9	56,7	43,6	49,4
1997	33,6	35,2	47,9	54,2	50,6	41,0	42,3
1998	32,8	36,9	46,9	54,3	49,1	40,2	42,1
1999							
2000							

Source : *Perspectives économiques de l'OCDE*, juin 1999.

Dans les pays du G7, les trois plus importants secteurs de dépenses d'un gouvernement sont comme toujours : le service de la dette publique, les transferts aux particuliers et les dépenses courantes en biens et en services (de fonctionnement).

Le ratio dépenses publiques totales sur la valeur de la production annuelle du pays permet de mesurer l'importance du secteur public par rapport au secteur privé. Plus ce ratio est élevé, plus l'économie est contrôlée par les décisions économiques du gouvernement, plus l'économie est socialisée. Dans le tableau 13.4, on remarque qu'en général, les dépenses publiques ont un poids relatif qui augmente depuis 1973, sauf pour les États-Unis. En 1997, le Canada vient au 4e rang après l'Italie, la France et l'Allemagne. Ce poids peut augmenter ou diminuer selon la conjoncture et les options des partis politiques au pouvoir.

Contrôle des connaissances

- *Quels sont les deux grands types de dépenses d'un gouvernement ?*
- *Quelle est l'importance de l'emploi public au Canada ?*
- *Quel type de dépense est incompressible ?*

13.4 Les recettes budgétaires

Comme pour les dépenses, il faut distinguer les recettes du gouvernement fédéral et les recettes de l'ensemble des administrations publiques (provinces, municipalités et autres).

Les recettes budgétaires du gouvernement fédéral

Les recettes budgétaires proviennent en règle générale de trois sources différentes : des impôts directs ou indirects (**fiscalité**), de la **parafiscalité** et des **revenus de placements** (tableau 13.5, figure 13.3).

Tableau 13.5

Les recettes budgétaires du gouvernement canadien selon les comptes publics (en milliards de dollars).

Recettes	95-96	96-97	97-98	98-99
Impôts sur le revenu des particuliers	60	63	71,3	
Impôts des sociétés	16	17	22,2	
Autres				
Cotisation d'assurance-emploi	18	20	19	
Taxes d'accises et TPS	27	29	31	
Recettes non fiscales	9	12	10	
Total des recettes budgétaires	130	141	153,5	

Source : *Revue de la Banque du Canada*, printemps 1999, G1.

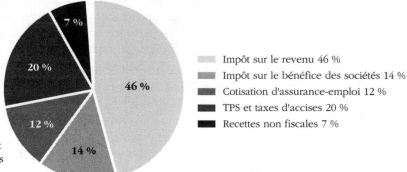

Figure 13.3

Recettes du gouvernement canadien en % des recettes totales (1997-1998).

Impôt sur le revenu 46 %
Impôt sur le bénéfice des sociétés 14 %
Cotisation d'assurance-emploi 12 %
TPS et taxes d'accises 20 %
Recettes non fiscales 7 %

La fiscalité

L'État a le pouvoir de percevoir des impôts sur les revenus, sur les dépenses et sur le patrimoine. Chaque système aura un impact différent sur la situation économique des citoyens et la répartition des revenus et de la richesse. Le défi est de trouver un système fiscal qui soit efficace, juste et rentable. Au Canada, le système fiscal repose essentiellement sur l'impôt sur le revenu des personnes, qui est de type progressif. C'est-à-dire que, plus on déclare un revenu élevé, plus le pourcentage d'impôt sur la dernière tranche de revenu augmente. L'impôt progressif prélève davantage d'argent sur les revenus élevés et il permet de réduire les écarts entre les riches et les moins riches dans la mesure où il n'y a pas d'abris fiscaux.

En période de récession ces recettes fiscales ont tendance à diminuer puisque plusieurs personnes vont perdre leur emploi et elles n'auront plus de revenu à déclarer. Par contre, ces recettes augmentent en période d'inflation. En effet, une personne qui verrait son salaire nominal augmenter constaterait également que ses impôts augmentent plus que proportionnellement.

L'impôt sur les bénéfices déclarés des sociétés est de plus en plus difficile à instaurer compte tenu de l'ouverture des économies sur le monde. Il se crée entre les pays une surenchère pour accorder les conditions fiscales les plus avantageuses aux compagnies étrangères afin de les attirer ou de les retenir sur leur territoire.

Une autre source de revenu importante pour le gouvernement réside dans les impôts sur les dépenses ou impôts indirects comme les taxes de vente ou la taxe sur les produits et services (TPS) quand il s'agit d'un taux de taxation uniforme, et de taxes d'accises quand le taux diffère selon le produit (ex. : taxes sur l'alcool et les cigarettes. Ces impôts rapportent beaucoup d'argent, la fraude est moins aisée dans la mesure où la contrebande ne s'organise pas, mais ils ont un effet régressif en ce sens qu'ils frappent plus fortement les catégories qui dépensent tout leur revenu et il accroît donc les inégalités.

La parafiscalité

Alors que les recettes fiscales servent à financer les dépenses générales du gouvernement, les recettes prélevées au titre de la parafiscalité, comme les cotisations obligatoires pour la sécurité sociale, sont affectées à des programmes spécifiques comme par exemple les prélèvement des administrations sur les salaires pour les caisses de retraite, les assurances, l'assurance-emploi, etc.

En France la parafiscalité représentait 48 % des recettes budgétaires alors qu'au Canada elle tourne autour de 15 %. Quand on compare la pression fiscale d'un pays par rapport à un autre il faut tenir compte et de la fiscalité et de la parafiscalité.

Les revenus de placements

L'État reçoit également des sommes au titre des placements qu'il a effectués par l'entremise de ses sociétés publiques. Quand une société publique augmente ses tarifs cela peut être une façon détournée pour l'État de se procurer des recettes auprès des utilisateurs. Aussi, les privatisations d'entreprises publiques qui rapportent de l'argent au gouvernement au moment de la vente entraîneront les années suivantes des baisses de revenus dans la mesure où elles étaient rentables. Celles qui n'étaient pas rentables allégeront les dotations budgétaires qu'elles recevaient pour fonctionner.

Les recettes des administrations publiques

Là encore, si l'on veut faire des comparaisons internationales, il convient de tenir compte de toutes les recettes du secteur public (tableau 13.6).

La pression fiscale d'un pays se mesure par le ratio des prélèvements publics auprès des différents agents économiques sur la valeur de la production annuelle, soit le PIB/PNB. C'est ainsi que le tableau 13.7 nous apprend que le Canada en 1993 n'est pas le pays à la pression fiscale la plus élevée, il est au 4e rang des pays du G7. Sa fiscalité est surtout assise sur les revenus et les achats des particuliers.

Contrôle des connaissances

- *Quelles sont les principales sources de revenus de l'État ?*
- *Comment mesure-t-on la pression fiscale d'un gouvernement ?*
- *Quel type d'impôt peut augmenter les inégalités de revenu ? Lequel pourrait, au contraire, les réduire ?*

Tableau 13.6

Total des recettes des administrations publiques selon les comptes nationaux des revenus et des dépenses (en milliards de dollars).

Recettes	1997	1998	1999	2000
Impôts directs (sur les revenus)				
des particuliers	121	130		
des entreprises	29	26		
des non-résidents	3	3		
Impôts indirects (sur les dépenses)	128	133		
Parafiscalité (Assurance sociale)	46	47		
Revenus de placements	46	46		
Ventes	26	26		
Total des recettes	400	412		

Source : *L'Observateur économique canadien*, avril 1999.

Tableau 13.7

Les principales recettes fiscales de l'ensemble des gouvernements du G7 en % du PIB en 1993 ou pression fiscale.

Recettes fiscales	Canada	États-Unis	Royaume-Uni	France	Allemagne	Italie	Japon
Impôts directs des particuliers	14,3	9,9	10,2	7,2	9,8	12,8	8,0
Impôts des sociétés	2,1	2,6	1,3	2,0	1,9	3,2	4,8
Cotisations à la Sécurité sociale	5,5	9,2	6,1	21,5	18,8	15,3	9,8
Taxes indirectes	14,1	14,5	14,5	13,8	13,1	11,9	7,9
Total	36,3	30,0	32,2	44,5	43,6	43,3	30,5

Source : *Perspectives économiques de l'OCDE*, décembre 1998.

13.5 Le solde budgétaire

La différence entre les recettes et les dépenses donne soit un solde nul quand le budget est équilibré (déficit zéro), soit un excédent quand les recettes sont supérieures aux dépenses, soit un déficit quand les recettes ne couvrent pas les dépenses.

Les soldes budgétaires du gouvernement canadien

Au Canada, de 1974 à 1997, le gouvernement fédéral n'a jamais eu l'occasion d'équilibrer son budget (tableau 13.8).

Le déficit budgétaire ne sera pas du même montant selon que l'on retient les chiffres du gouvernement (comptes publics) ou les données de statistique Canada, comptes nationaux des revenus et des dépenses (CNRD). La différence tient aux règles de comptabilité. Statistique Canada, dans les comptes nationaux, inclut les recettes non budgétaires, comme des intérêts accumulés des fonds de pension ou plus occasionnellement le produit des privatisations d'entreprises publiques, ce qui réduit d'autant le déficit budgétaire tel qu'évalué dans les comptes publics du gouvernement.

On distingue du déficit budgétaire un **déficit primaire** qui est le solde sur les opérations sans le service de la dette alors que le solde budgétaire est la différence entre les dépenses et les recettes totales. Cette distinction permet de savoir si le déficit augmente en raison de l'augmentation des taux d'intérêt ou s'il résulte de l'augmentation des dépenses ou d'une diminution des recettes. Si les recettes couvrent toutes les dépenses de programme, le déficit peut être considéré comme maîtrisé (tableau 13.9).

On distingue également un **déficit conjoncturel** dû au ralentissement de l'activité économique, d'un déficit structurel qui ne

Tableau 13.8

Historique des soldes budgétaires du gouvernement canadien selon les comptes publics et les comptes nationaux (en milliards de dollars).

	CP	CN
1980-1981	-14	-7
1981-1982	-15	-18
1982-1983	-29	-24
1083-1984	-33	-30
1984-1985	-38	-34
1985-1986	-35	-25
1986-1987	-31	-21
1987-1988	-28	-21
1988-1989	-29	-22
1989-1990	-29	-27
1990-1991	-32	-31
1991-1992	-34	-30
1992-1993	-41	-33
1993-1994	-42	-28
1994-1995	-37	-25
1995-1996	-28	-13
1996-1997	-8,9	+7
1997-1998	+3,5	+12
1998-1999		
1999-2000		

Source : *Revue de la Banque du Canada*, G1, printemps 1999.

Tableau 13.9

Solde budgétaire du gouvernement canadien. Différentes définitions pour l'exercice 1997-98 (en millards de dollars) selon les comptes publics.

Solde primaire	
Recettes budgétaire - Dépenses de programme ou	$153,0 - 114,4 = 38,6$
Solde budgétaire	
Recettes budgétaires - Dépenses budgétaires ou	$153,0 - 150,5 = 3,5$

Les différents types de déficits budgétaires

Déficit budgétaire	= Dépenses budgétaires > Recettes budgétaires
Déficit primaire	= Dépenses de programme > Recettes budgétaires
Déficit conjoncturel	= Déficit dû au ralentissement économique
Déficit structurel	= Déficit en période d'expansion économique

disparaîtrait pas lors d'une période d'expansion économique. C'est à ce dernier type de déficit que les gouvernements doivent en tout premier lieu s'attaquer pour rétablir l'équilibre.

Les excédents budgétaires

Depuis la fin des années 90, les gouvernements du G7 ont adopté des politiques budgétaires restrictives pour réduire les déficits. Pour le budget 1997-98, le gouvernement canadien réussissait même à créer un excédent budgétaire grâce à la croissance économique qui augmentait les recettes fiscales et une baisse des taux d'intérêt qui allègeait les frais de la dette. Avec cet excédent, la marge de manœuvre du gouvernement est plus grande et les sommes dégagées pourront servir à rembourser la dette, à réduire les impôts ou à augmenter les aides sociales selon que le gouvernement voudra injecter ou retirer de l'argent dans l'économie.

Le solde budgétaire de l'ensemble des administrations publiques

Selon les normes internationales établies dans les années 1990, le déficit budgétaire de l'ensemble des administrations publiques ne devrait pas dépasser 3 % du PIB.

$$\frac{\text{déficit des administrations}}{\text{PIB}} = 3\,\%$$

Ce 3 % représente le taux de croissance potentiel des économies industrialisées au cours d'un cycle normal. Les déficits gouvernementaux devraient donc demeurer en deçà de la croissance économique qui représente en fait la capacité de financer les dépenses gouvernementales. Au-delà de ce pourcentage, les finances publiques du pays ne seraient pas considérées sous contrôle. Pour l'année 1994, le déficit du secteur public canadien qui concerne tous les paliers de gouvernement (fédéral, provincial et municipal) s'élevait à 39,6 mds de $ ce qui représente 5,3 % du PIB canadien en dollar courant (750 mds de $) (tableau 13.10).

Certains gouvernements ont adopté des lois anti-déficit qui vont de la réduction drastique des déficits à leur interdiction pure et simple. En 1995, les conservateurs du Manitoba assortissaient la loi de lourdes pénalités puisqu'en cas de déficit budgétaire le salaire des ministres pouvait être amputé de 20 % la première année et de 40 % la deuxième année, tout déficit devant être effacé par un excédent équivalent l'année suivante. Pour ne pas lier totalement le gouvernement, trois cas d'exceptions étaient cependant prévus : un désastre, une guerre ou une grave récession identifiée par une chute des revenus de 5 % (tableau 13.11).

Tableau 13.10

Historique des soldes budgétaires réels de l'ensemble des administrations publiques au Canada, selon les comptes nationaux des revenus et des dépenses, de 1970 à nos jours (en millions de dollars).

1970	712
1971	32
1972	-48
1973	1 119
1974	2 851
1975	-4 284
1976	-3 549
1977	-5 460
1978	-7 633
1979	-5 543
1980	-8 617
1981	-5 255
1982	-22 168
1983	-28 040
1984	-28 841
1985	-32 536
1986	-27 312
1987	-20 843
1988	-15 110
1989	-18 765
1990	-27 129
1991	-44 582
1992	-51 031
1993	-51 775
1994	-39 658
1995	-31 893
1996	-10 852
1997	+11,1
1998	+15,7
1999	–
2000	–

Source : *L'Observateur économique canadien*, avril 1999.

Dans le G7, en 1995 et 1996, seuls les États-Unis, respectaient ce ratio (tableau 13.12). Pour atteindre ce résultat, les pays endettés ont dû assainir leurs finances publiques et veiller plus particulièrement à ce que les dépenses de programmes se stabilisent.

Tableau 13.11

Surplus ou déficits budgétaires des provinces (en millions de dollars).

Provinces	1994-95	1995-96	1996-97	1997-98	1998-99
Terre-Neuve	-127	9	-19	-20	-10
Île-du-Prince-Édouard	-2	4	-4	-9	-3
Nouvelle-Écosse	-235	-201	8	37	1
Nouveau-Brunswick	-69	51	125	4	19
Québec	-5814	-3951	-3217	-2194	-1200
Ontario	-10129	-8800	-6905	-5203	-4220
Manitoba	-196	157	91	44	23
Saskatchewan	128	18	407	21	106
Alberta	958	1132	2527	2639	165
Colombie-Britannique	-446	-355	-352	-169	-95

Source : *Statistique Canada*.

Tableau 13.12

Soldes budgétaires des administrations publiques pour le G7, déficit en % du PIB nominal.

Pays	Déficit en % du PIB					
	1995	1996	1997	1998	1999	2000
États-Unis	-2,0	-1,1	0,0	1,7		
Japon	-3,6	-4,3	-3,1	-6,0		
Allemagne	-3,3	-3,4	-2,6	-2,0		
France	-5,0	-4,0	-3,0	-2,9		
Italie	-7,7	-6,7	-2,7	-2,7		
Royaume-Uni	-5,7	-4,7	-1,9	0,4		
Canada	-4,4	-2,0	-0,9	1,3		

Source : *Perspectives économiques de l'OCDE*, juin 1999.

Contrôle des connaissances

- *Qu'est-ce qu'un déficit budgétaire ?*
- *Quelle distinction faut-il faire entre déficit primaire et déficit budgétaire ?*
- *Quelle différence il y a entre déficit structurel et déficit conjoncturel ?*
- *Quel taux de déficit budgétaire sur le PIB ne devrait pas être dépassé ?*

13.6   Le contrôle des dépenses publiques

Compte tenu de l'importance des montants d'argent qui passent entre les mains des pouvoirs publics et la multiplicité des comptes présentés, le vote des députés, même éclairé par les commissions parlementaires, est plutôt symbolique. Un rapport du Vérificateur général du Canada en 1976 prétendait que le Parlement ne parvenait plus à contrôler de manière efficace les deniers publics. En 1986, le Rapport Nielsen réitérait l'alarme.

Pour qu'un contrôle puisse s'exercer, plusieurs types de mesures ont été adoptées. Le premier consiste à rendre plus efficaces et plus clairs les choix budgétaires, le second à faire participer les citoyens au processus de décision et le troisième à faire vérifier les comptes publics par des personnes indépendantes.

Une rationalisation des choix budgétaires

L'intervention de plus en plus grande de l'État dans l'économie exigerait que l'on revoit les méthodes traditionnelles de gestion des fonds publics. On a substitué aux décisions de type bureaucratique, des analyses coût-avantages qui ont l'ambition de justifier les décisions. Il ne faut plus financer des dépenses sans avoir une idée des résultats obtenus, le but de cet exercice étant bien sûr de supprimer les gaspillages et de mieux utiliser l'argent du contribuable. Dès les années 1960, des rapports soulignaient l'urgence de trouver des présentations plus simples pour ne pas perdre le contrôle de la situation. C'est aux États-Unis, dans les années 50, qu'au secrétariat de la Défense, un programme de rationalisation des choix budgétaires, le PPBS (*Planning, Programming Budgeting System*) a été pour la première fois adopté.

En 1982, au Québec, une commission parlementaire publiait un rapport intitulé *Pour une fonction publique sensible aux besoins des citoyens, moderne, efficace et responsable* (Rapport Bisaillon). Dorénavant les administrateurs doivent rendre compte de leur gestion au gouvernement. Cependant les décisions concernent souvent des problèmes qui ne relèvent pas du marché et l'évaluation économique est difficile à déterminer. Par exemple, comment estimer en termes monétaires, les effets d'une politique d'alphabétisation ou d'un programme de vaccination ? Parfois, il faut savoir attendre plusieurs dizaines d'années pour connaître les bénéfices d'un investissement public. En fait les décisions d'ordre politique ne sont pas toujours justifiables sur le plan strictement économique.

Une plus grande responsabilité des citoyens

Avec un niveau d'éducation plus élevé, un système d'information multimédia très accessible (journaux, télévision, Internet), les citoyens contribuables-clients-électeurs sont à même d'assumer plus de responsabilités civiques tant du point de vue du contrôle, de la consultation que du point de vue de l'utilisation des services publics. Une plus grande implication des citoyens permet une décentralisation des pouvoirs de décision de l'État.

Au niveau de la consultation, des comités de citoyens peuvent se former pour exiger des services publics adéquats : comités d'usagers, associations diverses qui expriment clairement les besoins et dénoncent les pratiques inefficaces des administrations.

Si les citoyens ont acquis des droits auxquels ils sont très attachés maintenant, ils doivent par ailleurs être conscients que les services de l'État sont coûteux. Certaines personnes suggèrent de faire connaître aux bénéficiaires le coût estimé des soins et services que la société leur a prodigués. Sans recourir au ticket modérateur qui peut décourager les plus démunis à venir consulter à temps, une note d'information sur les frais médicaux pourrait modérer la surconsommation dans ce domaine. Dans le même ordre d'idée, les étudiants des institutions publiques pourraient connaître le coût que la société assume pour les garder aux études, de telle sorte qu'une fois contribuables, ils comprennent le lien qui existe entre fiscalité et services publics.

Le rapport du vérificateur général

En France, où la fonction publique a toujours été très importante, Napoléon avait créé en 1807 une institution pour contrôler la gestion des fonds publics. La Cour des comptes contrôle les comptes publics et surveille les entreprises qui appartiennent à l'état pour s'assurer qu'il n'y a ni gaspillage ni crime de concussion, c'est-à-dire détournement de fonds publics.

Au Canada, le président du Conseil du Trésor présente au terme de l'année budgétaire, un bilan de ses dépenses dans un document appelé Comptes publics. Ce document est alors soumis à un vérificateur, indépendant.

Le vérificateur général aux comptes est une sorte d'expert comptable qui vérifie avec une équipe de spécialistes la gestion des fonds publics et il voit à ce que les programmes gouvernementaux atteignent leurs objectifs. Son mandat a été élargi au début des années 1980. Il publie chaque année un rapport volumineux. À l'occasion de cette publication, le citoyen sera tenu au courant des problèmes identifiés par le vérificateur et saura quelles recommandations ont été formulées au gouvernement pour redresser la situation.

Contrôle des connaissances

• *Quels sont les trois moyens pour les citoyens de contrôler les dépenses publiques ?*

Conclusion

La politique budgétaire est beaucoup plus longue à mettre en œuvre que la politique monétaire, mais elle est démocratique puisque toutes les mesures sont soumises à l'approbation des représentants des citoyens. Le budget de l'État reflète les choix d'une société qui refuse de laisser le marché libre décider en fonction du seul critère de rentabilité. Toute modification du système fiscal repose la question de la juste répartition des charges de l'État. Le gouvernement doit, d'un côté faire face aux revendications des groupes de pression (lobbies) que sont les associations patronales, les syndicats, les groupements de propriétaires qui tentent de défendre les intérêts de leurs membres, et d'un autre côté il doit trouver les ressources pour venir en aide à ceux qui sont réellement dans le besoin. Gouverner c'est l'art de répartir les charges et les soutiens entre tous pour éviter les trop grandes disparités que le système de la concurrence engendre. Le citoyen ne comprend pas toujours les enjeux de la politique budgétaire et se sentant impuissant à pouvoir faire changer quoique ce soit, il renonce à réclamer des comptes. La remise en cause des droits acquis pour des raisons de contraintes budgétaires oblige plus que jamais les citoyens à plus de vigilance. Entre une bureaucratie excessive et un démantèlement de l'État-providence, des solutions intermédiaires pourraient être adoptées qui impliquent un nouvel ordre social où les droits de chacun seraient assortis d'une responsabilité clairement définie.

Résumé

Le ministre des Finances désigné par le chef du gouvernement est le responsable politique du budget de l'État. Traditionnellement, les libéraux orthodoxes estimaient que le budget de l'État devait être équilibré chaque année alors que les keynésiens estiment que l'équilibre du budget doit être atteint sur un cycle économique. Dès lors, le budget de l'État devient un instrument d'intervention du gouvernement pour atteindre plusieurs objectifs : le plein emploi, la redistribution des revenus et la protection sociale.

Compte tenu de la place de l'État dans les économies capitalistes mixtes, les mesures budgétaires tant fiscales qu'au niveau des dépenses ont un impact considérable sur l'économie et sur le niveau de vie des particuliers. Le budget voté au Parlement par les représentants des citoyens comporte deux parties, les recettes et les dépenses publiques. Les dépenses sont divisées en deux parties, les dépenses de programmes et le service de la dette. Le solde budgétaire peut être équilibré, déficitaire ou excédentaire.

Selon les normes internationales, le déficit des administrations publiques ne devrait pas dépasser 3 % du PIB. Au delà de ce ratio, des mesures de redressement seraient nécessaires. On distingue du déficit budgétaire un déficit primaire qui exclut les frais financiers liés à la dette publique quand les recettes couvrent toutes les dépenses de programmes on considère le déficit maîtrisé. Le déficit conjoncturel est dû au ralentissement économique tandis que le déficit structurel perdurerait même en période d'expansion.

Compte tenu de l'importance des finances publiques, des mesures ont été adoptées, pour permettre aux citoyens et aux administrateurs de s'y retrouver, telles la rationalisation des choix budgétaires ou le rapport du vérificateur général.

Mots clés

Abri fiscal

Comptes nationaux des revenus et des dépenses (CNRD)

Comptes publics

Concussion

Conseil du Trésor

Déficit budgétaire

Déficit conjoncturel

Déficit ou excédent budgétaire

Déficit primaire

Déficit structurel

Dépense fiscale

Dépenses de programme

Dépenses discrétionnaires

Finances publiques

Fiscalité

Opérations financières non budgétaires

Orthodoxie financière

Parafiscalité

Solde budgétaire

Solde de fonctionnement

Stabilisateurs économiques

Système de gestion financière (SGF)

Théorème du budget équilibré

Exercices

1. Quand on parle de Service de la dette publique, on pense :

_____ a) Au remboursement du capital emprunté par le gouvernement.

_____ b) À l'amortissement de la dette et au paiement des intérêts.

_____ c) Au remboursement des intérêts.

_____ d) Au frais de gestion de la dette.

2. Quelle est la recette la plus importante du gouvernement canadien ?

_____ a) Impôts directs sur le revenu des particuliers.

_____ b) Les impôts sur le profit déclaré des compagnies.

_____ c) Les différents placements du gouvernement.

_____ d) Les taxes indirectes.

3. Avec un traité de libre-échange, les droits de douanes entre les pays impliqués devraient :

_____ a) Diminuer.

_____ b) Augmenter.

_____ c) Rester stables.

_____ d) Disparaître.

4. Parmi les mesures proposées pour réduire le déficit, laquelle pourrait, à court terme, augmenter les inégalités sociales ?

_____ a) Augmenter les impôts des sociétés.

_____ b) Réduire les dépenses militaires.

_____ c) Augmenter les impôts sur le revenu des particuliers.

_____ d) Réduire les prestations sociales.

_____ e) Couper dans les salaires des hauts fonctionnaires

5. Selon Keynes, en période de récession, il faut :

_____ a) Réduire l'intervention de l'État dans l'économie.

_____ b) Soutenir la demande globale en augmentant les dépenses publiques.

_____ c) Maintenir une politique d'austérité.

_____ d) Augmenter les recettes fiscales.

6. Laquelle des augmentations suivantes entraînerait un déficit conjoncturel ?

_____ a) Une augmentation des allocations familiales.

_____ b) Une augmentation des pensions de vieillesse.

_____ c) Une augmentation des prestations de chômage.

_____ d) Une augmentation des dépenses dans l'éducation

7. Parmi les définitions suivantes laquelle concernerait le déficit primaire ?

_____ a) Différence entre les recettes fiscales et les dépenses de programmes.

_____ b) Différence entre les recettes budgétaires et les dépenses budgétaires.

_____ c) Différence entre les recettes budgétaires et les dépenses de programmes.

_____ d) Différence entre les recettes budgétaires et les frais de la dette.

8. Parmi les dépenses suivantes laquelle ne concernerait pas les dépenses de programmes ?

_____ a) Les dépenses militaires.

_____ b) Les pensions de vieillesse.

_____ c) Les frais de la dette.

_____ d) Les salaires des fonctionnaires

9. Quelle est la part des impôts des particuliers dans les recettes budgétaires du gouvernement canadien ?

_____

10. Quelle est la part des impôts sur le profit des compagnies ?

_____

11. En quelle année y a-t-il eu le dernier déficit au Canada ?

_____

12. Quelle a été le % du déficit du gouvernement fédéral canadien par rapport au PIB en 1996 ?

_____

Questions d'intégration multidisciplinaire

	Économie	Sociologie	Histoire	Anthropologie	Psychologie	Sc. politique	Géographie
1. Quels effets entraînent un retour à l'équilibre budgétaire ?	X	X					
2. Quel rôle jouent les groupes de pression dans l'élaboration du budget de l'État ?	X	X				X	
3. Dans quels pays les politiques budgétaires de type keynésien ont-elles été adoptées; décrivez le contexte historique et les mesures qui alors ont été prises ?	X		X			X	
4. Résumez les commentaires de la presse concernant le dernier rapport du vérificateur général.	X					X	
5. Étudiez, à partir d'une enquête personnelle, le rôle et les limites d'un comité d'usagers quelconque.	X	X				X	
6. Comparez les situations financières d'un pays par rapport à un autre, compte tenu des indicateurs suivants : frais de la dette sur dépenses budgétaires, sur recettes budgétaires - solde budgétaire sur PIB.	X					X	

Lectures suggérées

Gow, J.I., M. Barette, S. Dion, M. Fortmann (1993). *Introduction à l'administration publique,* Une approche politique, Gaétan Morin éditeur.

Bernard, A. (1992). *Politique et gestion des finances publiques,* Québec et Canada, Sillery, Les Presses de l'Université du Québec.

Baslé, M. (1985). *Le budget de l'État,* Éditions La Découverte, Paris.

Sites Web

www.fin.gc.ca/
  Ministère des Finances.
www.oag_bvg.gc.ca
  Bureau du vérificateur général du Canada.

CHAPITRE 14

L'endettement de l'administration publique

Au terme de ce chapitre vous serez capable de :

- Discuter de la pertinence d'une dette publique;

- Repérer les sources de l'endettement public;

- Évaluer le poids de la dette publique;

- Décrire les différentes façons de financer la dette publique;

- Prévoir les effets d'un endettement croissant du secteur public.

Tout comme les autres secteurs de l'activité économique, le secteur public a recours aux emprunts pour financer ses dépenses, et le niveau de son endettement ne cesse de croître, ce qui n'est pas sans inquiéter un certain nombre d'observateurs.

Tous les pays ont une dette publique; celle du Canada date de la Confédération; le problème n'est pas l'existence d'une dette mais sa raison d'être, sa croissance et le poids des remboursements qu'il faut ensuite assumer. Plus un pays est endetté, plus sa marge de manœuvre est réduite, et plus il est dépendant de ses créanciers. Les conditions pour obtenir des capitaux sont d'autant meilleures que le niveau d'endettement est faible; aussi est-il sage de savoir s'endetter judicieusement en fonction de ses moyens.

L'opinion publique considère le problème de la dette publique comme un des plus préoccupants, même si le phénomène de l'endettement de l'État n'est pas réellement compris.

14.1   La dette publique

Souvent on utilise des données qui ne sont pas clairement définies et il n'est pas rare de confondre le montant de la dette fédérale avec le montant de la dette de l'ensemble des administrations publiques, de confondre dette brute et dette nette, la dette évaluée selon les comptes publiques et la dette évaluée selon les comptes nationaux, la dette échue et les déficits accumulés etc. On ne fait même pas toujours la distinction entre dette et déficit budgétaire, aussi est-il avant tout nécessaire de bien définir les termes utilisés et de préciser de quel type de dette il s'agit pour dissiper cette impression de confusion qui déroute le citoyen ordinaire.

Définitions

Quand on parle de la dette publique au Canada, cela peut concerner le niveau fédéral ou l'ensemble du secteur public de la nation (dette consolidée), c'est-à-dire des dettes contractées par les différents paliers de gouvernement (fédéral, provincial, municipal) et par les entreprises publiques comme les hôpitaux, etc. (voir annexe 14.1).

Le montant de la dette publique peut différer selon qu'on utilise l'un ou l'autre système comptable ou que l'on retient telle ou telle date d'arrêté des comptes (fin ou début d'exercice par exemple). Malheureusement, il n'existe pas de mesure commune unique. Statistique Canada cite l'exemple de 1991 où les chiffres cités quant à l'ampleur de la dette nette fédérale s'établissaient de 285 à 700 milliards de dollars !

On définit la dette publique comme étant égale à l'ensemble des déficits budgétaires accumulés, moins les remboursements qui ont pu être effectués. Au Canada, on distingue la dette du gouvernement fédéral et la dette de l'ensemble des administrations publiques : fédérale, provinciales, municipales, hôpitaux, universités et autres, ou dette consolidée. La dette brute comprend la dette non échue plus les fonds de pension. La dette nette est égale à la dette brute moins les avoirs financiers du gouvernement.

Le montant de la dette

La dette publique nette fédérale représente près des trois quarts de la dette consolidée du secteur public. Cette dette n'a pas cessé de croître de 1973 à 1997. Cette période correspond à une phase de ralentissement économique qui a suivi les 30 années d'expansion d'après guerre, surnommées les trente glorieuses.

En 1998, la dette brute du gouvernement fédéral s'élevait à 648 milliards de dollars et la dette nette à 584 milliards de dollars. En 1998, selon les données de Statistiques Canada, la dette nette fédérale diminuait (tableau 14.1).

Les montants en cause peuvent sembler astronomiques, mais avant de porter un jugement, il convient de mettre ces chiffres en perspective pour en comprendre le sens.

Tableau 14.1

La dette publique nette au Canada, en milliards de dollars, au 31 mars.

Années	Dette nette fédérale	Dette nette consolidée du secteur public
1992	421	594
1993	462	666
1994	513	739
1995	550	797
1996	579	836
1997	588	
1998	584	
1999		
2000		

Source : *Statistiques Canada*. Cansim matrice 3199 et 3254, juin 1999.

L'utilité d'une dette publique

L'existence d'une dette publique est loin d'être nuisible et on peut même dire que les pays se développent plus rapidement en empruntant.

L'Angleterre n'était-elle pas devenue au 18e siècle une grande puissance économique grâce à la création de la Banque d'Angleterre qui avait pour mission de recueillir l'épargne publique pour la prêter à l'État. Une dette publique permet d'accumuler d'énormes capitaux qui pourront financer non seulement les guerres, mais les infrastructures, les grands travaux que le secteur privé ne peut à lui seul assumer.

Les États-Unis aussi se sont développés grâce à des emprunts publics qui faisaient même appel à l'épargne étrangère. Alexander Hamilton, l'un des rédacteurs de la constitution américaine et Secrétaire au Trésor de 1789-1795, rappelait qu'une dette publique, c'est aussi un actif national, c'est-à-dire un patrimoine qui pourra être transmis aux générations futures. Il prétendait même que ceux qui prêtaient au gouvernement étaient les derniers à souhaiter sa ruine et que la dette cimentait les intérêts des 13 États. Dans un sens, une dette renforce le contrat social entre les créanciers et les débiteurs. La dette publique américaine, comme au Canada, a financé les chemins de fer qui ont permis au pays de devenir une puissance industrielle. Actuellement les États-Unis ont encore en valeur la plus importante dette publique du monde.

Le secteur privé a des contraintes de temps que n'a pas l'État. Un investissement dans le secteur privé doit rapporter des bénéfices à court terme pour les PME et à moyen terme pour la grande entreprise tandis que les investissements publics peuvent être seulement rentables pour une autre génération. Quelle entreprise privée pourrait à elle seule financer des programmes d'alphabétisation ou de reboisement ?

Identification des causes de l'endettement public

Pour connaître le niveau d'endettement net d'un pays, il faudrait soustraire la valeur des actifs que la dette a permis d'acquérir. Par exemple, si le gouvernement doit emprunter de l'argent pour construire un bâtiment, d'un côté au passif figure le montant de l'emprunt mais d'un autre côté, il faut tenir compte de la valeur du bâtiment comme valeur d'actif. L'actif de l'État concerne tous les bâtiments publics, les parcs, les forêts des domaines publics, les aéroports, les routes, les œuvres d'art conservées dans les musées, les bibliothèques, la machinerie, le matériel militaire et tout autre équipement et aménagement.

Le vocabulaire de la dette

- Dette publique : ensemble des déficits accumulés par un gouvernement moins les remboursements.
- Dette des administrations publiques ou dette consolidée : ensemble des dettes du secteur public d'un pays.
- Dette brute : total du passif.
- Dette nette : dette brute moins les avoirs financiers.
- Dette non échue ou dette portant intérêt : montant des obligations dont l'échéance n'est pas arrivée à terme.
- Fonds d'amortissement : fonds pour le rachat des obligations.

Ainsi, par exemple, quand le gouvernement vend des actifs lors de privatisations et que le produit de la vente ne sert pas à rembourser la dette, il s'ensuit une hausse de la dette nette. Un gouvernement qui vend son « argenterie » dispose d'argent frais tout en s'appauvrissant pour l'avenir.

On raconte qu'avant que les Tchèques se séparent des Slovaques, le gouvernement Tchèque s'était empressé de vendre des sociétés d'État pour n'avoir à partager que la dette !

Avoir une dette n'est pas forcément signe de pauvreté; au contraire, elle peut être signe de richesse, tout dépend de ce que l'on fait de l'argent emprunté. Quand on parle de dette, il y a un passif qui est la somme à rembourser mais il y a en contrepartie un actif.

Prenons l'exemple d'une personne qui gagne 60 000 $ par an et qui achète une maison 200 000 $ avec un prêt hypothécaire; cette personne a une dette supérieure à son revenu annuel (plus de trois fois) mais en même temps elle possède un actif évalué à 200 000 $.

Actif		Passif	
Immeuble =	200 000 $	Emprunt hypothécaire =	180 000 $
		Apport personnel =	20 000 $
Total :	200 000 $	Total :	200 000 $

Pour un État, il en est un peu de même; selon qu'il s'agit de dettes qui ont servi à payer les dépenses courantes ou « d'épicerie » (par exemple les dépenses de fonctionnement des ministères) ou qui ont financé des investissements productifs comme des travaux d'infrastructure utiles ou l'éducation, la réalité ne sera pas la même. Un pays qui se sera doté d'une infrastructure moderne, qui posséderait un système d'éducation et de santé avancé aura la possibilité de rembourser assez facilement sa dette avec des contribuables en bonne santé et au niveau élevé d'instruction. La construction de barrages hydroélectriques peut coûter cher à construire et à entretenir, mais il assurera des revenus futurs intarissables. Ce qui compte pour juger de la situation financière d'un pays, c'est le niveau de son développement.

En ce qui concerne la croissance d'une dette publique, comme celle du Canada depuis le milieu des années 70, il convient d'en identifier les causes. Quels sont les postes de dépense du budget qui ont le plus augmenté et qui seraient à l'origine de l'augmentation des déficits; ce sont les dépenses sociales, les dépenses fiscales (abris fiscaux), les frais de la dette ?

Tout citoyen devrait être clairement informé sur ces problèmes pour comprendre et accepter les mesures de redressement, les sacrifices qu'on lui demandera de faire. Si la raison principale de l'augmentation des déficits réside dans les frais de la dette et les abris fiscaux, des coupures dans les dépenses sociales ne seront pas bien accueillies. Par contre, si l'on constate que les dépenses sociales sont hors de contrôle, les mesures d'austérité imposées seront alors mieux comprises.

Contrôle des connaissances

- *Quelle est l'utilité d'une dette publique ?*
- *Quelles sont les différentes définitions de la dette publique ?*
- *Quelle est la contrepartie de la dette publique ?*
- *L'existence d'une dette publique est-elle en soi problématique ?*

14.2 L'évaluation du poids de la dette

Quand on veut savoir si la dette a atteint ou non un niveau dangereux, il convient de la mettre en perspective. L'État, comme une personne, peut avoir des dettes mais ne pas être pour autant en mauvaise position financière; tout dépend de la capacité de rembourser du pays. À la différence d'un individu qui est mortel, l'État est doué de pérennité ce qui lui permet de reporter de génération en génération l'extinction de sa dette.

La dette publique est évaluée en valeur nominale, elle inclut donc l'augmentation des prix. Il faut donc garder à l'esprit qu'en période d'inflation le service de la dette gonfle alors qu'il peut, en valeur réelle, diminuer si on retire l'augmentation des prix. En période de déflation au contraire le poids des frais de la dette s'alourdit. Si les revenus baissent le danger de ne pouvoir rembourser la dette augmente. Dans les années 1930, Keynes démontrait que la déflation avait eu pour effet d'augmenter le poids de la dette du gouvernement anglais.

Pour évaluer l'importance ou la gravité de la dette, on utilise comme pour les dettes privées trois indicateurs; le ratio de la dette nette au PIB, celui de la dette rapportée à la population, ainsi que le ratio du service de la dette sur les recettes budgétaires.

Le ratio de la dette nette sur le PIB

La dette en pourcentage du PIB (tableau 14.2 et figure 14.1) permet de comparer les engagements financiers d'un État au montant du revenu annuel de la nation. Cette dette est exprimée en dollars courants aussi est-il important de la rapporter au montant de la production en dollars courants ou montant nominal. Si on l'évaluait en dollar constant les montants seraient moins impressionnants.

Tableau 14.2

Dette nette du gouvernement fédéral et des administrations publiques en % du PIB selon les comptes nationaux.

Années	Fédéral	Ensemble du secteur public
1990	54,53	69,27
1991	57,78	69,20
1992	62,44	81,81
1993	67,07	90,60
1994	70,79	97,07
1995	71,60	99,10
1996	71,0	100,1
1997	71,0	
1998	66,0	
1999		
2000		

Source : Statistiques Canada, *Les Finances publiques*, cat. 68-212.

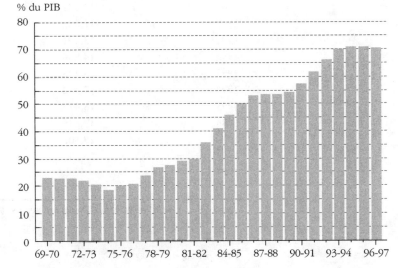

Figure 14.1

Évolution de la dette nette du gouvernement fédéral en pourcentage du PIB, selon les comptes publics. Source : *Ministère des Finances du Canada*.

En 1974, l'encours de la dette nette de l'ensemble des administrations publiques au Canada s'élevait à 5 % du PIB; en 1993 le ratio atteignait 90,6 %. Dans l'ensemble des pays du G7 le Canada est passé de la cinquième place à la deuxième de 1974 à 1993. Plus ce ratio augmente, plus le fardeau de la dette devient lourd et les créanciers risquent d'exiger des taux d'intérêts plus élevés. Pour renverser la tendance, il faudra soit réduire les dépenses publiques, soit augmenter les impôts ou faire les deux en même temps. Cependant, quand la croissance du PIB ralentit et que le gouvernement adopte des mesures restrictives cela peut entraîner une ralentissement plus important de l'activité économique et le poids de la dette peut augmenter.

La dette per capita

La dette *per capita* permet de connaître l'endettement collectif par habitant (tableau 14.3, figure 14.2). Chaque citoyen qui naît est déjà grevé d'une dette qu'il devra rembourser au cours de sa vie. Au Canada, cette dette per capita était estimée à 24 772 $ en 1996 pour ce qui concerne l'endettement de l'ensemble des administrations publiques et de 19 235 pour le fédéral.

En contrepartie de cette dette, le citoyen pourra jouir de tout l'équipement collectif mis à sa disposition dès sa naissance. Vaut-il mieux payer des dettes tout au long d'une longue vie ou

Tableau 14.3

Dette nette du gouvernement fédéral et de l'ensemble des administrations publiques par habitant, en dollars au Canada.

Années	Fédéral	Dette consolidée du secteur public
1986	9,183	11,784
1987	10,241	13,309
1988	11,130	14,499
1989	11,981	15,402
1990	12,825	16,273
1991	13,801	17,527
1992	14,864	19,475
1993	16,106	21,757
1994	17,332	23,768
1995	18,477	24,390
1996	19,235	24,772
1997	19,608	
1998	19,288	
1999		
2000		

Source : *Revue de la Banque du Canada*, printemps 1999.

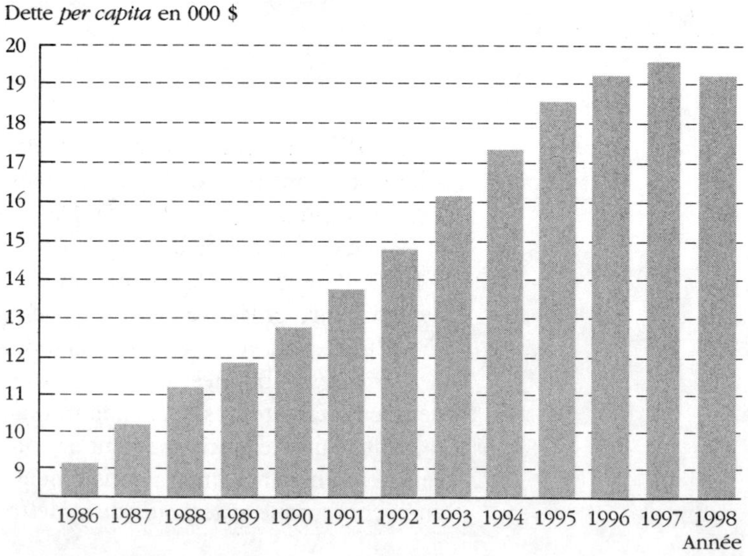

Dette *per capita* en 000 $

Figure 14.2

Évolution de la dette nette du gouvernement fédéral, *per capita*, de 1986 à 1998.

mourir plus jeune sans dette ? Il est important de se rappeler que si l'éducation et les soins médicaux n'étaient pas accessibles universellement, bien des gens n'auraient pas les moyens de se les payer et leur vie pourrait en être écourtée.

Si la population croît rapidement, le ratio diminue alors que si la population décline le poids de la dette s'alourdira d'où l'importance pour un pays où la population est endettée d'avoir un taux de natalité qui permette au moins le renouvellement des générations. L'arrivée d'immigrants allège le ratio dette *per capita*.

Le service de la dette sur les recettes budgétaires

La dette est constituée d'obligations signées auprès de créanciers. Cet argent emprunté doit être remboursé en capital et intérêt chaque année (annuités) : c'est le service de la dette. Pour évaluer le poids de ces remboursements, on les rapporte au revenu annuel (tableau 14.4).

Prenons l'exemple d'un particulier au revenu brut de 100 000 $ qui emprunte 100 000 $ pour s'acheter une maison : il est endetté à 100 % de son revenu brut; si l'emprunt doit être remboursé en 20 ans, chaque année le capital à rembourser, ou amortissement de la dette, sera égal à

$$\frac{100\ 000\ \$}{20\ \text{ans}} = 5\ 000\ \$ \text{ qui représentent 3 \% de son revenu brut}$$

le reste de l'obligation s'appliquera au paiement des intérêts qui eux peuvent fluctuer et représenter une charge plus ou moins lourde et imprévisible. Pour un taux d'intérêt de 5 %, la première année il devra verser 5000 $, l'annuité totale sera donc égale à 5000 $ + 5000 $ = 10 000 $ soit 10 % de son revenu brut. Si les taux d'intérêt augmentent à 10 %, l'annuité s'élèvera à 5000 $ + 10 000 $ = 15 000 $ soit 15 % de son revenu brut, etc.

Tableau 14.4

Les frais de la dette en % des recettes budgétaires du gouvernement fédéral du Canada.

Années	Frais de la dette en milliards de $	Recettes budgétaires en milliards de $	Frais de la dette/ recettes budgétaires
1993-1994	38	116,0	32,7 %
1994-1995	42	123,3	34,1 %
1995-1996	47	130,3	36,0 %
1996-1997	45	141,8	31,7 %
1997-1998	43	153,1	28,1 %
1998-1999			
1999-2000			

Source : *Revue de la Banque du Canada*, printemps 1999.

De même que pour une personne les annuités d'un prêt hypothécaire ne doivent pas dépasser 30 % du revenu brut, pour les gouvernements, il existe un ratio spécifique au-delà duquel les prêteurs s'inquiètent; Le service de la dette ne devrait pas dépasser 35 % des recettes budgétaires. Au Canada, le ratio a été dépassé en 1996 (tableau 14.4).

$$\frac{\text{service de la dette}}{\text{recettes budgétaires}} = 35\,\%$$

La comparaison internationale du niveau d'endettement d'un pays

Le problème de la dette des pays sous-développés et des pays développés ne se pose pas dans les même termes car les situations sont incomparables.

Quand on compare le niveau des dettes publiques entre les pays il faut inclure les dettes contractées par l'ensemble des administrations publiques. La dette publique totale peut être exprimée par rapport au PIB du pays (tableau 14.5).

Tableau 14.5

Engagements financiers ou dette publique des administrations publiques, exprimé en % du PIB nominal (estimation selon le système de comptabilité nationale).

Pays	Dette brute en % du PIB						
	1994	1995	1996	1997	1998	1999	2000
États-Unis	62,5	63,1	63,1	51,5	56,7		
Japon	70,7	77,8	82,7	84,7	97,3		
Allemagne	51,6	62,2	64,3	63,5	63,1		
France	56,1	60,1	63,0	65,3	66,5		
Italie	125,1	124,2	123,7	122,4	119,9		
Royaume-Uni	54,6	59,7	61,2	60,3	56,6		
Canada	95,6	97,6	97,5	92,7	89,8		
Moyenne du G7	73,7	78,7	73,6	77,2	78,5		

Source : *Perspectives économiques de l'OCDE*, juin 1999, no 63.

Contrôle des connaissances

- *La dette publique peut-elle être supérieure au montant du PIB ?*
- *Que mesure la dette per capita ?*
- *Qu'est-ce que le service de la dette ?*
- *Quels sont les indicateurs qui nous permettent de mesurer le poids de la dette ?*

14.3   Le financement de la dette publique

Pour financer la dette publique, il existe quatre moyens, à savoir : les impôts, les obligations, la création monétaire et les emprunts extérieurs. Selon que le gouvernement choisit l'un ou l'autre de ces moyens, les répercussions seront différentes sur les agents économiques et les générations futures.

Les impôts

L'État a le pouvoir de détourner à son profit les revenus de la nation mais plus la pression fiscale est forte moins le pouvoir d'achat des ménages peut s'exercer librement. Aussi, il existe une limite de taxation que le gouvernement ne peut franchir. Cette limite est liée au consensus social qui lui-même va dépendre de la situation politique. En cas de guerre, le sacrifice individuel sera plus aisé à demander qu'en temps de paix. Les agents économiques ont tendance à vouloir reporter sur les autres le poids de l'impôt : soit sur une catégorie de personnes moins aptes à se défendre, soit sur les générations futures.

L'augmentation des impôts est un procédé démocratique mais risqué pour le gouvernement qui prend l'initiative d'une telle mesure pour réduire la dette publique. Cette crue des impôts pourra même lui coûter le pouvoir aux prochaines élections comme cela s'est produit en 1993 au Canada pour le parti conservateur. Notons bien toutefois que le parti libéral qui avait tant critiqué l'adoption de la taxe sur les produits et les services (TPS) par le gouvernement conservateur de Brian Mulroney se gardera bien de l'enlever une fois élu.

Les obligations

Pour aller se chercher de l'argent le gouvernement par l'intermédiaire de la banque centrale, son agent financier, peut émettre des obligations à plus ou moins long terme. Au lieu de prélever des impôts, le gouvernement demande aux agents de lui prêter de l'argent. En général, la population réagit favorablement à ces émissions d'obligations et les institutions qui recueillent les prélèvements au titre des régimes de retraite y voient un bon placement. Au Canada, le marché des obligations est près de dix fois supérieur au marché des actions. Les obligations du gouvernement sont effectivement des placements sûrs qui ont un bon rendement dans la mesure où il n'y a pas d'inflation. Le gouvernement rembourse ses emprunts en émettant d'autres obligations. Cependant, tout cet argent qui sert à financer les dépenses du gouvernement ne sera plus disponible pour le secteur privé; cela représente en quelque sorte une socialisation de l'épargne. L'appel à l'épargne privée domestique va avoir pour effet de réduire l'argent disponible sur le marché monétaire et les taux d'intérêt vont augmenter. Le gouvernement peut financer ses déficits grâce à des emprunts à court terme quand les taux sont plus faibles que pour le long terme. Dans ce cas, les ventes des bons du Trésor augmentent fortement.

La création monétaire

Quand les agents économiques refusent de payer plus d'impôt et qu'ils préfèrent thésauriser leur argent, les pouvoirs publics ont toujours la possibilité d'augmenter la masse monétaire pour rembourser plus vite la dette; dans ce cas il y a monétisation de la dette. L'inflation qui en résulterait, comme on l'a vu au chapitre 4, permet d'alléger les dettes, mais elle pénalise les épargnants. Ce procédé efficace mais non démocratique (l'inflation, dans ce cas, joue le rôle d'un impôt déguisé), car non sanctionné par le parlement, est habituellement utilisé dans les situations d'urgence, guerre ou récession. Quand la banque centrale accorde des avances au gouvernement, qu'elle fait fonctionner la planche à billets, c'est-à-dire quand elle achète des bons du Trésor, elle accroît d'autant la masse monétaire, aussi ce moyen ne sera pas utilisé si elle désire lutter contre l'inflation.

La dette extérieure

Dans la mesure effectivement où des capitaux sont moins chers à emprunter à l'extérieur, le gouvernement aura tout intérêt à se procurer de l'argent sur les marchés étrangers. Les pays qui disposent de capitaux plus abondants vont acheter des titres étrangers dans la mesure où le pays représente un bon risque et offre une prime intéressante (différence entre les taux d'intérêt) Les cotes de crédit sont attribuées par certaines firmes de courtage selon le degré de risque du pays. Une bonne cote de crédit de type AAA permet d'obtenir des prêts à des taux moins élevés. Lorsque la cote de crédit est moins bonne, de type AA, on peut s'attendre à ce que les taux d'intérêt augmentent. Aussi les cotations des agences américaines telles que Moody's ou Standard and Poor sont-elles particulièrement importantes pour le Canada.

Une partie de l'endettement public est financée par des emprunts émis sur les marchés internationaux (tableau 14.6). Le marché de la dette est devenu dans les années 1990 un des plus lucratifs, enrichissant les investisseurs qui profitent de rendements élevés. Les titres de la dette publique, c'est-à-dire les obligations, sont devenus le deuxième marché financier après celui des changes. Les titres américains sont de loin les plus importants; en 1993, ils représentaient un volume de 120 milliards de dollars par jour contre 14 en 1980. Pour réduire les

Tableau 14.6

Recours au marché international en % de l'encours total de la dette.

Pays	1980	1986	1992
États-Unis	21,0	16,4	19,4
Allemagne	9,0	20,2	26,3
France	–	0,8	42,6
Italie	53,0	59,2	73,7
Royaume-Uni	8,9	9,8	17,4
Canada	13,9	17,6	24,5

Source : *Finances et développement*, FMI, décembre 1994, p. 41.

coûts sur la dette, les gouvernements vont emprunter l'argent le moins cher possible. Sur des montants aussi considérables, même un dixième de un pour cent représente une économie appréciable.

Les principaux prêteurs sont les investisseurs institutionnels comme les banques, les compagnies d'assurances ou les caisses de retraite.

L'endettement à l'extérieur pose cependant plusieurs problèmes. Si, dans un premier temps, les entrées d'argent étranger ont pour effet d'équilibrer la balance de capital et donc la balance des paiements (voir chapitre 15), dans un deuxième temps, quand il faudra payer les intérêts sur les emprunts, les sorties d'argent aggraveront le déficit de la balance courante. Par ailleurs plus le pays fait appel à l'épargne étrangère, plus il devient dépendant de ses créanciers et du niveau des taux d'intérêt.

Le tableau 14.7 montre la répartition de la dette publique fédérale selon ses détenteurs : résidents (banques à charte, caisse de retraite, sociétés de placement) et étrangers. Ceux-ci financent près du quart des emprunts du gouvernement. Le quart de la dette est détenu par les étrangers.

Tableau 14.7

La dette publique fédérale sur la base des comptes nationaux, selon le type de détenteur, en milliards de dollars.

Détenteurs	1995	1996	1997	1998	1999	2000
Banque du Canada et compte du gouvernement	29,0	31,5	32,8	34,1		
Résidents canadiens	309,0	315,6	316,4	311,7		
Étrangers	122,0	124,4	115,8	108,7		
Encours total des titres	460,0	471,5	465,0	454,5		

Source : *Revue de la Banque du Canada*, printemps 1999.

Contrôle des connaissances

- *Quels sont les quatre moyens pour financer la dette publique ?*
- *Quand est-il plus facile de rembourser une dette ?*
- *Quelle est l'importance du marché international de la dette ?*

14.4 Les répercussions de l'endettement du secteur public

Il n'existe pas de consensus au niveau des différentes écoles économiques sur les effets de l'endettement du secteur public et son niveau optimal. Pour les unes, les effets de l'endettement sont bénéfiques, quand ils se traduisent par des investissements productifs, quand ils visent à former des citoyens instruits et en bonne santé; pour les autres, l'endettement est à long terme désastreux parce qu'il menacerait la liberté individuelle et réduirait la marge de manœuvre de l'État.

Entre ce qui est dénoncé comme de l'insouciance irresponsable ou de l'alarmisme injustifié, est-il possible de trouver une juste interprétation du phénomène de l'endettement du secteur public ? On se rend compte que le problème de la dette est plus politique que strictement comptable. Il met en jeu des intérêts divergents qui ne se dévoilent pas toujours clairement. La dette est un instrument qui peut être utilisé au bénéfice de tous ou d'une catégorie de personnes, elle interfère dans la répartition de la richesse et des revenus et c'est pourquoi elle suscite tant de controverses.

Un niveau d'endettement élevé provoque des effets de toutes sortes surtout dénoncés par les libéraux : l'effet sur l'évolution à long terme des impôts et des dépenses publiques (arithmétique de la dette), l'effet sur la demande globale (effet d'éviction) et l'effet sur la régulation des cycles économiques.

L'arithmétique de la dette

Une hausse de l'encours de la dette publique entraîne inévitablement, à long terme, une augmentation des impôts et une réduction des dépenses publiques. Quand le ratio dette sur PIB augmente, comme on a pu l'observer depuis les années 1980, le fardeau du service de la dette réduit les ressources des pouvoirs publics. Les gouvernement auront donc le choix entre couper dans les dépenses de programmes, augmenter les impôts ou réduire les dépenses fiscales que représentent les exonérations fiscales.

Pour stabiliser le ratio de la dette sur le PIB, il faut que l'encours de la dette augmente au même rythme que le PIB nominal. Le déficit qui permet de maintenir le ratio stable est égal au montant de la dette multiplié par le taux de croissance du PIB nominal. Par exemple, si la production au prix du marché augmente de 4 %, (dont 2 % d'inflation) le déficit pourrait augmenter de 4 % sans que le ratio dette sur PIB change.

La contrainte budgétaire d'une dette dépend de l'évolution des taux d'intérêt. Si le taux de croissance de l'intérêt nominal est égal au taux de croissance nominal du PIB, le ratio restera stable. Par exemple, si les taux d'intérêt augmentent de 2 % nominal et que le taux de croissance du PIB est de 2 %, il n'y aura pas d'effet sur le ratio. On peut donc en déduire que la politique monétaire joue un grand rôle dans ce domaine. En pratiquant une politique d'argent cher, en luttant coûte que coûte contre l'inflation, la Banque centrale provoque une tension sur le ratio dette sur PIB.

L'effet sur la demande globale

Un endettement public croissant peut avoir des effets sur l'ensemble de l'activité économique et non pas seulement sur les problèmes budgétaires. Quand l'État veut financer une nouvelle dépense, il a le choix d'aller se chercher de l'argent par des impôts votés dans un prochain budget ou de remettre à plus tard le prélèvement fiscal. Selon Keynes, une augmentation des dépenses du gouvernement sans augmentation d'impôt va pouvoir relancer la consommation. Pour les néo-libéraux, la consommation n'augmentera pas car, sachant qu'ils seront imposés plus tard, les consommateurs vont épargner par anticipation. En fait le comportement des consommateurs est plus erratique en matière d'arbitrage entre épargne et consommation, et le niveau des impôts futurs est sans doute moins déterminant que l'idée que les consommateurs se font de la situation économique en général.

Une augmentation de l'endettement public dans une économie fermée aura pour effet de faire grimper les taux d'intérêt. En effet, si le gouvernement vient chercher l'épargne des ménages, il y aura moins d'argent pour le secteur privé et le prix de l'argent augmentera. Quand les taux d'intérêt augmentent, les cours des actions à la bourse diminuent. Les rendements sur les obligations étant de plus en plus intéressants, les investisseurs préféreront placer l'argent dans des obligations plutôt que dans des actions où le risque de krach n'est jamais exclu. Si l'épargne privée sert aux dépenses publiques, elle ne servira pas aux investissements privés (effet d'éviction) et le secteur public prendra de plus en plus d'importance au détriment du secteur privé. On peut donc en conclure qu'il s'agit d'un problème de choix de société et que l'argument « effet d'éviction » privilégie le secteur privé jugé plus efficace pour répondre aux besoins de la société.

L'effet sur la régulation du cycle économique

En période de récession, les stabilisateurs automatiques font en sorte que le revenu des ménages ne subisse pas de trop fortes fluctuations. Par exemple, lorsque le chômage augmente les prestations de chômage viennent automatiquement limiter les pertes de salaire et les consommateurs-chômeurs continuent à acheter pendant la période où ils cherchent de l'emploi. Par contre, les charges de l'État augmentent pendant que les rentrées fiscales diminuent.

Si l'État est déjà très endetté et qu'il désire équilibrer ses finances publiques, la politique budgétaire de relance sera moins prononcée et la maîtrise du cycle moins évidente. Pire, la contrainte financière obligera peut-être le gouvernement à prendre des mesures restrictives qui iront dans le sens de la récession. Plus l'État est endetté, plus sa marge de manœuvre est étroite et il doit parfois se conformer aux exigences des politiques néo-libérales « d'ajustements structurels » préconisées par le Fonds monétaire international, qui vont de l'augmentation des impôts aux coupures drastiques dans les dépenses sociales.

Contrôle des connaissances

- *Comment la dette publique peut-elle interférer dans la répartition de la richesse et des revenus ?*
- *Quel effet a une variation des taux d'intérêt réels sur le service de la dette publique ?*

Conclusion

En raison de l'ouverture des économies, la dette des administrations publiques a généré un marché international des titres qui draine l'épargne mondiale vers les rendements les plus rentables au profit des prêteurs. Pour répondre à cette demande de financement les capitaux dans le monde sont de moins en moins disponibles et cette pénurie engendre des augmentations de taux d'intérêt qui ont pour effet de renchérir le coût des investissements que les pouvoirs publics nationaux sont impuissants à contrôler.

L'histoire économique avait amorcé un tournant décisif avec la fameuse lettre sur l'usure de Calvin, écrite en 1545, qui justifiait la perception des taux d'intérêt. À partir du moment où le profit et les taux d'intérêt n'étaient plus interdits par l'Église, le capitalisme va pouvoir effectivement se développer rapidement. Pour Keynes l'intérêt composé, qui est l'intérêt sur l'intérêt, a permis d'accumuler des capitaux formidables « ...la puissance que représentent des intérêts composés sur un laps de temps de deux siècles, est telle qu'elle confond l'imagination » mais on peut se demander si ce n'est pas justement ce processus mathématique qui en s'accélérant d'une manière exponentielle ne va pas remettre en question le système dont il avait favorisé l'existence.

Résumé

Tout État emprunte pour financer ses dépenses qui ne sont pas couvertes par les recettes budgétaires. L'ensemble des déficits accumulés constitue la dette de l'État. Pour évaluer l'importance de cette dernière, on utilise plusieurs ratios : la dette *per capita*, la dette sur le PIB et le service de la dette sur les revenus budgétaires. À l'aide de ces ratios, il est possible de comparer la situation de l'endettement de l'administration publique d'un pays par rapport aux autres pays.

Pour financer une dette publique, il existe 4 moyens : les impôts, la création monétaire, l'appel à l'épargne privée domestique (obligations) et les emprunts étrangers. L'endettement public peut entraîner des conséquences dans divers domaines, sur le niveau futur des dépenses publiques et des impôts, sur la demande globale et sur la marge de manœuvre du gouvernement pour contrôler efficacement le cycle économique. Compte tenu du niveau de l'endettement des pays, l'épargne mondiale se raréfie et les taux d'intérêt augmentent (prime de risque) au profit des créanciers.

Mots clés

Ajustement structurel

Assainissement des finances publiques

Arithmétique de la dette

Cotes de crédit

Déficit et dette sur PIB

Dette brute, dette nette

Dette consolidée

Dette par habitant

Dette publique, dette privée

Effet d'éviction

Encours d'une dette

Frais de la dette

Monétisation de la dette

Poids de la dette

Prime de risque

Service de la dette

Stabilisateurs automatiques

Exercices

1. La dette par habitant au Canada

_____ a) Augmente plus vite que la population.

_____ b) Au même rythme que l'accroissement démographique.

_____ c) Moins vite que l'accroissement démographique.

2. Dans quel cas le poids de la dette pourrait-il être plus lourd pour les générations futures ?

_____ a) Le gouvernement s'endette pour financer des dépenses d'armement.

_____ b) On accueille un grand nombre d'émigrants.

_____ c) Le gouvernement finance une campagne d'alphabétisation.

_____ d) Le taux de natalité augmente.

_____ e) Le gouvernement incite les jeunes à poursuivre leur études à l'université.

3. Parmi les moyens pour financer la dette publique, lequel serait le plus inflationniste ?

_____ a) Augmenter les impôts sur le revenu.

_____ b) Vendre des obligations d'épargne.

_____ c) Demander une avance à la Banque du Canada.

_____ d) Emprunter de l'argent sur les marchés étrangers.

4. Le ratio de la dette sur le PIB restera constant si :

_____ a) Le taux de croissance du PIB est nul.

_____ b) Le taux de croissance de la dette égale le taux de croissance du PIB.

_____ c) Le taux de croissance de la dette est nul.

_____ d) Le taux de croissance de la dette est égal à zéro et le taux de croissance du PIB à 2 %.

5. L'effet d'éviction concerne

_____ a) Le cours des actions à la Bourse

_____ b) L'émission d'obligations par le gouvernement pour financer sa dette.

_____ c) La réduction du niveau des impôts.

_____ d) L'augmentation des investissements privés.

6. Quelle différence y a-t-il entre :

a) Déficit budgétaire et dette publique _____

b) Dette publique nette et dette publique brute _____

c) Dette extérieure et dette nationale _____

d) Créancier et débiteur _____

e) Dette échue et encours d'une dette _____

f) Amortissement d'une dette et service d'une dette _____

7. Calculez le montant de l'amortissement et le service d'une dette qui aurait les caractéristiques suivantes :

Principal = 100 000 $, durée = 10 ans, intérêt = 10 %.

_____

_____

Quelle serait l'annuité pour la première année ?

_____

Que se passerait-il si le taux d'intérêt passait à 15 % ?

_____

Questions d'intégration multidisciplinaire

	Économie	Sociologie	Histoire	Anthropologie	Psychologie	Sc. politique	Géographie
1. Quels sont les effets de l'endettement pour un pays développé ?	X	X					
2. Quels sont les effets des mesures d'austérité adoptées sur les différentes catégories sociales ?	X	X					
3. Si le Québec devenait indépendant, comment pourrait-on partager la dette publique (problème politique, économique).	X					X	
4. Vaut-il mieux vivre endetté ou sans dette ?	X					X	X
5. Recenser les différents points de vue des agents économiques (partis politiques, syndicats, associations patronales, etc.) en ce qui concerne la dette publique.	X					X	
6. Comparez la progression de l'endettement public et de l'endettement privé, au Canada, depuis le début 1970.	X		X				
7. Étudiez un budget fédéral, provincial ou municipal.	X						

Lectures suggérées

Montgomery, John. « Les marchés de la dette publique, l'heure des transformations » *Finances et développement*, décembre 1994.

Quelques répercussions macro-économiques d'un endettement croissant des administrations publiques, Tiff. Macklem, *Revue de la Banque du Canada*, hiver 94-95.

J.I. Gow M. Barette, S. Dion, M. Fortmann (1993). *Introduction à l'administration publique, une approche politique, édition mise à jour*, Gaétan Morin éditeur.

Martin, P. et Savidan, P. (1994). *La culture de la dette*, Montréal, Boréal.

Vergara, F. *Dettes et déficits. De quoi parle-t-on ?* L'État du monde 1996, (p. 108-109).

Sites Web

www.fin.gc.ca

w.w.w.banqueroyale.com/economie

w.w.w.ustreas.gov/
   What is the National debt ?

Annexe 14.1
Le secteur public au Canada.

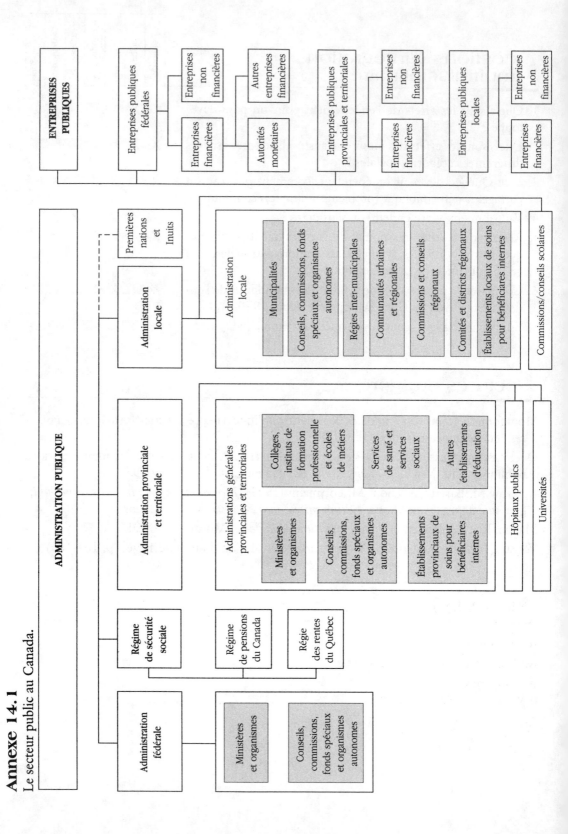

15

Les échanges avec l'extérieur et la politique de change

Au terme de ce chapitre vous serez capable de :

▓ Discourir sur le libre-échange et le protectionnisme;

▓ Déterminer le degré de dépendance d'une économie nationale face au reste du monde;

▓ Connaître les objectifs de l'Organisation mondiale du commerce (OMC);

▓ Lire les comptes de la balance des paiements;

▓ Expliquer le fonctionnement du marché des changes;

▓ Comprendre les interventions de la banque centrale sur le marché des changes.

$$PIB = C + I + G + \boxed{(X - M)}$$

Les échanges commerciaux avec l'extérieur contribuent de façon importante au PIB. Ils comportent deux volets : les exportations (X) et les importations (M). L'expression X - M constitue la valeur de la balance commerciale d'un pays. Si la valeur des exportations dépasse celle des importations, la balance commerciale est positive et elle contribue à l'augmentation du PIB. L'inverse est vrai quand la valeur des importations dépasse celle des exportations.

L'ampleur et la complexité des échanges internationaux rendent les pays interdépendants d'où la nécessité de contrôles et règlements au niveau mondial.

15.1 Le développement des échanges internationaux

On constate que les échanges entre les pays prennent chaque jour de plus en plus d'ampleur entraînant des bouleversements dans le mode de vie de millions de personnes. Les exportations mondiales depuis les années 1970 ont augmenté de dix fois comme l'indique le tableau 15.1 et ce sont surtout les pays industrialisés qui les réalisent. Face à la mondialisation des échanges commerciaux, les gouvernements, qui exercent un contrôle sur un territoire donné, ont le choix entre deux types de politique avec toutes les variantes possibles; ou bien le protectionnisme qui réglemente les échanges dans le but d'abriter ou de soustraire le pays à la concurrence internationale, ou bien le libre-échange qui implique une libre circulation des biens et de l'argent et l'acceptation des lois du marché.

Le réflexe protectionniste

Traditionnellement, quand les pays ressentaient des difficultés économiques, quand les produits étrangers risquaient d'exercer

Tableau 15.1

Les exportations mondiales en milliards de dollars, États-Unis, et % des exportations.

Années	1970	1980	1990	1997
Total monde	302	1963	3356	4044
Amérique du Nord (%)	20	15	15	21,6
Europe (%)	46	42	48	–
Union-européenne[1] (%)	–	–	–	20
Japon (%)	6	6	9	10
PVD (%)	18	29	24	–
Europe de l'Est (%)	6	4	2	–

1: Exportations extra-UE.
Source : PMI, *État du Monde*, 1996, OMC, 1999.

une trop forte concurrence sur les produits domestiques, les gouvernements avaient le réflexe de protéger les producteurs nationaux. Des mesures protectionnistes étaient adoptées soit en fixant des droits de douane élevés qui rendaient les produits étrangers plus chers que les produits domestiques, soit en réglementant les importations ou en fixant des quotas. Le problème, c'est que les partenaires commerciaux, par mesure de représailles, se fermaient également aux produits étrangers et l'ensemble des échanges commerciaux en souffrait. Si une politique autarcique est possible pour les pays qui bénéficient d'un vaste marché intérieur, comme celui des États-Unis, elle serait invivable pour les pays au marché restreint qui ne permet pas de réaliser des économies d'échelle. (Plus le nombre d'unités fabriquées est grand, plus les coûts par unité diminuent et plus il est facile de réaliser des profits.)

Un pays aux prises avec une dette extérieure, est plus que quiconque obligé d'exporter, aussi la fermeture de certains marchés le place devant un insoutenable dilemme : soit répudier la dette, soit déclarer la guerre pour se faire ouvrir des marchés récalcitrants qui assureront les débouchés vitaux.

Le souvenir des années 1930 à cet égard mérite encore d'être rappelé. Face à l'arrivée sur le marché international de nouveaux concurrents, les gouvernements avaient adopté des politiques protectionnistes qui ont aggravé la crise économique et finalement entraîné la seconde guerre mondiale. L'Allemagne, alors très endettée par le traité de Versailles de 1919, ne pouvait assumer les réparations dues au titre des dommages de guerre que si elle exportait; de plus, comme elle ne possédait pas de matières premières, la fermeture des marchés extérieurs équivalait pour elle à une asphyxie économique.

Il faut également se rappeler la loi Smoot-Haley de 1930, adoptée au lendemain du krach boursier par les Américains. Au terme de cette loi les produits étrangers étaient frappés d'un droit de douane de près de 48 %, taux le plus élevé du monde pour l'époque, dressant de ce fait une barrière infranchissable aux produits canadiens.

Conscients depuis lors des dangers du protectionnisme, les pays capitalistes, après la seconde guerre mondiale, ont opté résolument pour le développement du libre-échange quelle que soit la situation économique.

Le libre-échange et les objectifs de l'OMC

Sous l'égide de l'ONU, le GATT (*General Agreement on Trade and Tariffs*) ou l'Accord général sur le commerce et les tarifs douaniers dont le secrétariat est à Genève, en Suisse, a été créé, le premier janvier 1948, pour développer le commerce international et abolir toutes les mesures qui restreignent la liberté du commerce afin « de maximiser le bien-être économique mondial ». Le premier janvier 1995 le GATT prenait le nom d'Organisation Mondiale pour le Commerce (OMC). Son objectif est de veiller à ce que les pays n'adoptent plus, en période de difficultés économiques, des mesures protectionnistes.

En général, cette organisation mondiale préconise une libéralisation des échanges mais accepte des exceptions. Un gouvernement peut éventuellement fixer des droits de douane compensatoires sur des produits qui pourraient être subventionnés par un autre pays, de même il peut protéger momentanément une industrie vitale qui serait en difficulté passagère (clause de sauvegarde).

Depuis 1948, une série de négociations (*rounds*) ont eu lieu. Au début jusque dans les années 50, les réductions de droits de douane ont été spectaculaires parce qu'à l'origine ces droits étaient très élevés, mais dès les années 60, les baisses étaient beaucoup plus modestes. Le GATT a réussi néanmoins à ce que les barrières tarifaires s'abaissent progressivement tout en veillant à interdire toutes les autres pratiques qui ont tendance à les remplacer comme, par exemple, des barrières non tarifaires du genre imposition de normes spécifiques sur les produits, etc.

Ces négociations multilatérales regroupent tous les partenaires commerciaux signataires de l'Accord et elles donnent lieu à des séries de rencontres. Les premières rencontres concernaient uniquement l'abaissement des droits de douane sur les produits, puis peu à peu les discussions ont inclus des secteurs plus protégés comme l'agriculture, les services et la culture.

Pour contrer la concurrence internationale tous azimuts, des pays se sont organisés en zones protégées de libre-échange. C'est ainsi qu'est née, en 1958, l'idée d'une Europe unie et qu'a été signé l'accord de libre-échange Canado-américain entré en vigueur le premier janvier 1989 et l'Aléna signé en 1994 qui incluait le Mexique. Actuellement le monde comprend de grands blocs commerciaux, l'Amérique, l'Asie du sud-est et l'Europe, qui se livrent, regroupés, à la concurrence internationale.

Le degré d'ouverture d'une économie

Depuis 1945, le commerce mondial n'a pas cessé de se développer. De plus en plus de pays se sont intégrés à l'économie de marché internationale et ont accédé ainsi à un niveau de développement supérieur; cependant cette intégration les rendait plus dépendants des contraintes extérieures et plus vulnérables face aux fluctuations de l'économie de marché internationale. En moyenne 20 % de la production mondiale est exportée. La figure 15.1 illustre l'importance grandissante que prend le commerce extérieur pour un pays comme le Canada.

Figure 15.1

Évolution du taux d'exportation et du taux d'importation de l'économie canadienne en pourcentage du PIB. Source : *L'Observateur économique canadien*, 1995-96.

Les pays industrialisés produisent 57 % de la valeur de la production mondiale des biens et des services et plus des trois quarts de la valeur de toutes les exportations effectuées dans le cadre du commerce international. Les exportations américaines représentent à elles seules près de 14 % des exportations mondiales comme l'indique le tableau 15.2. Première puissance

Tableau 15.2

Part de la production et des exportations (X) du G7 et des pays industrialisés dans le monde, en 1993.

Pays	% du PNB dans les pays industrialisés	% du PNB dans le monde	Total des X des pays industrialisés	Part des X dans le monde
États-Unis	38,6	21,5	18,2	13,8
Japon	15,3	8,6	11,7	8,9
Allemagne	8,2	4,6	13,7	10,4
France	6,9	4,9	9,7	7,3
Italie	6,5	3,6	6,2	4,7
Angleterre	6,4	3,6	9,9	7,5
Canada	3,6	2,0	4,0	3,1
Autres	14,5	8,0	26,6	20,3
Total	100,0	57,0	100,0	76,0

Source : *World Economic and Financial Survey*, octobre 1994.

Les rondes de négociations du GATT depuis les années 60

Le Kennedy Round (1962-1967).

Cette première ronde de négociation a permis une réduction des droits de douane américains de 35 %.

Le Tokyo round (1974-1979).

Lors de cette ronde, de nouvelles diminutions de droits de douane furent décrétées pour un certain nombre de secteurs, épargnant le textile, la chimie et l'acier particulièrement éprouvés par les restructurations. En même temps les négociateurs s'attaquèrent aux barrières non tarifaires qui proliféraient et qui rendaient inopérantes les diminutions des droits de douane.

L'Uruguay round (1986-1993).

Cette fois le GATT s'attaqua à des secteurs fortement protégés comme ceux de l'agriculture et des services. Dans ces domaines les Américains se sentaient moins vulnérables aussi étaient-ils très motivés à aller dans le sens de la libéralisation des échanges. Une forte opposition du monde agricole et des pays en voie de développement particulièrement inquiets de l'hégémonie américaine s'est manifestée.

commerciale du monde, les États-Unis ont tout intérêt à accélérer la libéralisation des échanges internationaux.

Le commerce extérieur s'est développé plus ou moins rapidement selon les régions du monde. Pour l'estimer, on utilise le taux de croissance des exportations. Si la croissance a été forte entre 1979-1989 pour les pays d'Asie du sud-est (11 % en moyenne) d'autres régions ont connu une décroissance de l'ordre de 11 % comme pour les pays d'Amérique latine.

Pour évaluer la place du commerce extérieur dans un pays, on utilise deux taux différents : le taux d'exportation et le taux d'ouverture du pays ou taux de dépendance.

Le taux d'exportation mesure la part de la production nationale qui est vendue aux pays étrangers soit X / PIB (tableau 15.3).

Tableau 15.3

Le taux d'exportation du Canada, en milliards de dollars.

Années	Exportations (X)	PIB nominal	X/PIB
1990	152	669	22 %
1995	265	806	33 %
1996	280	826	34 %
1997	301	866	35 %
1998	323	888	36 %
1999			
2000			

Source : *L'Observateur économique canadien*, supp. statistique historique 1997/98.

La part des exportations au Canada tend a augmenter sensiblement depuis 1991. Alors que le secteur des exportations représentait 22 % du PIB en 1990, elle s'élevait en 1995 à près du tiers; une personne sur trois travaille pour le secteur de l'exportation.

De la même façon on pourrait calculer le coefficient d'importation et savoir quelle est la part de la valeur des produits importés par rapport au PIB du pays. En faisant la moyenne entre le coefficient d'exportation et le coefficient d'importation on mesure le degré d'ouverture d'une économie ou son degré de dépendance par rapport au monde extérieur :

$$\frac{X/PIB + M/PIB}{2}, \qquad \text{c'est-à-dire} \qquad \frac{M + X}{2\,PIB} \quad \text{(tableau 15.4)}$$

Plus le pays a un vaste marché intérieur (population nombreuse qui dispose d'un bon pouvoir d'achat) plus ce taux sera faible alors que si le pays ne dispose que d'un marché domestique restreint, ce taux d'ouverture sera plus élevé.

Il est très important pour un pays au taux d'ouverture élevé de se trouver des débouchés extérieurs fiables. Si le commerce international enrichit, il rend également l'économie plus vulné-

Tableau 15.4

Commerce extérieur exprimé en % du PIB ou coefficient d'ouverture pour le G7 en 1992.

Pays	X sur PIB	M sur PIB	Coefficient d'ouverture
États-Unis	7,4	8,6	8,0
Japon	9,4	7,1	8,25
Allemagne	25,8	25,2	25,5
France	18,5	19,8	19,15
Italie	15,0	17,0	16,0
Royaume-Uni	19,1	21,7	20,5
Canada	22,7	21,2	21,95

Source : *État du monde*, 1995.

rable. Pour s'assurer des débouchés, les produits exportables doivent répondre à des critères de haute qualité et être fabriqués à des coûts compétitifs soit par des gains de productivité soit par une dévaluation de la monnaie. Un réseau commercial large et efficace est une condition impérative pour écouler les produits sur les marchés étrangers.

Dans ce domaine l'image de marque du pays est importante. Toute campagne de dénigrement peut avoir des effets négatifs sur les ventes.

Le gouvernement doit veiller à favoriser l'exportation des produits nationaux par des politiques appropriées qui, cependant, ne puissent pas être contestées par des concurrents qui estimeraient faussée la règle du jeu de la concurrence.

Le gouvernement peut orienter la formation de la main-d'œuvre, donner des subventions à la recherche, se faire le grand commis voyageur du pays (missions commerciales). Il peut aussi avoir une grande influence en exerçant un certain contrôle sur la valeur de la monnaie nationale par rapport à la valeur des monnaies des partenaires commerciaux. Pour suivre l'évolution du commerce extérieur, le gouverneur de la Banque centrale consulte les documents statistiques afférents aux échanges commerciaux. L'ensemble des comptes est regroupé dans ce qu'on appelle la balance des paiements.

Contrôle de connaissances

- *Quelle différence il y a entre le protectionnisme et le libre-échange ?*
- *Comment mesure-t-on le degré d'ouverture d'un pays ?*
- *Quels étaient les objectifs des différentes rondes de négociations du GATT ?*

15.2 La balance des paiements

La Balance des paiements est un ensemble de comptes articulés qui enregistrent les transactions déclarées qui ont lieu entre le pays et le reste du monde. Cela signifie que le résultat d'un compte est repris dans le compte suivant. Ces données statistiques sont les plus anciennes fournies par Statistique Canada. Tous les trimestres ces comptes sont maintenant établis, en dollars courants, selon le modèle fourni par l'ONU (1970).

La balance commerciale ou solde commercial

La balance commerciale concerne les échanges de marchandises (biens tangibles) entre les pays. La valeur de tous les biens vendus aux étrangers est enregistrée FOB (*free on board*), c'est-à-dire au prix de vente, tandis que la valeur des produits importés est évaluée CAF, (coût des assurances et du fret compris).

La différence entre la valeur des biens exportés et des biens importés s'appelle le solde de la balance commerciale ou solde du compte des marchandises. Quand on vend un produit à un pays étranger, on reçoit en échange des devises, c'est une entrée d'argent. À chaque fois qu'il entre de l'argent au pays, on affecte la transaction d'un signe positif; au contraire, quand on importe, il faut payer les étrangers, c'est donc de l'argent qui sort du pays, la transaction sera affectée d'un signe négatif.

Au Canada, la balance commerciale est toujours positive (tableau 15.5), sauf exception très rare (dernier déficit de 300 millions de $ en 1975). C'est aussi le cas du Japon, de la France, de l'Allemagne et de l'Italie. Cela signifie qu'ils exportent plus de marchandises qu'ils en importent (tableau 15.6). Au contraire, les États-Unis achètent plus de marchandises aux étrangers qu'ils ne leur en vendent, le solde de leur balance commerciale est toujours largement déficitaire (déficit de 248 mds en 1998). Le marché américain absorbe une grande part des exportations de pays comme le Canada et le Japon. Cette situation a entraîné une « désindustrialisation » des États-Unis ce qui n'est pas sans susciter l'inquiétude de certains économistes qui se rappellent l'avertissement des bullionistes espagnols, au 17e siècle. Ces derniers avaient observé qu'un pays qui importe trop de produits manufacturés comme le faisait alors

Tableau 15.5

La balance commerciale du Canada, en milliards de dollars.

Années (X - M)	Exportations +	Importations -	Solde commercial
1990	152	141	11,0
1995	265	230	34,8
1996	279	238	41,8
1997	301	276	24,2
1998	323	304	19,4
1999			
2000			

Source : *Revue de la Banque du Canada*, printemps 1999.

Tableau 15.6

Soldes des balances commerciales pour le G7, en milliards de dollars US.

Pays	1996	1997	1998	1999	2000
Allemagne	71	72	88		
France	15	28	28		
États-Unis	-191	-198	-248		
Japon	84	102	126		
Canada	31	18	10		
Royaume-Uni	-20	-21	-29		
Italie	61	47	51		

Source : *Perspectives économiques de l'OCDE*, décembre 1998.

l'Espagne riche en or, peut entraîner à long terme un déclin de ses activités de transformation et de son savoir faire et connaître un véritable appauvrissement. Le tableau 15.6 présente la balance commerciale de chacun des pays du G7.

L'analyse économique de la balance commerciale d'un pays nous amène à considérer trois types d'information : la répartition géographique des échanges, la répartition sectorielle des échanges et l'évolution en volume et en prix des échanges.

La répartition géographique des échanges

Cette répartition permet de savoir si le pays a des débouchés diversifiés ou, au contraire, s'il n'est le fournisseur que d'un petit nombre de pays (tableaux 15.7 à 15.9, figures 15.2 et 15.3).

Tableau 15.7

La balance commerciale canadienne avec les États-Unis, en milliards de dollars.

Années	X vers les États-Unis	M des États-Unis	Solde de la balance commerciale avec les États-Unis
1990	112	97	15
1995	205	172	33
1996	222	180	42
1997	243	211	32
1998	271	234	37
1999			
2000			

Source : *Revue de la Banque du Canada*, J3, printemps 1999.

Tableau 15.8

Provenance des produits importés en 1998 au Canada, en %.

États-Unis	U.E.	Japon	Autres	Total
77 %	8,1 %	3 %	12 %	100 %

Source : *Revue de la Banque du Canada*, J3, printemps 1999.

Tablau 15.9

Destination des produits exportés en 1998 du Canada, en %.

États-Unis	U.E.	Japon	Autres	Total
83 %	6 %	3 %	7 %	100 %

Source : *Revue de la Banque du Canada*, J3, printemps 1999.

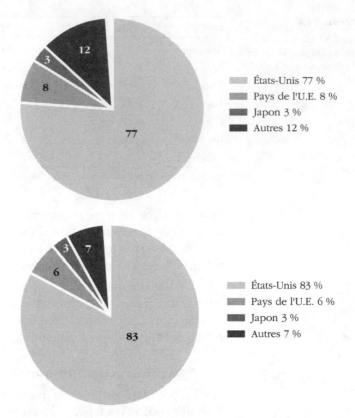

Figure 15.2

Provenance des importations
au Canada en 1998, en %.

Figure 15.3

Destination des exportations
en 1998, en %.

Plus un pays a de clients, moins il est vulnérable à des fluctuations et plus il est libre. Par contre, être le fournisseur d'un client exclusif implique un rapport de dépendance économique et politique. Le solde excédentaire des balances commerciales canadienne et surtout japonaise n'est pas sans mécontenter les fabricants américains.

Au Canada, plus de 80 % des produits exportés sont destinés au marché américain et 77 % des produits importés viennent également des États-Unis. Ces chiffres témoignent du degré d'intégration de plus en plus poussée de l'économie canadienne à l'économie américaine.

La répartition sectorielle des échanges

Les produits exportés et importés sont répertoriés dans différentes catégories qui permettent de repérer les points forts (ce qui est le plus exporté) des points faibles (ce qui doit être importé) de l'économie du pays (tableaux 15.10 et 15.11). Par exemple, on pourrait évaluer la dépendance alimentaire ou énergétique. Au tableau 15.10, on constate que le Canada importe quant à lui relativement peu de produits alimentaires et de produits énergétiques. D'autres pays, à ce chapitre, sont beaucoup plus exposés à l'arme alimentaire ou pétrolière. Dans les produits énergétiques, on isole les entrées de pétrole brut pour prévoir le mon-

Tableau 15.10

Répartition des marchandises importées au Canada, en milliards de dollars.

Produits importés	1998	1999	2000
Produits agricoles et pêche	17,2		
Produits énergétiques (dont pétrole)	8,7		
Produits forestier	2,4		
Ressources naturelles et matières industrielles	60,3		
Machineries et équipements	101,6		
Véhicules et pièces	66,7		
Biens de consommation	34,5		
Autres	6,1		
Rajustements non répartis	6,4		
Total	303,9		

Source : stat.can.ca.

Tableau 15.11

Répartition des produits canadiens exportés, en milliards de dollars.

Produits exportés	1998	1999	2000
Produits agricoles et pêche	25,1		
Produits énergétiques (dont pétrole)	23,4		
Produits forestier	35,5		
Biens et matières industrielles	57,3		
Machineries et équipements	78,7		
Produits de l'automobile	79,2		
Biens de consommation	12,4		
Autres	5,4		
Rajustements non répartis	6,3		
Total	323,4		

Source : stat.can.ca.

tant de la « facture pétrolière ». Le solde de la balance commerciale d'un pays qui doit importer son pétrole est très sensible aux fluctuations du prix du baril de pétrole (Au Canada, on exporte plus de pétrole qu'on en importe).

Pour ce qui concerne les produits exportés, on dispose de statistiques qui nous indiquent les principaux types de produits qui sont vendus dans les pays étrangers ce qui témoigne de la force de certains secteurs de l'économie.

Les marchandises que nous exportons sont encore pour beaucoup des matières premières qui ont subi peu ou pas de transformation, tels le bois, le blé. L'extraction et la première transformation des ressources naturelles, qui ont joué un grand rôle dans l'histoire économique du pays, ont encore une certaine importance. En 1991, ces secteurs contribuaient pour plus de 13 % du PIB canadien et, dans certaines régions, cela représente encore la principale activité économique.

Alors que, dans les années 1960, la part des matières premières dans les exportations représentait 63 %, elle n'en représente plus que 38 % mais c'est un ratio autrement plus élevé que dans la plupart des autres pays industrialisés comme en fait foi le tableau 15.12.

Comme ces données sont disponibles année après année, il est possible d'identifier les secteurs en difficulté et les secteurs en croissance et d'évaluer l'importance des produits manufacturés qui génèrent de la valeur ajoutée aux produits bruts. On observe à ce sujet que plus un pays est développé, plus il transforme les matières premières (création de valeur ajoutée), l'exportation de produits bruts étant souvent une caractéristique de pays sous-développés.

Tableau 15.12

Part des matières premières dans les exportations en % pour quelques pays en 1991.

Japon	2 %
Allemagne	10 %
États-Unis	22 %
Canada	38 %
Pays en voie de développement	92 %

Source : *Banque mondiale*, 1992.

Évolution en volume et en prix des échanges

L'étude des produits importés et exportés évalués au prix du marché ne permet pas de savoir si le volume des achats et des ventes a réellement augmenté ou s'il y a eu une simple variation des prix ou du taux de change, ou illusion monétaire. Aussi pour avoir une idée plus juste de la situation, il faut recourir aux indices de prix de tous ces produits.

Si l'on prend, par exemple, le pétrole brut importé, il convient d'observer l'évolution des prix depuis 1992. Si le prix du pétrole monte, dans la mesure où la demande est rigide par rapport au prix, automatiquement la « facture pétrolière » va augmenter même si la consommation de carburant est stable, et il s'ensuivra une détérioration du solde de la balance commerciale. Au contraire, si le prix du pétrole diminue, une augmentation de la consommation ne se traduira pas par un alourdissement de la facture pétrolière (tableau 15.13).

Tableau 15.13

Distinction volume/prix pur les importations de pétrole au Canada depui 1992.

Années	Volume importé en millions de barils	Indice des prix
1992	4,1	100
1993	4,8	96,1
1994	5,0	110,3
1995	5,0	106,5
1996	5,8	120,7
1997	6,4	118,9
1998	6,5	114,4
1999		
2000		

Source : *Revue de la Banque du Canada*, printemps 1999.

Le prix du pétrole est très instable. En 1993, il a même retrouvé son niveau de 1986. Quand en terme réel le coût du pétrole diminue, c'est bon pour les pays importateurs mais préjudiciable pour les pays exportateurs. Les produits d'un pays importateur de pétrole pourraient être plus compétitifs du seul fait que le niveau de l'inflation au pays est moins élevé que celui des concurrents étrangers.

Les termes de l'échange

Pour l'ensemble des produits importés et exportés, il existe des indices de prix qui permettent de savoir si, en général, les termes de l'échange s'améliorent ou se détériorent. On compare l'évolution de l'indice des prix des biens exportés à l'indice des prix des biens importés : PX / PM.

Si les prix des biens achetés augmentent plus vite que les prix des biens vendus, cela signifie qu'il faut produire plus pour pouvoir importer la même chose; les termes de l'échange se détériorent. Par contre si les prix des biens vendus augmentent plus vite que les prix des biens achetés, les termes de l'échange s'améliorent.

Pour connaître les termes de l'échange, il suffit de diviser l'indice des prix des biens exportés à l'indice des prix des biens importés que l'on rapporte à l'indice 100 (tableau 15.14). Un chiffre supérieur à 100 signifie que les termes de l'échange s'améliorent, un chiffre inférieur à 100 signifie que les termes se détériorent.

Dans le secteur des ressources naturelles, il en coûte de plus en plus cher pour produire car les ressources ne sont plus aussi aisément accessibles et qu'il faut maintenant compter les frais inhérents à la protection de l'environnement. Les économistes de la Banque du Canada prévoient que le prix des matières premières ne devrait pas diminuer dans les prochaines décennies

Tableau 15.14

Les termes de l'échange au Canada depuis 1992.

Années	Indice des prix des biens exportés	Indice des prix des biens importés	Termes de l'échange $\dfrac{PX}{PM} \times 100$
1992	100,0	100,0	100
1993	104,6	105,5	99
1994	110,8	112,0	96
1995	117,9	115,3	102
1996	117,9	112,9	104
1997	116,4	113,2	103
1998			
1999			
2000			

Source : *L'Observateur économique canadien*, Supplément statistique historique.

en raison des augmentations de coût résultant des réglementations liées à la protection de l'environnement et à la libéralisation du secteur agricole. Par contre, l'exploitation de certaines matières premières pourrait diminuer et leur prix fléchir comme celle du bois dans la fabrication de la pâte à papier qui utilisera de plus en plus du papier recyclé. Dans la fabrication des biens de consommation durables comme pour les voitures, des substituts (céramiques, de synthèses et plastique) détrônent le métal.

Par ailleurs, comme les pays en voie de développement sont obligés d'exporter toujours davantage pour rembourser leurs dettes et que les ventes de matières premières par les pays de la CEI (Communauté des États indépendants) vont augmenter cela pourra avoir des effets déflationnistes sur les prix. C'est ainsi que les ventes d'aluminium de la CEI ont eu pour effet de faire baisser le prix mondial du lingot d'aluminium à un niveau si bas qu'il mettait en péril les alumineries du pays. La crise asiatique de la fin des années 90 a eu un effet déflationniste sur le prix des matières premières. La fermeture des marchés asiatiques a provoqué une surproduction sur les marchés internationaux et les pays exportateurs de matières premières ont été fortement touchés par la baisse des prix comme le Brésil qui a dû dévaluer sa monnaie mais aussi le Canada, dans une moindre mesure.

Même si le prix des matières premières augmente, il a toujours tendance à augmenter moins vite que le prix des biens manufacturés; aussi plus un pays vend des produits transformés, plus il bénéficie d'une amélioration des termes de l'échange qui l'enrichit au détriment des pays vendeurs de matières premières.

À la lecture de la balance commerciale, on peut d'ores et déjà identifier les faiblesses à surveiller et les problèmes à régler. Même si la balance commerciale canadienne est excédentaire, elle révèle trois points faibles : des débouchés peu diversifiés puisque plus de 80 % des exportations vont aux États-Unis, des produits exportés à faible valeur ajoutée et une sensibilité au phénomène de la détérioration des termes de l'échange. La solution à ces problèmes structurels serait de développer une économie aux marchés plus diversifiés, fondée sur la création de valeur ajoutée, en d'autres mots de trouver des façons de transformer le plus possible les ressources naturelles au pays pour créer sur le territoire national plus de richesse et réduire le chômage.

Contrôle des connaissances

- *Que mesure la balance commerciale ?*
- *Quels sont les trois points faibles de la balance commerciale canadienne ?*
- *Que se passe-t-il quand les termes de l'échange se détériorent ?*

La Balance des Invisibles

La balance des invisibles concerne les échanges de biens intangibles qui donnent lieu à des transactions monétaires. Les sommes d'argent concernées sont enregistrées sous trois rubriques distinctes : les services, les revenus de placements et les transferts.

Les services

Entre les pays circulent non seulement des marchandises mais aussi de l'argent qui sert à payer des services comme par exemple les frais de transport, les assurances, les redevances au titre des brevets et des voyages et les honoraires de consultation. Quand une entreprise canadienne utilise un brevet étranger pour produire un bien quelconque, elle doit verser des « royalties » ou redevances. À ce titre le canada est largement déficitaire puisque plus de 90 % des brevets utilisés sont étrangers. Pour éviter cela, il faudrait consacrer d'énormes montants d'argent dans la recherche et le développement. Le tableau 15.15 montre l'évolution des échanges de services entre le Canada et ses partenaires commerciaux de 1995 à 1998.

Tableau 15.15

La balance des services au Canada, en milliards de dollars.

Années	Recettes (+)	Paiements (-)	Solde
1995	36,5	46,4	-10,3
1996	40,1	49,2	-9,3
1997	41,6	50,3	-8,7
1998	43,7	50,1	-8,4
1999			
2000			

Source : *Revue de la Banque du Canada*, J1, printemps 1999.

Pour ce qui concerne la balance des voyages, les recettes (+) qui se traduisent par une entrée de devises au pays sont apportées par les touristes. Les pays qui à ce chapitre enregistrent de fortes entrées possèdent des atouts attrayants comme par exemple, un climat favorable ou des monuments historiques. Faute de ces attributs, le pays peut créer des centres d'attraction comme des musées, une infrastructure hôtelière et sportive moderne, des programmes de promotion touristique tels que « Le Festival de jazz de Montréal », etc. Les congrès internationaux, les grands événements tels les jeux olympiques, les expositions universelles, etc., ont pour effet d'attirer de nombreux touristes et de faire entrer des devises, aussi font-ils l'objet d'intenses tractations de la part des pays qui désirent les accueillir.

Les paiements (-) concernent les sommes d'argent que les Canadiens dépensent à l'étranger. Au canada, la balance touristique est toujours déficitaire (tableau 15.16) contrairement à la France qui connaît à ce compte de très forts excédents.

Tableau 15.16

La balance des voyages au Canada, en milliards de dollars.

Années	Recettes (+)	Paiements (-)	Solde
1995	10,8	14,0	-3,2
1996	11,7	15,0	-3,3
1997	12,0	15,6	-3,6
1998	13,7	15,6	-1,9
1999			
2000			

Source : *Revue de la Banque du Canada*, J1, printemps 1999.

Les revenus de placements

Les revenus de placements encaissés concernent principalement deux postes : les intérêts et les dividendes. Les intérêts sont générés par des obligations (ou titres de créance) alors que les dividendes sont liés aux revenus d'actions. Pour encaisser de telles recettes, il faut que les Canadiens aient au préalable soit acheté des obligations étrangères, soit investi dans des compagnies étrangères.

À l'opposé, des paiements au même titre se font au bénéfice des étrangers qui détiennent des obligations canadiennes, ou qui ont prêté de l'argent à des entreprises canadiennes ou au gouvernement. Le paiement de dividendes témoigne de la présence sur le sol national de compagnies étrangères qui rapatrient chez eux une partie des bénéfices réalisés au pays. La balance des revenus de placement est, au Canada, très largement déficitaire en raison des intérêts à payer aux étrangers (tableau 15.17). Pour la seule année 1995, 30,9 milliards de dollars ont été versés. Quand les taux d'intérêt augmentent le déficit au titre des revenus de placement s'aggrave d'autant.

Tableau 15.17

Les revenus de placement au Canada, en milliards de dollars.

Années	Recettes (+)	Paiements (-)	Solde
1995	25,8	56,7	-30,9
1996	26,3	54,6	-28,3
1997	29,7	58,6	-28,9
1998	30,4	60,5	-30,1
1999			
2000			

Source : *Revue de la Banque du Canada*, J1, printemps 1999.

La balance des transferts

Les transferts concernent les pensions de vieillesse, les remboursements de frais médicaux et les successions et capitaux apportés ou rapatriés par les immigrants. Les immigrants investisseurs apportent de l'argent au pays ce qui permet d'améliorer le solde de cette balance. À l'opposé, au titre des paiements, sont incluses les pensions que perçoivent les Canadiens qui résident à l'étranger (tableau 15.18).

Tableau 15.18

Les transferts au Canada, en milliards de dollars.

Années	Recettes (+)	Paiements (-)	Solde
1995	3,8	3,9	-0,2
1996	4,4	4,2	+0,2
1997	4,8	4,2	+0,6
1998	4,9	4,2	+0,7
1999			
2000			

Source : *Revue de la Banque du Canada*, J2, printemps 1999.

Le solde de la balance des invisibles est la somme de toutes ces différentes balances soit la somme de la balance des services liés au commerce extérieur, des revenus de placement et des transferts (tableau 15.19). Au Canada, cette balance des invisibles est toujours déficitaire.

Tableau 15.19

Le solde de la balance des invisibles au Canada, en milliards de dollars.

Années	1995	1996	1997	1998	1999	2000
Balance des services	-10,2	-9,2	-8,7	-8,4		
Balance revenus de placements	-30,9	-28,3	-28,9	-30,1		
Balance des transferts	-0,2	+0,2	+0,6	+0,7		
Solde de la balance des invisibles	-41,2	-37,3	-37,0	-37,8		

Source : *Revue de la Banque du Canada*, J2, printemps 1999.

La balance du compte courant ou compte courant

Le compte courant s'obtient en additionnant le solde de la balance commerciale avec le solde des invisibles (tableau 15.20).

Lorsque le compte courant est déficitaire, la balance en capital ou compte des capitaux doit nécessairement être excédentaire d'un montant équivalent.

Tableau 15.20

Le solde du compte courant au Canada, en milliards de dollars.

Années	1995	1996	1997	1998	1999	2000
Solde de la balance commerciale	-34,8	-41,8	24,2	19,4		
Solde de la balance des invisibles	-41,2	-37,3	-37,0	-37,8		
Solde de la balance courante au compte courant	-6,4	+4,5	-12,8	-18,4		

Source : *Revue de la Banque du Canada*, J2, printemps 1999.

Le compte des capitaux

Le compte des capitaux enregistre les mouvements d'entrée et de sortie d'argent qui servent à financer des investissements. Les entrées de capitaux (importation de capitaux) proviennent de prêts et de placements d'étrangers au Canada (les Canadiens doivent cet argent aux étrangers) et les sorties de capitaux (exportations de capitaux) se font sous forme de prêts et de placement de Canadiens à l'étranger (les étrangers doivent cet argent aux Canadiens).

Les entrées de capitaux

Quand le compte courant est déficitaire, la meilleure façon de rétablir l'équilibre est de faire entrer des capitaux étrangers au pays. L'arrivée de capitaux se traduit par une demande plus forte de monnaie canadienne qui va s'apprécier sur le marché des changes.

Il y a plusieurs formes d'investissement soit des **investissements directs**, quand une entreprise étrangère vient installer au pays une filiale, soit des **investissements en portefeuille** c'est-à-dire quand l'entreprise étrangère achète des actions d'une entreprise domestique ou prête de l'argent.

Quand les investisseurs étrangers créent des entreprises (investissements directs) ou détiennent des actions de compagnies canadiennes (investissements en portefeuille), ils font entrer au pays des capitaux, mais il faudra prévoir les années suivantes une sortie d'argent sous forme de dividendes qui aura pour effet d'augmenter le déficit des invisibles au compte des revenus de placements. (balance des invisibles) et donc du compte courant. Les étrangers peuvent également placer leur épargne dans des titres publics (financement de la dette du pays) mais très rapidement il faudra, là encore, prévoir des remboursements (sortie d'argent) en capital et intérêt.

Les sorties de capitaux

Ce compte enregistre les créances des Canadiens sur les non-résidents, c'est-à-dire les prêts que les Canadiens ont accordés aux étrangers et les investissements qu'ils ont faits à l'extérieur du pays. Quand, par exemple, une entreprise canadienne ouvre une succursale à l'étranger, elle va faire sortir de l'argent du pays. Les sommes concernées sont donc affectées d'un signe négatif.

Si le pays affiche un déficit au compte courant, il est indispensable que le solde du compte capital soit excédentaire. Cela signifie qu'il doit entrer dans le pays plus de capitaux qu'il n'en sort. Le gouvernement va donc prendre des mesures pour attirer les capitaux étrangers et veiller à ce que l'argent reste au pays. Le tableau 15.21 illustre la situation du Canada quant au solde de son compte capital et financier.

Le solde de la balance des paiements

À ces entrées et sorties de capitaux, il faut ajouter à ce compte le montant des réserves en devises détenus par les Canadiens. Un signe positif devant le montant de ces réserves signifie une

Tableau 15.21

Le solde du compte capital et financier canadien, en milliards de dollars.

Années	1995	1996	1997	1998	1999	2000
Sorties de capitaux	-38,7	-72	-51,7	-43,5		
Entrées de capitaux	+31,7	+51	+64	+49,5		
Compte financier	-7	-21	+12,3	+6,0		
Compte de capital	+6,7	+8	+7,6	+5		
Solde des comptes capital et financier	-0,2	-13	+20	+11		

Source : *Revue de la Banque du Canada*, J2, printemps 1999.

diminution des réserves (Si les entrées de devises provenant du mouvement net des capitaux n'arrivent pas à compenser le déficit du compte courant, il va falloir puiser dans les réserves déjà accumulées.)

Pour l'année 1998, au Canada, le mouvement net des capitaux s'élevait à 11 milliards de dollars et le déficit du compte courant de 18,4 milliards de dollars; il y avait donc un déficit de 7,4 milliards de dollars qui aurait dû se traduire par une sortie égale de devises (tableau 15.22). En fait, il y a eu augmentation des

Tableau 15.22

Le solde de la balance des paiements, en milliards de dollars.

Années	1995	1996	1997	1998	1999	2000
Solde des comptes capital et financier	-0,2	-13	+20	+11		
Solde de la balance courante	-6,4	+4,5	-12,8	-18,4		
Résultat	-6,6	-8,5	+7,2	-7,4		
Écart statistique	+6,7	+8,4	-7,0	+7,3		
Variation des réserves en devises	-0,1	0,1	+0,2	0,1		

Source : *Revue de la Banque du Canada*, printemps 1999.

La balance des paiements en résumé

Solde de la balance commerciale (biens)

+ Solde de la balance des invisibles (services)

= Solde de la balance courante

+ Solde de la balance de capital (entrée et sortie de capitaux)

+ Augmentation ou diminution des réserves en devises

+ ou - écart statistique

= Solde de la balance des paiements = 0

La balance des paiements est toujours en équilibre au sens comptable.

Normalement, à l'échelle du monde, on devrait pouvoir dresser une balance des paiements équilibrée. C'est-à-dire que le déficit d'un pays devrait être compensé par l'excédent d'un autre pays; il ne devrait pas y avoir d'écart statistique. Mais on observe de grands écarts statistiques qui témoignent de la non-transparence des échanges internationaux et de l'existence d'activités souterraines qui échappent au contrôle des pouvoirs publics.

La balance des paiements qui retrace tant bien que mal les mouvements des marchandises, des échanges de services et des mouvements de capitaux permet de comprendre les variations du taux de change.

devises de 0,1 milliards de dollars attribuable à un écart statistique de 7,3 milliards de dollars. Cet écart témoigne de la difficulté des pouvoirs publics à saisir tous les mouvements de capitaux.

Contrôle des connaissances

- *À quoi sert une balance des paiements ?*
- *Que mesure la balance des invisibles ?*
- *Que faut-il faire pour compenser le déficit d'un compte courant ?*
- *Quelle différence y -t-il entre un investissement direct et un investissement de porte-feuille ?*
- *Que faut-il faire pour équilibrer la balance des paiements ?*

15.3 Le taux de change

Théoriquement la valeur d'une monnaie est déterminée sur le marché des changes comme tout autre produit par l'interaction de la demande et de l'offre; mais en réalité, certains agents économiques peuvent à eux seuls avoir une grande influence.

Le marché des devises

Le marché des changes est le lieu où se détermine, comme pour toute autre marchandise, le prix d'une monnaie par rapport à une autre. Sur le marché des devises se confrontent l'offre et la demande exprimées par des banques, des multinationales, des courtiers ou des banques centrales. La cote des cours d'une monnaie est fixée par les cambistes qui travaillent avec télépho-

---

Les réserves en or et en devises

La banque centrale dispose de réserves en or et en devises qui lui pemettent d'équilibrer la balance des paiements et éventuellement d'intervenir sur le marché des changes.

En plus des réserves en devises et en or le pays dispose d'une marge de crédit (droits de tirage) auprès du Fonds monétaire international FMI, où il peut emprunter.

Tableau 15.23

Réserves internationales officielles du Canada, en milliards de dollars des États-Unis.

Années	$ États-Unis	Autres	Or	Droits de tirages spéciaux	Position au FMI	Total
1995	12,127	0,5	0,2	1,1	1,2	15,0
1996	17,521	0,5	0,2	1,2	1,2	14,3
1997	14,630	0,4	0,2	1,1	1,57	13,3
1998	15,907	4,0	0,1	1,0	2,30	16,6
1999						
2000						

Source : *Revue de la Banque du Canada*, printemps 1999.

nes et ordinateurs pour communiquer entre eux. Chaque jour, on peut connaître le prix des principales devises dans les quotidiens ou à la banque.

Quand un agent économique veut acheter des produits étrangers, il doit se procurer de l'argent du pays en question. Si vous-même vous désirez faire un séjour aux États-Unis, vous irez à votre banque pour échanger des dollars canadiens contre des dollars américains. La banque vous vendra des dollars américains à un prix (cours du change plus une commission). Par exemple, pour obtenir 100 $ américains vous deviez dépenser 125 $ canadiens quand le dollar canadien valait 80 cents américains. Cette banque devra elle-même se procurer des devises sur le marché pour répondre à la demande de ses clients, aussi elle vendra des dollars canadiens (offre) pour obtenir des dollars américains. Par ailleurs, il existe en même temps des agents économiques qui ont besoin de dollars canadiens pour acheter des produits canadiens. Pour réaliser la transaction, ils devront vendre des dollars américains afin d'obtenir les dollars canadiens nécessaires. Sur le marché des changes, la demande de dollars canadiens, toutes choses étant égales par ailleurs, aura pour effet de faire augmenter son prix exprimé en dollars américains.

Le dollar canadien peut valoir à un moment donné 70 cents américains. Si la demande de dollars canadiens augmente, (par exemple si les exportations de produits canadiens vers les États-Unis augmentent), la valeur du dollar canadien peut passer à 80 cents américains (appréciation) (figure 15.4).

Un grand nombre de facteurs interviennent dans la détermination du prix d'une monnaie. La balance des paiements nous permet justement d'observer les sorties et les entrées d'argent dans notre économie. Toute sortie se traduit par une offre de dollars canadiens sur le marché des changes, donc la monnaie nationale va « naturellement » perdre de sa valeur. Toute entrée d'argent, par contre, se traduira par une demande de dollars

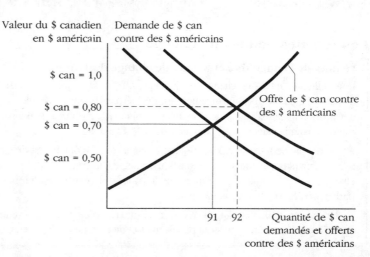

Figure 15.4

La détermination du taux de change d'une monnaie (dollar canadien en dollar américain) sur un marché libre.

canadiens accrue et cela fera hausser la valeur de notre monnaie par rapport aux autres devises, etc.

Quand le solde de la balance commerciale ou de la balance des invisibles est déficitaire, cela signifie qu'il y a plus d'argent qui sort du pays qu'il n'en rentre donc la valeur de la monnaie devrait diminuer. Cette diminution de la valeur de la monnaie nationale rend les produits nationaux moins chers pour les étrangers ce qui peut, dans une seconde période, améliorer le solde de la balance commerciale et réduire le déficit des autres balances. C'est ainsi que mécaniquement l'équilibre pourrait se rétablir.

Quand un dollar canadien vaut un dollar américain, on dit qu'il y a parité.

De 1952 à 1961, le dollar canadien valait souvent un peu plus cher que le dollar américain, puis il y eut pratiquement parité entre les deux monnaies de 1961 à 1977 : depuis lors le dollar canadien s'est déprécié par rapport à la devise américaine où la décote a pu atteindre presque 40 %. Pour un dollar américain, il faut parfois payer jusqu'à un dollar 56 canadien selon le cours du change en vigueur. La figure 15.5 illustre l'évolution du taux de change du dollar canadien (en dollar

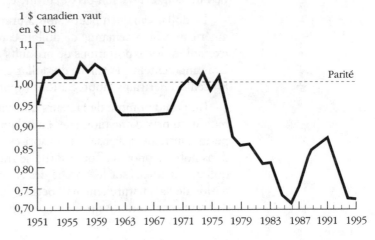

Figure 15.5

Évolution du taux de change du dollar américain en dollars canadiens de 1951 à 1995 (cotation à l'incertain).

Les régimes de taux de change

Le taux de change fixe et le taux de change flottant

Une politique de taux de change fixe implique que la valeur d'une monnaie ne peut varier qu'à l'intérieur d'une limite étroite. Tout changement est décidé par la banque centrale et peut prendre la forme d'une dévaluation quand la valeur de la monnaie diminue par rapport aux monnaies étrangères ou d'une appréciation quand la valeur de la monnaie nationale augmente.

En régime de taux de change flottant la valeur de la monnaie est déterminée par le marché libre. Ce régime sera plus ou moins pur en fonction du degré d'intervention des pouvoirs publics sur le marché des changes. Quand la valeur de la monnaie diminue sur le marché par rapport aux monnaies étrangères on parlera de dépréciation de la monnaie.

Le système de Bretton Woods créé en 1944 sur la base de parités fixes entre tous les pays a été remplacé en 1973 par un système mixte de parités fixes et de taux de change flottants jugé plus souple.

américain) de 1951 à 1995 et la figure 15.6 indique ce qu'il faut payer en dollars canadiens pour obtenir un dollar américain de 1994 à 1998.

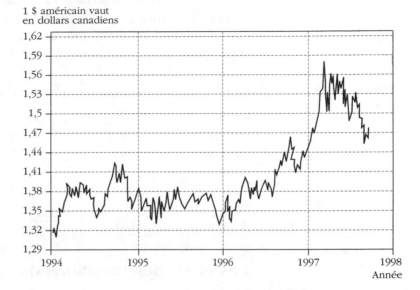

Figure 15.6

Cours du comptant en dollar américain. Moyenne à midi (cotation au certain).

Le prix d'une devise varie constamment en fonction de l'offre et de la demande sur le marché des changes. De toutes les variables économiques, c'est sans doute la plus imprévisible. Chaque jour ouvrable, on publie 4 types de cours; le cours qui avait atteint le plus haut niveau dans le courant de la journée, celui qui était le plus bas, ensuite on calcule une moyenne de clôture et une moyenne à midi. Pour les données annuelles, il s'agit de chiffres qui correspondent à des moyennes.

Il y a deux façons d'exprimer le prix d'une monnaie : soit en dollar canadien par unité de monnaie étrangère (cotation dite « au certain »), soit au prix de la monnaie étrangère en dollar canadien (cotation dite « à l'incertain »).

La théorie des parités du pouvoir d'achat (P.P.A.)

Normalement, dit-on, le taux de change devrait rétablir une certaine parité entre les prix d'un pays à l'autre. Prenons l'exemple du prix d'un produit quelconque mais identique entre deux pays, comme un litre de lait. Supposons qu'en France, un litre de lait coûte dix francs et au Canada 2 $, on pourrait s'attendre à ce que 10 francs soit donc égal à 2 $ en terme de parité de pouvoir d'achat ou 1 $ = 5 francs (ou 1FF = 0,20 $ CAN). Si dans un des deux pays les prix augmentent (inflation), le pouvoir d'achat de sa monnaie diminue et le taux de change va traduire cette diminution. Reprenons le même exemple, si en France le prix d'un litre de lait passe de 10 à 20 francs et que le prix du lait est resté le même au Canada, on dira alors que 20 F = 2 $ en terme de pouvoir d'achat, donc 1 $ vaut 10 F (ou 1FF = 0,10 $ CAN)

Plus généralement, quand il y a une inflation dans un pays plus forte que dans un autre, la monnaie se déprécie l'une par rapport à l'autre. Les taux de change traduiraient donc entre autre ces variations de niveaux relatifs des prix dans les différents pays.

1. Voir Encyclopédie économique, Douglas Geenwald, éd. Économica, p. 1082.

Par exemple, on pourrait dire que le dollar américain valait en 1993 en moyenne 1,2898 dollar canadien ou 1 dollar canadien valait 0,7753 $ US ou 77 cents américains qu'on obtient par une règle de trois en divisant 1 par 1,2898.

Dans les journaux vous pouvez lire la cote des principales devises, fournie par l'une ou l'autre banque qui peut avoir des taux légèrement différents suivant l'heure du jour (tableau 15.24).

Tableau 15.24

Cours de change des monnaies du G7, exprimé en dollars canadiens.

Pays	Monnaie	Cote du 04.08.99	Cote du
Allemagne	Mark	0,8414	
États-Unis	Dollar	1,4933	
Union européenne	Euro	1,6207	
France	Franc	0,2518	
Italie	Lire	0,000855	
Japon	Yen	0,01418	
Royaume-Uni	Livre	2,4202	

Source : *Banque de Montréal*.

Les effets des variations du taux de change

Les fluctuations du taux de change créent de l'incertitude auprès des agents économiques. Certains vont y gagner et d'autres y perdre. Comme pour l'inflation, les gains et les pertes engendrés par les variations du taux de change ne vont pas sanctionner l'efficacité ou l'inefficacité d'une entreprise mais seulement le hasard, la chance ou la malchance.

Une baisse du taux de change favorise les exportateurs, alors qu'elle sanctionne les importateurs en rendant les produits plus chers. Normalement une diminution de la valeur de la monnaie en stimulant les exportations donne un coup de fouet à l'activité économique et le chômage diminue. Par contre, avec un dollar plus faible, le prix des biens importés augmente entraînant une inflation dans le pays.

Une hausse de la valeur de la monnaie nationale par rapport aux devises étrangères n'est pas forcément avantageuse car elle mine la compétitivité des produits sur le marché international. Pour contrer les effets déstabilisants des fluctuations des taux de change, les banques centrales sont parfois amenées à intervenir sur le marché des changes en soutenant ou en laissant glisser la monnaie.

L'intervention de la Banque centrale sur le marché des devises

Quand la banque centrale annonce qu'elle va soutenir la monnaie nationale, elle le fait pour plusieurs raisons. Au Canada, la banque centrale intervient pour éviter qu'une baisse du dollar ne vienne relancer l'inflation ou pour contrer la spéculation.

Comme le principal objectif de la Banque du Canada est le maintien du pouvoir d'achat de la monnaie ses interventions visent à stabiliser les prix en stabilisant le taux de change. Pour y parvenir elle achète des dollars canadiens en vendant des dollars américains qu'elle a en réserve, ou encore elle vend plus de bons du Trésor pour faire augmenter le taux d'escompte.

En haussant les taux d'intérêts, les investisseurs étrangers achètent des titres canadiens, attirés par la prime offerte (différence entre les taux d'intérêt offerts dans le monde et le taux d'intérêt canadien). Comme les investisseurs étrangers achètent des dollars canadiens, la demande de dollars canadiens augmente sur le marché des changes et sa valeur augmente.

Malheureusement ce soutien de la monnaie nationale entraîne un alourdissement des dettes. Comme les taux d'intérêt sont plus élevés, le coût des remboursements des emprunts augmente au profit des épargnants. Une plus grande partie des revenus de l'État va servir à rembourser les intérêts aux porteurs d'obligations (les rentiers) plutôt qu'à financer d'autres dépenses. Par ailleurs, les ménages aux prises avec des hypothèques plus lourdes vont avoir moins d'argent à consacrer à leur dépenses de consommation. Le cercle vicieux de la récession est recréé.

En régime de taux de change fixe, quand un pays accepte de laisser glisser sa monnaie, (dévaluation de la monnaie) les autres pays estiment que cela représente une concurrence déloyale et ils peuvent décider d'en faire autant. Aussi, il s'ensuit une dangereuse surenchère. Afin d'éviter ce genre de logique récessionniste, une concertation entre les nations s'impose.

Quand il s'agit d'un taux de change flottant, c'est le marché qui fixe le cours de la monnaie qui selon la situation peut se déprécier ou s'apprécier par rapport aux autres devises étrangères.

Cependant, qu'on soit en situation de taux de change fixe ou flottant, l'administration centrale d'un pays a des moyens efficaces de soutenir ou au contraire de laisser aller sa monnaie d'où la nécessité de plus en plus évidente d'une harmonisation des politiques de taux de change entre les pays pour éviter l'incohérence d'actions individuelles.

L'harmonisation des politiques de taux de change

Depuis que les pays ont abandonné le taux de change fixe qui faisait que les gouvernements se devaient de maintenir un taux de change qui ne pouvait fluctuer qu'à l'intérieur d'une certaine fourchette, le marché libre des changes maintient un climat d'incertitude perpétuelle. Des rencontres annuelles ont maintenant lieu entre les différents gouverneurs des banques centrales et les ministres des finances si ce n'est des chefs d'État eux-mêmes (rencontres au sommet du G7) pour se fixer des objectifs communs de taux de change. C'est ainsi que le dollar américain, longtemps surévalué, a retrouvé progressivement une valeur qui rend les produits américains plus compétitifs. En achetant moins de produits étrangers devenus plus chers et en exportant des produits américains le déficit commercial des États-Unis pourrait diminuer. Mais si les États-Unis réduisent leurs achats à l'étranger, les pays fournisseurs (Canada, Japon) vont avoir de la difficulté à écouler leurs produits !

Depuis 1945, un organisme international, le Fonds Monétaire International, FMI, joue par ailleurs le rôle de conseiller pour gérer les déséquilibres de la balance des paiements. Il peut accorder des avances sans intérêt ou des prêts aux pays débiteurs. Quand cependant un pays est jugé trop endetté, le FMI exige que soient adoptées des mesures de redressement des finances publiques (« politique d'ajustement structurel ») qui vont contraindre les gouvernements à adopter des politiques budgétaires restrictives allant jusqu'à remettre en question les programmes sociaux.

Contrôle des connaissances

- *Comment se détermine le taux de change ?*
- *Quels sont les différents systèmes de taux de change ?*
- *Le dollar canadien a-t-il toujours été plus faible que le dollar américain ?*
- *Quels sont les effets d'une baisse du taux de change ?*
- *Pour quelle raison et de quelle façon la banque centrale intervient-elle sur le marché des changes ?*
- *À quoi sert le Fonds Monétaire International ?*

Conclusion

La balance des paiements est une source importante d'informations qu'il n'est pas toujours très facile de bien comprendre et dont les relevés statistiques ne sont pas toujours très fiables.

Pour les comparaisons internationales, les données statistiques sont converties en dollars américains ce qui crée des distorsions dues aux variations du taux de change. C'est ainsi, par exemple, que l'excédent de la balance commerciale japonaise estimé en dollars américains passait de 139,5 milliards de $ en 1993 à 144,2 milliards en 94 alors qu'il diminuait si on le calculait en yens (12,4 mds de yen en 94 contre 13,3 mds de yens en 93). La progression du yen contre le dollar fait effectivement augmenter l'excédent commercial s'il est exprimé en dollars.

S'il est plus ou moins aisé d'évaluer les échanges de marchandises déclarées aux douanes, il en va de même des mouvements de capitaux qui sont de plus en plus importants dans le total des échanges. Les capitaux passent d'une place financière à une autre sans qu'il soit possible d'en suivre toutes les péripéties. Ils exercent, compte tenu des sommes concernées, des influences imprévisibles et non négligeables sur l'économie nationale qui laissent impuissants les pouvoirs publics. Les efforts des gouvernements pour se concerter ne sont même pas en mesure de maîtriser les fluctuations des taux de change et les choix de société que peuvent exprimer démocratiquement les citoyens sont remis en question face à la contrainte extérieure.

Résumé

Depuis 1945, les échanges internationaux ont connu une formidable expansion qui a transformé l'économie des pays. On mesure le degré d'ouverture ou de dépendance d'une économie soit en reportant le montant des exportations au PIB soit en additionnant le montant des importations et des exportations qu'on divise par deux fois le PIB.

Pour analyser la situation des échanges économiques d'un pays par rapport au reste du monde, on utilise la balance des paiements qui est un ensemble de comptes articulés. La balance des paiements comprend la balance commerciale et la balance des invisibles qui forment le compte courant, et la balance des capitaux.

Le taux de change, qui est le prix d'une monnaie exprimé en monnaie étrangère ou le prix d'une monnaie étrangère exprimé en monnaie nationale, est déterminé par l'offre et la demande de cette monnaie. Chaque jour on détermine un prix (le cours) pour chacune des monnaies utilisées. Les fluctuations du taux de change profitent à certaines personnes et en pénalisent d'autres. Pour éviter les grandes secousses qui auraient des effets perturbateurs sur l'ensemble de l'économie, la banque centrale intervient sur le marché des changes pour soutenir ou affaiblir le cours de la monnaie dans le cadre d'un taux de change « géré ».

Compte tenu des mouvements de capitaux à travers le monde, les pouvoirs publics ne parviennent plus à contrôler l'économie nationale sans tenir compte de ce qu'il est convenu d'appeler maintenant la contrainte extérieure. L'harmonisation des politiques du taux de change entre les différents responsables (banques centrales) est indispensable pour coordonner les différentes mesures prises par chacun.

Mots clés

Appréciation	Économie d'échelle
Balance des capitaux	Fonds Monétaire International (FMI)
Balance des paiements	GATT
Balance commerciale	Investissement de portefeuille
Balance des invisibles	Investissement direct
Barrière non tarifaire	Marché des changes
Cambiste	OMC
Commerce extérieur	Parité d'une monnaie
Compte courant	Parité du pouvoir d'achat (P.P.A.)
Contrainte extérieure	Réévaluation
Dépréciation	Taux de change fixe ou flottant
Dévaluation	Taux d'ouverture d'une économie
Devise	

Exercices

1. Calculez pour les trois pays suivants le coefficient d'ouverture de leur économie, en 1993 et nommez le pays qui serait le plus touché par des mesures protectionnistes de ses partenaires commerciaux (X, M et PIB exprimés en mds de $ États-Unis).

Pays	X	M	PIB	Coefficient d'ouverture
Corée du Sud	82	84	322	
Suède	50	43	222	
France	208	201	1287	

2. Calculez le solde du compte courant d'un pays X compte tenu des renseignements suivants. (Données en millions de $ canadiens.)

Ventes de blé sur les marchés internationaux	=	100	Calcul :
Dividendes rapatriés par les compagnies étrangères	=	20	
Achat de machines étrangères	=	50	
Intérêts versés aux créanciers étrangers	=	50	
Argent dépensé à l'étranger	=	20	
Argent dépensé au pays par les étrangers	=	25	
Dividendes reçus des filiales établies à l'étranger	=	10	

3. Calculez la valeur du dollar canadien en dollar américain quand 1 dollar américain vaut :

1,2043 $ CAN : _____

1,4205 $ CAN : _____

1,3475 $ CAN : _____

Combien faudrait-il donner de $ canadiens en échange de $ américains quand le $ canadien vaut :

75 cents américains : _____

70 cents américains : _____

80 cents américains : _____

4. Toutes choses étant égales par ailleurs, dans quel sens (dépréciation ↓ ou appréciation ↑) évoluerait le dollar canadien par rapport au dollar américain si on apprenait que :

_____ a) La banque centrale intervient sur le marché des changes pour éviter une nouvelle flambée inflationniste.

_____ b) Les importations ont fortement augmenté au cours du dernier mois

_____ c) Les Français sont venus très nombreux passer leurs vacances au Québec.

_____ d) Le taux d'escompte a grimpé de trois dixièmes pour cent.

_____ e) Le gouvernement favorise l'entrée des capitaux étrangers.

_____ f) Les immigrants investisseurs ont choisi très nombreux de venir s'installer au Québec.

_____ g) Une filiale américaine ferme ses portes et quitte le pays.

_____ h) La facture pétrolière a plus que doublé.

_____ i) Le gouvernement a emprunté de l'argent sur les marchés financiers étrangers.

_____ j) Le gouvernement a décidé de rembourser sa dette extérieure.

Questions d'intégration multidisciplinaire

	Économie	Sociologie	Histoire	Anthropologie	Psychologie	Sc. politique	Géographie
1. Les effets d'une détérioration des termes de l'échange.	X	X				X	
2. Étudiez les effets des politiques d'ajustement structurel du FMI sur certains pays.	X	X	X	X	X	X	
3. Le traité de L'ALENA : qui était pour, qui était contre, quel bilan en faire actuellement ?	X	X	X	X	X	X	
4. Qu'est-ce que le protectionnisme (avantages et dangers) ?			X			X	
5. La mondialisation des marchés est-elle une bonne chose ?	X	X					

Lectures suggérées

Dioury, M. *Économie internationale* (1998), Décarie Éditeur.

Forowicz Yadwiga, *Économie internationale, à l'heure des grandes transformations*, (1995). Montréal, Beauchemin.

Bibeau, Jean-Pierre, *Introduction à l'économie internationale*, (1993). Éd. Gaétan Morin.

Tubiana Laurence, Ce qui va changer avec l'OMC, *État du monde*, 1996, p. 48.

Généreux, Jacques, La politique de change, Découverte de l'économie (1998), Cahiers français no 284.

Sites Web

www.wto.org
  Statistiques sur le commerce mondial.

www.banqueroyale.com
  Convertisseur de devises quotidien des marchés financiers.

Exercice de synthèse

Étude comparative de la situation économique du Canada et d'un autre pays membre de l'OCDE au choix de à (3 ans).

À l'aide de 4 indicateurs économiques, que vous aurez étudiés, vous décrirez sur une page la situation économique pour chacun des pays et pour ce faire, vous suivrez la démarche suivante.

ÉTAPES À SUIVRE

Étape 1   Introduction

Vous présenterez les deux pays et les indicateurs choisis (une page environ) en consultant différents documents tels qu'encyclopédies, atlas, État du monde, etc.

Étape 2   Définition des indicateurs

Il faudra d'abord donner une définition de chaque indicateur retenu et préciser ce qu'il mesure exactement; indiquez éventuellement ses faiblesses.

Étape 3   Cueillette de données

Vous irez relever les données dans les publications de Statistique Canada ou de l'OCDE que vous trouverez à la bibliothèque ou sur internet et vous les reporterez dans un tableau comme suit.

Années	Canada	Autre pays

Source :

Étape 4   Illustration graphique

Vous illustrerez graphiquement, à l'aide d'histogrammes ou de courbes ou de tartes, les données du tableau, à l'aide d'un logiciel de présentation. Vous n'oublierez pas de bien identifier vos axes et de donner vos sources d'information.

Étape 5 Commentaires

Vous terminerez la présentation de votre indicateur en faisant le
commentaire du graphique en quelques lignes.

Pour les étapes 2, 3, 4 et 5, présentation sur une page.

Étape 6 Conclusion

Vous comparerez la situation des deux pays en indiquant,
compte tenu des informations recueillies, si la situation s'améliore ou se détériore pour chacun d'entre eux et vous indiquerez
les points faibles et les points forts de l'un par rapport à l'autre.
(environ 1 page)

Liste des dates citées

1492	Découverte de l'Amérique
1545	Lettre sur l'usure, de Calvin
1680	Traité des taxes et des contribution, de W. Petty (essai de comptabilité nationale)
1733	Première révolution industrielle en Angleterre
1758	Tableau économique de F. Quesnay
1758	Recherche sur la nature et les causes de la richesse des Nations, d'A. Smith
1789	Révolution française
1798	Essai sur le principe de la population, de T.R. Malthus
1800	Création de la Banque de France sous Napoléon 1er
1828	Cours complet d'économie politique, de J.B. Say
1848	Manifeste du parti communiste, de F. Engels et K. Marx
1867	Le capital, de K. Marx
1870-90	La grande crise économique
1883	Mort de K. Marx et naissance de J.M Keynes
1888	Programme de sécurité sociale en Allemagne sous le chancelier Otto von Bismark
1914-18	Première guerre mondiale
1917	Révolution russe
1918	Création de Statistique Canada
1919	Loi sur le salaire minimum des femmes au Canada
1923	Hyper-inflation allemande
1927	Le cycle des affaires et leurs causes, par W.C. Mitchell
1929	Krach boursier de New York
1929-39	Dépression des années 30
1933	Programme américain du New-Deal du président Roosevelt
1933	Création de la Banque du Canada
1933	Ragnar Frisch l'économiste norvégien et la macroéconomie
1933	Élection de Hitler en Allemagne
1936	Théorie générale de l'emploi, de l'intérêt et de la monnaie, de J.M. Keynes
1939-45	Seconde guerre mondiale
1940	Création de l'assurance chômage au Canada
1944	Accords de Bretton Woods (Système monétaire international fondé sur l'étalon-change-dollar)
1944	Développement de la comptabilité nationale
1951	Guerre de Corée

1960	Révolution Tranquille au Québec
1974	Premier choc pétrolier
1975	Loi Trudeau sur le gel des salaires pour lutter contre l'inflation
1982	Récession économique
1985	Remplacement en Argentine du *peso* par l'*austral* et du *cruzeiro* par le cruzado au Brésil
1987	Krach boursier
1989	Chute du mur de Berlin
1989	Guerre du golf
1989	Introduction de la TPS par le gouvernement conservateur canadien
1990	Traité de libre-échange canado-américain
1990	Création par l'ONU de l'indicateur de développement humain (IDH)
1992	Création du grand marché européen
1993	Système révisé de la comptabilité nationale (SCN)
1995	L'OMC remplace le GATT
1997	Crise asiatique
1998	Création de la banque centrale européenne
1999	Dévaluation de la monnaie au Brésil

Notes sur les auteurs cités dans ce manuel

ATKINSON, John Hobson (1858-1904). Économiste anglais qui, avant Keynes, prétendait qu'une trop grande inégalité dans la répartition des revenus pouvait engendrer une sur-épargne.

BEVERIDGE, Lord (1879-1963). Économiste et administrateur anglais, il donna son nom au plan qui institua la sécurité sociale en Angleterre (1942).

BODIN, Jean (1529-1596). Juriste français qui prétendait que la hausse des prix résultait d'un afflux d'or en provenance du nouveau monde. En 1568, il publie ses « Réponses aux paradoxes du Sieur de Malestroit touchant l'enrichissement de toutes choses ».

BURNS, Arthur Frank (1904-1987). Américain d'origine autrichienne entré au National Bureau of Economic Research en 1930. En 1945 il en est devenu directeur, succédant à Wesley Clair Mitchell. Il a dirigé la Banque Centrale américaine de 1970 à 1978.

CALVIN, Jean (1509-1564). Fondateur du calvinisme qui légitima la pratique du prêt à intérêt dans la mesure où il était consenti dans un esprit de justice et de charité (*Lettre sur l'usure*, 1545). L'économiste et sociologue allemand, Max Weber (1864-1920) a soutenu dans *L'Éthique protestante et l'esprit du capitalisme*, que le protestantisme a permis le développement du capitalisme en levant l'interdit religieux sur l'usure et la recherche du profit.

CLARK, Colin Grant (1905-1989). Économiste anglais auteur en 1940 des *Conditions du progrès économique*. Il classa les activités économiques en trois secteurs, le secteur primaire, le secteur industriel (secondaire) et le secteur des services (tertiaire), et démontrait qu'au fur et à mesure que la société se développe la main d'œuvre se déplace du secteur primaire au secteur secondaire et du secteur secondaire au secteur tertiaire.

ENGELS, Friedrich (1820-1895). Industriel allemand et communiste, grand ami de Karl Marx, il est intervenu dans la constitution de nombreux partis socialistes européens. En 1848, il rédige le *Manifeste du parti communiste*.

FISHER, Irving (1867-1947). Mathématicien et économiste américain qui estimait que la méthode statistique faisait partie de la théorie économique. Il a écrit une théorie de l'intérêt : *The rate of interest* (1930).

FRIEDMAN, Milton (1912-   ). Économiste américain, professeur à l'Université de Chicago, conseiller du parti républicain sous la présidence de Ronald Reagan. Il reçut le prix Nobel en 1976. Qualifié de monétariste parce qu'il estime que la masse monétaire doit augmenter au même rythme que la croissance du PIB, il est l'adversaire des politiques keynésiennes et il défend le libéralisme économique. Il écrit deux célèbres ouvrages en 1962 : *Capitalisme et liberté* et *Prix et théorie économique*. Il est l'auteur de la théorie du revenu permanent qui contredit la fonction de consommation de Keynes. Pour lui les dépenses de consommation ne sont pas reliées au revenu courant mais au revenu permanent ce qui fait que les économies sont moins instables que le prétend Keynes.

FRISCH, Ragnar (1895-1973). Économiste norvégien, professeur à l'Université d'Oslo et associé au parti travailliste. Il reçoit le prix Nobel en 1969. Il est un des fondateur, en 1930, de la Société d'économétrie et il a inspiré les travaux sur les comptes nationaux.

GALBRAITH. John Kenneth (1908-). Économiste américain né au Canada, professeur à l'Université de Harvard, il a été le conseiller personnel du Président Kennedy. Il est l'auteur de nombreux ouvrages comme *L'ère de l'opulence* (1958), *Le nouvel État industriel* (1967), *L'économie en perspective : une histoire critique* (1987), etc.

HAAVELMO, Trygve (1911-). Économiste norvégien qui a donné son nom au « théorème du budget équilibré » qui démontre que toute dépense budgétaire provoque un effet d'entraînement. Il introduit le calcul des probabilités en économie (variables aléatoires). Prix Nobel en 1989.

HAYEK, Friedrich (1899-1992). Économiste autrichien représentant l'école ultralibérale. Il considère que seul le marché utilise optimalement les ressources et garantit la liberté individuelle. Il a écrit entre autre La *route de la servitude* (1944) et *La présomption fatale* (1988), où il démontre que toute intervention de l'État menace la liberté individuelle et que la planification mène nécessairement au totalitarisme.

HOBBES, Thomas (1586-1679). Philosophe anglais qui a écrit *Le Léviathan* (1651), et *Du Citoyen*. Pour Hobbes, l'homme n'agit que par intérêt et comme dans l'état de nature tout est permis, il peut tuer mais tout aussi bien être tué. Pour vivre en sécurité l'homme se rend donc compte qu'il a intérêt à renoncer à sa liberté naturelle et à se soumettre à l'autorité du souverain (État) qui le protégera. Ce contrat social n'a de valeur que si le citoyen est effectivement protégé.

JUGLAR, Clément (1819-1905). Médecin français qui le premier décrit en 1862, dans *Des crises commerciales et de leur retour périodique en France, en Angleterre et aux États-Unis*, le cycle des affaires.

KEYNES, John Maynard (1883-1946). Économiste anglais élève d'Alfred Marshall. Il a écrit entre autre en 1936, *La théorie générale de l'emploi, de l'intérêt et de la monnaie*. En pleine période de crise économique Keynes tente de trouver une solution pour faire disparaître le chômage tout en conservant une économie de marché. Il estime que compte tenu de l'imperfection des marchés incapables de retrouver par eux mêmes l'équilibre, l'État doit intervenir pour assurer le plein emploi, la stabilité des prix et la croissance économique. Homme d'action, il assiste à la conférence de paix en 1919; en 1942 il est nommé gouverneur de la Banque d'Angleterre et il va à la Conférence de Bretton Woods (au New Hampshire, à l'ombre du Mont Washington) en 1945 comme chef de la délégation anglaise, où il participa à la création du fonds monétaire international (FMI).

KONDRATIEFF, Nicolaï (1892-1930). Économiste soviétique qui a observé dans les années 1920 un cycle long de 40 à 60 ans qui correspondrait aux révolutions technologiques. La fin éventuelle du cycle Kondratieff amorcé en 1940 avec un retournement de tendance en 1970-73 se situerait selon son modèle en 1995-2000.

KUZNETS, Simon (1901-1985). Économiste américain prix Nobel qui a travaillé de nombreuses années au National Bureau of Economic Research (NBER). Il a donné son nom à un cycle économique de 15-20 ans, le « cycle Kuznets » et il a contribué à l'élaboration des concepts de la comptabilité nationale. Statisticien, il prenait également en compte dans ses analyses sur la croissance économique, la contribution des autres sciences sociales (démographie, histoire, sociologie). Il a écrit entre autre *Croissance et structures économiques* (1965).

MACHIAVEL, Nicolas (1469-1527). Italien qui a écrit *Le Prince* (1513). À partir de ce qu'il observe, il définit un ordre nouveau où la raison d'État a pour raison d'être l'amélioration de l'homme et de la société. Tous les moyens sont bons pour atteindre cet objectif. Contrairement à Hobbes qui s'adresse aux citoyens, Machiavel donne des conseils au Prince.

MALTHUS, Robert (1766-1834). Pasteur anglais qui a écrit *Essai sur le principe de la population*, en 1798 et 1803. Il démontre que la population à l'état naturel augmente géométriquement alors que la production alimentaire croît arithmétiquement; il s'ensuit une surpopulation que les lois de la nature vont rééquilibrer. Dans une économie libre, prétendait-il, il ne faut pas venir perturber les lois naturelles en aidant les pauvres car ce faisant une situation de surpopulation perdurerait.

MANDEVILLE, Bernard (1670-1733). Hollandais devenu anglais, médecin sans patient et auteur de la Fable des abeilles ou *Les vices des particuliers avantageux au public* (1723). Il a eu une grande influence sur Adam Smith qui transforma le terme « vice ». décrit par le docteur Mandeville, par le *self interest*.

MARSHALL, Alfred (1842-1924). Économiste anglais, de l'école néoclassique qui a écrit un manuel de microéconomie, *Principes d'économie politique*, utilisé de 1890 à 1930. On lui doit entre autre le diagramme de l'offre et de la demande en forme de ciseaux.

MARX, Karl (1818-1883). Philosophe allemand qui, réfugié en Angleterre, a écrit *Le Capital*. Son analyse est une critique scientifique de l'économie politique classique ou libérale.

MONTESQIEU, Charles (1689-1755). Écrivain français qui a écrit *De l'esprit des lois* (1748). Dans un esprit libéral, il remettait en question la théorie du pouvoir absolu des mercantilistes et préconisait la séparation des pouvoirs entre le législatif, le judiciaire et l'exécutif. Entre ces trois instances devrait s'établir un rapport d'équilibre et de surveillance qui interdisait tout abus de pouvoir.

PETTY, William (1623-1685). Selon Karl Marx, c'est le père de l'économie politique; médecin et grand propriétaire foncier anglais sous Cromwell, il a écrit le premier livre de finance publique, *Traité des taxes et des contributions*. Il est le fondateur de la comptabilité nationale et de la méthode quantitative en économie qui se développeront plus tard.

PHILLIPS, A.W. (1914-1975). Économiste anglais qui mit en évidence une relation statistique inverse entre le taux de chômage et le taux de croissance des salaires. Par extension, on désigne par courbe de Phillips la relation entre taux de chômage et inflation.

PIGOU, Arthur. C. (1867-1959). Économiste anglais, successeur d'Alfred Marshall (1842-1924) à l'Université de Cambridge de 1920 à 1930, surtout célèbre par les critiques que Keynes lui adressait contre ce que l'on désigne par « l'effet Pigou », selon lequel une baisse du niveau des prix donne un plus grand pouvoir d'achat aux encaisses monétaires et donc la surproduction n'est que provisoire.

RICARDO, David (1772-1823). Économiste anglais qui travailla très jeune auprès de son père à la bourse de Londres. Après avoir fait fortune il s'acheta une terre pour devenir membre du Parlement. À la fin de sa vie, il écrivit *Principe d'économie politique* et *De l'impôt* en 1817. Sa plus célèbre contribution a consisté à justifier les bienfaits du libre-échange.

ROBINSON, Joan (1904-1983). Économiste anglaise qui a écrit entre autre *L'économie de la concurrence imparfaite* en 1933 et *La philosophie économique* en 1967. Elle avait participé avec d'autres économistes à l'élaboration de la *Théorie générale de l'emploi, de l'intérêt et de la monnaie*, écrit par Keynes. Après la mort de Keynes elle incarna le courant keynésien de Cambridge. Elle se décrivait elle même comme une « keynésienne de gauche ».

SAINT THOMAS D'AQUIN (1235-1274). De l'école des scolastiques, dominicain du moyen-âge qui a écrit la *Somme théologique* dans laquelle on retrouve un code de conduite économique fondé sur la morale chrétienne et inspiré par la philosophie d'Aristote.

SAMUELSON, Paul Anthony (1915-   ). Économiste américain, professeur au MIT. Il a écrit un manuel très largement diffusé, *L'économique*, en 1948 qui a une approche classique, marginaliste et keynésienne (synthèse néo-classique). Prix Nobel en 1970.

SAY, Jean-Baptiste (1767-1832). Professeur d'économie et homme d'affaires prospère, il est le représentant français de l'école classique. Il a repris les théories d'Adam Smith en les clarifiant. Célèbre pour sa loi des débouchés qui démontre que les crises sont passagères puisque toute production génère des revenus qui serviront à acheter les produits.

SCHUMPETER, Joseph A. (1883-1950). Économiste autrichien, professeur d'université, ministre des Finances d'un gouvernement socialiste. En 1932, il émigre aux États-Unis et devient professeur à Harvard jusqu'à sa mort. Dans son ouvrage *Cycle et croissance*, il explique les cycles par les effets engendrés par l'innovation et le rôle déterminant joué par les entrepreneurs. Il a écrit une *Histoire de l'analyse économique*, publiée après sa mort en 1954.

SMITH, Adam (1723-1790). Économiste anglais qui a écrit en 1776, *Recherche sur la nature et la cause de la Richesse des Nations*, considérée comme la bible du libéralisme économique.

STONE, John Richard (1913-   ). Économiste anglais, proche de Keynes, qui a travaillé sur les comptes nationaux, il était professeur à l'Université de Cambridge en Angleterre. Prix Nobel en 1984.

TOBIN, James (1918-   ). Économiste américain, professeur à l'Université de Yale et disciple de Keynes, il a été un conseiller du Président Kennedy. En 1981 il a reçu le prix Nobel. Il est un adversaire de la reaganomics (néo-libéralisme adopté par le président des États-Unis, Ronald Reagan) et il estime que l'intervention de l'État est nécessaire.

WAGNER, Adolf (1835-1917). Économiste allemand de l'école historique, il a donné son nom à la une loi selon laquelle les activités de l'État augmentent avec la croissance économique.

Glossaire

A

ABRI FISCAL Placement ou opération qui permet de réduire le revenu imposable, par exemple les sommes versées dans un régime enregistré d'épargne retraite (REER), un don à un organisme de charité qui permet d'obtenir un reçu pour impôt.

ABSOLUTISME Théorie politique qui justifie le pouvoir absolu du monarque tel qu'il était en France sous Louis XIV et qui favorisa la disparition du pouvoir féodal. Hobbes, Machiavel et Bodin en sont les théoriciens. L'absolutisme correspond à la période surnommée par les libéraux « mercantiliste ».

ACTIF, PASSIF Noms donnés aux deux parties d'un bilan, l'actif représente les avoirs; il indique où l'argent est placé, tandis que le passif représente les engagements; il indique d'où vient l'argent. L'actif est toujours égal au passif.

AGRÉGATS Sommation de données individuelles. Total qu'on établit à partir de données fournies par les comptes de la nation (ex. : Revenu national qui est égal à l'ensemble de tous les revenus déclarés).

AJUSTEMENT STRUCTUREL Terme utilisé par le Fonds monétaire international pour désigner des politiques budgétaires restrictives visant à équilibrer le budget. La plupart du temps cela se traduit par des réductions des dépenses sociales ou des augmentations d'impôts.

ANNÉE DE RÉFÉRENCE ou ANNÉE DE BASE Année de départ d'une série statistique. On affecte une année quelconque de l'indice 100 à partir de laquelle il est possible de comparer des valeurs.

APPRÉCIATION Augmentation de la valeur d'une monnaie par rapport à une autre monnaie étrangère; c'est le contraire d'une dévaluation de la monnaie.

ARITHMÉTIQUE DE LA DETTE Terme qui désigne les effets de la dette publique sur l'activité économique du pays.

ASSAINISSEMENT DES FINANCES PUBLIQUES Mesures de réduction du déficit budgétaire qui se traduisent par des coupures de budget, des dégraissages, des réductions d'effectifs, des restructurations, des privatisations, des déréglementations, etc.

ASSOCIATION CANADIENNE DES PAIEMENTS (ACP) Association qui regroupe les institutions financières qui tiennent un compte à la Banque du Canada.

ASSURANCE-DÉPÔTS Régime public d'assurance qui protège les déposants dans les institutions couvertes. La couverture a été fixée à 60 000 $ pour éviter les paniques bancaires.

AUTORISATION DE PROGRAMME Accord du parlement pour débloquer des fonds en vue de la réalisation de grands travaux.

AVOIRS FINANCIERS ET IMMOBILIERS Les avoirs financiers concernent les placements en actions ou obligations tandis que les avoirs immobiliers concernent la possession de biens immobiliers (bâtiments, infrastructures).

B

BAILLEURS DE FONDS Institutions financières qui achètent des obligations sur le marché financier international, intermédiaires entre les épargnants et les emprunteurs de capitaux.

BALANCE COMMERCIALE Compte qui retrace la valeur des importations et des exportations de produits tangibles entre un pays et le reste du monde.

BALANCE DES CAPITAUX Compte qui retrace les entrées et les sorties de capitaux entre un pays et le reste du monde, comme les emprunts, les investissements directs, etc.

BALANCE DES INVISIBLES Compte qui retrace la valeur des échanges de services d'un pays avec l'extérieur.

BALANCE DES PAIEMENTS Ensemble des comptes articulés qui retrace tous les échanges en biens, en services et en capital d'un pays avec l'extérieur.

BANQUE À CHARTE Banque qui opère au Canada sous l'autorité de la Banque du Canada qui lui accorde une charte.

BANQUE CENTRALE La « banque des banques » d'un pays, qui dirige la politique monétaire afin de maintenir la confiance en la monnaie et le système bancaire.

BAROMÈTRE DES AFFAIRES Indice précurseur qui permet de prévoir le niveau de l'activité économique d'un pays.

BARRIÈRE NON TARIFAIRE (BNT) Mesure protectionniste autre que les droits de douanes telle une réglementation qui interdirait l'entrée d'un produit s'il ne répond pas à certaines normes nationales.

BIENS D'ÉQUIPEMENT Biens qui permettent de produire d'autres biens.

BIENS DURABLES, SEMI-DURABLES, NON DURABLES Biens de consommation dont la durée d'utilisation est plus ou moins longue.

BIT Bureau international du travail, instance de l'ONU qui a son siège social à Genève en Suisse.

BONS DU TRÉSOR Emprunts du gouvernement à court terme (3, 6, 9 mois). Les achats et les ventes de bons du Trésor permettent à la banque centrale de contrôler les taux d'intérêt.

BUDGÉTISATION Processus comprenant les différentes étapes de la préparation d'un budget de l'État.

C

CAMBISTE Personne qui achète et vend des monnaies étrangères sur le marché des changes pour le compte d'institutions financières, de grandes entreprises, de banques ou d'individus.

CAPITALISME Système économique fondé sur l'économie de marché et le libéralisme.

CHÔMAGE Inactivité non désirée d'une partie de la population active qui se cherche du travail.

COEFFICIENT D'OKUN Coefficient qui permet de mesurer le montant du PIB potentiel.

COMMERCE EXTÉRIEUR Échange de biens et de services avec des partenaires étrangers.

COMPTABILITÉ NATIONALE Système de comptabilité qui permet de mesurer les grandes variables de l'économie d'un pays comme le PIB, le revenu national, etc.

COMPTE COURANT Compte faisant partie de la balance des paiements qui s'obtient en additionnant le solde de la balance commerciale au solde de la balance des invisibles.

COMPTES NATIONAUX DES REVENUS ET DES DÉPENSES (CNRD) Système de comptabilité utilisé par Statistique Canada pour évaluer les revenus et les dépenses du secteur public.

COMPTES PUBLICS Système de comptabilité utilisé par le gouvernement pour évaluer ses recettes et ses dépenses.

CONCUSSION Détournement de fonds publics.

CONSEIL DU TRÉSOR Instance gouvernementale qui gère le budget du secteur public.

CONTRAINTE EXTÉRIEURE Impact de l'économie des autres pays sur l'économie nationale, par exemple niveau des taux d'intérêt du marché monétaire international.

COTE DE CRÉDIT Cote donnée par les grandes sociétés de courtage aux pays ou aux grandes entreprises qui empruntent sur les marchés financiers internationaux; la cote AAA signifie que le débiteur est solvable, et qu'il présente peu de risque. Une cote plus faible pourrait renchérir le coût des emprunts.

COURBE DE LORENZ Courbe qui permet de mesurer la disparité des revenus d'un pays. On peut utiliser cette courbe pour mesurer toute sorte de disparité, revenus, richesse, concentration des entreprises, etc.

COURBE DE PHILLIPS Courbe qui met en relation le taux de chômage et le taux d'inflation.

COURBE DES POSSIBILITÉS DE PRODUCTION Courbe qui permet de connaître toutes les possibilités de production compte tenu des ressources disponibles.

COÛT DU FINANCEMENT À UN JOUR Taux d'intérêt que la banque paie quand elle emprunte au titre de la compensation.

CRÉDIT À LA CONSOMMATION Crédit qui sert à financer les biens de consommation des ménages.

CRISE ÉCONOMIQUE Période de contraction de l'économie qui affecte l'ensemble de l'économie de marché (synonymes : marasme, mévente, saturation des marchés, surproduction, récession, dépression, déflation).

CROISSANCE ÉCONOMIQUE Augmentation en terme réel du PIB d'une période par rapport à une autre.

CYCLE DES AFFAIRES Se compose de phases d'expansion qui interviennent dans de nombreux secteurs suivies d'une phase générale de récession, puis de reprise, suivie d'une nouvelle phase d'expansion.

CYCLE ÉCONOMIQUE Suite de périodes d'expansion économique suivies de ralentissement, de récession puis de reprise. On mesure la durée d'un cycle d'un sommet à un autre ou d'un creux à un autre.

D

DÉFICIT BUDGÉTAIRE Il y a déficit budgétaire quand les recettes d'une année sont inférieures aux dépenses de cette même année.

DÉFICIT CONJONCTUREL Partie du déficit qui résulte de l'augmentation des taux d'intérêt et du taux de chômage et qui diminuerait en période d'expansion économique.

DÉFICIT PRIMAIRE Partie du déficit budgétaire d'un gouvernement excluant le service de la dette.

DÉFICIT STRUCTUREL Déficit qui n'est pas relié à l'augmentation des taux d'intérêt et du chômage et qu'une reprise économique ne ferait pas disparaître.

DEMANDE INTÉRIEURE FINALE Ensemble des dépenses en biens et en services personnels de consommation, des dépenses courantes des administrations publiques en biens et en services et des dépenses en capital fixe des administrations et des entreprises privées. C'est la valeur du PIB sans les exportations.

DÉMOCRATIE Étymologiquement signifie pouvoir du peuple. Système politique où le pouvoir de l'État est divisé, pour éviter les abus de pouvoir, en trois instances (l'exécutif, le législatif et le judiciaire) selon les recommandations de Montesquieu. Société fondée sur le droit et le respect des droits de l'homme et dont le gouvernement est élu au suffrage universel.

DÉPENSE FISCALE Manque à gagner pour le gouvernement résultant des déductions et autres avantages fiscaux accordés aux agents économiques.

DÉPENSES D'IMMOBILISATION Dépenses qui servent à financer les investissements.

DÉPENSES DE PROGRAMME Dépenses obligatoires que le gouvernement s'est engagé à financer comme les programmes de sécurité sociale.

DÉPENSES DISCRÉTIONNAIRES Dépenses du gouvernement qui ne sont pas liées à des programmes ou dépenses des ménages non indispensables.

DÉPRÉCIATION MONÉTAIRE Perte du pouvoir d'achat de la monnaie résultant de l'augmentation du prix des biens et des services.

DÉSAISONNALISATION Données statistiques qui ne tiennent pas compte des effets saisonniers.

DETTE BRUTE, DETTE NETTE La dette brute représente le montant des emprunts du gouvernement, la dette nette est égale à la dette brute moins les avoirs financiers.

DETTE *PER CAPITA* Dette par habitant, ratio qui permet de mesurer le poids de la dette à un moment donné.

DETTE PUBLIQUE, DETTE PRIVÉE La dette publique concerne les engagements financiers pris par les administrations d'un pays tandis que la dette privée représente les sommes d'argent empruntées par les ménages et les entreprises privées.

DÉVALUATION Diminution officielle du prix d'une monnaie (taux de change) par rapport à une autre monnaie.

DEVISE Monnaie étrangère que la banque centrale met en réserve.

DISCOURS DU TRÔNE Au canada à l'ouverture des sessions parlementaires le gouverneur du Canada, représentant de la Reine D'Angleterre lit le discours du trône qui trace les grandes lignes de ce que seront les priorités législatives du gouvernement et qui pourront se traduire par des lois.

DIVERGENCE STATISTIQUE La comptabilité en partie double est utilisée pour la comptabilité nationale. Les agrégats comme le PIB sont calculés de deux ou plusieurs façons et compte tenu des imperfections dans les données statistiques il arrive qu'on ne trouve pas le même résultat. Pour obtenir le même résultat on divise par deux cette erreur résiduelle, on ajoute le résultat à la plus faible estimation du PIB et on le retranche à la plus forte estimation du PIB pour obtenir le même montant du PIB calculé par les différentes méthodes.

DOLLAR COURANT, DOLLAR CONSTANT Le dollar courant est celui d'aujourd'hui; il inclut la variation des prix, tandis que le dollar constant se réfère à la valeur du dollar d'une année de référence. Le dollar constant ne tient pas compte de la variation des prix.

E

ÉCART OU DIVERGENCE STATISTIQUE Différence entre les résultats obtenus à partir de différentes méthodes de calcul. Exemple : calcul du PIB par la méthode des revenus ou des dépenses.

ÉCONOMIE D'ÉCHELLE Production d'un bien en grande quantité pour réduire les coûts unitaires et réaliser plus de profit. Le libre-échange en agrandissant le marché permet de produire sur une plus grande échelle.

ÉCONOMIE DE MARCHÉ LIBRE Système économique de concurrence pure et parfaite où seuls les prix déterminés par l'offre et la demande régiraient les comportements des agents économiques.

ÉCONOMIE DU BIEN-ÊTRE Théorie économique normative qui cherche les moyens de réaliser un optimum de satisfaction pour les individus d'une société donnée. Les politiques de réduction des inégalités de revenu s'inspirent de cette école de pensée.

ÉCONOMIE MIXTE Économie de marché avec intervention de l'État, système où coexistent un secteur privé et un secteur public.

ÉCONOMIE SOUTERRAINE Économie qui ne passe pas par le marché officiel tel le travail non déclaré au fisc, le travail au noir.

EFFET D'ÉVICTION Détournement de l'épargne privée vers le secteur public.

EFFET MULTIPLICATEUR D'UN INVESTISSEMENT Les sommes d'argent investies génèrent des revenus qui à leur tour seront dépensés et qui feront augmenter le revenu national et ainsi de suite.

ENCOURS D'UNE DETTE Le montant d'une dette qu'il reste à rembourser.

ÉQUATION DE FISHER Présentation la plus achevée de la théorie quantitative de la monnaie selon laquelle le niveau général des prix dépend de la quantité de monnaie en circulation.

ÉROSION MONÉTAIRE Perte du pouvoir d'achat d'une monnaie due à l'augmentation du niveau des prix des biens et des services offerts sur le marché (inflation).

ESPÈCES Ensemble des pièces de monnaie et des billets de banque.

ÉTAT MINIMAL Conception libérale du rôle de l'État dans l'économie dont le seul mandat serait d'assurer la sécurité publique en faisant respecter les lois.

ÉTAT-NATION Apparition à partir du 16e siècle d'économies à espace national contrôlées par un État centralisateur et qui remplaçait l'espace cloisonné féodal.

ÉTAT-PROVIDENCE Système où l'État assure aux citoyens une protection sociale élaborée.

ÉTHIQUE Jugement moral qui fait intervenir la notion de bien et de mal, de justice et de respect des droits de l'homme.

ÉTUDE DE CONJONCTURE Étude à partir d'indicateurs qui rend compte de la situation économique d'un pays (diagnostic) et qui avance des pronostics pour permettre aux agents économiques de prendre des décisions plus éclairées.

ÉTUDE PAYS-RISQUE Étude exhaustive qui évalue le risque politique et social à investir dans un pays.

F

FAILLITE PERSONNELLE État d'un consommateur qui ne peut plus répondre à ses engagements financiers. La loi sur les faillites personnelles permet à la personne de se libérer de ses dettes.

FÉODALISME Période qui a duré 1000 ans, de la chute de l'empire romain en 500 apr. J.-C. à la découverte de l'Amérique en 1490, où le pouvoir appartenait aux seigneurs féodaux. Système fondé sur la domination et la protection personnelle.

FIDUCIAIRE À COURS FORCÉ Monnaie dont la valeur est garantie par l'État et qui doit obligatoirement être utilisée comme moyen de paiement.

FINANCES PUBLIQUES Comptes qui concernent le secteur public.

FONCTION DE CONSOMMATION Relation qui existe entre les dépenses de consommation et le revenu disponible.

FONDS DE ROULEMENT Somme nécessaire pour financer une entreprise durant un cycle de production.

FONDS FÉDÉRAUX AMÉRICAINS Emprunts à très court terme des banques américaines en déficit de réserve aux autres banques qui ont au contraire des excédents de réserve. Le taux d'intérêt sur ces emprunts est un indicateur de l'évolution des politiques monétaires américaines.

FONDS MONÉTAIRE INTERNATIONAL (FMI) Organisme international créé en 1945 pour aider les pays membres à équilibrer leur balance des paiements. C'est en quelque sorte la banque des banques centrales.

FORMATION BRUTE DE CAPITAL FIXE (FBCF) Dépenses pour les achats de bien de production.

FOURCHETTE CIBLE Maintien d'un taux de croissance entre deux limites. Par exemple, le taux d'inflation accepté par la banque centrale pourrait être de 1 à 3 % l'an.

G

GAINS DE PRODUCTIVITÉ Quand la production par heure de travail augmente.

GATT ou OMC Accord général sur les tarifs douaniers (General Agreement on Trade and Tariff) devenu en 1995 l'organisation mondiale du commerce (OMC), organisation internationale créée après la seconde guerre mondiale, sous l'égide de l'ONU et qui a pour but de libéraliser les échanges commerciaux entre les pays membres.

H

HYPERINFLATION Augmentation rapide du niveau des prix qui mine la confiance dans la monnaie et que les pouvoirs publics ne peuvent plus contrôler.

I

IMMOBILISATION Terme comptable qui désigne les investissements en immeubles, en machines et en biens de production de longue durée.

IMPÔTS DIRECTS Impôts prélevés sur le revenu ou sur le capital.

IMPÔTS INDIRECTS Impôts sur les achats tels les taxes de vente et d'accise, les droits à l'importation, les impôts fonciers.

INDEXATION AU COÛT DE LA VIE Variation automatique des revenus en fonction de l'indice des prix. L'indexation peut être totale ou partielle.

INDICATEUR ÉCONOMIQUE Donnée statistique qui permet de mesurer la variation d'une observation d'une période par rapport à une autre; exemple : le taux de chômage.

INDICATEURS AVANCÉS Indicateurs qui permettent de prédire une situation.

INDICATEURS COÏNCIDENTS Indicateurs qui mesurent une situation actuelle. Le nombre d'appels interurbains, le volume de la circulation routière.

INDICATEURS SOCIAUX Mesures qui concernent le niveau et la qualité de vie d'une population, comme l'espérance de vie à la naissance, le nombre de médecins par habitant, le taux de détention, etc.

INDICATEURS TARDIFS Indicateurs qui témoignent d'une situation passée. La valeur du PIB est connue après trois mois.

INDICE COMPOSÉ Indicateur calculé à partir de plusieurs autres indicateurs, tel l'indicateur avancé de Statistique Canada.

INDICE DE GRAVITÉ DU CHÔMAGE En associant le taux de chômage et sa durée moyenne on mesure le degré de gravité de la situation.

INDICE DE L'ENSEMBLE DE L'ACTIVITÉ ÉCONOMIQUE (IEA) Mesure qui permet de repérer les périodes de récession : on le bâtit en faisant la moyenne de la somme du taux de croissance du PIB réel et de la croissance de l'emploi.

INDICE DES CONDITIONS MONÉTAIRES (ICM) Mesure établie par la Banque du Canada qui permet de repérer les effets qu'exercent sur la demande globale les variations des taux d'intérêt à court terme et du taux de change.

INDICE DES PRIX À LA CONSOMMATION (IPC) Indice qui permet de mesurer la variation du coût à l'achat d'un panier déterminé de biens et de services achetés par les ménages moyens urbains.

INDICE DES PRIX DES PRODUITS INDUSTRIELS (IPPI) Mesure la variation des prix des produits industriels d'un mois par rapport à un autre.

INDICE DES PRIX Mesure la variation des prix d'une période par rapport à une autre.

INDICE IMPLICITE DES PRIX (IIP) Indice qui prend en compte tous les biens et services inclus dans l'évaluation du PIB/PNB, c'est le plus complet de tous les indices de prix.

INFLATION GALOPANTE Forte augmentation du niveau des prix, qui devient incontrôlable.

INFLATION RAMPANTE Faible augmentation du niveau des prix.

INFRASTRUCTURE Au sens de la comptabilité nationale, ensemble des équipements collectifs financés par les administrations dont disposent gratuitement les agents économiques (infrastructures routière, hospitalière, portuaire, scolaire, etc.).

INVENTAIRES ou STOCKS Ensemble des produits qui concernent le capital circulant comme les matières premières, les produits en cours de fabrication et les produits finis invendus.

INVESTISSEMENT DE PORTEFEUILLE ou INVESTISSEMENT INDIRECT Prise de participation dans une compagnie existante.

INVESTISSEMENT DIRECT Acquisition de biens de production, création d'entreprise.

INVESTISSEMENT EN CAPITAL FIXE Dépenses par les entreprises privées et les administrations en immeubles, travaux de génie, machines et matériel.

INVESTISSEMENT INVOLONTAIRE Correspond aux stocks de produits invendus.

INVESTISSEURS INSTITUTIONNELS (« zinzins ») Organismes qui recueillent l'épargne, comme les compagnies d'assurances, les caisses de retraite, etc.

K

KRACH BOURSIER Correction boursière violente qui se manifeste par une chute brutale du cours des titres boursiers (exemple du 29 octobre 1929).

M

MACROÉCONOMIE Niveau d'analyse économique qui concerne les problèmes collectifs, l'administration publique et les politiques économiques mises en œuvre par le gouvernement.

MARCHÉ À UN JOUR Marché de l'argent à un jour où vont se financer les banques quand elles manquent de liquidité (marché interbancaire).

MARCHÉ DES CHANGES Lieu où s'échangent les devises et où se fixe le cours des monnaies étrangères par le jeu de l'offre et de la demande. Les intervenants sont des cambistes.

MÉNAGE Une personne ou plusieurs qui partagent un même logement, mettent en commun tout ou une partie de leurs ressources et consomment certains biens et services collectivement.

MERCANTILISME Système économique des 15e, 16e et 17e siècles où l'État intervenait pour favoriser les exportations et réduire les importations. Le commerce international devait attirer l'or pour renforcer le pouvoir du prince. Économie fondée sur le protectionnisme et la réglementation.

MICROÉCONOMIE Niveau d'analyse qui concerne les agents économiques (individus, entreprises) agissant dans une économie de marché. La microéconomie étudie plus particulièrement la manière dont sont déterminés les prix sur le marché.

MODÈLE ÉCONOMIQUE Simplification d'une réalité complexe pour en comprendre le fonctionnement. Par exemple la fixation des prix par l'offre et la demande sur un marché de concurrence pure et parfaite.

MONÉTARISME Théorie selon laquelle les fluctuations économiques sont dues aux variations de la masse monétaire que seule une politique monétaire peut régler.

MONNAIE SCRIPTURALE Monnaie matérialisée par un jeu d'écriture. On débite un compte et on en crédite un autre.

MULTIPLICATEUR DES DÉPÔTS BANCAIRES Coefficient qui permet de mesurer l'augmentation de la masse monétaire suite à un nouveau dépôt. Ce coefficient dépend du montant exigé pour la réserve obligatoire.

N

NEO-LIBÉRALISME Approche économique préconisant un amoindrissement de l'état et des réglementations, et le retour au secteur privé et aux forces du marché.

NEW DEAL **(ou nouvelle donne)** Programme économique présenté par le Président américain Roosevelt, du parti Démocrate, pendant la crise des années 1930 pour relancer l'économie (programme de grands travaux et de sécurité sociale).

NUMÉRAIRE Unité monétaire retenue comme étalon de mesure pour régler les transactions commerciales.

O

OMBUDSMAN ou PROTECTEUR DU CITOYEN Personne qui reçoit les plaintes des citoyens concernant leur relation avec l'administration publique.

OMC Organisation mondiale du commerce. Organisme international qui remplace le GATT depuis 1995. (Voir GATT)

ORTHODOXIE FINANCIÈRE Théorie selon laquelle un budget doit toujours être équilibré.

P

PAIEMENT DE TRANSFERT Sommes prélevées par des impôts et remises à des agents économiques pour augmenter leur revenu. Par exemple les pensions de vieillesse, les indemnités de chômage, etc.

PARADOXE DE L'ÉPARGNE Selon Keynes si l'épargne est toujours une bonne chose au niveau individuel elle peut être cause de récession sur le plan collectif. En effet quand l'épargne n'est pas investie, il s'ensuit un ralentissement de l'économie qui dans une seconde période fait diminuer la capacité à épargner.

PARAFISCALITÉ Sommes prélevées pour financer des programmes précis comme les contributions au titre du régime des pensions de vieillesse.

PARAMÈTRE Grandeur mesurable, donnée numérique qui concerne toute une population.

PARITÉ D'UNE MONNAIE Quand le nominal d'une monnaie égale le nominal d'une autre monnaie. Quand le dollar canadien est égal au dollar américain, on dit qu'il y a parité.

PARITÉ DU POUVOIR D'ACHAT (P.P.A.) Situation dans laquelle le taux de change entre deux pays équivaut au rapport des prix dans ces pays. Si la masse monétaire d'un pays A augmente plus vite que la masse monétaire d'un pays B, le prix de la monnaie du pays B augmentera par rapport à la monnaie du pays A.

PASSIF Voir ACTIF, PASSIF.

PATRIMOINE Valeur accumulée des richesses d'une personne ou d'une collectivité.

PIB *PER CAPITA* Valeur du produit intérieur brut d'un pays divisée par le nombre d'habitants.

PIB POTENTIEL Valeur de ce que pourrait atteindre le PIB si tous les facteurs de production étaient utilisés optimalement, plus spécifiquement s'il n'y avait pas de chômage.

PIB RÉEL, PIB NOMINAL Valeur de la production annuelle d'un pays en dollar constant, en dollar courant.

PLAN DE STABILISATION Politique économique qui vise à stabiliser les prix en période d'inflation (exemple : un gel des salaires et des prix).

PLEIN EMPLOI Situation où tous les travailleurs auraient un emploi qui correspond à leurs aptitudes et à leurs aspirations, au salaire du marché.

POIDS DE LA DETTE Montant des remboursements par rapport aux revenus.

POLITIQUE BUDGÉTAIRE Politique qui utilise le budget de l'État pour rétablir l'équilibre de l'économie. Politique budgétaire expansionniste pour relancer l'économie, politique budgétaire restrictive pour contrôler l'inflation ou réduire un déficit.

POLITIQUE DE TAUX DE CHANGE Politique qui utilise la variation des taux de change pour rétablir l'équilibre de la balance des paiements.

POLITIQUE DES REVENUS Politique qui vise à lutter contre l'inflation en contrôlant les salaires et parfois les prix.

POLITIQUE INDUSTRIELLE Ensemble de mesures gouvernementales pour doter le pays d'une industrie performante.

POLITIQUE MONÉTAIRE Ensemble des mesures adoptées par la banque centrale pour maintenir la confiance du public dans la monnaie et le système bancaire en contrôlant le volume de la monnaie en circulation.

POLITIQUE SOCIALE Politique qui vise à réduire les inégalités et à assurer une protection à tous les citoyens en matière de santé, d'éducation et de bien-être.

PONDÉRATION Poids relatif d'une mesure évalué en pourcentage.

POPULATION ACTIVE Partie de la population qui travaille ou qui se cherche du travail.

POPULATION INACTIVE Partie de la population qui ne travaille pas et ne se cherche pas d'emploi.

POSTE D'UN BUDGET Catégorie de dépense des ménages comme par exemple les dépenses d'alimentation, de logement etc.

POUVOIR LIBÉRATOIRE Qualité d'une monnaie qui permet de se libérer d'une dette quel qu'en soit son montant; les billets de banque ont un pouvoir libératoire illimité contrairement aux pièces de monnaie.

PRIME DE RISQUE Différentiel de taux d'intérêt entre un taux de change à terme et le cours au comptant.

PRISE EN PENSION DE BONS DU TRÉSOR La banque centrale peut obliger les institutions financières à acheter des bons du trésor pour réduire leurs réserves afin de faire augmenter les taux d'intérêt au jour le jour. Ces ventes peuvent être assorties d'une promesse de rachat (opération à réméré). Si les taux d'intérêt augmentent trop au gré de la banque centrale, celle-ci peut racheter ces bons du Trésor (cession); ce faisant elle réinjecte de l'argent dans le système ce qui va faire baisser les taux d'intérêt.

PRIX CONSTANTS Prix ayant cours dans une période de référence fixe.

PRIX COURANTS Prix ayant cours dans la période à laquelle il est fait référence.

PRODUCTIVITÉ DU CAPITAL (ou rendement) Rapport des profits sur le montant investi.

PRODUIT INTÉRIEUR BRUT (PIB) Valeur de la production annuelle de biens finis et de services réalisés sur le territoire national.

PRODUIT INTERMÉDIAIRE Bien semi-fini qui subira une autre transformation par le système de production. Ces produits ne sont pas inclus dans le calcul du PIB.

PRODUIT NATIONAL BRUT (PNB) Valeur de la production annuelle des biens finis et des services de la nation moins le rapatriement des bénéfices réalisés des entreprises étrangères.

PROPENSION MARGINALE À CONSOMMER, À ÉPARGNER Partie de l'augmentation du revenu qui est consommée ou épargnée.

PROPENSION MARGINALE À IMPORTER
Partie de l'augmentation du revenu national qui servira à acheter des produits importés.

PROPENSION MARGINALE À TAXER Partie de l'augmentation du revenu national qui partira en impôt.

PYRAMIDE DES ÂGES Illustration graphique des différentes classes d'âge d'une population répartie entre hommes et femmes.

Q

QUASI-BANQUE Organisme financier non soumis à l'autorité de la banque centrale mais au gouvernement provincial, comme les Caisses Desjardins au Québec.

QUASI-MONNAIE Actifs financiers rapidement transformés en monnaie comme des comptes de fiducie ou des obligations d'épargne remboursables en tout temps. La définition peut être différente selon les pays.

R

RATIO Forme de rapport, exprime le poids relatif des effectifs d'une catégorie par rapport aux effectifs d'une autre catégorie.

REAGANOMICS Retour, sous le président américain Reagan, aux politiques libérales de déréglementation qui favorisent le libre marché.

RÉÉVALUATION Augmentation de la valeur d'une monnaie (taux de change) par rapport à une autre monnaie.

RÉSERVE EXCÉDENTAIRE Partie des dépôts bancaires qui peut être prêtée.

RÉSERVE FÉDÉRALE AMÉRICAINE Système qui désigne la Banque Centrale des États-Unis.

RÉSERVE REQUISE OU OBLIGATOIRE Partie des dépôts bancaires mise en réserve pour des raisons de sécurité ou exigés par un coefficient de réserve obligatoire.

RÉSERVES OFFICIELLES Comprennent les avoirs en or et devises de la banque centrale plus les emprunts auprès du Fonds monétaire international plus les droits de tirage spéciaux auprès du FMI.

REVENU DISPONIBLE Part du revenu personnel dont disposent les particuliers après le paiement des impôts sur le revenu.

REVENU INTÉRIEUR NET (ou revenu national)
Comprend l'ensemble des revenus (salaires, intérêts, dividendes, bénéfices, etc.) générés par la production des biens et des services.

REVENU PERSONNEL Ensemble des revenus bruts que reçoivent les particuliers d'un pays.

S

SÉCURITÉ SOCIALE Ensemble des mesures gouvernementales qui assurent une aide minimum garantie sous forme de prestations de services jugés essentiels (comme par exemple les soins médicaux, l'éducation) ou de paiements de revenus de transfert (comme des allocations de chômage ou des pensions de vieillesse).

SERVICE DE LA DETTE DE L'ÉTAT Concerne le paiement du capital et des intérêts, des commissions et autres frais sur les emprunts plus les pertes sur le change s'il y a lieu.

SERVICE DE LA DETTE DES PARTICULIERS
Concerne le remboursement en capital et intérêt des emprunts hypothécaires ou des prêts à la consommation.

SOLDE BUDGÉTAIRE Différence entre les recettes et les dépenses budgétaires.

SOLVABILITÉ D'UNE BANQUE Capacité d'une banque à faire face à ses engagements.

STABILISATEURS ÉCONOMIQUES Dépenses de programme du gouvernement qui permettent de réduire les fluctuations de revenu. Quand par exemple les travailleurs perdent leur emploi, automatiquement l'assurance chômage vient prendre la relève pour leur assurer un revenu.

STATISTIQUE Donnée numérique relative à une population ou à un phénomène.

SYSTÈME DE GESTION FINANCIÈRE (SGF)
Système comptable qui permet d'harmoniser les comptes du secteur public dans son ensemble.

T

TAUX D'ACTIVITÉ Rapport du nombre de personnes qui travaillent ou qui se cherchent du travail sur l'ensemble de la population âgée de 15 ans et plus exprimé en %.

TAUX D'ÉPARGNE Rapport du montant de l'épargne (RD-C) sur le PIB

TAUX D'ESCOMPTE Taux d'intérêt fixé par la banque centrale quand elle avance de l'argent aux autres banques.

TAUX D'INTÉRÊT RÉEL Taux d'intérêt nominal moins le taux d'inflation mesuré par l'indice des prix à la consommation (IPC).

TAUX D'OUVERTURE (ou taux de dépendance) Rapport de la valeur des exportations sur la valeur de la production totale d'un pays. Permet de mesurer la part de la production nationale destinée aux marchés étrangers.

TAUX D'UTILISATION DE LA CAPACITÉ DE PRODUCTION Pourcentage d'utilisation des machines par rapport à un niveau maximum déjà atteint. On dira par exemple que le secteur des pâtes et papiers fonctionne à 80 % de sa capacité.

TAUX DE CHANGE FIXE OU FLOTTANT La valeur d'une monnaie peut être déterminée autoritairement par une banque centrale (taux de change fixe) ou fixée par le marché des changes (taux de change flottant).

TAUX DE CHÔMAGE Rapport du nombre de chômeurs sur la population active exprimé en %.

TAUX DE CROISSANCE Variation de la valeur de la production réelle d'un pays par rapport à l'année précédente ou d'un mois par rapport à un autre exprimé en %.

TAUX PRÉFÉRENTIEL (ou taux de base) Taux d'intérêt accordé par les banques à leurs meilleurs clients.

THÉORÈME DU BUDGET ÉQUILIBRÉ Selon Tryge Haavelmo même un budget équilibré exerce une influence sur l'ensemble de l'économie compte tenu de l'importance des sommes mises en œuvre.

THÉORIE KEYNÉSIENNE Théorie fondée par John Maynard Keynes et qui a inspiré les politiques économiques d'après-guerre des pays capitalistes.

Préconise un système d'économie mixte où l'État intervient pour rétablir l'équilibre que le marché livré à lui même est incapable d'assurer en raison d'une concurrence imparfaite.

THÉORIE LIBÉRALE Critique du mercantilisme qui démontre, depuis le 18e siècle, que le marché libre est le système économique qui assure le plus de liberté aux individus et de prospérité au pays.

THÉORIE MARXISTE Critique scientifique du libéralisme élaborée par Karl Marx qui démontre entre autre que le capitalisme issu d'un processus historique s'autodétruit de par sa propre logique puisque la concurrence fait disparaître la concurrence.

THÉORIE QUANTITATIVE DE LA MONNAIE Théorie selon laquelle le pouvoir d'achat d'une monnaie est inversement proportionnel à la quantité de monnaie en circulation. Par exemple, si la production est stable et que le volume de la monnaie double, le pouvoir d'achat de la monnaie diminuera de moitié.

THÉSAURISATION Retrait de l'épargne du système productif, politique du « bas de laine ». Utilisation improductive de l'épargne.

V

VENTES AU DÉTAIL Montant des ventes réalisées par le secteur commercial comme les ventes de voitures ou les ventes des grands magasins, etc.

VITESSE DE CIRCULATION DE LA MONNAIE En rapportant la masse monétaire à la valeur du PIB on peut savoir combien de fois l'unité monétaire est utilisée pour financer cette production en une année.

Index

AGMV Marquis

MEMBRE DE SCABRINI MEDIA

Québec, Canada
2001